APLICANDO A TEORIA DOS LEILÕES

Este livro apresenta uma introdução abrangente para a teoria moderna de leilões e suas importantes novas aplicações. Ele é escrito por um famoso teórico econômico cujas sugestões orientaram a criação de desenhos de leilão de novos espectros. Destinado a pós-graduandos e a profissionais de economia, o livro mostra os tratamentos mais atualizados de teorias tradicionais de "leilões ótimos" e teorias mais recentes de leilões de multiunidades e leilões de pacotes, e mostra exemplos de como melhor usá-las. A análise explora as limitações de desenhos conhecidos mais antigos, como o leilão Vickrey, e as respostas práticas a elas. Explora a tensão entre a teoria de leilões tradicional com um grupo fixo de licitantes, em que o vendedor procura extrair o lucro máximo possível, e a teoria dos leilões com entrada endógena, na qual os lucros do licitante devem ser respeitados, a fim de encorajar a participação. Também mostra como desenhos de leilão aparentemente diferentes levam a resultados praticamente idênticos se os licitantes participantes forem os mesmos — uma descoberta que se concentra em (1) atrair licitantes e (2) minimizar o custo de realizar o leilão e as licitações dentro dele. E, ainda, mostra como novos desenhos de leilões podem acomodar configurações de compra e venda complicadas com muitos itens inter-relacionados.

Paul Milgrom é professor de economia e professor Leonard e Shirley Ely de ciências humanas e sociais da Universidade de Stanford. Também lecionou na Universidade de Harvard e no MIT. Membro da Academia de Artes e Ciências dos Estados Unidos e da Sociedade de Econometria, o professor Milgrom atuou no conselho editorial da *American Economic Review, Ecometrica*, do *Journal of Economic Theory*, do *Journal of Economics and Management Strategy* e do *Games and Economic Behavior*. Ele é coautor, com John Roberts, do importante livro de 1992 o *Economics, Organization, and Management* [Economia, Organização e Gestão, em tradução livre].

As pesquisas do professor Milgrom foram publicadas nos principais jornais e revistas de economia, incluindo *American Economic Review, Econometrica, Journal of Political Economy, Quarterly Journal of Economics, Journal of Economic Theory, Journal of Economic Perspectives* e *Journal of Mathematical Economics*. Seus interesses atuais de pesquisa envolvem teoria do incentivo, e planejamento e desenho do mercado de leilões. O professor Milgrom é conhecido internacionalmente por seu trabalho no desenho de leilão de espectros.

PALESTRAS CHURCHILL EM ECONOMIA

As *Churchill Lectures in Economics* [*Palestras Churchill em Economia*, em tradução livre] foram lançadas em 1993 com o intuito de oferecer uma série de palestras públicas sobre temas de interesse atual para alunos e pesquisadores da área. As pesquisas são selecionadas entre os principais estudiosos do mais alto escalão da profissão. Apesar de sempre serem especialistas reconhecidos em seu campo, eles são encorajados a lançar um olhar mais amplo sobre o tema escolhido e a transmiti-lo de modo a ser acessível a graduandos e a pós-graduandos.

Peter Diamond, *On Time*, 1994

Douglas Gale, *Strategic Foundations of General Equilibrium: Dynamic Matching and Bargaining Games*, 2000

Ariel Rubinstein, *Economics and Language*, 2000

PAUL MILGROM

TEORIA DOS LEILÕES

DO PIONEIRO DO DESENHO DE LEILÕES DE ESPECTRO

ALTA BOOKS
GRUPO EDITORIAL
Rio de Janeiro, 2023

Aplicando a Teoria dos Leilões

Copyright © 2023 da Starlin Alta Editora e Consultoria Eireli.
ISBN: 978-65-5520-664-7

Translated from original Putting Auction. Copyright © 2004 by Paul Milgrom. ISBN 978-0-521-53672-1. This translation is published and sold by permission of Cambridge University Press, the owner of all rights to publish and sell the same. PORTUGUESE language edition published by Starlin Alta Editora e Consultoria Eireli, Copyright © 2023 by Starlin Alta Editora e Consultoria Eireli.

Impresso no Brasil — 1ª Edição, 2023 — Edição revisada conforme o Acordo Ortográfico da Língua Portuguesa de 2009.

Todos os direitos estão reservados e protegidos por Lei. Nenhuma parte deste livro, sem autorização prévia por escrito da editora, poderá ser reproduzida ou transmitida. A violação dos Direitos Autorais é crime estabelecido na Lei nº 9.610/98 e com punição de acordo com o artigo 184 do Código Penal.

A editora não se responsabiliza pelo conteúdo da obra, formulada exclusivamente pelo(s) autor(es).

Marcas Registradas: Todos os termos mencionados e reconhecidos como Marca Registrada e/ou Comercial são de responsabilidade de seus proprietários. A editora informa não estar associada a nenhum produto e/ou fornecedor apresentado no livro.

Erratas e arquivos de apoio: No site da editora relatamos, com a devida correção, qualquer erro encontrado em nossos livros, bem como disponibilizamos arquivos de apoio se aplicáveis à obra em questão.

Acesse o site www.altabooks.com.br e procure pelo título do livro desejado para ter acesso às erratas, aos arquivos de apoio e/ou a outros conteúdos aplicáveis à obra.

Suporte Técnico: A obra é comercializada na forma em que está, sem direito a suporte técnico ou orientação pessoal/exclusiva ao leitor.

A editora não se responsabiliza pela manutenção, atualização e idioma dos sites referidos pelos autores nesta obra.

Dados Internacionais de Catalogação na Publicação (CIP) de acordo com ISBD

M644a   Milgrom, Paul
           Aplicando a teoria dos leilões / Paul Milgrom ; traduzido por Edite Siegert. - Rio de Janeiro : Alta Books, 2023.
           384 p. ; 16cm x 23cm.

           Tradução de: Putting Auction
           Inclui índice.
           ISBN: 978-65-5520-664-7

           1. Administração. 2. Negócios. 2. Leilões. I. Siegert, Edite. II. Título.

2022-2558   CDD 658.4012
                             CDU 65.011.4

Elaborado por Vagner Rodolfo da Silva - CRB-8/9410

Índice para catálogo sistemático:
1. Administração : Negócios 658.4012
2. Administração : Negócios 65.011.4

Produção Editorial
Grupo Editorial Alta Books

Diretor Editorial
Anderson Vieira
anderson.vieira@altabooks.com.br

Editor
José Ruggeri
j.ruggeri@altabooks.com.br

Gerência Comercial
Claudio Lima
claudio@altabooks.com.br

Gerência Marketing
Andréa Guatiello
andrea@altabooks.com.br

Coordenação Comercial
Thiago Biaggi

Coordenação de Eventos
Viviane Paiva
comercial@altabooks.com.br

Coordenação ADM/Finc.
Solange Souza

Coordenação Logística
Waldir Rodrigues

Gestão de Pessoas
Jairo Araújo

Direitos Autorais
Raquel Porto
rights@altabooks.com.br

Assistente Editorial
Caroline David

Produtores Editoriais
Illysabelle Trajano
Maria de Lourdes Borges
Paulo Gomes
Thales Silva
Thiê Alves

Equipe Comercial
Adenir Gomes
Ana Carolina Marinho
Ana Claudia Lima
Daiana Costa
Everson Sete
Kaique Luiz
Luana Santos
Maira Conceição
Natasha Sales

Equipe Editorial
Ana Clara Tambasco
Andreza Moraes
Arthur Candreva
Beatriz de Assis
Beatriz Frohe

Betânia Santos
Brenda Rodrigues
Erick Brandão
Elton Manhães
Fernanda Teixeira
Gabriela Paiva
Henrique Waldez
Karolayne Alves
Kelry Oliveira
Lorrahn Candido
Luana Maura
Marcelli Ferreira
Mariana Portugal
Matheus Mello
Milena Soares
Patricia Silvestre
Viviane Corrêa
Yasmin Sayonara

Marketing Editorial
Amanda Mucci
Guilherme Nunes
Livia Carvalho
Pedro Guimarães
Thiago Brito

Atuaram na edição desta obra:

Tradução
Edite Siegert

Copidesque
Isis Rezende

Revisão Gramatical
Carolina Palha
Kamila Wozniak

Diagramação
Rita Motta

Capa
Paulo Vermelho

Revisão Técnica
Ronaldo Fiani
Professor Associado da UFRJ

Editora afiliada à:

ALTA BOOKS
GRUPO EDITORIAL

Rua Viúva Cláudio, 291 — Bairro Industrial do Jacaré
CEP: 20.970-031 — Rio de Janeiro (RJ)
Tels.: (21) 3278-8069 / 3278-8419
www.altabooks.com.br — altabooks@altabooks.com.br
Ouvidoria: ouvidoria@altabooks.com.br

Sumário

Prefácio ix
Prólogo xiii

1 Começando a Trabalhar 1
    1.1 A Política Prepara o Terreno 3
    1.2 Desenho para Metas Múltiplas 3
        1.2.1 Substitutos e Complementos 6
        1.2.2 O Leilão de Direitos da Nova Zelândia 8
        1.2.3 Desenhos de Leilão Melhores 12
        1.2.4 O Desenho da FCC e Sua Progênie 12
    1.3 Comparando Receitas de Vendedores 15
    1.4 A Crítica dos Acadêmicos 18
        1.4.1 Revenda e Teorema de Coase 18
        1.4.2 Teoria do Desenho de Mecanismos 20
        1.4.3 Teoria e Experimento 24
        1.4.4 Preocupações de Ordem Prática 24
    1.5 O Plano para Este Livro 29

PARTE 1 A ABORDAGEM DO DESENHO DE MECANISMOS

2 Mecanismos Vickrey-Clarke-Groves 43
    2.1 Formulação 43
    2.2 Estratégias Sempre Ótimas e Fracamente Dominantes 48
    2.3 Equilibrando o Orçamento 51
    2.4 Especificidade 54
    2.5 Desvantagens do Leilão Vickrey 55
        2.5.1 Desvantagens Práticas 55
        2.5.2 Problemas de Monotonicidade 56
        2.5.3 A Desvantagem da Fusão-Investimento 58
    2.6 Conclusão 60

3 O Teorema do Envelope e da Equivalência de Payoff — 63
   3.1 O Lema de Hotelling — 64
   3.2 O Teorema do Envelope na Forma Integral — 66
   3.3 Payoffs Quase Lineares — 69
      3.3.1 O Lema de Holmstrom — 70
      3.3.2 O Teorema de Green–Laffont–Holmstrom — 71
      3.3.3 O Lema de Myerson — 73
      3.3.4 Teoremas de Equivalência de Receita — 75
      3.3.5 O Teorema de Myerson–Satterthwaite — 77
         3.3.5.1 Aplicação: Leilões Versus Sorteios — 79
      3.3.6 Os Teoremas da Impossibilidade de Jehiel–Moldovanu — 80
      3.3.7 Leilões de Maximização de Receita de Myerson e Riley–Samuelson — 84
      3.3.8 O Teorema dos Cartéis Fracos de McAfee–McMillan — 87
      3.3.9 Leilões Sequenciais e o Teorema de Weber Martingale — 90
      3.3.10 Teorema de Matthews: Equivalência de Payoff e Aversão ao Risco — 92
   3.4 Conclusão — 95

4 Equilíbrio de Lances e Diferenças de Receita — 99
   4.1 As Condições de Cruzamento Único — 100
      4.1.1 O Teorema de Seleção Monótona — 103
      4.1.2 O Teorema de Suficiência — 104
      4.1.3 Teorema da Simplificação da Restrição — 107
      4.1.4 O Teorema da Representação Mirrlees–Spence — 107
   4.2 Derivando e Verificando Estratégias de Equilíbrio — 112
      4.2.1 O Leilão de Segundo Preço com Preço de Reserva — 113
      4.2.2 O Leilão Selado, ou de Primeiro Preço — 114
      4.2.3 O Leilão da Guerra do Desgaste — 119
      4.2.4 O Leilão Pago (All-pay Auction) — 121
   4.3 Comparações de Receita no Modelo de Referência — 122
      4.3.1 Equivalência de Payoff sem Equivalência de Receita — 123
      4.3.2 Restrições de Orçamento — 135
      4.3.3 Quantidades Endógenas — 138
      4.3.4 Tipos Correlacionados — 140
   4.4 Leilões com Maximização de Receita Esperada — 143
      4.4.1 Teorema de Myerson — 148
      4.4.2 Teorema de Bulow–Klemperer — 151
      4.4.3 O Caso Irregular — 152
   4.5 Leilões com Licitantes Fracos e Fortes — 153
   4.6 Conclusão — 158

5 Interdependência de Tipos e Valores — 161
   5.1 Que Modelos e Suposições são "Úteis"? — 162
      5.1.1 Payoffs Dependem Só de Lances e Tipos — 162
      5.1.2 Tipos São Unidimensionais e Valores São Privados — 164

       5.1.3 Tipos São Estatisticamente Independentes   165
  5.2 Dependência Estatística e Leilões de Maximização de Receitas   166
  5.3 Modelo Wilson de Trato de Drenagem   170
       5.3.1 Equilíbrio   171
       5.3.2 Lucros e Receitas   177
       5.3.3 Política de Informações ao Licitante   179
       5.3.4 Política de Informação do Vendedor   182
  5.4 Tipos Correlatos e Valores Interdependentes   185
       5.4.1 Afiliação   186
       5.4.2 Os Modelos de Leilões Ascendentes de Milgrom–Weber   191
              5.4.2.1 O Leilão de Botão (de Segundo Preço) com Informações Mínimas   193
              5.4.2.2 O Leilão de Botão com o Máximo de Informações   199
              5.4.2.3 Algumas Comparações de Receita   202
       5.4.3 Leilões de Primeiro Preço   205
  5.5 Conclusão   208

6 Leilões em Contexto   213

  6.1 A Contribuição do Lucro e do Excedente do Entrante   219
  6.2 Modelos Simétricos com Entrada Onerosa   221
       6.2.1 Licitantes Simétricos e Entrada Não Coordenada   223
              6.2.1.1 Equilíbrio nas Decisões de Entrada e de Licitação   224
              6.2.1.2 Definindo o Preço de Reserva   227
       6.2.2 Coordenando Entrada entre Concorrentes Simétricos   230
              6.2.2.1 Licitantes Pré-qualificados   232
              6.2.2.2 Leilões, Negociações e Preços Postados   235
              6.2.2.3 Preços de Compra   237
  6.3 Modelos Assimétricos: Dispositivos para Promover a Concorrência   240
       6.3.1 Exemplo de *Set-asides*   241
       6.3.2 Exemplo de Créditos de Licitação   242
       6.3.3 Exemplo de Estrutura de Lote e Prêmios de Consolação   243
       6.3.4 Leilões Premium   245
       6.3.5 Leilões Holandeses vs. Ingleses e o Desenho Anglo-holandês   247
  6.4 Após o Término da Licitação   248
       6.4.1 Falência e Não Cumprimento   249
       6.4.2 Regras de Classificação vs. Lances Só de Preços   251
  6.5 Conclusão   253

PARTE 2 LEILÕES MULTIUNIDADES

7 Leilões de Preço Uniforme   263

  7.1 Leilões de Lances Selados com Preço Uniforme   265
       7.1.1 Redução de Demanda   266
       7.1.2 Equilíbrios de Preço Baixo   270
  7.2 Leilões Ascendentes Simultâneos   273
       7.2.1 O Leilão Ascendente Simultâneo e o *Tatonnement* Walrasiano   277
       7.2.2 Leilões Reversos (Klok)   287

7.2.3	Incentivos Estratégicos em Leilões de Preço Uniforme	292
7.2.3.1	O Modelo Básico de Leilão Klok	293
7.2.3.2	O Leilão Klok com Movimento Alternante	296
7.2.3.3	Incentivos Estratégicos com Oferta Elástica	298
7.3 Conclusão		301

8   Leilões em Pacote e Licitação Combinatória   305

    8.1 Leilões Vickrey e o Problema da Monotonicidade   311
        8.1.1 Os Payoffs de Vickrey Limitam Seus Payoffs de Núcleo   314
        8.1.2 Leilões Vickrey e o Enigma da Entrada   315
        8.1.3 Quando os Resultados Vickrey Estão no Núcleo?   316
        8.1.4 Substitua Bens e Resultados de Núcleo   317
        8.1.5 Bens Substitutos e Resultados de Vickrey   321
    8.2 Leilões de Pacote de Primeiro Preço Bernheim-Whinston   325
        8.2.1 Formulação   325
        8.2.2 Estratégias com Metas de Lucros   327
        8.2.3 Equilíbrio e o Núcleo   329
    8.3 Leilões Ascendentes com Lances de Ausentes [Proxy] Ausubel-Milgrom   334
        8.3.1 O Leilão Proxy com Orçamentos Ilimitados   335
            8.3.1.1 Resultados do Proxy São Resultados do Núcleo   336
            8.3.1.2 Estratégias com Meta de Lucro e Equilíbrio   337
            8.3.1.3 O Leilão Proxy Quando os Bens São Substitutos   340
        8.3.2 O Leilão Proxy com Utilidade Não Transferível   341
    8.4 Conclusão   343

Referências   *349*
Índice   *359*

Prefácio

Este livro sintetiza os insights que obtive em minhas aulas, pesquisas e consultoria sobre desenho de leilões. Para mim, as três áreas têm estado interligadas há muito tempo. Elaborei minha tese de doutorado sobre a teoria dos leilões sob a orientação de Robert Wilson, que já aconselhava licitantes sobre como participar de leilões e governos sobre como os projetar. Quinze anos depois, Wilson e eu propusemos práticas que se tornaram a base do desenho dos leilões de espectro da Comissão Federal de Comunicações [Federal Communications Commission — FCC] — o novo desenho de leilões mais influente do século XX. O desenho da FCC foi copiado com variações para vendas de espectro em seis continentes. Enquanto isso, ministrei vários cursos sobre o tema, embora ainda não com o caráter prático que viria a ter.

Comecei a trabalhar neste livro na primavera de 1995, quando apresentei palestras Churchill na Universidade de Cambridge. Essas palestras enfatizaram a história e o desenho dos leilões de espectro realizados pela FCC no início de 1994, além das experiências dos licitantes neles. Wilson e eu tivemos apenas algumas semanas para projetar nosso desenho e fazer recomendações, e meu projeto "Churchill" deveria completar a análise delas ao identificar o tipo de ambiente em que nosso desenho tinha probabilidade de ser eficiente. Devido às circunstâncias, o projeto atrasou, mas ele recebeu um impulso e sofreu uma mudança quando proferi palestras sobre a teoria dos leilões para cursos de Stanford em 1996 e 2000; em Jerusalém, em 1997; e em Harvard e no MIT, em 2001 e em 2002, respectivamente.

Em minha dissertação, de 1978, afirmei que a teoria dos leilões produzia sete resultados importantes. Duas décadas depois, há muitos mais, bem como muitas visões sobre o que é mais importante e como melhor sintetizar essa teoria maravilhosa. O que diferencia minha síntese e a torna mais abrangente e prática do que tentativas anteriores é o fato de ela se basear na teoria da demanda tradicional e em experiências concretas.[1] Reuni parte da teoria dos leilões com a teoria da demanda usando técnicas e conceitos conhecidos: o teorema do envelope, os métodos de estática comparativa e os conceitos de teoria da demanda como substitutos e complementos.

Meu ponto de vista sobre a teoria dos leilões difere em ênfase e método dos de vários colaboradores recentes. No Capítulo 1, descrevo como é possível usar resultados estilizados da teoria dos leilões em um desenho prático. O Capítulo 2 mostra um tratamento diferenciado do leilão Vickrey, que explica como as vantagens teóricas marcantes do leilão são neutralizadas por desvantagens igualmente marcantes, que, muitas vezes, passam despercebidas.

Os Capítulos 3 e 4 desenvolvem os resultados clássicos da teoria dos leilões usando as ferramentas da teoria da demanda comum: o teorema do envelope e as técnicas estáticas comparativas. Isso contrasta fortemente com os livros didáticos de microeconomia, que enfatizam o característico "princípio da revelação" como a ferramenta básica da teoria do desenho de mecanismos (Mas-Colell, Whinston e Green (1995)) — uma ferramenta que não tem paralelo nem relevância na teoria da demanda.

No Capítulo 5, revisito os modelos de leilões com valores interdependentes e informações correlatas para redefini-los nos mesmos termos. Esses novos tratamentos mostram que partes da teoria dos leilões que pareciam difíceis podem ser abordadas com os mesmos métodos.

Minha experiência em consultoria de leilões ensina que novos desenhos inteligentes apenas ocasionalmente estão entre os muitos segredos do sucesso de um leilão. Com muito mais frequência, os segredos são manter os custos das licitações baixos, estimular os licitantes adequados a participar, garantir a integridade do processo e cuidar para que o licitante vencedor pague, ou entregue, o prometido. O Capítulo 6 enfatiza essas considerações,

---

[1] Nos anos após os primeiros leilões da FCC, contribuí para desenhos de leilões de espectro nos Estados Unidos, Alemanha, Austrália e Canadá, desenhos de leilões de eletricidade em Nova Jersey e no Texas, vendas de ativos nos Estados Unidos e no México, e leilões reversos na internet. Minhas sugestões também foram a principal base para o desenho da FCC para o leilão n° 31 — seu primeiro pacote, ou desenho de leilão "combinatório".

em especial as consequências de um acesso livre e os instrumentos disponíveis para o responsável pelo desenho para estimular a entrada dos tipos certos.

Os Capítulos 7 e 8 tratam de uma área do desenho de leilões para a qual a contribuição acadêmica agrega um imenso valor. São os leilões de multiunidades. Eles têm sido usados para espectros de rádio, energia elétrica, títulos do Tesouro e outras aplicações. Os problemas de desenho nesses leilões incluem, além dos habituais, como acertar incentivos e alocações, limitar a complexidade para que os custos incorridos pelos licitantes não sejam muito altos e para que a confiabilidade no sistema seja mantida. Diferentemente de leilões visando um único objeto, nos quais eficiência e receita estão alinhadas, leilões de vários itens envolvem trade-offs radicais. O Capítulo 8, em especial, destaca esses trade-offs e explica como o novo desenho Ausubel-Milgrom busca atingir um consenso prático.

Estou em dívida com muitas pessoas não só por sua colaboração no preparo deste livro, mas por me ajudarem a chegar a este ponto de compreensão de leilões. Robert Wilson me apresentou à teoria dos leilões na pós-graduação, orientou minhas pesquisas para a elaboração da tese e me acompanhou na tarefa de criar o leilão FCC para nosso cliente, a Pacific Bell. Dedico este livro a ele. O pessoal da Pacific Bell, James Tuthill, em especial, foi paciente e determinado em apoiar minha pesquisa aplicada e intercedeu a meu favor na FCC. Evan Kwerel e a equipe da FCC, repetidas vezes, mostraram coragem de serem inovadores, testando nossas novas ideias radicais. Os colegas com quem me aconselhei sobre desenhos de leilões — Larry Ausubel, Peter Cramton, Preston McAfee, John McMillan, Charles Plott e, outra vez, Robert Wilson — incentivaram-me com suas ideias, entusiasmo e inspiração.

Muitas pessoas apoiaram diretamente meus esforços para escrever este livro. Sou especialmente grato a cinco alunos e colegas que leram todo o manuscrito e ofereceram sugestões úteis. Os comentários detalhados e criteriosos do professor Valter Sorana estão evidentes em todo o livro. Minha assistente de pesquisa, Hui Li, muitas vezes sentou-se ao meu lado diante do computador, insistindo em que certas passagens ou argumentos precisavam de maiores detalhes e para que eu deixasse o texto, como dizia, "acessível ao público leigo". Os pós-graduandos de Harvard Parag Pathak e Siva Anantham e o de Stanford Paul Riskind leram o manuscrito e fizeram centenas de sugestões. O universitário Dan Kinnamon leu e comentou partes do manuscrito e me auxiliou com a pesquisa do modelo de compra-preço do Capítulo 6. Também mantive discussões valiosas sobre partes específicas do tema com muitos colegas, incluindo Susan Athey, Larry Ausubel, Jeremy Bulow, Peter Cramton, Paul Klemperer, Evan Kwerel, Benny Moldovanu, Noam Nisan, Motty Perry, Leo Rezende, John Roberts, Al Roth, David Salant, Ilya Segal, Padmanhabhan Srinagesh, Steve Tadelis, Bob Wilson, Lixin Ye e Charles Zheng.

Logo depois de iniciar este trabalho, minha família e eu passamos por um período particularmente difícil, e a ela também sou grato. Sem o amor e apoio da minha mulher, Eva Meyersson Milgrom, e dos meus filhos, Joshua e Elana, eu não teria terminado este livro.

Prólogo

Paul Milgrom exerceu uma enorme influência nas mais recentes e importantes aplicações da teoria dos leilões pelo mesmo motivo que o motivará a ler este livro — clareza de raciocínio e de expressão. Em agosto de 1993, o então presidente Clinton promulgou uma lei que concedia permissão à Comissão Federal de Comunicações para leiloar licenças de espectro e exigia que ela começasse o primeiro leilão no prazo de um ano. Sem experiência com leilões e com um prazo restrito, o comportamento burocrático normal seria o de adotar um desenho de leilão "testado e aprovado". Em 1993, porém, não havia método adequado às circunstâncias — múltiplas licenças com valores interdependentes potencialmente elevados. Eu vinha defendendo o uso de leilões para selecionar licenciados desde 1983, quando me uni à equipe da Agência de Planos e Política da FCC. Quando a legislação sobre leilões finalmente foi aprovada, recebi a tarefa de desenvolver um desenho de leilões.

Uma das primeiras questões sobre desenho de leilões que a FCC considerou foi se deveria usar um mecanismo de lances ascendentes ou um único lance selado. O governo federal fazia leilões com ofertas seladas, principalmente em casos de direitos de valor elevado, como concessões de petróleo e gás offshore. A equipe da FCC acreditava que implementaríamos um leilão de ofertas seladas — que as manteríamos seguras, abriríamos os envelopes e escolheríamos os lances mais altos. Tínhamos dúvidas se poderíamos fazer algo mais complexo. No final, a FCC se decidiu por um mecanismo de lances ascendentes, principalmente porque acreditávamos que oferecer mais informações aos licitantes aumentaria a eficiência e, como mostrado por Milgrom e Weber (1982a), reduziria a maldição do vencedor.

O desenho inicial proposto pela FCC, em setembro de 1993, foi um híbrido de uma oferta ascendente e um leilão de lance selado de primeiro preço. Ele se destinava a tratar da questão controversa sobre a política do adequado escopo geográfico das licenças para os serviços de comunicação pessoal de banda larga (PCS).

Algumas empresas argumentaram que a FCC deveria conceder licenças a nível nacional. Outras, principalmente operadoras de telefonia que foram impedidas de obter licença de PCS e de celular na mesma área geográfica, solicitaram licenças regionais. Para cada um dos dois blocos de espectro nacional, a FCC propôs conduzir um leilão selado com uma única rodada para as 51 licenças como um grupo, seguido por uma série de leilões abertos a viva voz para as mesmas licenças individualmente. Os leilões selados seriam abertos na conclusão dos leilões abertos a viva voz e o espectro concedido ao lance selado maior apenas se excedesse a soma dos lances de cada licença.

A proposta inicial da FCC também discutiu a possibilidade de haver um mecanismo de leilão simultâneo. Se a AirTouch, uma grande operadora de telefonia, não tivesse defendido essa abordagem, ela poderia não ter sido mencionada no *Aviso de Criação de Regras* da FCC de setembro. Em uma reunião comigo, a AirTouch ressaltou que, em um artigo técnico preliminar da FCC de 1985, escrito com Lex Felker, eu tinha sugerido um sistema simplificado de licitação simultânea em que as partes apresentavam lances independentes para diversas licenças.

Em 1985, eu não tinha ideia de como conduzir um leilão simultâneo e, em 1993, estava muito cético quanto à possibilidade de alguém desenvolver uma fórmula que funcionasse e de a FCC implementar um leilão simultâneo factível no período de um ano oferecido pela legislação; contudo, Paul Milgrom e Bob Wilson (da Pacific Bell) e Preston McAfee (da AirTouch) conseguiram que eu mudasse de ideia. As propostas de Milgrom-Wilson e McAfee levaram em conta os limites da complexidade de qualquer opção que a FCC poderia ou implementaria. Todos eles propuseram leilões com preços ascendentes com rodadas de lances separados. Essa abordagem ofereceu grande parte da simplicidade operacional dos leilões de lances selados com a eficiência econômica de um leilão ascendente.

A legislação de 1993 exigia que a FCC criasse regras para leilões dentro de sete meses e os começasse em outros quatro. A FCC poderia ter cumprido as exigências legais dando início a um leilão de lance selado ou a um leilão a viva voz. Então, por que era tão importante começar um leilão simultâneo dentro do prazo legal? Em minha opinião, qualquer método que fosse usado no primeiro leilão da FCC e parecesse ser bem-sucedido se tornaria padrão para todos os leilões futuros, incluindo os de banda larga da PCS. Assim, esforcei-me para encontrar um conjunto de licenças para nosso primeiro leilão que a FCC pudesse aplicar com sucesso usando o desenho de rodadas múltiplas simultâneas. Propus aos altos executivos da FCC que leiloássemos dez licenças de banda estreita da PCS. Esse era um número pequeno o bastante para que implementássemos um leilão simultâneo com sucesso, e as licenças eram valiosas o suficiente para que um sucesso fosse considerado importante, mas não tanto que um fracasso impusesse uma perda inaceitável.

A regra de fechamento tornou-se uma das questões de desenho mais importantes de um leilão simultâneo. McAfee propôs uma regra de fechamento mercado-a-mercado com ajustes nos incrementos dos lances para induzir os mercados a fecharem aproximadamente ao mesmo tempo. Por outro lado, Milgrom e Wilson propuseram uma regra de fechamento simultânea pela qual o leilão fecha para todas as licenças somente depois que uma rodada passou sem nenhum lance. Até então, os lances continuam abertos para todas as licenças. McAfee propôs a regra de fechamento mercado-a--mercado devido a sua simplicidade operacional. A FCC certamente poderia realizar vários leilões de ofertas ascendentes separados em paralelo. Porém, Milgrom argumentou que um fechamento mercado-a-mercado excluiria estratégias de backup eficientes. (Por exemplo, talvez você seja o licitante com a oferta mais elevada para uma licença em várias rodadas enquanto uma licença que é uma substituta para a sua fecha. Se sua oferta foi superada, não há a oportunidade de fazer um lance na licença substituta.) O argumento de Milgrom prevaleceu, e a FCC adotou a regra de fechamento simultâneo, mas não antes de tratar de uma questão estritamente associada a ela.

Um leilão com a regra de fechamento simultâneo, proposta por Milgrom, teria fim? Esse era o pior cenário possível que me preocupava quando conheci Paul Milgrom. Ele tinha ido à FCC para explicar seu desenho de leilão. O leilão com rodadas múltiplas simultâneas com uma regra de fechamento simultâneo era a solução mais adequada que eu tinha visto para leilões de licenças múltiplas que poderiam ter substitutas e complementos. Mas os licitantes poderiam ter um incentivo para recuar enquanto observassem os lances de outros? Nesse caso, como a FCC teria certeza de que o leilão fecharia de modo oportuno? Fiz essa pergunta a Milgrom. Ele tinha pensado no problema e respondeu que, sem perda de eficiência, os licitantes teriam que ficar ativos em, pelo menos, uma licença em cada rodada. Qualquer licitante sério precisaria apresentar um lance alto ou um novo lance aceitável. Com apenas vinte dias entre os Comentários e o prazo final para a Resposta aos Comentários, Milgrom e Wilson desenvolveram essa ideia com base na regra de atividade, que agora a FCC tem usado em todos seus leilões de rodadas múltiplas simultâneas. A regra de atividade Milgrom-Wilson era uma solução adequada e nova para um problema prático e difícil do desenho de leilões. Impôs um custo ao licitante que não fizesse ofertas associando seu nível de elegibilidade em rodadas futuras ao nível de atividade em uma rodada atual. Se um licitante não faz ofertas ativamente em uma porcentagem mínima da quantidade do espectro para o qual é elegível, sofre uma perda permanente de elegibilidade. Isso desencoraja licitantes de recuar, seja para "ficar na espera", seja para fazer conluios a fim de dividir o mercado.

As regras de atividade eram essenciais para que a FCC adotasse o desenho de leilão Milgrom-Wilson. A FCC não suportaria o risco de o leilão se arrastar indefinidamente com poucos lances. Com sua capacidade de aumentar a atividade durante a ação, ele proporcionou à FCC um mecanismo para promover um ritmo de leilão razoável sem sujeitar os licitantes ao risco de um fechamento imprevisto quando ainda quisessem fazer lances adicionais. Sem essa funcionalidade, o leilão de banda larga da PCS poderia terminar após apenas doze rodadas com uma receita de 12% do total real. Devido a uma qualificação inicial menor que a prevista no leilão, o nível inicial da exigência da atividade colocava pouca pressão nos licitantes para fazer novos lances quando houvesse lances em todas as licenças. A licitação quase terminou após dez rodadas, mas aumentou extraordinariamente depois que a FCC aumentou a exigência de atividade na rodada doze.

A conveniência e a coerência da proposta não foram suficientes para torná-la uma venda fácil na FCC. Muitos executivos não eram favoráveis a correr o risco de usar um desenho de leilão desconhecido, e ele parecia muito mais complexo que qualquer leilão de que tinham ouvido falar. A assessora jurídica do presidente Reed Hunt, Diane Cornell, argumentou que o mecanismo, especialmente a regra de atividade, era muito difícil para ser compreendido pelos licitantes. Garanti a ela que desenvolveríamos um software para licitações que calcularia automaticamente exigências de atividade e facilitaria a participação de licitantes. Ao mesmo tempo, não existia tal software, mas, felizmente, conseguimos criar interfaces simples de usar a tempo para o primeiro leilão. Uma preocupação maior foi a de que o leilão pudesse ser um fracasso operacional. Se isso ocorresse, o argumento de que o desenho era teoricamente atraente não contaria muito em uma audiência de supervisão no Congresso. Meu chefe foi muito franco quando me disse que não queria que a FCC fosse um "site de teste beta" para novos desenhos de leilões.

Por que a FCC adotou o desenho de leilão básico Milgrom-Wilson, apesar dessas preocupações? Primeiro, era uma boa política. Ele oferecia aos licitantes flexibilidade e informações suficientes para buscar estratégias de backup, a fim de promover uma atribuição de licenças razoavelmente eficiente, sem muita complexidade, o que impediria a FCC de implementá-lo com sucesso e os licitantes, de o compreender. Porém, uma boa ideia não é suficiente. Se quiserem ser adotadas, boas ideias precisam de bons defensores. Nenhum defensor foi mais convincente do que Paul Milgrom. Ele foi muito persuasivo por causa de sua visão, clareza e economia de expressão, capacidade de compreender e tratar das necessidades da FCC, integridade e desejo por acertar. Conseguiu traduzir sua visão teórica em propostas práticas coerentes e explicá-las de modo simples, sobre como todas as peças se encaixariam. Aprendeu fatos institucionais relevantes e a ouvir. Tinha disposição e capacidade de modificar suas propostas para desfazer as preocupações da FCC sobre a duração do leilão e comportamentos estratégicos destrutivos. Nunca usou técnicas de vendas agressivas, tampouco superestimou os resultados, e, assim, conquistou a confiança da equipe da FCC. Sempre esteve atento às pressões frenéticas de tempo sob as quais a FCC atua com frequência — dispondo-se a falar sobre regras de leilões durante as férias, atender a ligações desesperadas tarde da noite e visitar a FCC de última hora durante o primeiro ano em que desenvolvia o desenho de seu leilão.

Por mais persuasivo que Milgrom fosse, a FCC não estava disposta a arriscar um desenho de leilão tão novo sem a sustentação adicional de apoiadores externos. Um deles foi John McMillan, contratado como consultor pela FCC para realizar uma análise independente de desenhos de leilão alternativos. Seu relatório para a FCC (cuja versão revisada foi publicada no *Journal of Economic Perspectives*, em 1994) mostrou um forte apoio ao desenho Milgrom-Wilson. E sua calma e explicações articuladas tranquilizaram a equipe da FCC de que eles estavam seguindo na direção certa.

Outro aliado foi Preston McAfee, que ajudou a solidificar o apoio ao desenho Milgrom-Wilson, quando disse que o preferia ao desenho simultâneo mais simples que tinha desenvolvido em uma época em que subestimava a capacidade da FCC de implementar um desenho de leilão mais complexo.

Mais importante foi sua sugestão de modificar a proposta Milgrom-Wilson para permitir desistências de lance sujeitas a penalidade. Em uma conferência organizada por Barry Nalebuff em janeiro de 1994 para ajudar a FCC a classificar desenhos de leilão alternativos, McAfee propôs um modo simples de reduzir o risco de exposição enfrentado pelos licitantes com fortes complementaridades. Para desencorajar licitações estratégicas insinceras, o desenho Milgrom-Wilson não permitiu quaisquer desistências de lances. Entretanto, quando um conjunto de licenças vale mais que a soma das licenças individualmente, os licitantes enfrentam o risco de pagar demais por uma parte do pacote de licenças quando o resto é arrematado por outros licitantes. A National Telecommunications and Information Administration [NTIA — Agência Nacional de Telecomunicações e Informações], cujas funções incluem aconselhar a Casa Branca sobre políticas de telecomunicações, propôs um mecanismo de leilão combinatório para abordar essa preocupação. O desenho, baseado no trabalho de Banks, Ledyard e Porter (1989), e desenvolvido em um documento interno pela NTIA, por Mark Bykowsky e Robert Cull, pareceu complexo demais para ser implementado pela FCC no tempo disponível. Como alternativa, McAfee propôs permitir desistências de lances sujeitas a um pagamento igual à diferença entre o lance retirado e o subsequente lance mais alto.

Apesar de a FCC não ter adotado a proposta da NTIA, o fato de ela ter proposto um desenho de leilão simultâneo foi útil para criar apoio ao desenho Milgrom-Wilson. Ela fez o mecanismo parecer um meio-termo razoável entre leilões ascendentes sequenciais e leilões ascendentes simultâneos com lances por pacote. Além dos comentários por escrito, a NTIA, em parceria com a Caltech, patrocinou uma conferência voltada a desenho de leilões que reuniu os profissionais da FCC com experimentalistas acadêmicos e teóricos de jogos. Proposta e organizada por Mark Bykowsky e John Ledyard, a conferência forneceu apoio para o uso de um mecanismo de leilões simultâneos. A demonstração de um mecanismo de leilão combinatório de David Porter proposto pela NTIA ajudou a mostrar a viabilidade de alguma forma de leilão simultâneo eletrônico [online]. Talvez mais importante tivesse sido a apresentação de Charles Plott de evidências experimentais sobre o desempenho relativo de desenhos de leilões sequenciais, simultâneos e combinatórios. Essa pesquisa, patrocinada pela PacTel, por sugestão de Paul Milgrom, ofereceu evidência experimental de que quando havia forte sinergia entre os itens, leilões simultâneos eram melhores do que sequenciais, e leilões combinatórios eram ainda melhores. Com base na teoria e na evidência experimental, Ledyard argumentou de modo convincente que, embora fosse interessante a FCC implementar o mecanismo combinatório que tinha ajudado a desenhar, a FCC teria maiores benefícios com um desenho simultâneo mais simples, semelhante ao proposto por Milgrom e Wilson.

Parte da explicação para a colaboração bem-sucedida entre economistas externos e a FCC para desenhar leilões de espectro foi que a responsabilidade inicial do desenho foi entregue ao Departamento de Planos e Políticas (OPP) da FCC, que segue a tradição de aplicar aspectos econômicos à política pública e tende a ser muito mais aberto a novas abordagens do que os gabinetes operacionais. A OPP vinha defendendo o uso de leilões há mais de dez anos antes da aprovação da legislação sobre leilões e foi um local lógico para uma pequena equipe obtida a partir de toda a organização.

Um dos pilares dessa equipe foi Karen Wrege, gerente de projetos de leilões, que a FCC recrutou da Resolution Trust Corporation. Em 1993, não foi suficiente convencer Reed Hundt, presidente da FCC, de que o desenho de um leilão de rodadas múltiplas simultâneas era a melhor opção. Ele tinha que ser convencido de que a FCC o implementaria no período de um ano imposto pelo Congresso. Karen visualizou como o leilão funcionaria, convenceu Don Gips, do grupo de Hundt, de que daria certo e — como parte de uma equipe incrível da FCC — o fez funcionar. Jerry Vaughan conduziu a equipe com grande coragem por vários momentos aflitivos, como uma completa falha do sistema na noite anterior ao início do leilão n° 3. A equipe era grande demais para que eu mencione aqui todos que merecem crédito, mas alguns que valem uma menção especial por tornar a proposta do desenho de leilão Milgrom-Wilson uma realidade são os advogados Kent Nakamura, Jonathan Cohen e Jackie Chorney, o especialista em tecnologia da informação John Giuli, o oficial contratante Mark Oakey e o economista Greg Rosston.

Grande parte do crédito por implementar os leilões da FCC vai para os contratantes e consultores. A maior parte da programação do sistema de leilão online foi realizada por contratantes externos. Após o primeiro leilão, a FCC contratou um segundo economista teórico, Peter Cramton, para orientar o aperfeiçoamento do desenho e desenvolver uma ferramenta para ajudar os licitantes e a FCC a monitorar o progresso do leilão. Também contratamos uma equipe de economistas experimentais da Caltech: Charlie Plott, John Ledyard e Dave Porter. Sem a ajuda de Plott e Antonio Rangel, aluno do primeiro ano da pós-graduação, o contratante para o primeiro leilão da FCC talvez não tivesse conseguido traduzir as regras de leilão da FCC para um código de software. A Caltech também testou o software usado no primeiro e no segundo leilões de banda estreita da PCS. Como parte de seu "teste de tortura", eles pagaram a participantes do experimento um bônus para qualquer erro que encontrassem no software. A Caltech também desenvolveu um método inteligente de conferir manualmente os cálculos durante o primeiro leilão da FCC. Executado em paralelo por Rangel com o sistema de leilão online, isso também ofereceu um backup manual que poderia ser posto em ação caso o sistema eletrônico falhasse. Felizmente, isso não ocorreu.

O primeiro leilão simultâneo de rodadas múltiplas começou em 25 de julho de 1994, no Blue Room [Salão Azul], do Omni Shoreham Hotel, em Washington, DC. A licitação foi conduzida eletronicamente no local. Apesar do teste do software, houve um pouco de receio sobre seu bom funcionamento. Houve uma preocupação especial sobre o software para o estágio II da regra de atividade. O programador-chefe do contratante que desenvolveu o software e o executaria durante o leilão disse: "Tenho certeza de que o software funcionará no estágio II, mas não o testei." Nunca descobrimos, porque o leilão foi fechado no estágio I. A cada rodada, a FCC decidiu como definir os incrementos dos lances para cada licença. Tivemos um comitê de três consultores para nos orientar: John McMillan, teórico; Charlie Plott, experimentalista; e Bill Stevenson, leiloeiro. Tínhamos cinco dias para completar o leilão antes de sermos expulsos do salão que seria usado para um casamento. Houve muita discussão sobre o tamanho dos incrementos dos lances, a duração das rodadas e se passaríamos ao estágio II da regra de atividade. Resultado, com algumas licenças, competição vigorosa e licitantes no local, o leilão terminou depois de 47 rodadas e 5 dias, a tempo para o casamento no Salão Azul.

Talvez o maior herói responsável por colocar a teoria de leilões em ação tenha sido o presidente da FCC, Reed Hundt. Ele desafiou a tendência tradicional das burocracias do governo de fazer o que fosse seguro, mesmo que não fosse o melhor. Ele sempre quis saber: "O que a teoria econômica nos diz?" Sempre buscou praticar seu lema favorito: "Faça a coisa certa." Mas, sem economistas teóricos como Paul Milgrom, não havia como saber o que isso era.

Evan Kwerel
Janeiro de 2003

CAPÍTULO UM

Começando a Trabalhar

A era de aplicar a teoria de leilões começou em 1993-1994, com o desenho e operação dos leilões do espectro de radiofrequência nos Estados Unidos. Embora a teoria econômica dos leilões tivesse se iniciado nos anos de 1960, as primeiras pesquisas exerceram pouca influência na prática. Desde 1994, os teóricos de leilões projetaram vendas de espectro para países de seis continentes, de energia elétrica nos Estados Unidos e na Europa, de créditos de carbono, de madeira e de vários ativos. Em 1996, a teoria dos leilões tinha se tornado tão influente que seu fundador, William Vickrey, recebeu o Prêmio Nobel de Ciências Econômicas. Em 2000, a comemoração do 50° aniversário da Fundação Nacional da Ciência dos EUA incluiu o sucesso dos leilões de espectro dos EUA para justificar seu apoio a pesquisas fundamentais em temas como a teoria dos jogos. No final de 2001, apenas anos após o primeiro dos grandes leilões modernos, os desenhos dos teóricos tinham impulsionado vendas no mundo todo em um total superior a US$100 bilhões. Os primeiros leilões de espectro nos EUA atingiram um padrão mundial com suas características mais importantes expressas em todos os novos desenhos.

Em 1993, esses avanços pareciam improváveis. Ainda hoje, a teoria dos jogos na economia é tema de debates acalorados. A teoria dos leilões, que gerava suas principais previsões como se fossem de jogos, herdou a controvérsia. No Congresso Mundial da Sociedade de Econometria, em 1985, o debate surgiu entre pesquisadores que estudavam barganhas, que eram céticos de que a teoria dos jogos explicaria grande parte delas ou seria útil para melhorar seus protocolos, e os que investigavam leilões e organização industrial que acreditavam que a teoria dos jogos esclarecia seus estudos. Embora a teoria dos jogos ganhasse proeminência nos anos de 1980 e tivesse começado a influenciar as principais referências de pós-graduação no início dos anos de 1990, não havia consenso sobre sua relevância em 1994, quando a Comissão Federal de Comunicações realizou o primeiro dos novos leilões de espectro.

Os fundamentos tradicionais da teoria dos jogos incorporam suposições rigorosas sobre a racionalidade dos participantes e a precisão de suas expectativas, que não são práticas. No entanto, com base em dados de campo e de laboratório, é difícil contestar as contribuições da teoria dos leilões. Suas previsões qualitativas foram bem-sucedidas para explicar padrões de licitações de petróleo e gás[1] e também se saíram bem em outros estudos empíricos. Testes de economia em laboratório da teoria dos leilões revelaram muitas quebras das teorias mais detalhadas, mas várias tendências essenciais previstas pela teoria encontram um significativo apoio experimental.[2] Tomadas como um todo, essas descobertas indicam que, apesar de as teorias existentes precisarem de aprimoramento, captam características das licitações atuais. Para os criadores de desenhos de leilões, a lição é que a teoria é útil, mas precisa ser complementada por experimentos para testar a aplicabilidade das principais proposições, e por avaliações práticas e corroboradas pela experiência.

Quaisquer que fossem as dúvidas na academia sobre as imperfeições da teoria dos jogos, o histórico de casos extraordinários dos novos leilões chamou a atenção do público. Um artigo do *New York Times*, de 1995, saudou um dos primeiros leilões de espectro dos EUA[3] como "O Maior Leilão de Todos os Tempos".[4] O leilão de espectro britânico de 2000, que arrecadou cerca de US$34 bilhões, rendeu a um de seus criadores de desenhos acadêmicos[5] uma condecoração da Rainha e a "Ordem do Império Britânico". No mesmo período, teóricos de jogos também usaram seus conhecimentos em outra aplicação importante. O Programa Nacional de Correspondência de Residentes, pelo qual 20 mil médicos dos EUA encontram programas de residência hospitalar todos os anos, implementou um novo desenho em 1998 com a ajuda do economista teórico Alvin Roth. Em meados dos anos 1990, 35 anos de pesquisas econômicas teóricas sobre pormenores do desenho do mercado finalmente produziram frutos práticos.

---

[1] Veja Hendricks, Porter e Wilson (1994).

[2] Veja Kagel (1995).

[3] O desenho se baseou em sugestões de Preston McAfee, Paul Milgrom e Robert Wilson.

[4] William Safire, "The Greatest Auction Ever", *New York Times*, 16 de março de 1995, pág. A17, comentando o leilão nº 4 da FCC.

[5] Os principais criadores de desenhos foram os professores Ken Binmore e Paul Klemperer. Eles relatam o leilão em Binmore e Klemperer (2002). Foi Binmore quem a Rainha da Inglaterra condecorou com um título.

1.1 A Política Prepara o Terreno

Para a maioria dos estudiosos do setor de telecomunicações, a principal contribuição dos leilões de espectro nos EUA foi o uso de um mecanismo de mercado. Direitos de espectro (licenças) nos Estados Unidos e em muitos outros países há tempos eram atribuídos em *audiências comparativas*, nas quais os reguladores comparavam propostas para decidir qual candidato usaria o espectro da melhor forma. O processo estava longe de ser objetivo: envolvia advogados e lobistas que argumentavam que seus planos e clientes eram mais merecedores de uma licença do governo valiosa, mas livre.[6] Com seus procedimentos e recursos formais, uma audiência comparativa levava anos para ser concluída. Em 1982, a necessidade de alocar muitas licenças para telefones celulares no mercado dos EUA sobrecarregou o aparato regulatório, de modo que o Congresso concordou em permitir que licenças fossem atribuídas ao acaso entre os requerentes por sorteio.

O sorteio acelerou o processo de aprovação de licenças, mas criou uma série de problemas. Os vencedores estavam livres para revender suas licenças, estimulando milhares de novos requerentes a se candidatar a licenças e recompensando muitos com prêmios de milhões de dólares ao acaso. Os vencedores eram simples especuladores sem experiência no setor de telefonia e sem intenção de atuar nele. Recursos econômicos foram desperdiçados em grande escala, no processamento de milhares de requisições e na consequente necessidade das operadoras de redes sem fio negociarem e comprarem licenças desses especuladores. Os sorteios de pequenas licenças contribuíram para a fragmentação geográfica do setor de celulares, retardando a introdução de serviços de telefonia móvel nos Estados Unidos.

Era necessário um processo melhor, e, em 1993, o Congresso autorizou os leilões como resposta. A organização do mercado de leilões para o espectro de radiodifusão foi deixada para a Comissão Federal de Comunicações (FCC).

1.2 Desenho para Metas Múltiplas

O Congresso forneceu instruções para a FCC conduzir os novos leilões de espectro. Uma delas foi a de que os primeiros leilões deveriam começar até julho de 1994. Uma segunda exigia que ela promovesse uma ampla participação do novo setor. No início, a FCC respondeu à segunda instrução concedendo créditos de leilão e prazos de financiamento favoráveis para pequenas empresas e negócios controlados por mulheres e outras minorias, para

---

[6] O processo já foi caracterizado por um encarregado FCC como "O equivalente da Ordália na FCC" (conforme citado por Kwerel e Felker — 1985).

reduzir o custo de quaisquer licenças adquiridas por eles. O estatuto também especificou que o processo do leilão deveria promover o "uso eficiente e intensivo" do espectro de radiodifusão, em contraste com o uso fragmentado promovido pelo sistema de sorteio. O significado da palavra "eficiente" foi tema de debate, mas acabou por ser encarado em termos econômicos. Nas palavras do vice-presidente Albert Gore, significava "colocar licenças nas mãos de quem mais as valorizam".[7]

Há uma forte tradição em economia que alega que indivíduos e empresas, deixados por conta própria e atuando em uma conjuntura legal saudável, tendem a implementar alocações eficientes. Afirma-se que, quando os recursos são alocados de modo ineficiente, é possível que as partes envolvidas no processo se associem para que todos se saiam melhor. Assim, agindo de acordo com o interesse de todos, as partes tendem a eliminar ineficiências sempre que possível. Esse argumento tradicional mostra mais força quando as partes sabem o que é necessário e não têm problemas para negociar como dividir os ganhos criados pelo acordo. No espectro de radiofrequência, com milhares de licenças e centenas de participantes envolvidos, computar apenas uma alocação já é um problema muito difícil, e conseguir que os participantes revelem as informações necessárias sobre seus valores para fazer esse cômputo, impossível. Comparado ao desenvolvimento de um padrão universal (GSM) para telefones celulares na Europa, o sistema fragmentado que surgiu nos Estados Unidos mostra que o sistema de sorteio não levou a alocações de espectro eficientes. Com tantas partes e interesses envolvidos, o mercado levou muitos anos para se recuperar da fragmentação inicial da propriedade do espectro. Durante esses anos, houve uma desaceleração nos investimentos e degradação dos serviços ao consumidor. Acertar na alocação na primeira vez é importante. Conseguir isso com um sistema de leilão exigia uma abordagem diferente e inovadora.

A FCC, a quem a lei encarregara do desenho e da gestão de leilões de espectro, não tinha experiência na atividade. Dentro da FCC, a tarefa do desenho foi designada a um grupo liderado pelo Dr. Evan Kwerel, economista e antigo defensor do uso de leilões para alocar licenças de espectro.[8]

Como qualquer outra decisão importante na FCC, a referente ao desenho de leilões deveria se basear em um registro público adequado — uma exigência que a obrigaria a percorrer uma longa série de etapas. Ela precisaria redigir e publicar a regra proposta, aguardar um período para Comentários e outro para Resposta a Comentários, reunir-se com as partes interessadas para discutir e esclarecer pontos divergentes, resolvê-los, publicar uma

---

[7] Citado no discurso do vice-presidente Gore no início do leilão nº 4 da FCC.

[8] A defesa inicial de Kwerel é explicada em Kwerel e Felker (1985).

norma, considerar recursos e, finalmente, realizar o leilão. Organizar etapas desse modo tende a reprimir as inovações, mas não foi o que ocorreu. Sem orientação política sobre que tipo de leilão fazer, sem especialistas internos fazendo lobby de suas próprias soluções e sem nenhuma base tradicional sobre como um leilão deveria ser realizado, o Dr. Kwerel teve uma liberdade incomum para avaliar uma ampla série de alternativas.

Kwerel redigiu um aviso preliminar propondo uma norma de leilão complexa. Os participantes do setor, espantados com a proposta inédita e com pouca experiência e conhecimento, procuraram orientação com consultores acadêmicos. Esses consultores geraram inúmeras sugestões, e a FCC contratou seu próprio especialista acadêmico, John McMillan, para ajudá-la a avaliar os desenhos propostos. No final, Kwerel preferiu um tipo de leilão ascendente simultâneo, baseado, em grande parte, em uma proposta minha e de Robert Wilson, e em uma proposta semelhante de Preston McAfee. As normas Milgrom-Wilson-McAfee exigiam um leilão ascendente de rodadas múltiplas simultâneas.[9] Esse tipo de leilão visa itens múltiplos, para os quais os lances ocorrem em uma série de rodadas. Em cada rodada, os licitantes fazem lances fechados para tantas licenças de espectro quantas queiram comprar. No final de cada rodada, o *lance alto permanente* para cada licença é postado com os lances mínimos para a próxima rodada, que são computados adicionando-se um incremento predeterminado, como 5% ou 10%, aos lances altos permanentes. Esses lances altos permanentes continuam em vigor até serem ultrapassados ou retirados.[10] Uma *regra de atividade* limita a capacidade de o licitante aumentar sua atividade no final do leilão, sendo um incentivo para ele dar lances no início do leilão. Por exemplo, um licitante que participou ativamente de dez licenças não pode começar a oferecer onze no final do leilão.

A teoria dos leilões ascendentes simultâneos funciona melhor quando as licenças vendidas são substitutas. Ao longo do leilão, à medida que os preços sobem, os licitantes que são ultrapassados podem trocar seus lances para licenças mais baratas, o que possibilita uma arbitragem eficiente das licenças substitutas. Uma das características práticas mais óbvias desses leilões —

---

[9] A principal diferença foi que o desenho Milgrom-Wilson propôs que as características vigentes das licitações de todas as licenças ficariam abertas até o final do leilão, com o progresso garantido pela regra de atividade de Milgrom. O desenho de McAfee não tinha regra de atividade e garantia o progresso do leilão no lance de fechamento de cada licença em separado após um período sem novos lances nessa licença.

[10] Um licitante que retira o lance paga uma multa igual à diferença, se positiva, entre o preço final de venda da licença e o valor do lance retirado. Se o preço final exceder seu lance, nenhuma multa será paga.

que não é partilhada por desenhos mais antigos — é que as licenças que são substitutas próximas são vendidas por preços também próximos.

A recepção inicial à recomendação de Kwerel foi de ceticismo. O leilão proposto era inesperadamente complicado, e Reed Hundt, presidente da FCC, buscou orientação com outros profissionais da Comissão: se vocês pudessem escolher qualquer desenho, qual seria? Ele perguntou aos que o executariam: Isso pode mesmo funcionar? Mesmo no curto tempo disponível para prepará-lo? Com o aval de sua equipe, o presidente Hundt decidiu assumir o risco de adotar um novo desenho de leilão.

1.2.1 Substitutos e Complementos

Leilões são processos para alocar bens entre os licitantes, então o desafio do desenho de um leilão só pode ser entendido ao se estudarem as demandas dos participantes. No leilão inicial da PCS, havia três grupos de licitantes. O primeiro incluía empresas de serviços de longa distância sem atuação no segmento wireless. Essas empresas, incluindo a MCI e a Sprint, planejavam entrar no segmento em escala nacional. Cada uma desejava adquirir uma licença, ou licenças, que cobrisse todos os Estados Unidos, o que lhes possibilitaria combinar o serviço wireless com o de longa distância em um pacote atraente e lucrativo para os consumidores, e oferecê-lo em todos os lugares.

Um segundo grupo abrangia empresas de serviço wireless, incluindo a AT&T, algumas filiais regionais da Bell e outras. As empresas desse grupo já possuíam ou controlavam licenças que lhes permitiam oferecer serviços a partes do país. Seu objetivo no leilão era adquirir licenças que cobrissem as várias lacunas em sua cobertura e se expandir para novas regiões ou talvez todo o país. Essas empresas representavam um desafio regulatório para a FCC, que queria permitir que elas atendessem a suas necessidades legítimas de negócios sem obter controle de um espectro suficiente para manipular os preços do mercado. Para evitar isso, a FCC impôs limites sobre o espectro que as empresas poderiam controlar em determinada área geográfica. As operadoras de serviço wireless ativas seriam inelegíveis para lances da licença nacional da PCS do tipo que era concedida em países europeus. Do ponto de vista da MCI, isso significava que uma licença nacional poderia ser comprada por um preço menor no leilão, então, ela tentou influenciar a FCC a estruturar as novas licenças dessa forma.

O último grupo consistia principalmente de novos participantes sem negócios no setor wireless. Alguns, como a Pacific Bell, da Califórnia, eram bem grandes. Essas companhias procuravam licenças ou pacotes que cobrissem amplos mercados regionais, mas não todo o país.

Uma das primeiras lições a serem aprendidas desse excerto é que o jogo do leilão começa muito antes do leilão em si. O escopo e os termos das licenças do espectro podem até ser mais importantes do que as regras para determinar a alocação, porque uma licença pode atender diretamente às necessidades de alguns licitantes, ao mesmo tempo em que são inúteis para outros. Para os leilões atuais da PCS, a licença oferece ao dono o direito de transmitir e receber sinais de rádio adequados para serviços de telefonia celular em uma determinada banda de radiofrequência e área geográfica. Essas especificações de licença limitavam possíveis alocações de espectro. Por exemplo, suponha que três licenças que cubram as áreas A, B e C estejam à venda. Se um licitante quisesse a licença com cobertura da área A e metade da B, enquanto outro, a licença com cobertura da área C e da outra metade da B, as especificações da licença evitavam que cada licitante adquirisse a melhor alocação dela. Uma tarefa do desenvolvedor do desenho de leilões é promover a melhor alocação possível (mais "eficiente"), sujeita a tais limitações.

Atingir eficiência envolve várias complicações sutis. Uma determinada licença pode ser útil para um licitante por excluir entradas e aumentar o poder de monopólio, mas para outro porque o comprador a usaria para criar serviços importantes. Ao comparar a eficiência das alocações, somente o segundo tipo de valor conta, mas licitantes não respeitam essa diferença quando apresentam os lances. O valor de uma licença para um licitante depende não só da licença em si, mas também das identidades dos outros licenciados e das tecnologias que usam. Por exemplo, as identidades dos licenciados podem afetar seus "arranjos de roaming" — o que permite aos clientes usar os serviços de outra empresa quando entram na área de sua licença. Uma terceira complicação é que os licitantes podem precisar reunir informações mesmo para determinar seus prováveis lucros a partir de vários arranjos, por exemplo, porque os licitantes têm diferentes informações sobre a tecnologia disponível ou demanda prevista.

Mas a barreira fundamental à eficiência mais discutida entre os desenvolvedores de desenho de leilão da FCC se referia ao *problema dos pacotes*. O valor de uma licença não é fixo; ele geralmente depende das outras licenças que o licitante recebe. Por exemplo, um licitante poder estar disposto a pagar muito mais por licença em um pacote de, digamos, cinco ou seis licenças do que por um menor ou maior.[11] Até que o licitante saiba quais são todas as licenças que terá, não poderá dizer quanto qualquer uma delas vale.

Pense na situação em que há duas licenças. Se adquirir uma delas faz o licitante se dispor a pagar menos pela segunda, as licenças são *substitutas*. Se adquirir uma o faz se dispor a pagar mais pela segunda, elas são *complementares*. Com mais de duas licenças, há outras possibilidades importantes, e isso aumenta em muito a complexidade do verdadeiro problema do leilão. Por exemplo, se há três licenças — digamos, A, B e C —, e um determinado licitante antecipa precisar de exatamente duas delas para estabelecer seu negócio, então A e B são complementares se o licitante não adquiriu C, mas substitutas se já a adquiriu. No entanto, a maioria das discussões econômicas do desenho de leilões é organizada enfatizando-se os dois casos puros.

Leilões recentes concebidos por teóricos da economia diferem dos de seus predecessores pela forma com que lidam com os problemas de substitutos e complementos. Nossas análises posteriores mostrarão que alguns dos novos desenhos lidam efetivamente com casos em que os itens a serem comercializados são substitutos, mas que todos os leilões mostram um desempenho muito inferior quando as licenças podem ser substitutas ou complementares. O desempenho deficiente tem vários problemas, incluindo perda de eficiência dos resultados, receitas baixas não competitivas, vulnerabilidade a conluios, complexidade para os licitantes e demora para o encerramento.

Para ilustrar como interdependências de valor afetam o desenho adequado, veremos um estudo de caso no qual a questão recebeu pouca atenção.

1.2.2 O Leilão de Direitos da Nova Zelândia

A Nova Zelândia realizou seus primeiros leilões de direitos de uso do espectro de rádio em 1990. Alguns assumiram a forma tradicional de direitos de *licença de uso* do espectro a fim de oferecer um serviço específico, como o direito de transmissão de sinais de televisão usando a frequência. Outros consistiam em *direitos de gestão*, segundo os quais o comprador pode decidir como usar o espectro, escolhendo, por exemplo, transmissões de televisão, telefonia wireless, *paging* ou algum outro serviço. Em teoria, quando os direitos de gestão são vendidos, interesses privados têm um incentivo de alocar espectros aos usos mais lucrativos, mas o problema de coordenar usos entre licenciados também pode se tornar mais complexo.

---

[11] Um exemplo ocorreu no leilão de espectro nos Países Baixos, em 1998, quando a maioria das licenças era para pequenas quantidades de largura de banda. Esperava-se que novos participantes precisassem de cinco ou seis dessas licenças para atingir uma escala eficiente e fazer a entrada valer a pena.

Orientado por uma empresa de consultoria — NERA —, o governo da Nova Zelândia adotou um *leilão selado de segundo preço* para suas quatro primeiras vendas de leilão. Como descritas originalmente por Vickrey (1961), as regras de leilão de segundo preço são estas: Cada licitante apresenta um lance selado. Então, a licença é concedida ao licitante com oferta mais alta para um preço igual ao segundo lance mais alto, ou o preço de reserva se apenas um lance elegível for feito. O leilão tem esse nome porque o segundo lance mais alto determina o preço.

A ideia do leilão selado de segundo preço parece estranha a muitas pessoas quando ouvem falar dele pela primeira vez, mas uma análise mais atenta mostra que ele não é nada estranho. Na verdade, ele implementa uma versão do leilão ascendente (inglês)[12] semelhante ao usado na Amazon.[13]

Em um leilão ascendente, se o licitante tem certeza sobre o valor do item, planeja até onde seu lance pode chegar — uma quantia que chamamos de *valor de reserva*. Em sites como eBay e Amazon, o licitante pode usar o *proxy bidding* [algo como uma programação automática para dar lances — lance por procuração] para executar a *estratégia de reserva de valor*. O *proxy* continua a superar o lance mais alto atual a favor do licitante enquanto ele for menor que o valor de reserva especificado. Se todos fizerem lances dessa forma, o resultado será a conclusão da concorrência quando o preço chegar ao segundo valor de reserva mais alto, ou perto dele (com diferenças devidas ao incremento mínimo do lance). Se todos adotarem essa estratégia de reserva de valor, o leilão ascendente será quase o mesmo que um leilão de segundo preço.

É fácil tecer considerações estratégicas sobre um leilão de segundo preço: cada licitante deve definir seu valor de reserva correspondente ao que o objeto vale para ele. Se o lance mais alto dos outros licitantes for maior do que esse valor, ele só pode apresentar seu valor de reserva, porque não há lance que ele faça que venceria o leilão com lucro. Se, em vez disso, o lance concorrente mais alto for menor que seu valor, definir seu valor de reserva dessa forma o faz vencer e fixa o preço no lance do concorrente, que é o melhor resultado que qualquer lance poderia atingir. Assim, independentemente dos lances feitos pelos outros, definir um valor de reserva igual

---

[12] O tipo mais comum de leilão ascendente (inglês) é aquele em que o leiloeiro anuncia lances cada vez maiores e os licitantes saem quando não estão mais dispostos a pagar acima de determinado preço. O leilão termina quando resta apenas um licitante. Como o vencedor deve pagar o preço de fechamento, é ideal que cada licitante permaneça no leilão apenas até que o preço atual seja igual a seu valor ("valor de reserva") para o item, e não superior.

[13] O eBay também realiza um leilão parecido, mas seu fechamento fixo envolve questões de jogo adicionais, como descrito por Roth e Ockenfels (2000).

ao do valor atual do licitante sempre o faz ganhar, pelo menos tanto quanto qualquer outra oferta.

O leilão selado de segundo preço apresenta duas vantagens em relação aos demais desenhos. Primeiro, ele duplica o resultado de um leilão ascendente com pequenos incrementos nos lances, mas sem exigir que os licitantes se reúnam ou contratem agentes para representá-los em sua ausência. Segundo, apresenta a cada licitante um problema simples de lance estratégico: cada um precisa apenas determinar seu valor de reserva e apresentá-lo. Isso também significa que não é necessário que qualquer licitante faça estimativas sobre a quantidade de outros licitantes ou seus valores, pois eles não têm relação com o lance ideal para um licitante analítico.

O leilão de segundo preço tem uma extensão simples para vendas de itens múltiplos idênticos e, também, por levar em conta um tipo de leilão ascendente específico. Por exemplo, suponha que haja uma regra de leilão com sete itens idênticos à venda para serem concedidos aos sete lances maiores em um leilão ascendente a viva voz. Novamente, os licitantes devem adotar estratégias de reserva de valor com sensatez, fazendo lances apenas suficientes para ficar entre os sete maiores e saindo quando o lance exigido ultrapassar o seu valor. Uma análise semelhante à anterior leva à conclusão de que os itens serão destinados aos sete licitantes com os valores mais altos para preços aproximadamente iguais ao oitavo valor mais alto. Para reproduzir isso em um leilão de lance selado, a regra é conceder itens com um preço uniforme igual ao maior lance rejeitado. Nesse leilão, a orientação para os licitantes é simples: "Ofereça o maior lance que puder pagar." Uma regra semelhante de preço uniforme é às vezes usada na venda de Títulos do Tesouro dos EUA.[14]

Na Nova Zelândia, o governo estava vendendo licenças essencialmente idênticas para transmissão de sinal de televisão. Por orientação de seus consultores, ele não adotou essa regra do maior lance rejeitado, mas escolheu realizar leilões selados de segundo preço para cada licença. As regras de segundo preço da Nova Zelândia funcionariam bem apenas em um caso: quando os valores dos itens fossem independentes — nem substitutos, nem complementares. No leilão real da Nova Zelândia, teria sido difícil dar uma boa orientação aos licitantes. Um licitante deveria fazer um lance para apenas uma licença? Nesse caso, para qual? Se todos os demais decidissem fazer lances apenas para uma licença e as escolhessem ao acaso, talvez houvesse licenças que não atrairiam nenhum lance. Fazer lances menores para cada licença é uma boa estratégia. Por outro lado, se muitos espalham pequenos lances dessa forma, fazer um lance moderado para uma única licença tem

---

[14] A regra do Tesouro define um preço uniforme igual ao menor lance aceito.

uma grande chance de sucesso. Com licenças que são substitutas ou complementares, leilões independentes inevitavelmente envolvem suposições por parte dos licitantes que interferem em uma alocação eficiente.

O resultado do primeiro leilão da Nova Zelândia é mostrado na Tabela 1. Observe que um licitante, a Sky Network TV, consistentemente fez ofertas e pagou muito mais por suas licenças que outros participantes. O Totalisator Agency Board [organizações totalizadoras de monopólio na Austrália e na Nova Zelândia], que fez a oferta de NZ$401mil para cada uma das seis licenças, adquiriu apenas uma, ao preço de NZ$100 mil, enquanto a BCL, que ofereceu NZ$255 mil por apenas uma licença, pagou NZ$200 mil por ela. Sem saber os valores exatos das várias licenças para os licitantes, é impossível ter certeza de que a concessão da licença resultante seria ineficiente, mas o resultado certamente confirma que os licitantes não podem adivinhar os comportamentos uns dos outros. Se a Sky Network, BCL ou a United Christian tivessem adivinhado o padrão de preços, teriam mudado as licenças para as quais fizeram oferta. Os dados de lances mostram pouca conexão entre as demandas expressas pelos licitantes, a quantidade de licenças que adquiriram e os preços que acabaram pagando, sugerindo que o resultado foi ineficiente.

Tabela 1. Licitantes Vencedores para os Lotes Nacionais de UHF: Direitos de Licença 8MHz

Lote	Licitante Vencedor	Melhor Lance (NZ$)	Segundo Lance(NZ$)
1	Sky Network TV	2.371.000	401 mil
2	Sky Network TV	2.273.000	401 mil
3	Sky Network TV	2.273.000	401 mil
4	BCL	255.124	200 mil
5	Sky Network TV	1.121.000	401 mil
6	Totalisator Agency Board	401 mil	100 mil
7	United Christian Broadcast	685.200	401 mil

Fonte: Hazlett (1998).

Um segundo problema foi até mais constrangedor para as autoridades do governo da Nova Zelândia.[15] McMillan (1994) descreveu-o como segue: "Em um caso extremo, uma empresa que ofereceu NZ$100 mil pagou o segundo lance mais alto, de NZ$6. Em outro, o lance mais alto foi de NZ$7 milhões e o segundo, NZ$5 mil." A receita total, que seria de NZ250 milhões segundo

---

[15] Para maiores detalhes, veja Mueller (1993).

previsão dos consultores, foi de apenas NZ$36 milhões. As regras do segundo preço permitiram a observadores públicos obter uma boa estimativa dos lucros do licitante vencedor, que eram muitas vezes mais altos que o preço. Para evitar mais constrangimentos, o governo passou do formato de lance selado de segundo preço para o selado de *primeiro preço*, mais padronizado, no qual o licitante com oferta maior paga o valor do próprio lance. Como veremos neste livro, isso não garantiu preços mais altos. Contudo, ocultou os lucros dos licitantes da curiosidade do público.

A mudança no formato do leilão ainda falhou em tratar de problemas de desenho mais graves. Leilões separados com várias licenças à venda que podem ser substitutas ou complementares obrigam uma escolha entre os riscos de adquirir muitas licenças e de adquirir poucas, deixando um jogo de adivinhação para os licitantes e um grande peso para a sorte. Alocações são desnecessariamente aleatórias, fazendo as licenças serem raramente designadas aos licitantes que mais as valorizam.

1.2.3 Desenhos de Leilão Melhores

No caso da Nova Zelândia, desenhos de leilão alternativos teriam tido um resultado melhor. O governo poderia ter copiado o desenho holandês dos leilões de flores. O vencedor da primeira rodada teria adquirido tantos lotes quanto desejasse ao preço vencedor. Depois, o direito de escolher seria vendido para a próxima rodada do leilão, e assim por diante. Nenhum licitante seria obrigado a adivinhar para quais licenças fazer ofertas. Cada licitante teria a certeza de que, se vencesse, receberia a quantidade de lotes ou licenças previstas por seu plano de negócios ao preço do lance escolhido.

Também há outros desenhos que limitam a adivinhação enfrentada pelos licitantes. Um leilão online comum nos EUA permite que os licitantes especifiquem o preço e a quantidade desejada. Os lances mais altos (ou, no caso de empate, os primeiros) conseguem adquirir todos os itens, enquanto só o último lance vencedor corre o risco de ter que se contentar com parte dos itens. Como no caso do leilão holandês, a eficiência aumenta, porque não é necessário avaliar em que licenças fazer ofertas, e as regras reduzem o risco de *exposição* que o licitante enfrenta ao adquirir licenças com prejuízo porque comprou poucas para construir um sistema com uma escala suficiente.

1.2.4 O Desenho da FCC e Sua Progênie

Nas circunstâncias do grande leilão da PCA na FCC, era óbvio que algumas licenças seriam substitutas. Por exemplo, haveria duas licenças disponíveis para fornecer serviços da PCS na área de São Francisco. Como as duas licenças tinham características técnicas quase idênticas e, por motivos antitruste, nenhum licitante poderia adquirir ambas, as licenças eram necessariamente substitutas. O argumento de que algumas licenças eram complementos surgiu, mas sua força foi reduzida pelo grande escopo geográficos delas.[16]

Como no caso da Nova Zelândia, o principal problema do desenho era minimizar a adivinhação, permitindo aos licitantes escolherem licenças substitutas com base em seus preços. Quando bens substitutos são vendidos em sequência, em lances selados ou em um leilão ascendente, a empresa que apresenta um lance pelo primeiro item precisa estimar o preço que terá que pagar depois se esperar para comprar o segundo, terceiro ou quarto. Estimativas incorretas permitem a licitantes com valores pequenos vencer os primeiros itens, levando a uma alocação ineficiente. Com esse problema em mente, as regras finais determinaram que as licenças seriam todas vendidas de uma vez, em um único leilão ascendente aberto, durante o qual os licitantes poderiam fazer ofertas em qualquer licença e monitorar os lances em todas elas. A abertura do processo eliminaria as suposições, permitindo aos licitantes trocar substitutos e promover preços iguais para licenças substitutas perfeitas.

Para que o leilão funcione dessa forma, os lances em todas as licenças precisam permanecer abertos até que nenhum novo lance seja recebido, mas isso gera uma nova questão. Na pior das hipóteses, o leilão se arrasta interminavelmente enquanto cada licitante faz o lance apenas para uma licença por vez, mesmo quando estava interessado em comprar, talvez, cem licenças. Para reduzir esse risco, a FCC adotou minha *regra de atividade*. A aplicação geral de uma regra de atividade envolve dois conceitos básicos: elegibilidade e atividade. A atividade de um licitante em qualquer rodada é a *quantidade* de licenças para as quais apresentou novos lances na rodada ou fez o lance mais alto no início dela. No exemplo citado, a quantidade é só o número de licenças para as quais é feito um lance, mas outras medidas de quantidade, incluindo a largura de banda total das licenças com propostas ou a largura de banda multiplicada pela população coberta, também tem sido usada. A regra especifica que a atividade total em uma rodada nunca pode exceder sua elegibilidade. A elegibilidade inicial do licitante, aplicável à primeira rodada do leilão, é estabelecida ao se preencher um formulário e pagar um depósito antes de a licitação começar. Sua elegibilidade em

---

[16] O Dr. Mark Bykowsky, da Administração Nacional de Telecomunicações e Informações (NTIA), foi um veemente defensor da opinião de que as licenças poderiam ser complementares e propôs um desenho de leilão de pacote complexo para acomodar essa possibilidade. Seu argumento de que a complementaridade era importante é mais convincente para os leilões posteriores, nos quais licenças menores seriam vendidas. Mesmo assim, o curto tempo disponível para realizar o primeiro leilão gerou um quase-consenso de que a proposta do leilão de pacote envolvia detalhes não especificados e incertezas não resolvidas em excesso para ser avaliado e adotado de imediato.

rodadas posteriores depende da atividade de licitação recente. Uma forma simples da regra especifica que a elegibilidade do licitante em qualquer rodada após a primeira é igual à sua atividade na anterior. Assim, licitantes inativos no início do leilão perdem elegibilidade para fazer ofertas depois. Essa regra acelera o leilão e os ajuda a fazerem inferências confiáveis sobre a demanda restante a preços atuais.

As regras da FCC evoluíram desde o desenho original, de 1994, mas mudanças maiores adaptam o leilão ascendente simultâneo a outras aplicações. Uma variação surge quando há muitas unidades de cada tipo de item, como leilões envolvendo a venda de contratos de eletricidade. Nesses leilões, para cada item, cada licitante oferece sua quantidade demandada ao preço atual indicado em um *relógio* visível a todos os participantes. O relógio começa a um preço baixo e continua aumentando em qualquer ponto no qual a demanda total atual de todos os licitantes exceda a oferta. Quando a demanda se iguala à oferta em todos os itens, o leilão termina. Uma série desses relógios registra os preços atuais de vários bens, e o ritmo de seu movimento define o andamento do leilão. Um leilão clock semelhante foi usado em março de 2002 pelo governo britânico para comprar 4 milhões de toneladas métricas de redução de emissão de carbono, proposto por empresas inglesas.

Leilões clock compartilham características básicas com seu antecessor da FCC. A licitação em todos os itens ocorre simultaneamente, de modo que os licitantes podem responder à mudança de preços relativos. Os preços sobem de forma homogênea, assegurando que o leilão avance de modo ordenado e previsível. Todos os lances são sérios e representam compromissos reais. A regra de atividade evita que o comprador aumente sua demanda geral em todos os itens à medida que o preço aumente. E a licitação termina simultaneamente em todos os lotes, de modo que as oportunidades de substituição só desaparecem durante o leilão quando todos os preços finais são definidos.

Variações baseadas nos mesmos princípios continuam a ser criadas para solucionar uma ampla série de problemas econômicos. A Electricité de France (EDF) usou uma especialmente interessante em 2001 na venda de contratos de energia elétrica. A venda envolveu contratos de energia de diferente duração, variando de três meses a dois anos, mas todos começando ao mesmo tempo — janeiro de 2002 para a primeira venda. Como diferentes compradores queriam diferentes combinações de duração de contrato e como todos cobriam o primeiro trimestre de 2002, a EDF considerou os diferentes tipos de contratos como substitutos.

Lawrence Ausubel e Peter Cramton conceberam o desenho do leilão. O primeiro passo foi auxiliar a EDF no desenvolvimento de um padrão para "pontuar" lances em contratos de diferente duração. Os lances expressavam o preço por megawatt por mês que o comprador pagaria pelo direito de adquirir energia. Para o leilão inicial, a EDF especificou que o preço para um contrato de três meses para energia de carga de base seria sempre €2139 mais alto que o preço correspondente para um de seis meses. De forma semelhante, diferenças de preço foram especificadas entre o contrato de três meses e os de 10, 12, 24 e 36 meses. Durante o leilão em si, os relógios de preço eram controlados para manter essas relações; por exemplo, o preço de um contrato de três meses era €2139 mais alto que o de um contrato de seis. Os preços para contratos de todas as durações continuaram a aumentar até que a demanda total restante esgotasse a energia total disponível para o período inicial de três meses.[17] Esse tipo de leilão cria concorrência entre os licitantes para contratos de diferente duração, aumentando a eficiência e a receita de vendas comparadas a desenhos de leilão mais tradicionais. Recentemente, o leilão da EDF foi ainda mais modificado para incluir uma "curva de oferta" para que a quantidade total de energia vendida dependa do nível de preço.

1.3 Comparando Receitas de Vendedores

A pergunta feita com mais frequência por desenvolvedores de desenho de leilões é: Que tipo de leilão gera os preços mais altos para o vendedor? Naturalmente, a resposta depende de circunstâncias especiais, mas, mesmo a sua essência, surpreende muitas pessoas: não há vantagem sistemática em um lance selado em comparação a um aberto, ou vice-versa.

Uma declaração formal específica sobre essa conclusão é conhecida como *teorema de equivalência de receitas*. Ela afirma que, para uma importante classe de leilões e ambientes, as receitas e pagamentos médios dos licitantes são exatamente os mesmos em cada leilão nela. Para ilustrar a lógica da ideia, suponha que você esteja vendendo um item que vale R$10 para o licitante A e R$15 para o B. Se você vender o item usando um leilão de lances ascendentes com a participação dos dois licitantes, o licitante A parará as ofertas a um preço de fechamento de R$10 e B adquirirá o item por esse preço. Se usar lances selados e vender o item pelo lance mais alto, o resultado dependerá do que os licitantes sabem ao apresentar a oferta. Se eles conhecerem todos os valores, B oferecerá um lance com valor apenas suficiente para garantir que vença — por volta de R$10 ou R$10,01 — e A provavelmente fará uma oferta perto de R$10. Se eles se comportarem dessa forma, o preço será o mesmo de um leilão ascendente.

---

[17] Na venda de energia no início de janeiro de 2002, quando a demanda total excedeu a energia disponível pelo primeiro trimestre do ano, o leilão terminou. Qualquer energia restante não vendida para, digamos, o segundo trimestre de 2002 foi concluída em vendas subsequentes.

O argumento dessa forma simples foi apresentado pela primeira vez por Joseph Bertrand (1883). Cerca de um século depois, William Vickrey observou que uma conclusão similar se aplica em média a uma classe muito mais ampla de regras de leilão e a um conjunto muito mais realista de situações do que a descrita aqui. Para prever uma receita média, é irrelevante o tipo de leilão usado dentro de uma certa classe de desenhos de leilão padrão.

Leiloeiros experientes contestam essa conclusão de irrelevância. Os que defendem leilões ascendentes argumentam que eles geram mais empolgação e mais concorrência do que os selados. Afinal, alegam eles, nenhum licitante está disposto a oferecer lances próximos ao valor a menos que impelidos a fazê-lo pela concorrência aberta do desenho de um leilão ascendente. Os que defendem leilões selados rebatem argumentando que os leilões ascendentes nunca resultam em pagamentos mais altos do que o necessário para vencer a licitação; não "sobra dinheiro na mesa". Leilões selados resultam em lotes de dinheiro deixados na mesa. No leilão de dezembro de 1997 para licenças para serviços de telefonia wireless no Brasil, um consórcio internacional incluindo Bellsouth e Splice do Brasil ofereceu R$2,45 bilhões para vencer a licença que cobriria a concessão de São Paulo. O lance foi 60% maior do que o segundo mais alto, de modo que 40%, ou cerca de R$1 bilhão, não foi aproveitado.[18]

Argumentos parecidos entre participantes surgem com frequência, às vezes com variações. Nos EUA, os funcionários do Departamento do Tesouro debatem os méritos relativos de dois esquemas alternativos de leilões para a venda de títulos. Em um, cada licitante paga o valor de seu lance para cada título que compra; em outro, todos pagam o mesmo *preço de equilíbrio de mercado*, identificado pelo menor lance aceito. Defensores do primeiro esquema ("cada um paga o próprio lance") dizem que o governo obtém mais dinheiro do leilão porque os licitantes vencedores, por definição, apresentaram lances maiores que o menor lance aceitável. Defensores do segundo esquema ("preço uniforme") alegam que os licitantes que sabem que precisam pagar seu próprio lance quando ganham farão ofertas menores, reduzindo o preço de equilíbrio de mercado e levando a menores receitas.

Argumentos informais como esses mostram que o tema é delicado, mas não resolvem a questão. Uma análise formal baseada no *teorema de equivalência de receitas*, discutido no Capítulo 3, ajuda a esclarecer a confusão. Sob determinadas condições idealizadas, se a alocação de lotes entre os

---

[18] Embora uma proposta 60% mais alta seja atípica, a quantia não aproveitada ainda é impressionante. Na privatização da banda A no Brasil, o overbid médio foi de 27%. Ou seja, para metade das licenças, os licitantes vencedores ofereceram, *pelo menos*, 27% mais que o segundo lance mais alto.

licitantes é a mesma para dois desenhos diferentes, então as receitas médias para todas as partes, incluindo os preços médios obtidos pelo vendedor, também precisam ser exatamente as mesmas. Não é possível realizar uma análise significativa de preços médios sem também estudar como os desenhos afetam a distribuição dos lotes entre os licitantes vencedores.

Os usos práticos do teorema de equivalência de receitas são semelhantes aos usos dos teoremas Modigliani–Miller em economia financeira, ao teorema Coase na teoria dos contratos e aos teoremas de neutralidade monetária em macroeconomia. Todos esses teoremas afirmam que, em condições idealizadas, certos efeitos não resultam de causas identificadas.[19] Segundo os teoremas Modigliani-Miller, se decisões sobre a relação dívida/patrimônio líquido e políticas de dividendos meramente dividem as receitas totais dos donos da empresa sem afetar suas operações, elas não afetam o valor total de mercado da empresa. Hoje, economistas financeiros explicam decisões financeiras concentrando-se em como afetam as operações da empresa — seus impostos, custos de falência e incentivos gerenciais. De forma semelhante, segundo o teorema de Coase, se não há custos ou barreiras às transações, a propriedade padrão de um ativo estabelecido pelo sistema legal não afeta o valor. Hoje, teóricos da economia explicam as características da organização em termos de custo e barreiras a transações, incluindo informações e contratos incompletos. O teorema de equivalência de receitas é semelhante: os termos de pagamento de um leilão não afetam a receita total do vendedor, a menos que estejam associadas a uma mudança na alocação dos bens. Hoje, os analistas focam mais atenção em como as hipóteses do teorema são transgredidas e as consequências disso, ou, para reguladores do governo, sobre os *trade-offs* entre sua alocação e objetivos de receita.

O planejamento da venda de energia elétrica no Texas em 2002 ilustra como o teorema de equivalência de receitas foi aplicado. Segundo o desenho de leilão planejado, o leiloeiro aumentaria gradativamente os preços para quaisquer produtos com excesso de demanda e aceitaria demandas de quantidades por parte dos licitantes, de forma parecida com o que Léon Walras descreveu. O leiloeiro não revelaria aos licitantes as quantidades

---

[19] Segundo os teoremas de Modigliani–Miller, de acordo com suas condições de mercado idealizadas sem atritos, a estrutura financeira e política de dividendos não pode afetar seu valor de mercado. Segundo o teorema de Coase, sob outras condições idealizadas, a alocação inicial de direitos de propriedade não pode alterar a eficiência da alocação final. Teoremas de neutralidade monetária afirmam que, sob ainda outras condições idealizadas, a política monetária não pode mudar resultados reais na economia. O teorema de equivalência de receitas defende que, sob suas condições idealizadas, mudar regras de pagamento não pode afetar o pagamento final dos participantes.

demandadas pelos demais. As regras exigiam que o leiloeiro parasse de elevar o preço de um produto quando sua demanda total caísse ao nível da oferta disponível. Os contribuintes do Texas se beneficiariam das receitas dessa venda de energia, e seus defensores argumentaram que o leiloeiro deveria continuar a elevar os preços até que a demanda fosse *menor que* a oferta, e então os reduzir em um incremento. A ideia era vender energia pelo preço de equilíbrio de mercado *mais alto*, e não pelo mais baixo. Essa regra era problemática devido a uma série de razões relativas aos detalhes do leilão, e a equipe de desenho citou o teorema de equivalência de receitas alegando que havia poucos motivos para esperar que a mudança proposta levaria a um aumento na média dos preços, porque os licitantes fariam ofertas de modo diferente se as regras de pagamento mudassem. Um licitante que sabe que pode adquirir energia a um preço mais baixo se retirar a demanda no início fica mais inclinado a fazê-lo do que um que sabe que não pode provocar uma redução de preço. É difícil prever o efeito final sobre as receitas, porque ele depende de como a nova regra proposta muda a alocação. Por fim, o defensor do contribuinte concordou em não se opor ao desenho do leilão.

1.4 A Crítica dos Acadêmicos

Economistas que praticam a teoria dos leilões encontram uma incrível gama de questões, de ideológicas a teóricas e práticas. Ao reconhecer a complexidade dos problemas e os prazos curtos para resolvê-los, estruturar leilões às vezes envolve suposições e julgamentos que não são fundamentados em uma análise econômica completa. Desenvolvedores de desenho de leilões geram ideias usando teoria, testam-nas quando podem e as implementam com a consciência de suas limitações, complementando a análise econômica com análises da pior situação possível e de outros exercícios semelhantes.

A ideia de que os teóricos da economia agregam valor a essa combinação da teoria dos leilões e do julgamento prático foi atacada por alguns profissionais da área. Alguns dos ataques mais frequentes e minhas respostas a eles são apresentados a seguir.

1.4.1 Revenda e Teorema de Coase

Uma das críticas mais frequentes e improcedentes ao moderno desenho de leilões é a alegação de que ele não tem nenhuma importância. Afinal, dizem os críticos, assim que as licenças são concedidas, as partes compram, vendem ou as trocam para corrigir quaisquer ineficiências na alocação inicial. Independentemente de como os direitos de licença são distribuídos inicialmente, a alocação final dos direitos acaba por se resolver. Algumas críticas foram até mais longe, argumentando que o único objetivo adequado do governo é arrecadar o máximo de dinheiro possível na venda, porque não deve nem pode controlar a alocação final.

Para justificar esse argumento, os críticos contam com o teorema de Coase, que defende que, se não há custos de transação depois do leilão, a alocação final de direitos de propriedade não afeta a alocação final, o que necessariamente é eficiente. Coase justificou que, enquanto a alocação permanece ineficiente, as partes continuam a considerar interessante comprar, vender ou trocar quando necessário para eliminar a ineficiência.[20]

A hipótese do "custo de transação zero" em que se baseia o argumento coaseano, porém, não é o que Coase defendeu como uma descrição da realidade. Em vez disso, ela foi desenvolvida como parte de um exercício intelectual para enfatizar a importância de entender os custos reais de transação. Supondo que os custos reais de transação sejam iguais a zero quando não o são faz com que se chegue a conclusões com erros graves. A história dos serviços de telefonia móvel dos EUA oferece evidências diretas de que a distribuição inicial ineficiente de direitos não é rapidamente corrigível pelas transações de mercado. Apesar das demandas dos consumidores para redes nacionais e dos sucessos demonstrados por redes semelhantemente amplas na Europa, essas redes se desenvolveram lentamente nos Estados Unidos.

Como argumentei durante as deliberações na FCC, a conclusão de que alocações iniciais são importantes segue ao justapor duas proposições bem conhecidas da teoria econômica.[21] A primeira é que, como explicado no Capítulo 2, existem mecanismos de leilão que atingem alocações de licença eficientes para qualquer quantidade de licenças disponíveis, desde que o governo use o leilão desde o início. Com apenas um bem à venda, o leilão inglês é esse mecanismo. O leilão generalizado Vickrey, que funciona mesmo em caso de bens múltiplos, é apresentado no Capítulo 2. A segunda proposição é que, mesmo no caso mais simples, com uma única licença à venda, *não* existe mecanismo que desenrede confiavelmente uma alocação errada inicial. Intuitivamente, em qualquer negociação bilateral entre comprador e vendedor, o vendedor tem o incentivo de exagerar seu valor, e o comprador,

---

[20] O teorema de Coase inclui uma variedade de hipóteses que podem falhar nessa aplicação, como a de que os valores das partes refletem valor social, não poder de mercado; a hipótese de que as partes têm orçamentos ilimitados, de modo que gastar em direitos de espectro não afeta a capacidade de investir em infraestrutura; e a hipótese de que direitos não têm *externalidades*, ou seja, que os licitantes não se importam com que concorrentes obtenham os direitos de licenças. A importância da última hipótese é analisada por Jehiel e Moldovanu (1999).

[21] A teoria descrita aqui se aplica a modelos de *valores privados* nos quais a disposição máxima do licitante de pagar por qualquer bem ou pacote de bens independe do que outros licitantes sabem sobre esse bem.

de fingir que seu valor é menor. Essas distorções podem retardar ou apressar uma transação. Segundo um famoso resultado da teoria de desenho de mecanismos — o teorema Myerson-Satterthwaite —, não há como desenhar um protocolo de barganha que evite esse problema: atrasos ou falhas são inevitáveis em barganhas privadas se o bem começa em mãos erradas.

1.4.2 Teoria do Desenho de Mecanismos

Uma segunda linha de crítica surge de uma parte da teoria dos jogos chamada *teoria do desenho de mecanismos*. Essencialmente, um *mecanismo* é um conjunto de regras para controlar as interações das partes. Por exemplo, ele pode especificar as regras de um leilão. Os lances devem ser selados ou ascendentes? Em caso de selados, como serão determinados o vencedor e o preço? E assim por diante.

Quando as regras do mecanismo e o objetivo do desenvolvedor do desenho são especificados, ele aplica um critério ou *conceito de solução* para prever o resultado e o avaliar em relação ao objetivo. Na forma mais pura e elegante da teoria, a meta é identificar o mecanismo que maximiza o desempenho segundo o objetivo especificado. Por exemplo, pode-se tentar descobrir o leilão que maximize o preço de venda esperado ou a eficiência esperada do resultado. Trataremos disso em detalhes mais adiante no livro.

A teoria do desenho de mecanismos apresenta um desafio ao desenho prático de leilões: como incorporar o uso da teoria sem, ao mesmo tempo, aplicar a abordagem do desenho de mecanismo? Se você acha que a teoria descreve com exatidão o comportamento dos participantes, deve usá-la para otimizar o desempenho do mecanismo.

Há uma piada antiga sobre a teoria de arbitragem em economia financeira que também se aplica à teoria do desenho de mecanismos. Duas pessoas caminham pela rua quando uma vê uma nota de R$100 no chão. "Pegue-a", diz a primeira. "Por quê?", rebate a outra. "Se fosse verdadeira, alguém já a teria apanhado!"

Como a teoria de arbitragem, a análise de equilíbrio da teoria dos jogos é uma abstração baseada em uma ideia coerente. Assim como a primeira pressupõe que as pessoas não deixam notas de R$100 no chão, a segunda diz que participantes de um jogo não ignoram formas de aumentar seus lucros. Ambas usam idealizações úteis — não motivos para deixar notas de R$100 jogadas no chão. Teorias como essas, baseadas em uma consciência generalizada e cálculos totalmente racionais, obviamente são modelos inexatos de comportamento real, e é preciso ser especialmente cuidadoso em sua aplicação em escolhas complexas e sutis, mesmo quando os participantes são sofisticados e experientes. Em leilões reais, nos quais alguns participantes são pouco sofisticados e inexperientes, e nos quais não há tempo nem outros recursos para dar apoio efetivo à tomada de decisões, a teoria de equilíbrio é ainda menos confiável.

Apesar das desvantagens, modelos de equilíbrio podem ser muito valiosos a desenvolvedores de desenho de mecanismos em condições reais. Assim como um engenheiro mecânico cujo modelo matemático pressupõe uma superfície livre de atrito trata esses cálculos como inexatos, um desenvolvedor econômico cujo modelo pressupõe que os participantes adotam estratégias de equilíbrio trata as previsões como aproximações. Assim como o engenheiro mecânico presta atenção a fatores que aumentam o atrito e insere margens de redundância e segurança na vida real, o desenvolvedor de desenho de mecanismos do mundo físico fica atento ao *timing* e a interfaces do licitante para facilitar a tomada de decisões racionais e planeja acomodar cenários desfavoráveis, no caso de licitantes cometerem erros ou simplesmente se comportarem de forma contrária às expectativas.

No cenário avançado atual, a teoria de desenho de mecanismos conta com hipóteses rigorosas e exageradas para chegar a conclusões teóricas que, às vezes, são frágeis. Entre elas, estão as hipóteses de (i) que as crenças dos licitantes são bem formadas e descritíveis em termos de probabilidades, (ii) que quaisquer diferenças nas crenças dos licitantes refletem diferenças em suas informações, (iii) que licitantes não só maximizam, mas também se atêm com confiança à crença de que todos os outros licitantes também o fazem. Essas hipóteses são extremas e tipicamente compostas, na prática, pelo uso de hipóteses simplificadoras adicionais. Mecanismos otimizados para desempenhar bem quando as hipóteses são verdadeiras ainda podem falhar terrivelmente nos muito frequentes casos em que elas são falsas. Mecanismos da vida real devem ser sólidos. Os muito frágeis devem ser descartados, enquanto um mecanismo sólido pode, às vezes, ser adotado com confiança mesmo se, no modelo de desenho de mecanismo correspondente, não for comprovadamente ótimo.[22]

Além das hipóteses comportamentais rigorosas e desafiadoras que caracterizam a abordagem da teoria do desenho de mecanismo, os modelos formais existentes dela captam e analisam só um pequeno subconjunto das

---

[22] A opinião mostrada aqui é uma variação da *doutrina de Wilson*, que defende que mecanismos práticos devem ser simples e projetados sem pressupor que o desenvolvedor do desenho tem conhecimentos precisos sobre o ambiente econômico em que operará. Aqui, também enfatizamos que, mesmo considerando uma descrição muito completa do ambiente econômico, o comportamento dos licitantes não pode ser considerado como perfeitamente previsível.

questões que um leiloeiro real enfrenta. Algumas das questões importantes normalmente omitidas nos modelos de desenho de mecanismo são listadas a seguir. Embora, a princípio, nenhuma delas seja incompatível com a teoria do desenho de mecanismo, contabilizar todas em um único modelo de otimização está muito além do alcance da prática atual.

- *O que vender?* Se um fazendeiro morre, toda a fazenda deve ser vendida como uma unidade? Ou alguns campos devem ser vendidos aos vizinhos? A casa e o celeiro como uma casa de férias e de campo? Como a FCC deve separar o espectro de rádio? Deve-se exigir que os fornecedores de energia combinem serviços regulados ou precificá-los separadamente?

- *Para quem e quando?* Promover uma venda geralmente é o principal fator de seu sucesso. Os licitantes precisam estudar a oportunidade e alinhar parceiros, financiamento, aprovações regulatórias etc. As condições mudam: o financiamento pode estar mais facilmente disponível em um momento e não em outro; incertezas sobre tecnologia ou demanda podem ser resolvidas em parte etc. Os licitantes podem desencorajar outros a fazer lances, esperando conseguir um melhor preço.[23] Leiloeiros procuram selecionar os licitantes para estimular a participação dos mais qualificados ou podem subsidiar alguns participantes para aumentar a concorrência.

- *Como?* Se o negócio é complicado e precisa ser adaptado para cada licitante, o vendedor pode preferir utilizar uma sequência de negociações a fim de economizar custos. Se for utilizado um leilão, o tipo certo pode depender, como já vimos, de os itens serem substitutos ou complementares.

- *Interações?* Decisões sobre o que vender, para quem, quando e como não são independentes. O que vender depende do que o comprador quer, que depende de quem está fazendo a licitação, que pode depender de como e quando o leilão for conduzido.

- *Fusões e Colusão?* Os leilões de espectro na Europa em 2000, com altos riscos, ofereceram alguns exemplos interessantes das ações anteriores ao leilão em si para reduzir a concorrência. Na Suíça, fusões de último minuto entre licitantes em potencial resultaram

---

[23] Na véspera do leilão de espectro nº 4 da FCC PCS, o autor apareceu na televisão em nome da Pacific Bell, anunciando o compromisso de vencer a licença de telefonia em Los Angeles e, com sucesso, desestimular a maioria dos potenciais concorrentes de até mesmo tentar fazer uma oferta para essa licença.

em apenas quatro participantes aparecendo para quatro licenças de espectro. O leilão foi adiado, mas as licenças acabaram sendo vendidas por preços próximos ao mínimo determinado pelo governo. Problemas semelhantes de espectros valiosos atraindo poucos licitantes e resultando em preços perto do mínimo ocorreram na Alemanha, Itália e em Israel.

- *Revenda?* A maior parte da teoria do desenho de mecanismo começa com um certo grupo de licitantes que conservam qualquer coisa que compram. A possibilidade de revenda não só afeta a estratégia do leilão, com atrai especuladores que compram com a intenção de revender. O vendedor deve encorajar especuladores, na expectativa de que mais licitantes criem mais concorrência no leilão? Ou deve desencorajá-los, porque o valor captado por eles deve vir da receita de outra pessoa — possivelmente, do vendedor?

A visão purista do mecanismo de desenho, que defende que só uma abordagem consistente desenvolve mecanismos teoricamente "ideais", não é útil na prática. Mesmo que pudéssemos incorporar todas as características descritas, nossos modelos de comportamento humano nem chegam perto de ser suficientemente precisos para ser usados em otimização. O comportamento não é perfeitamente estável ao longo do tempo, tampouco é o mesmo entre os indivíduos, nem totalmente previsível em um único indivíduo. Análises úteis devem estar cientes dessas realidades.

Apesar dessas limitações, uma grande porção deste livro foca o desenho de mecanismo e análises relacionadas. A teoria é especialmente útil na prática de identificar problemas e efeitos. Entre as decisões que a teoria pode esclarecer, estão aquelas sobre *política de informações* (que informações revelar aos licitantes), como estruturar *concessões divididas* (nas quais o comprador que realiza um leilão reverso divide seus negócios entre dois ou mais fornecedores), como criar *regras de classificação* (em que os lances são avaliados em dimensões além do preço) e quando e como implementar *handicapping* (no qual o leiloeiro trata os lances de modo desigual a fim de melhorar a concorrência, por exemplo, promover pequenas empresas ou as dirigidas por mulheres e outras minorias). A abordagem de desenho de mecanismo também ajuda a responder a questões sobre quando usar esses leilões. Gerentes de compra, às vezes, apresentam essa questão perguntando se determinados bens e serviços são "leiloáveis", isto é, se o processo de aquisição mais eficiente é realizar uma licitação formal.

1.4.3 Teoria e Experimento

Em forte contraste com puristas do desenho de mecanismo, alguns pesquisadores da economia apresentam uma objeção oposta: por que se deve dar atenção à teoria dos leilões, agora que temos a capacidade de testar desenhos de leilão alternativos em laboratórios experimentais de economia? Às vezes, teorias falham terrivelmente. O resto do tempo, elas explicam apenas alguns dados. Então, por que confiar em teorias?

A possibilidade de fazer testes experimentais mudou fundamentalmente a forma pela qual os leilões são projetados. Em um desenho de leilão da FCC, testes bem-sucedidos conduzidos por Charles Plott em seu laboratório na Caltech ajudaram a convencer a FCC a adotar o desenho Milgrom-Wilson teoricamente motivado. Um working software que demonstrou o desenho foi outro elemento importante.[24] No entanto, os experimentos até o momento estão muito longe de replicar as circunstâncias reais de leilões de valor elevado.

Na prática, é improvável testar uma série de propostas em um cenário real. Os valores em jogo em experimentos são muito mais baixos e o tempo de preparo para os licitantes, bem menor. Como os cenários experimentais diferem muito dos leilões que simulam, o papel da teoria é indispensável. A teoria orienta o desenho dos experimentos, sugere que partes de quaisquer resultados experimentais podem ser generalizadas e esclarece os princípios econômicos em ação, permitindo previsões e melhorias no desenho original.

Quando perguntaram ao filósofo Alfred North Whitehead o que era mais importante, teoria ou fatos, ele deu a famosa resposta: "Teoria sobre fatos." Teorias que são incompatíveis com fatos são inúteis, mas não pode haver desenhos experimentais e, naturalmente, nenhum relato de resultados experimentais sem a conceitualização dos problemas. A teoria sempre desempenhará um papel essencial para responder a questões de formação, incluindo questões sobre desenho de leilões.

1.4.4 Preocupações de Ordem Prática

A última crítica é que, no mundo real, toda a abordagem do desenho de mecanismo é irrelevante por vários motivos. Primeiro, as próprias regras de leilão estão sujeitas a negociação: não existe um desenvolvedor de

---

[24] O working software que demonstrasse a viabilidade do novo desenho foi outro elemento importante. Questões de implementação também desempenharam um papel fundamental no debate. A possibilidade de realizar um leilão simultâneo implementado por computador aborreceu os críticos em 1994. Para contestá-los, meu assistente, Zoran Crnja, programou uma versão perfeita em pequena escala do software em um conjunto de planilhas de Excel interligadas. Seu software convenceu a FCC de que um sistema confiável podia ser criado usando as regras propostas mesmo no curto tempo disponível.

desenho de mecanismo único. Segundo, as regras de leilões raramente são uma preocupação primordial na concepção e realização de um leilão complexo. Várias outras questões são mais importantes.

Uma delas é o marketing: um leilão não tem êxito sem participantes. Esse fato se relaciona com a primeira observação: licitantes podem simplesmente recusar-se a participar de desenhos que consideram peculiares ou injustos.[25] Essa observação, contudo, enfatiza que um bom desenho é um meio de atrair mais e melhores participantes.

Há muitos exemplos de leilões e outras concorrências que obtêm maus resultados porque as regras são manipuladas para favorecer determinados licitantes e, assim, desencorajam outros de participar. Um é a descrição anterior da tentativa da MCI de manipular os leilões de espectro nos EUA a seu favor ao tornar o "lote" uma licença nacional única. Quando diferentes licitantes querem diferentes tipos de lotes, um desenho de leilão de pacote, como os muitas vezes usados em vendas de falências, possibilitam maior participação.

Outro exemplo é a oferta pública inicial (OPI) de ações de uma empresa jovem. No passado, bancos de investimento que organizam as OPIs muitas vezes reservavam ações em ofertas "quentes" para os maiores e melhores clientes do banco, o que desencoraja a participação de pequenos investidores. Ao tentar se opor a essa tendência, o banco de investimentos WR Hambrecht lançou o produto Open IPO [OPI Aberto], que é um leilão de preço uniforme no qual grandes e pequenos investidores estão sujeitos às mesmas regras. A empresa tenta atrair pequenos investidores para aumentar a demanda por ações e criar uma alternativa para o sistema de leilão existente, embora seu sucesso também dependa de atrair grandes investidores e empresas dispostas a experimentar o novo sistema.

Uma segunda questão prática importante se refere à alocação de direitos de propriedade. Por exemplo, se leilões forem usados para alocar direitos de decolagem e aterrissagem em um aeroporto congestionado, então os direitos em si precisam ser cuidadosamente definidos. O que aconteceria a um avião que está com atraso devido a problemas mecânicos e não pode decolar no horário designado? Quais são os direitos da companhia aérea se as condições do tempo reduzirem a capacidade do aeroporto? Uma regra de leilões sofisticada só produzirá um bom resultado se essas questões práticas forem resolvidas, e um sistema de leilão que não coordene todos os recursos necessários das companhias aéreas — horários de decolagem, de

---

[25] Minha própria experiência em projetar um sistema de leilão reverso para a Perfect Commerce Inc. revelou a seriedade dessa questão. Muitas vezes, vendedores se recusam a participar de leilões que não são estruturados conforme sua preferência.

pouso, direitos em pontos de estrangulamento *en route*, acesso aos portões etc. — não terá êxito, independentemente da precisão com que os direitos forem definidos. Problemas reais exigem soluções abrangentes, e as regras de leilões são uma solução parcial cuja importância varia conforme as diversas aplicações.

Outro importante detalhe prático para leilões eletrônicos é a interface usada pelos licitantes. O software original dos leilões da FCC facilitou aos licitantes cometerem erros. Em várias ocasiões, eles fizeram o que passou a ser chamado de "lances do dedo gordo". Por exemplo, ao tentar fazer um lance R$1 milhão, o licitante acidentalmente digita um lance de R$10 milhões — um erro reforçado pelo fato de que as primeiras interfaces não aceitavam pontos no campo de lances.

Contudo, a solução da FCC para esse problema considerou mais que a facilidade de apresentar uma oferta. De acordo com suas regras iniciais, os licitantes achariam fácil transmitir mensagens, incluindo ameaças, com seus lances no leilão. Suponha que o licitante A quisesse desencorajar o concorrente B de licitar uma licença específica, por exemplo, a de n° 147, em um determinado leilão. Se B fizesse um lance para essa licença, A poderia retaliar elevando o preço em outra licença na qual B apresentasse o atual preço mais alto, de, digamos, R$9 milhões, licitando R$10.000.147, com os três últimos dígitos enviando uma mensagem não muito sutil sobre suas motivações. Esses tipos de lances eram observados em alguns dos primeiros leilões da FCC.

Tanto o problema do "dedo gordo" quanto o da sinalização foram resolvidos quando a FCC mudou a interface do leilão de modo a exigir que o licitante selecionasse seu lance de um menu drop-down na tela. Todos os lances do menu usavam números inteiros, sendo o lance menor mais um ou mais incrementos. Esse sistema eliminou erros de digitação envolvendo um ou mais dígitos e, ao mesmo tempo, dificultava ao licitante a tarefa de codificar mensagens em seus lances.

Alguns críticos respondem a esses relatos alegando que, embora mostrem que as regras importam, elas falam principalmente dos perigos em leilões eletrônicos ou que usam regras novas. Entretanto, mesmo leilões conhecidos e com baixa tecnologia podem ter um mau desempenho por conta de regras problemáticas. Em 1998, no condado de Cook, o departamento de Coleta de Impostos realizou um leilão tradicional a viva voz para vender o direito de coletar impostos prediais de 1996, atrasados dois anos. Nesse leilão de *venda de impostos* de 1996, um lance especificava a *taxa da multa* que o licitante vencedor poderia cobrar além dos impostos devidos, como compensação pelos serviços de cobrança. O leilão foi realizado em uma sala de reuniões comum, em que o leiloeiro se sentou na frente. Ele lia um número de propriedade e a licitação começava de imediato, com os licitantes anunciando valores de multas. O lance de abertura máximo foi 18% e sucessivamente lances menores foram apresentados até a oferta menor vencedora ser determinada.

O problema ocorreu quando vários licitantes abriram as ofertas ao mesmo tempo com o valor máximo. Segundo as regras do condado de Cook naquele ano, no caso de tal empate, o leiloeiro deveria atribuir as propriedades aos vencedores aleatoriamente. Por exemplo, um licitante empatado em 18% com outros cinco via-se diante de uma escolha simples. Ele poderia licitar menos que 18%, tendo cerca de uma chance em seis de vencer o leilão a uma taxa muito menor que 18%. Ou ele poderia aguardar e ter uma chance em seis de vencer à taxa de 18%. A maioria decidiu aguardar em silêncio, e cerca de 80% das propriedades foi vendida à taxa máxima de 18%.

Como podemos ter certeza de que foram as regras falhas e não a colusão entre (mais de doze) licitantes as responsáveis por esse resultado? Alguns dias depois do início do leilão, o leiloeiro do condado anunciou uma mudança nas regras. No futuro, um empate de lances em 18% causaria a retirada da propriedade do leilão. Depois da mudança, as multas caíram rapidamente a um nível mais baixo, provando que o tratamento dos empates importa. Imediatamente após a mudança das regras, alguns licitantes entraram com uma ação judicial para impedir o leiloeiro de mudar as regras durante o leilão. O tribunal concordou e deferiu a ação. Depois que foi promulgada, e as regras originais, restabelecidas, os lances vencedores rapidamente voltaram a 18%.

Compreender a teoria dos leilões não só ajuda a evitar a elaboração de desenhos obviamente ruins. Leilões bem projetados que ligam a alocação de recursos relacionados têm um desempenho melhor do que leilões de venda tradicionais. No caso da Nova Zelândia, descrito anteriormente, se as regras novas para leilões de segundo preço tivessem sido substituídas por regras mais tradicionais, do leilão discriminatório, qualquer leilão selado simultâneo ainda estaria sujeito à má alocação, porque os licitantes ainda precisariam adivinhar em quais licenças de TV fazer ofertas. Experimentos por computador sugerem que 25%–50% do valor pode ter sido perdido simplesmente por causa da má coordenação da alocação. Em circunstâncias semelhantes, o padrão mundial atual para leilões de espectro, o leilão ascendente simultâneo, teoricamente leva a resultados mais eficientes e a receitas mais altas.

O leilão ascendente simultâneo também tem limitações, especialmente importantes quando os itens à venda são aqueles com que diferentes licitantes preferem fazer pacotes de diversas maneiras, ou quando há limitações complicadas para a coleta de ofertas aceitáveis. Nesses casos, um desenho de leilão de pacote atrai um maior número de licitantes e aumenta muito a probabilidade de que os pacotes ideais surjam no leilão. Contudo, o desenho desses leilões está sujeito a muitos imprevistos, dos quais voltaremos a falar na Parte II deste livro.

Há muitos outros exemplos da importância de regras detalhadas de leilões. Um vem de um leilão de lances selados mexicano para o contrato de construção de uma estrada, em que os licitantes foram solicitados a submeter um lance total e dividi-lo em três subpartes para o caso de trechos do projeto atrasarem ou serem cancelados. Embora cada licitante devesse especificar quatro valores (um preço para cada parte e o preço total), o projeto seria concedido com base apenas no preço total. O licitante vencedor submeteu o lance no qual o "total" era inferior à soma dos preços das três partes. Conforme se soube, a soma das três era baixa o suficiente para vencer, e o vencedor alegou que simplesmente tinha cometido um "erro de matemática" e que o preço deveria, é claro, ser a soma dos três componentes. Parece mais provável que sistema tenha sido usado para apresentar dois lances, permitindo ao licitante retirar o lance menor se o mais alto fosse o vencedor. Essa poderia ser uma opção útil em um cenário competitivo, mas principalmente se os licitantes estivessem em conluio, porque o lance do "preço total" baixo evitaria um em que um participante trapaceasse quanto ao acordo e apresentasse uma oferta menor que a esperada. De fato, se o leiloeiro pretendesse facilitar um conluio na licitação, esse seria um desenho eficiente!

Outro exemplo de como os detalhes importam é extraído de uma experiência na Alemanha em um leilão de espectro em 1999. Nesse leilão, a Mannesmann e a T-Mobil conseguiram dividir o mercado entre elas sem se envolverem em uma concorrência de preços intensa. Com dez licenças à venda e um incremento de preço de 10%, a Mannesmann abriu o leilão saltando para preços de DM20 milhões para cinco licenças e DM18,18 milhões para as outras cinco, sugerindo à T-Mobil que as dez licenças fossem divididas em números iguais ao preço de DM20 milhões. Na ocasião, a T-Mobil ofereceu DM20 milhões para as cinco licenças de preço mais baixo, e isso concluiu o leilão. Os fatos de que uma divisão igual foi possível e que o licitante pôde fazer esses lances com salto são elementos do desenho que contribuíram para esse resultado. O risco era previsível. De fato, o perigo que essas regras representavam tinha sido apontado em um relatório encomendado pelas autoridades de espectro dos EUA.[26]

Nos mercados de energia nos EUA, regras irrefletidas contribuíam para preços elevados ao facilitar demais que os fornecedores de energia manipulassem o sistema. Em um exemplo famoso, comerciantes de energia da

---

[26] Veja Cramton, McMillan, Milgrom, Miller, Mitchell, Vincent e Wilson (1997).

Enron Corporation manipularam o mercado de energia da Califórnia programando transmissões em conexões congestionadas muito acima do que a Enron tinha planejado. Isso fez a California Power Exchange tentar reduzir o congestionamento esperado pagando à empresa para reduzir suas transmissões, resultando em enormes lucros para ela. Somente após repetidas falhas, esses desenhos evoluíram para produzir resultados mais razoáveis; no entanto, todos esses defeitos poderiam ter sido previstos por uma simples análise teórica de jogos do desenho dos mercados.

A evidência estatística mais criteriosa da importância do desenho não vem dos mercados de leilão em si, mas dos mercados de *matching* [compatibilidade] intimamente relacionados a eles, como nos quais a maioria de novos médicos é combinada a programas de residência hospitalar. Roth (1991) fornece evidências de que uma característica especial das regras de compatibilidade — que levam a uma combinação *estável* — é um determinante importante de se mercados organizados têm êxito em atrair participantes por um longo período de anos. Uma combinação é estável se nenhum estudante de medicina prefere ser combinado a outro programa em vez daquele em que está. O critério análogo para leilões é que nenhum grupo de participantes deveria poder se sair melhor ao rejeitar o resultado do leilão e fazendo uma negociação paralela por conta própria. Leilões que não têm essa propriedade teórica poderão ter problemas na prática, já que alguns participantes tentam anular o resultado para conseguir um melhor acordo entre si.

Programas de leilão bem-sucedidos precisam ser bem projetados em todos os aspectos importantes, dos quais a regra é um deles. Aplicar a perspectiva da teoria dos leilões é útil de várias formas. Ela possibilita ao leiloeiro evitar erros como os que comprometeram o leilão de espectro de 1993 na Nova Zelândia, o leilão de impostos no condado de Cook em 1996, os mercados de energia elétrica na Califórnia e o leilão de espectro na Alemanha em 1999. Ela ajuda o leiloeiro a buscar múltiplos objetivos, como promover a participação de uma minoria, encorajar fornecedores alternativos e melhorar a competição entre os licitantes com vantagens diversas. Finalmente, as regras podem ser desenhadas para acomodar preferências e limitações complicadas dos licitantes e do leiloeiro. Veremos alguns exemplos disso mais adiante no livro.

1.5 O Plano para Este Livro

Este livro integra dois projetos apresentados em duas partes principais. A primeira apresenta uma revisão da teoria dos leilões tradicional e se baseia em cursos que dei ao longo dos anos em Stanford, Jerusalém, Harvard e no MIT. A teoria dos leilões tradicional se baseia principalmente na teoria do mecanismo de desenho, e a organização dos capítulos segue alguns princípios dessa teoria. Grande parte da análise foca leilões nos quais cada comprador quer somente um único objeto — uma condição chamada de *singleton demand*.

Meu tratamento do material difere de outros tratamentos de duas maneiras. Primeiro, enfatiza aplicações práticas quando possível e se esforça para incluir as questões mais importantes na prática. Segundo, o tratamento reflete minha visão de que a teoria do incentivo não é bem-vista como uma parte inteiramente nova da economia; ela é mais bem-vista como um avanço evolutivo da tradicional teoria da demanda. Em vez de tratá-la a partir de sua própria perspectiva especializada que ofusca as conexões com teorias mais antigas, uso perspectivas e técnicas que não só unificam as teorias, mas também provam seu valor ao reduzir as provas longas e difíceis da teoria do incentivo para outras mais curtas e intuitivas.

A segunda parte do livro difere da primeira em termos de questões e métodos. As questões tratam principalmente do desenho de leilões em ambientes em que há múltiplos bens heterogêneos. Esses ambientes são fundamentalmente mais complexos do que aqueles com singleton demand. Um motivo é que a quantidade de possíveis alocações é exponencialmente maior, o que leva a sérias questões sobre a viabilidade prática de algoritmos de leilão e estratégias de licitantes. Por exemplo, em um leilão com cinco licitantes e um item, teoricamente há apenas cinco possíveis alocações do item, e cada licitante oferece o lance apenas para um único item. Entretanto, em leilões com cinco licitantes e cinco itens, há $5^5 = 3.125$ alocações possíveis. Uma segunda forma pela qual a singleton demand é especial é o fato de ela eliminar grande parte da tensão entre promover alocações eficientes e garantir receitas competitivas para o vendedor. No caso geral da Parte II, em que múltiplos bens heterogêneos são vendidos com complementaridades entre os itens, essa tensão se agrava. Por exemplo, o leilão Vickrey, conhecido por sua habilidade de promover resultados eficientes, pode levar a uma receita baixa ou inexistente em exemplos relevantes. Uma terceira diferença trata do problema da *descoberta do valor*. Na singleton demand, os licitantes só têm uma alocação para avaliar, mas em geral o número exponencialmente maior de alocações força os licitantes a reduzir suas atividades de apreciação, o que limita a eficiência e a concorrência de preço.

Como o mecanismo do leilão Vickrey desempenha um papel importante em ambas as partes da teoria, começaremos por estudá-lo no próximo capítulo.

A teoria dos leilões transformou-se em uma imensa área de pesquisa, e este livro relata apenas as partes da pesquisa teórica que estão relativamente definidas e que, em minha opinião, são úteis para os desenvolvedores de desenho de leilão. Com esses critérios em mente, falo apenas superficialmente de alguns dos tratamentos formais mais refinados de como os leilões funcionam quando há muitos licitantes[27], assim como grande parte da literatura desenvolvida recentemente sobre um ou mais desses temas: leilões com avaliações interdependentes, colusão entre licitantes, leiloeiros corruptos, compras para revenda e informações processadas durante os leilões. Leitores que desejam ir além das fronteiras da teoria dos leilões são encorajados a ler sobre esses temas na nova literatura de leilões.

REFERÊNCIAS

Bertrand, Joseph (1883). "Théorie Mathématique de la Richesse Sociale", *Journal des Savants* **69**: 499-508.

Binmore, Ken e Paul Klemperer (2002). "The Biggest Auction Ever: The Sale of the British 3G Telecom Licenses", *Economic Journal* **112**: C74-C96.

Cramton, Peter, John McMillan, Paul Milgrom, Brad Miller, Bridger Mitchell, Daniel Vincent e Robert Wilson (1997). "Auction Design Enhancements for NonCombinatorial Auctions", Report 1a: Market Design, Inc. e Charles River Associates, www.market-design.com/files/97cra-auction-design-enhancementsfor-non-combinatorial-auctions.pdf.

Cremer, Jacques e Richard P. McLean (1985). "Optimal Selling Strategies Under Uncertainty for a Discriminating Monopolist When Demands are Independent", *Econometrica* **53**(2): 345-361.

Dasgupta, Partha e Eric Maskin (2000). "Efficient Auctions", *Quarterly Journal of Economics* **95**: 341-388.

Hazlett, Thomas (1998). "Assigning Property Rights to Radio Spectrum Users: Why Did FCC License Auctions Take 67 Years?", *Journal of Law and Economics* **XLI** (2, pt. 2): 529-575.

Hendricks, Kenneth, Robert Porter e Charles Wilson (1994). "Auctions for Oil and Gas Leases with an Informed Bidder and a Random Reservation Price", *Econometrica* **63**(1): 1-27.

---

[27] Essa pesquisa começa com Wilson (1977), e inclui Milgrom (1979) e os ótimos resultados de Pesendorfer e Swinkels (1997, 2000) e Swinkels (2001).

Jehiel, Philippe e Benny Moldovanu (1999). "Resale Markets and the Assignment of Property Rights", *Review of Economic Studies* **64**(4): 971-991.

Kagel, John H. (1995). Auctions: A Survey of Experimental Research. *The Handbook of Experimental Economics*. J. H. Kagel e A. E. Roth. Princeton, Princeton University Press. Capítulo 7: 501-585.

Kwerel, Evan e Alex Felker (1985). "Using Auctions to Select FCC Licensees", Artigo da Comissão Federal de Comunicações 16.

McMillan, John (1994). "Selling Spectrum Rights". *Journal of Economics Perspectives* **8**: 145-162.

Milgrom, Paul (1979). "A Convergence Theorem for Competitive Bidding with Differential Information". *Econometrica* **47**: 670-688.

Mueller, Milton (1993). "New Zealand's Revolution in Spectrum Management". *Information Economics and Policy* **5**: 159-177.

Perry, Motty e Philip Reny (2002). "An Efficient Auction". *Econometrica* **70**(3): 1199-1212.

Pesendorfer, Wolfgang e Jeroen Swinkels (1997). "The Loser's Curse and Information Aggregation in Common Value Auctions". *Econometrica* **65**: 1247-1281.

Pesendorfer, Wolfgang e Jeroen Swinkels (2000). "Efficiency and Information Aggregation in Auctions". *American Economic Review* **90**(3): 499-525.

Roth, Alvin E. (1991). "A Natural Experiment in the Organization of Entry-Level Labor Markets: Regional Markets for New Physicians and Surgeons in the United Kingdom". *American Economic Review* **81**(3): 415-440.

Roth, Alvin E. and Axel Ockenfels (2000). "Last Minute Bidding and the Rules for Ending Second-Price Auctions: Theory and Evidence from a Natural Experiment on the Internet". Artigo de *NBER*: 7299.

Swinkels, Jeroen (2001). "Efficiency of Large Private Value Auctions". *Econometrica* **69**(1): 37-68.

Vickrey, William (1961). "Counterspeculation, Auctions, and Competitive Sealed Tenders". *Journal of Finance* **XVI**: 8-37.

Wilson, Robert (1977). "A Bidding Model of Perfect Competition". *Review of Economic Studies* **44**: 511-518.

PARTE UM

A ABORDAGEM DO DESENHO DE MECANISMOS

Os cinco capítulos da Parte 1 aplicam a teoria do desenho de mecanismos e métodos relacionados a problemas com o desenho de leilões. Começamos com descrições informais dos principais conceitos dela. Embora essas descrições correspondam muito às formais, elas ocultam detalhes técnicos importantes, de modo que o desenvolvimento matemático é indispensável para sua total compreensão.

A teoria do desenho de mecanismos marca uma forte diferença entre o aparato sob o controle do desenvolvedor do desenho, o *mecanismo*, e aquele que está além dele, o *ambiente*. O mecanismo consiste em regras que governam o que os participantes têm permissão para fazer e orientam como essas ações permitidas determinam os *resultados*. O ambiente engloba três listas: a dos participantes ou participantes em potencial, outra de possíveis resultados e uma terceira dos possíveis *tipos* de participantes — isto é, suas capacidades, preferências, informações e crenças.

Em um modelo de mecanismo político, os participantes podem ser legisladores, e o resultado, o conjunto de leis que serão promulgadas. Ou os participantes podem ser eleitores, e o resultado, um conjunto de representantes eleitos. O analista do mecanismo investiga como determinado processo legislativo afeta a probabilidade de impasse ou como o sistema eleitoral distorce as escolhas de políticos preocupados com a reeleição. Em modelos de mecanismo econômico, os participantes podem ser trabalhadores ou membros de uma família ou gerentes de departamento. O analista modelaria como os mecanismos determinam as atribuições de cargo, a distribuição das tarefas domésticas ou o orçamento familiar, ou os níveis de recursos dos departamentos dentro de uma empresa. De fato, os mais comumente estudados em economia são os *mecanismos de alocação de recursos*, dos quais o resultado é a alocação em si.

A teoria de mecanismos avalia desenhos alternativos com base em seu *desempenho* comparativo. Formalmente, o desempenho é a função que mapeia ambientes gerando resultado. A função "Quando chove, distribuímos guarda-chuvas; quando faz Sol, distribuímos roupas de banho" oferece melhor desempenho do que o padrão de distribuição oposto.

O objetivo dessa análise é determinar qual desempenho é possível e como os mecanismos podem ser mais bem projetados para atingir os propósitos de seu desenvolvedor. O desenho de mecanismos trata de três questões comuns: É possível atingir um certo tipo de desempenho, por exemplo, um mapa que escolha uma alocação eficiente para *cada* ambiente possível em alguma classe?[1] Qual é o conjunto completo de funções de desempenho *implementáveis* por algum mecanismo? Que mecanismo *otimiza* o desempenho (segundo o critério de desempenho estabelecido pelo desenvolvedor)?

A teoria do desenho de mecanismos é voltada a resultados. Um pressuposto central dela é que as pessoas só se importam com eles, não com a forma como são alcançados. No mundo real, às vezes os processos prosperam ou falham por serem percebidos como justos, simples ou abertos — atributos difíceis de serem avaliados em um modelo formal. Deixar essas considerações de lado facilita uma análise formal, mas parcial. Quando a análise está completa, as questões e os critérios omitidos podem ser examinados.

Duas categorias de problemas atormentam o desenvolvedor do desenho de mecanismos. Os *problemas de informação* representam a primeira. Pense em uma autoridade de aviação civil tentando responder ao mau tempo na região de um aeroporto importante que exige retardar ou cancelar alguns voos. Quais voos? A agência reguladora pede às companhias aéreas

---

[1] Ao aplicar a teoria, é preciso cautela quanto à definição de "eficiência" que ela utiliza. Essas formulações focam apenas as recompensas dos participantes em N. Se algum resultado tem valor para um participante porque lhe permite extrair aluguéis por meio da aplicação do poder de monopólio, então as alocações identificadas não são boas no sentido econômico tradicional da eficiência de Pareto.

para cooperarem ao identificar que voos podem ser cancelados com poucos transtornos para os passageiros e poucas mudanças de horário; mas as empresas que identificarem esses voos, com honestidade, arcarão com a maioria dos custos dos cancelamentos. Cancelar voos pode até agravar problemas de atendimento ao passageiro. Por exemplo, quando voos em aviões grandes são cancelados ou adiados, alguns passageiros ricos podem contratar jatos particulares que usam a mesma capacidade de pista de decolagem para atender a um número menor de clientes. Nesse exemplo, a agência reguladora pode ser capaz de aliviar problemas de informação pagando a empresas que sacrificam sua permissão de decolagem e cobrando uma taxa de uma empresa auxiliar. Na prática, talvez a compensação monetária não seja permitida. O que se pode fazer, então? Que desempenho adicional é possível agregar se pagamentos em dinheiro forem possíveis?

Problemas causados por informações inadequadas existem em toda economia. Um arquiteto que exige uso de materiais de determinada qualidade talvez não saiba que o construtor, na verdade, usou substitutos mais baratos e menos duráveis. Negociantes de mercados paralelos que ocultam suas transações ou pessoas que informam incorrectamente a renda burlam o sistema tributário do governo. Um administrador de empresas pode ter um sistema de pagamento orientado por desempenho frustrado por medidas imprecisas ou intencionalmente distorcidas.

O segundo tipo de problema enfrentado por desenvolvedores de desenho de mecanismos é o *comprometimento*, quando os participantes não confiam que o desenvolvedor cumprirá suas promessas. Por exemplo, suponha que os operários de uma fábrica recebam um pagamento, chamado de *taxa por peça* para cada unidade produzida. O gerente da fábrica promete não a mudar, independentemente do quanto os operários ganham. Suponha que os operários acreditem no gerente e aumentem a produção, mas a taxa por peça de alguns é muito alta em relação à de outros, possibilitando-lhes ganhos muito maiores. Os superiores do gerente e os operários cujas taxas por peça são relativamente baixas o pressionam para reduzir as taxas mais altas e aumentar as mais baixas. Prevendo a reação, os operários de trabalhos fáceis podem tentar fazer sua função parecer difícil limitando a produção, a fim de evitar a redução. Nesse exemplo, a incapacidade do gerente de se comprometer a não mudar as taxas reduz a produção da fábrica.

Os dois tipos de problemas afetam a teoria do desenho de mecanismo e sua aplicação na *teoria econômica de contratos*. Entretanto, focaremos problemas de informação, porque são os mais relevantes para a teoria dos leilões. Eles surgem pelo simples fato de os licitantes saberem mais sobre seus valores do que o leiloeiro.

O *leilão* é um mecanismo de alocação de recursos entre um grupo de licitantes. Um modelo de leilão consiste em três partes principais: a descrição dos licitantes em potencial (e, às vezes, o vendedor ou vendedores), o conjunto de possíveis alocações de recursos (descrevendo a quantidade de bens de cada tipo, se eles são divisíveis e se têm restrições legais ou de outro tipo sobre sua alocação) e os valores das várias alocações de recursos para cada participante.

Os valores podem ser determinados de formas sutis. Por exemplo, quando uma garrafa de vinho é vendida em um leilão, a recompensa do licitante vencedor depende do quanto ele gosta desse vinho em especial, do prestígio de ganhar a garrafa ou de gostar de mantê-la longe de certo colecionador concorrente. Perdedores também se importam com o resultado, por exemplo, porque esperam que, se certo amigo comprar a garrafa, ele a servirá em uma futura reunião de degustação de vinhos. O problema do desenvolvedor do desenho de mecanismos será escolher as regras do leilão — que lances são permitidos, como alocar os recursos e como determinar os preços — para atingir um objetivo, como o de maximizar a receita do vendedor.

Três importantes contribuições iniciais para o desenho do mecanismo merecem menção especial. O próximo capítulo analisa a primeira, o desenho de leilões de William Vickrey que aloca recursos com eficiência em uma ampla série de circunstâncias.

A segunda contribuição importante foi o desenho Vickrey-Mirrlees de um sistema tributário e previdenciário ótimo tendo em conta um objetivo utilitário. Vickrey construiu o modelo básico, que deu estrutura à questão. O modelo incorporou a ideia de que a utilidade individual depende de renda e lazer, que diferentes pessoas têm diferentes oportunidades de gerar renda ao sacrificar o lazer, que a autoridade tributária só consegue observar a renda total e que o sistema tributário afeta a oferta de trabalho. O problema era criar um sistema tributário e de transferência para maximizar a utilidade total de cada pessoa na sociedade. A solução utilitária ideal taxaria aqueles com elevada habilidade de ganhos e faria transferências aos com baixa habilidade, mas estaria limitada pelo problema do incentivo. Mais tarde, James Mirrlees revisitou e solucionou o problema de otimização implícito na formulação de Vickrey. Pesquisadores subsequentes muitas vezes copiaram os métodos de Mirrlees. Por suas contribuições às teorias de leilões eficientes e tributação ótima, Vickrey e Mirrlees receberam o Prêmio Nobel em Ciências Econômicas de 1996.

A terceira contribuição importante foi a análise Clarke–Groves da boa provisão de bens públicos. Por exemplo, a associação de um condomínio pode precisar decidir se melhora as áreas comuns, talvez instalando um elevador mais rápido no prédio, renovando a área externa ou construindo um playground para as crianças. As melhorias são caras e precisam ser financiadas com os fundos da associação, por uma taxa cobrada de seus membros. Nessas circunstâncias, o conselho da associação precisa saber quanto as várias melhorias valem para os membros. Dependendo de exatamente como essas informações são usadas e como os custos serão divididos, os membros da associação falseiam suas preferências. Clarke e Groves analisaram como arranjar as questões para que os relatos correspondam aos interesses individuais. Seus métodos e conclusões são bastante semelhantes aos de Vickrey; falamos de ambos no Capítulo 2.

Nos anos que se seguiram, as técnicas de desenho de mecanismos foram aplicadas a problemas do setor público, como a regulação estatal de utilidades públicas para maximizar o bem-estar do consumidor, e do privado, como o desenho de contratos a fim de maximizar o bem-estar das partes contratantes. O trabalho de Roger Myerson no desenho de leilões para maximizar a receita foi o primeiro a aplicar o desenho de mecanismos à teoria dos leilões.[2]

Formalidades do Modelo do Desenho de Mecanismos[3]

O modelo que estudaremos tem duas partes: um ambiente e um mecanismo. No caso mais simples, um *ambiente* é um triplo (N, Ω, Θ). O primeiro elemento do triplo, $N = \{1, \ldots, n\}$, é a lista de *participantes* (ou participantes em potencial) no mecanismo. Quando for conveniente incluir o desenvolvedor entre eles, podemos então escrever $N = \{0, \ldots, n\}$. O segundo elemento, Ω, é o conjunto de possíveis resultados que os participantes e o desenvolvedor preferem. O terceiro elemento é o mais abstrato: $\Theta = \Theta^1 \times \cdots \times \Theta^N$ é o conjunto de *perfis-tipo* $\vec{t} = (t^1, \ldots, t^N)$, o que inclui um tipo para cada participante. O participante *tipo i*, (t^i) indexa suas informações, crenças e preferências. Por exemplo, podemos dizer que o licitante 1 é do tipo A se

---

[2] Veja Myerson (1981).
[3] O modelo de desenho de mecanismo geral foi formulado por Hurwicz (1973).

o item à venda vale R$100 para ele, e ele acha que o item vale R$150 para o licitante 2; e do tipo B se o item vale R$200 para ele e ele acha que vale R$175 para o licitante 2. Os tipos listam todas as possibilidades que o desenvolvedor considera.

O tipo de perfil e o resultado se combinam para determinar ganhos individuais: $u^i : \Omega \times \Theta \to \mathbb{R}$. Assim, $u^i(\xi, \vec{t})$ denota o payoff ou a utilidade que o participante i recebe quando o resultado é $\xi \in \Omega$ e o perfil do tipo é $\vec{t}$.

Em grande parte da teoria econômica, o ganho do participante depende só do resultado e de seu tipo, mas a formulação geral permite uma dependência mais ampla que isso. Um exemplo no qual os ganhos dependem de outros tipos é dado por George Akerlof, um dos vencedores do Prêmio Nobel em Ciências Econômicas em 2001. Em seu famoso modelo dos *limões* do mercado de carros usados,[4] há dois tipos de participantes: compradores e vendedores. O tipo do vendedor descreve a condição do carro, que somente ele conhece. A utilidade para o comprador depende tanto de suas preferências quanto das condições do carro. Os modelos de mercado nos quais alguns participantes têm informações de qualidade, que afetam os ganhos de outro, são de *seleção adversa*. O nome reflete a ideia de que a seleção de carros à venda não é um corte transversal aleatório de todos os carros, mas está sobrecarregada de carros em más condições, porque os donos estão ansiosos para vendê-los.

Embora o tratamento da seleção adversa em modelos de leilão tenha uma longa história,[5] a maior parte da teoria dos leilões a deixa de lado e foca o caso dos *valores privados*, em que a utilidade de cada participante depende só do próprio tipo: $u^i(\xi, \vec{t}) = u^i(\xi, t^i)$. Nesse caso, as informações dos outros não influenciam a classificação de um participante nos resultados em Ω. Exceto onde especificamente observado, todos os modelos deste livro lidam com o caso de valores privados.

A maioria dos modelos de mecanismo pressupõe que os participantes não têm certeza sobre o que os outros sabem. Nos modelos *bayesianos*, a distribuição de probabilidade condicional $\pi^i(\vec{t}|t^i)$ descreve as crenças de um participante, que dependem de seu tipo. Em quase todo o livro, empregamos a *doutrina de Harsanyi* de que as crenças se originam de uma distribuição π

---

[4] Akerlof (1970).

[5] Houve modelos de leilão com seleção adversa mesmo antes do trabalho pioneiro de Akerlof (1970). Veja Ortega-Reichert (1968) e Wilson (1969).

comum anterior.[6] Embora essa doutrina seja restritiva e exclua certos fenômenos interessantes e realistas, tem uma vantagem importante. Ela exclui *patologias de apostas*, modelos em que os participantes se saem muito melhor simplesmente ao apostar contra outro com base na diferença de crenças.[7] A doutrina de Harsanyi é um mecanismo popular nos modelos de desenho de mecanismos porque elimina essas apostas e foca outros aspectos do problema do desenho.

Às vezes, é conveniente escrever um perfil de tipo como $\vec{t} = (t^i, t^{-i})$, onde t^{-i} enumera os tipos dos participantes além de i. Um *mecanismo* (de *forma estratégica*) é um par (S, ω), onde $S = S^1 \times \cdots \times S^N$ é o conjunto de *perfis estratégicos* possíveis (S^j é o conjunto de estratégias possíveis de um jogador típico j) e $\omega : S \to \Omega$ mapeia perfis de estratégia para os resultados.[8]

Para cada mecanismo e cada realização $\vec{t}$ do vetor do tipo, podemos definir um *jogo* de forma estratégica correspondente. O jogo $(N, S, U(\cdot|\vec{t}))$ é um tripé formado por um conjunto de participantes, um conjunto de perfis de estratégia e uma *função de payoff U* mapeando perfis de estratégia para chegar

---

[6] Harsanyi (1967-1968).

[7] Diz a lenda que a patologia das apostas foi descoberta na sala de café do departamento de economia da Universidade de Stanford, quando os professores Joseph Stiglitz e Robert Wilson discordaram sobre se uma certa almofada desconfortável era feita com espuma ou penas. Eles concordaram com uma aposta de US$10 e cortariam a almofada, sendo que o perdedor teria que comprar uma nova. Infelizmente, o administrador do departamento impediu-os antes de eles porem o acordo em prática. A patologia reside no fato de que esse acordo, com o qual ambos os participantes esperavam se beneficiar, exigia a destruição de recursos reais. Seria possível comprar uma nova almofada sem destruir a velha, mas isso não teria permitido aos professores se beneficiarem da aposta. Quando a doutrina Harsanyi não se mantém, e as partes com as mesmas informações mesmo assim têm crenças diferentes, apostas paralelas como essa entre Wilson e Stiglitz costumam ser vantajosas. Segundo o *teorema de não negociação* (Milgrom e Stokey, 1982), a doutrina Harsanyi impede apostas paralelas mutuamente vantajosas, de modo que adotar a doutrina foca a análise em outros aspectos mais plausíveis do problema do desenho de mecanismo. Porém, a resolução é insatisfatória, pois é refutada pela evidência sobre as crenças humanas. Além disso, veremos depois que, mesmo com a doutrina de Harsanyi, apostas paralelas surgem em mecanismos ótimos quando os tipos dos participantes estão estatisticamente correlacionados (Cremer e McLean, 1985).

[8] Essa é uma descrição da *forma estratégica* do mecanismo. Também é possível descrever um mecanismo na *forma extensiva*, relatando a sucessão de possíveis jogadas por completo (a *árvore do jogo*), as informações disponíveis a cada participante quando faz uma jogada (os *conjuntos de informação*) e o resultado que segue cada sequência possível de jogadas. A diferença entre as duas descrições é potencialmente significativa quando uma se aplica ao conceito de solução da forma extensiva, como um equilíbrio sequencial, ou equilíbrio perfeito.

aos payoffs. Os argumentos da função de payoff são estratégias, mas elas importam para os jogadores apenas na medida em que determinamos resultados relevantes para os participantes: $U^i(\sigma^1, \ldots, \sigma^n, \vec{t}) = u^i(\omega(\sigma^1, \ldots, \sigma^n), \vec{t})$. Se os jogadores forem bayesianos, adicionar as crenças como descrito completa a descrição de um jogo bayesiano.

Considerando um mecanismo (S, ω), se o conceito de solução da teoria dos jogos prever que um determinado perfil de estratégia $\sigma = (\sigma^1(t^1), \ldots, \sigma^n(t^n))$ será jogado, então pode-se usar isso para prever e avaliar o desempenho do mecanismo. O resultado previsto será $\xi(\vec{t}) = \omega(\sigma^1(t^1), \ldots, \sigma^n(t^n))$. A função $\xi(\cdot)$, que mapeia perfis de tipo para resultados, é a *função de desempenho* correspondente ao mecanismo (S, ω). Muitos conceitos de solução da teoria dos jogos não são de valor único; por exemplo, muitos jogos têm equilíbrios múltiplos de Nash. Há diversas formas de acomodar equilíbrios múltiplos, mas, para a Parte 1, focamos o seguinte: quando um jogo têm múltiplas soluções, definimos o *mecanismo aumentado* (S, ω, σ) para, além dele, contar também com uma solução selecionada. A ideia é a de que a solução σ representa uma recomendação feita pelo desenvolvedor do desenho do mecanismo aos participantes. Se a recomendação é consistente com o conceito de solução que capta adequadamente os incentivos dos participantes, então nenhum participante terá qualquer incentivo para se desviar da recomendação, e σ será, portanto, uma previsão razoável de como os participantes se comportarão.

Quando σ é uma solução de acordo com algum conceito, dizemos que o mecanismo (S, ω), ou o mecanismo aumentado (S, ω, σ), *implementa* o desempenho $\xi = \omega \circ \sigma$. Em outras palavras, o resultado de equilíbrio é ξ, obtido da função de resultado ω quando cada participante joga de acordo com σ_i. Às vezes, anexamos o nome do conceito de solução, dizendo que os mecanismos *implementam em estratégias dominantes*, ou *Bayes–Nash implementa* o desempenho específico.

Os Capítulos da Parte Um

Desenvolvemos a abordagem de desenho de mecanismo para a teoria dos leilões em uma série de etapas. No Capítulo 2, revemos a análise de leilões de Vickrey e a análise relacionada de decisões públicas de Clarke-Groves. O desenho Vickrey-Clarke-Groves (VCG) estabelece uma referência útil, com a qual as análises subsequentes de mecanismos de alocação de recursos devem ser comparadas.

O Capítulo 3 apresenta o teorema do envelope e algumas de suas consequências mais importantes, incluindo o lema de Holmstrom e o de Myerson, análogos à teoria de incentivos dos famosos lemas da teoria da demanda, de Hotelling e Shepard. O uso do teorema do envelope permite provas "curtas" de muitos resultados famosos e revela sua estreita relação. Entre eles, estão o teorema de Green-Laffont-Holmstrom, que diz que os mecanismos VCG são os únicos mecanismos de estratégia dominante eficientes; o teorema de Myerson-Satterthwaite, sobre as ineficácias inevitáveis de barganhar com informações incompletas; de Jehiel-Moldovanu, sobre a impossibilidade de implementar resultados eficientes com seleção adversa; os famosos teoremas de equivalência de payoff e receita; o teorema de bons leilões de Myerson-Riley-Samuelson; e o teorema dos cartéis fracos, de McAfee-McMillan.

O Capítulo 4 apresenta as *propriedades de cruzamento único*, o *teorema da simplificação de restrições* e o *lema de ordenamento*. Juntos, eles facilitam a análise de desenhos de leilões padrão, a caracterização de funções de desempenho implementáveis, a classificação de leilões padrão em vários ambientes diferentes e um desenvolvimento mais completo da teoria dos bons leilões.

Os modelos explorados nos Capítulos 2, 3 e 4 são simplificados pela suposição de que os licitantes conhecem seus próprios valores e não sabem nada sobre os dos outros. No Capítulo 5, exploramos modelos em que essas suposições não se aplicam, incluindo aqueles nos quais os licitantes ou o vendedor investem em informações adicionais e as ocultam ou revelam. Um vendedor pode se beneficiar de várias maneiras ao revelar informações de valoração. As informações podem evitar ineficiências causadas por avaliações incorretas, reduzir os prêmios de risco que os licitantes deduzem na avaliação de ativos incertos e as rendas de informações de leilões que os licitantes ganham. Todas essas mudanças podem aumentar as receitas esperadas.

O Capítulo 6 estabelece um contexto mais amplo para leilões tratando as decisões de entrada e desempenho pós-leilão. Essas considerações mais amplas são muito importantes na prática: um leilão dificilmente pode ser considerado bom se nenhum licitante optar por participar ou se o vencedor não cumprir suas obrigações. Elas também mudam o foco do desenho dos leilões de várias formas importantes. Primeiro, quando a participação é cara, se não houver lucro suficiente para os licitantes, eles preferirão não participar, prejudicando a eficiência e a receita. Maximizar a eficiência envolve a pré-seleção de potenciais licitantes para que somente os mais qualificados incorram no custo de aprender seus tipos e preparar os lances. A pré-seleção e outros instrumentos também são úteis para garantir que o licitante escolhido seja capaz de atuar. Quando os licitantes diferem em suas qualificações, avaliar lances também torna-se mais complicado, visto que o vendedor analisa se aceita um lance mais alto de um comprador fraco que pode não cumprir com o combinado ou um lance menor de um comprador qualificado.

REFERÊNCIAS

Akerlof, George (1970). "The Market for 'Lemons': Quality Uncertainty and the Market Mechanism", *Quarterly Journal of Economics* **84**: 488-500.

Cremer, Jacques e Richard P. McLean (1985). "Optimal Selling Strategies under Uncertainty for a Discriminating Monopolist When Demands Are Independent", *Econometrica* **53**(2): 345-361.

Harsanyi, John (1967-1968). "Games with Incomplete Information Played by Bayesian Players (Parts I-III)", *Management Science* **14**: 159-182, 320-334, 486-502.

Hurwicz, Leonid (1973). "The Design of Mechanisms for Resource Allocation", *American Economic Review* **63**(2): 1-30.

Milgrom, Paul e Nancy Stokey (1982). "Information, Trade and Common Knowledge", *Journal of Economic Theory* **26**: 17-27.

Myerson, Roger B. (1981). "Optimal Auction Design", *Mathematics of Operations Research* **6**(1): 58-73.

Ortega-Reichert, Armando (1968). *Models for Competitive Bidding under Uncertainty.* Stanford, CA: Stanford University.

Wilson, Robert (1969). "Competitive Bidding with Disparate Information", *Management Science* **15**(7): 446-448.

CAPÍTULO DOIS
Mecanismos Vickrey–Clarke–Groves

Este capítulo descreve as importantes contribuições de Vickrey, Clarke e Groves (VCG) para a teoria do desenho de mecanismos. Vickrey (1961) analisou a situação em que licitantes competem para comprar ou vender uma coleção de bens. Mais tarde, Clarke (1971) e Groves (1973) estudaram o problema da escolha pública na qual os agentes decidem se assumem um projeto público — como a construção de uma ponte ou estrada — cujo custo deve ser assumido pelos agentes. Essa última análise inclui formalmente qualquer escolha de um conjunto finito. Em especial, inclui a análise de Vickrey para o caso de ativos discretos. Neste capítulo, limitamos a atenção ao caso e conjuntos de escolha finitos, a fim de contornar questões técnicas associadas a escolhas de conjuntos infinitos, especialmente questões associadas com a existência de uma melhor escolha.

A análise VCG tornou-se um padrão importante. É o trabalho pelo qual quase todos os outros trabalhos de desenho de mecanismos são julgados e em termos dos quais sua contribuição é avaliada. Como veremos em capítulos posteriores, há conexões profundas e surpreendentes entre a teoria VCG e muitas outras partes da teoria dos leilões.

2.1 Formulação

Começamos o desenvolvimento teórico nesta seção apresentando notação e definindo mecanismos diretos e mecanismos VCG.

Assim, deixe $N = \{0,..., n\}$ denotar o conjunto de participantes, em que o participante 0 é o operador do mecanismo. Deixe X denotar o conjunto de decisões possíveis com típico elemento x. Nos Capítulos 2, 3, 4 e 5, supomos que o conjunto de participantes seja dado exogenamente e omitimos qualquer análise dos incentivos à participação. Um resultado é um par (x, p) que descreve a decisão x e um vetor de pagamentos positivos ou negativos $p = (p^0, p^1, \ldots, p^n)$ pelos participantes. Por exemplo, em um leilão de lance selado de primeiro preço, a decisão x é um vetor onde $x^i = 1$ se o agente i obtém o objeto, e 0, caso contrário. O vetor associado de pagamentos é p, onde $p^i = b^i = -p^0$ se i licitar b^i e ganhar, e, nesse caso, $p^j = 0$ para os outros licitantes.

Para a maior parte de nossa análise, também supomos que cada participante i avalia resultados segundo $u^i((x, p), \vec{t}) \equiv v^i(x, t^i) - p^i$, isto é, o payoff de i, correspondente ao resultado (x, p) é o valor de i da decisão x, que depende apenas do próprio tipo de i, t^i, menos o pagamento que i precisa fazer. Essa especificação *quase linear* da função de utilidade desempenha um papel indispensável na análise formal deste capítulo. A suposição da quase linearidade implica que licitantes são capazes de fazer quaisquer transferências de dinheiro descritas pelo mecanismo, que existe uma transferência de dinheiro que compensa exatamente qualquer indivíduo por qualquer possível mudança nos resultados e que a redistribuição de riqueza entre os participantes não mudaria essa transferência compensatória. Essas suposições representam aproximações de modelos melhores para algumas situações que para outras. Por exemplo, se os licitantes forem empresas com grande liquidez, as suposições podem ser uma boa aproximação da realidade, mas, se forem consumidores com restrições de crédito significativas, que se apliquem às transações, as suposições poderão ser de uma incompatibilidade inaceitável.

Lembre que "desempenho" significa a função que mapeia ambientes em resultados. Considerando nossas suposições sobre a descrição de resultados em duas partes, o desempenho de qualquer mecanismo também pode ser descrito em duas partes. O *desempenho de decisão* mapeia tipos em decisões x, enquanto o *desempenho de transferência* mapeia tipos em pagamentos ou transferências. Quando a decisão x aloca bens, às vezes também chamamos x de *desempenho de alocação*.

Às vezes, a análise VCG tenta atingir um desempenho eficiente, sujeito à limitação de que a soma das transferências seja igual a zero. Considerando as suposições descritas, uma decisão x é eficiente se maximizar o valor total

$\sum_{i \in N} v^i(x, t^i)$. Por exemplo, em um leilão de um único bem, a alocação final é eficiente se atribuir o bem ao licitante que mais o valoriza. Nos modelos analisados aqui, por construção, pagamentos líquidos sempre somam zero, porque o vendedor (ou desenvolvedor do desenho do mecanismo) recebe quaisquer somas que os compradores (ou licitantes) paguem.

Em alguns leilões públicos, o objetivo do desenho é a eficiência, conforme definida anteriormente, embora as receitas (a transferência total para o desenvolvedor do desenho do mecanismo) também possam ser uma meta importante. Em leilões do setor privado, as receitas sempre são uma meta importante e, muitas vezes, a única.

Às vezes, o desenvolvedor do desenho quer realizar um leilão no qual $p^0 \equiv 0$, isto é, no qual nunca há nenhuma transferência líquida para o desenvolvedor do desenho do leilão. Esses mecanismos de orçamento equilibrado são úteis, por exemplo, em contextos regulatórios, nos quais a autoridade reguladora não está autorizada a contribuir ou coletar dinheiro das partes reguladas. Eles também surgem na teoria da empresa, segundo a qual o operador do mecanismo está sujeito a restrições semelhantes. Como veremos adiante, muitas vezes há tensão no desenho do mecanismo entre atingir resultados eficientes e garantir equilíbrio no orçamento.

Os mecanismos VCG são *mecanismos diretos compatíveis com incentivos*. Isso significa que (1) $S = \Theta$ e que (2) o perfil da estratégia $(\sigma^i(t^i) = t^i)_{i \in N}$ é um equilíbrio. Ou seja, a primeira condição significa que cada participante deve apresentar um possível tipo ao operador do mecanismo. Às vezes, falaremos de mecanismos diretos como sendo pares (x, p), deixando implícito o conjunto da estratégia. A segunda condição, *compatibilidade de incentivo*, significa que relatar o próprio tipo verdadeiramente é um equilíbrio segundo qualquer conceito de solução que escolhamos. Para mecanismos VCG, focamos a *implementação de estratégia dominante*, de modo que o conceito de solução relevante é que cada participante desempenhe uma estratégia dominante.

Um atrativo dos mecanismos diretos compatíveis com incentivos é que poupam os participantes da necessidade de realizar cálculos estratégicos elaborados: relatos verdadeiros atendem aos interesses individuais dos participantes. Escolhendo estratégias dominantes como conceito de solução, um mecanismo direto compatível com incentivos é aquele pelo qual relatos verdadeiros levam a payoffs tão elevados quanto qualquer outra estratégia para todos os tipos possíveis de oponentes e todas as ações possíveis que esses oponentes possam tomar. Por exemplo, como discutimos no Capítulo

1, é sempre ótimo para o licitante em um leilão de lance selado de segundo preço para um único bem ofertar o lance de seu valor. Além disso, essa estratégia de licitação *verdadeira* é a única estratégia que é sempre ótima, de modo que é uma *estratégia dominante*. Assim, o leilão de segundo preço é um mecanismo direto compatível com incentivos de estratégia dominante.

O operador de um mecanismo VCG usa os tipos relatados para computar o valor total máximo $V(X, N, \vec{t})$ e uma decisão correspondente de maximização de valor total correspondente $\hat{x}(X, N, \vec{t})$, da seguinte forma:

$$V(X, N, \vec{t}) = \max_{x \in X} \sum_{j \in N} v^j(x, t^j), \tag{2.1}$$

$$\hat{x}(X, N, \vec{t}) \in \arg\max_{x \in X} \sum_{j \in N} v^j(x, t^j). \tag{2.2}$$

Pode-se pensar que uma abordagem tão direta estaria fadada ao fracasso, porque cada participante parece ter um incentivo para desvirtuar suas preferências e influenciar a decisão em seu favor. Entretanto, os incentivos dos participantes não dependem só da decisão, mas também da transferência de dinheiro, que é uma parte inteligente e surpreendente do mecanismo VCG.

O mecanismo VCG elimina incentivos para declarações incorretas, impondo a cada participante o custo de qualquer distorção que ele cause. O pagamento do VCG para o participante *i* é definido de modo que o relato *i* não afete o ganho total do conjunto de *outras* partes, $N - i$. Note que $0 \in N - i$, isto é, o conjunto inclui o desenvolvedor do desenho do mecanismo cujo payoff são as receitas líquidas do mecanismo.

Com esse princípio em mente, vamos derivar uma fórmula para os pagamentos do VCG. Para captar o efeito do relatório de *i* no resultado, introduzimos um hipotético *informe nulo*, que corresponde ao licitante *i* informar que é indiferente às possíveis decisões e se importa apenas com as transferências. Quando *i* apresenta o informe nulo, o mecanismo VCG escolhe a decisão de forma otimizada: $\hat{x}(X, N - i, t^{-i})$. O valor total resultante da decisão para o conjunto de participantes $N - i$ seria $V(X, N - i, t^{-i})$, e o desenvolvedor do desenho do mecanismo também poderia receber o pagamento $h^i(t^{-i})$ do participante *i*. Assim, se *i* apresentar um *informe nulo*, o payoff total para os participantes do conjunto $N - i$ é:

$$V(X, N - i, t^{-i}) + h^i(t^{-i}).$$

O mecanismo VCG é construído de modo que a mesma quantia seja o payoff desses participantes independentemente da informação apresentada por i. Assim, suponha que, quando o tipo de perfil relatado for $\vec{t}$, o pagamento de i é $\hat{p}^i(X, N, \vec{t}) + h^i(t^{-i})$, de modo que $\hat{p}^i(X, N, \vec{t})$ é o pagamento adicional de i sobre o que i pagaria se apresentasse a informação nula. A decisão $\hat{x}(X, N, \vec{t})$ depende da informação de i, e o payoff total dos membros de $N - i$ é então $\sum_{j \in N-i} v^j(\hat{x}(X, N, \vec{t}), t^j) + \hat{p}^i(X, N, \vec{t}) + h^i(t^{-i})$. Igualamos esse valor total ao valor total correspondente quando i apresenta a informação nula:

$$\hat{p}^i(X, N, \vec{t}) + h^i(t^{-i}) + \sum_{j \in N-i} v^j(\hat{x}(X, N, \vec{t}), t^j)$$

$$= h^i(t^{-i}) + V(X, N - i, t^{-i}). \qquad (2.3)$$

Usando (2.1), resolvemos o pagamento extra da seguinte forma:

$$\hat{p}^i(X, N, \vec{t}) = V(X, N - i, t^{-i}) - \sum_{j \in N-i} v^j(\hat{x}(X, N, \vec{t}), t^j)$$

$$= \sum_{j \in N-i} v^j(\hat{x}(X, N - i, t^{-i}), t^j)$$

$$- \sum_{j \in N-i} v^j(\hat{x}(X, N, \vec{t}), t^j). \qquad (2.4)$$

Segundo (2.4), se a informação do participante i causar uma mudança na decisão $\hat{x}$, o pagamento extra de i $\hat{p}^i(X, N, \vec{t})$ é especificado para compensar os membros de $N - i$ pelas perdas totais sofridas por eles nessa conta.

Agora, apresentamos algumas definições:

Definição

1. Um *mecanismo Vickrey-Clarke-Groves (VCG)* $(\Theta, (\hat{x}, \hat{p} + h))$ é um mecanismo direto, no qual $\hat{x}$ satisfaz (2.2), $\hat{p}$ satisfaz (2.4) (para todos $N, X, \vec{t}$, e $i \in N$) e os pagamentos são determinados por $\hat{p}^i(X, N, \vec{t}) + h^i(t^{-i})$.

2. Um participante é *pivotal* se $\hat{x}(X, N, \vec{t}) \neq \hat{x}(X, N - i, t^{-i})$.

3. O mecanismo *pivot* é um mecanismo VCG, em que $h^i \equiv 0$ para todo $i \in N$.

Ou seja, um participante é pivotal se a consideração sobre sua informação alterar a decisão, comparada à exclusão do participante ou atribuição de informação nulo a ele. Segundo (2.4), se o participante i não é pivotal, então $\hat{p}^i(X, N, \vec{t}) = 0$. No mecanismo pivot, os únicos participantes que fazem ou recebem pagamentos zero são os pivotais.

Vickrey apresentou o mecanismo pivot em um modelo em que a decisão x alocava uma quantidade fixa de um único bem divisível. No contexto de um leilão, um licitante não é pivotal se adquirir uma quantidade zero. Assim, o mecanismo pivot no modelo Vickrey é um leilão em que licitantes perdedores não fazem nem recebem pagamentos.

2.2 Estratégias Sempre Ótimas e Fracamente Dominantes

Nesta seção, verificamos que as regras VCG garantem que é sempre ótimo os participantes apresentarem informações verdadeiras, independentemente das informações dadas por outros. Também demonstramos que apresentar informações verdadeiras muitas vezes é uma *estratégia dominante*, ou seja, é a única estratégia que sempre é ótima.

Há circunstâncias em que apresentar informações verdadeiras, embora sempre ótimo para o mecanismo VCG, não é uma estratégia dominante. Por exemplo, suponha que duas partes estejam considerando dividir o aluguel de um barco no valor de R$200. Uma parte considera um aluguel entre R$300 e R$0, e seu valor informado se restringe ao conjunto {R$0, R$300}. O valor considerado pela outra parte é algo entre R$0 e R$150, e sua informação se limita a esse intervalo [R$0, R$150]. Nesse exemplo, o mecanismo pivot sugere que o barco seja alugado se e somente se o valor da primeira parte for R$300, e nesse caso ela pagará R$200. A segunda parte sempre pagará R$0, e sua informação não afeta o resultado. Consequentemente, qualquer informação da segunda parte sempre será ótima, e qualquer informação de R$200 ou mais pela primeira parte sempre será ótima se seu valor for de, pelo menos, R$200.

O exemplo anterior foi construído de modo que os participantes possam, às vezes, prever que certas informações serão irrelevantes. Em exemplos menos irreais, espera-se que informações verdadeiras sejam uma estratégia dominante.

Formalizamos essa alegações usando as seguintes definições. Informações verdadeiras são uma estratégia *sempre ótima* se a condição (i) a seguir for válida, e são uma *estratégia dominante*[1] se, além disso, a condição (ii) for válida:

(i) para todo t^{-i}, $t^i \in \arg\max_{\tilde{t}^i}\{v^i(\hat{x}(X, N, \tilde{t}^i, t^{-i}), t^i) - \hat{p}^j(X, N, \tilde{t}^i, t^{-i})\}$.

(ii) se $\tilde{t}^i \neq t^i$, então em alguns t^{-i}, $\tilde{t}^i \notin \arg\max_{\tilde{t}^i}\{v^i(\hat{x}(X, N, \tilde{t}^i, t^{-i}), t^i) - \hat{p}^j(X, N, \tilde{t}^i, t^{-i})\}$.

Para excluir exemplos irreais, como o do aluguel do barco, usaremos a seguinte condição:

Todas as informações são potencialmente pivotais: Para todo $i \in N$ e $t^i, \tilde{t}^i \in \Theta^i$, existe $t^{-i} \in \Theta^{-i}$ tal que $\sum_{j \in N} v^j(\hat{x}(X, N, \tilde{t}^i, t^{-i}), t^j) < V(X, N, \vec{t})$.

Essa condição assegura que, para qualquer informação falsa $\tilde{t}^i$ do licitante i, existe algum perfil de tipo t^{-i} dos outros participantes, de modo que a informação falsa leva o mecanismo a escolher um resultado inferior. Quando essa condição é válida, nenhum participante pode ter certeza de que uma informação falsa é inofensiva.

Teorema 2.1. Em qualquer mecanismo VCG, informações verdadeiras são *sempre* uma *estratégia* ótima. Se todas as informações são potencialmente pivotais, então a verdadeira é uma estratégia *dominante*.

Prova. Para mostrar que a informação verdadeira é sempre ótima, estabeleça o perfil $\vec{t}$ de tipos reais. Quando o licitante i informar o tipo $\tilde{t}^i$, a decisão escolhida é $\hat{x}(X, N, \tilde{t}^i, t^{-i})$. Assim, considerando a fórmula para o pagamento de i, seu *payoff* é $\Pi^i(\tilde{t}^i|\vec{t}) = v^i(\hat{x}(X, N, \tilde{t}^i, t^{-i}), t^i) - \hat{p}^j(X, N, \tilde{t}^i, t^{-i}) - h^i(t^{-i})$. Usando (2.4), o ganho obtido por i do desvio é, portanto:

$$\Pi^i(\tilde{t}^i|\vec{t}) - \Pi^i(t^i|\vec{t})$$
$$= [v^i(\hat{x}(X, N, \tilde{t}^i, t^{-i}), t^i) - \hat{p}^j(X, N, \tilde{t}^i, t^{-i}) - h^i(t^{-i})]$$
$$- [v^i(\hat{x}(X, N, \vec{t}), t^i) - \hat{p}^j(X, N, \vec{t}) - h^i(t^{-i})]$$
$$= \sum_{j \in N} v^j(\hat{x}(X, N, \tilde{t}^i, t^{-i}), t^j) - \sum_{j \in N} v^j(\hat{x}(X, N, \vec{t}), t^j)$$
$$= \sum_{j \in N} v^j(\hat{x}(X, N, \tilde{t}^i, t^{-i}), t^j) - V(X, N, \vec{t}) \leq 0.$$

---

[1] A estratégia de um participante em um jogo de forma normal é *dominante* se (1) ela for a melhor resposta para cada perfil de estratégia oposta e (2) não houver outra estratégia com a mesma propriedade. A definição no texto se limita aos jogos de revelação direta que estamos estudando.

Isso prova que a informação verdadeira é sempre ótima.

Supondo que todas as informações sejam potencialmente pivotais, para todo $\tilde{t}^i \neq t^i$, existe t^{-i}, tal que:

$$\Pi^i(\tilde{t}^i|\vec{t}) - \Pi^i(t^i|\vec{t})$$
$$= \sum\nolimits_{j \in N} v^j(\hat{x}(X, N, \tilde{t}^i, t^{-i}), t^j) - V(X, N, \vec{t}) < 0.$$

Logo, por definição, a informação verdadeira é uma estratégia dominante. ∎

A prova formal implementa o seguinte argumento intuitivo simples. Os pagamentos VCG são definidos de modo que a informação de i não afeta o payoff total dos outros participantes. Se i apresenta uma informação verdadeira, o mecanismo maximiza o payoff real total. Se i apresenta qualquer forma de informação falsa que mude a decisão, então a mudança no payoff total deve ser negativa e igual à mudança no próprio payoff de i. Portanto, a informação verdadeira é a situação ótima. Além disso, se cada informação falsa às vezes for pivotal, então às vezes ela é subótima, de modo que é dominada pelas informações verdadeiras.

O exemplo mais conhecido de um mecanismo pivot é o leilão de se*gundo preço*. No modelo de leilão de valores privados, o valor do licitante para qualquer decisão depende só dos bens que o licitante adquire, e não dos bens adquiridos por outros licitantes: $v^i(x, t^i) = v^i(x^i, t^i)$, onde $x^i = 1$ se o licitante adquire o bem e $x^i = 0$ caso contrário. O valor de não adquirir o bem é normalizado para zero: $v^i(0, t^i) = 0$. Vamos escrever simplesmente v^i para $v^i(1, t^i)$.

Como licitantes perdedores não são pivotais (porque sua presença não afeta a alocação), eles pagam zero no mecanismo de pivot. Segundo (2.4), o preço que um licitante vencedor paga nesse mecanismo é igual à diferença entre dois números. O primeiro é o valor total máximo para os outros participantes, incluindo o vendedor, quando i não participa do leilão, que é $\max_{j \neq i} v^j$. O segundo é o valor total para os outros licitantes quando i vence, que é zero. Assim, quando o licitante i vence, ele paga $\max_{j \neq i} v^j$, que é igual ao segundo lance mais alto. Por essa razão, o mecanismo pivot para o caso de um único bem é chamado de *leilão de segundo preço*.

Vickrey apresentou o leilão de segundo preço como um modelo de leilões ascendentes, como os aqueles agora comumente usados em sites de leilão na internet. Para desenvolver a conexão, notamos em especial que sites de leilão como eBay e Amazon Auction encorajam os licitantes a usarem um recurso de licitante proxy [licitação por procuração]. O licitante diz ao proxy o preço máximo que está disposto a pagar — seu *lance máximo*. O proxy mantém essa informação em segredo e oferece lances em seu nome no leilão ascendente. Sempre que ele não apresenta o lance maior, aumenta um pouco o valor sem exceder o lance máximo. Se todos os licitantes usassem um proxy, então o resultado seria que o licitante que especificou o preço máximo mais alto adquire o item e paga um preço (aproximadamente) igual ao segundo preço mais alto. Se substituirmos "preço máximo" por "preço do lance", então essa é exatamente a mesma regra que descreve o resultado de um leilão Vickrey para um único bem. Na linguagem da teoria dos jogos, o leilão inglês com licitantes proxy e o leilão de segundo preço são *estrategicamente equivalentes*: há um mapeamento um para um entre os conjuntos de estratégias, de modo que perfis de estratégia correspondentes levam a resultados idênticos.[2]

Daqui para a frente usaremos o termo *leilão Vickrey* para nos referirmos ao mecanismo pivot em ambientes de leilão. Ao inspecionar (2.4), o preço pago por qualquer participante $i \neq 0$ será igual à perda imposta a outros participantes ajustando a decisão para contabilizar os valores de i. Esse preço é sempre não negativo. Em contraste, preços pagos em mecanismos VCG mais gerais podem ser negativos se h^i às vezes for negativo. A possibilidade de pagamentos negativos a alguns participantes levanta a questão sobre se a soma dos pagamentos aos participantes $i \neq 0$ é positiva, negativa ou zero.

2.3 Equilibrando o Orçamento

Em aplicações de bens públicos, o desenvolvedor do desenho precisa garantir que a soma de todos os pagamentos para e dos participantes, *excluindo o operador do mecanismo*, seja zero. Isso se chama *equilibrar o orçamento*. Se o desenvolvedor do desenho do mecanismo for uma autoridade pública, isso significa que a autoridade não gera superavit nem deficit nesse projeto. Em tais casos, o desenvolvedor do desenho de mecanismo costuma não

---

[2] Esse exemplo teórico descreve bem a Amazon Auction, mas as regras são um pouco diferentes no eBay. Este último usa um horário de término fixo, após o qual não se aceitam mais lances. Os pedidos e o tempo de submissão de lances são importantes em um leilão do eBay. De fato, "sniping" (esperar até os últimos segundos para dar o lance) é uma estratégia comum e viável no eBay, mas quase não ocorre na Amazon Auctions, onde o leilão só termina quando não houver mais lances por dez minutos. Veja Ockenfels e Roth (2002).

ter valor independente para a decisão, de modo que formulamos o modelo com $N = \{1, \ldots, n\}$, excluindo o desenvolvedor do desenho do conjunto de participantes.

Definição. Um mecanismo direto (x, p) satisfaz o *equilíbrio do orçamento* se, para todo finito Θ e todo $\vec{t} \in \Theta$, a soma de todas as transferências for zero:

$$\sum_{i \in N} p^i(X, N, \vec{t}) = 0.$$

A soma dos pagamentos exigidos revela que a possibilidade de equilíbrio do orçamento implica uma restrição à função do valor máximo, como segue:

$$\begin{aligned}
0 &= \sum_{i \in N} p^i(X, N, \vec{t}) = \sum_{i \in N} (\hat{p}^i(X, N, \vec{t}) + h^i(t^{-i})) \\
&= \sum_{i \in N} (V(X, N-i, t^{-i}) + h^i(t^{-i})) \\
&\quad - \sum_{i \in N} \sum_{j \in N-i} v^j(\hat{x}(X, N, \vec{t}), t^j) \\
&= \sum_{i \in N} (V(X, N-i, t^{-i}) + h^i(t^{-i})) \\
&\quad - \sum_{i \in N} (V(X, N, \vec{t}) - v^i(\hat{x}(X, N, \vec{t}))) \\
&= (n-1)\left(\sum_{i \in N} f^i(t^{-i}) - V(X, N, \vec{t})\right),
\end{aligned} \quad (2.5)$$

onde:

$$f^i(t^{-i}) = \frac{V(X, N-i, t^{-i}) + R^i(t^{-i})}{n-1}. \quad (2.6)$$

Portanto, uma condição necessária para o equilíbrio do orçamento é que existam funções f^i tais que, para todo $\vec{t}$:

$$V(X, N, \vec{t}) = \sum_{i \in N} f^i(t^{-i}). \quad (2.7)$$

Holmstrom (1977) observou que a mesma condição é realmente necessária e suficiente para a existência de um mecanismo VCG para o equilíbrio do orçamento.

Teorema 2.2. Existe um mecanismo VCG que satisfaz o equilíbrio orçamentário se e somente se existirem funções f^i, tal que (2.7) vale para todo $\vec{t}$.

Prova. A necessidade de (2.7) foi definida anteriormente. Para suficiência, considerando as funções f^i, tome $h^i(t^{-i}) = (n-1)f^i(t^{-i}) - V(X, N-i, t^{-i}$ e observe que isso implica em (2.6) e então em (2.5). ∎

Para determinar que a forma (2.7) é restritiva, usamos um simples exemplo de leilão com dois participantes, com $N = \{1, 2\}$, uma formulação que exclui o desenvolvedor do desenho do mecanismo do conjunto de participantes. Há apenas um bem a ser alocado, cujos valores para os participantes 1 e 2 são $v^1 \in \{1, 3\}$ e $v^2 \in \{2, 4\}$, respectivamente. Não há como representar $\max(v^1, v^2)$ como uma soma $f^1(v^2) + f^2(v^1)$, de modo que não há um mecanismo VCG nesse conjunto que atenda ao equilíbrio orçamentário. Para uma verificação direta desse fato, listamos os pagamentos:

Pagamentos VCG aos Participantes para os Quatro Perfis de Valor

	(1, 2)	(3, 4)	(1, 4)	(3, 2)
Participante 1	$h^1(2)$	$h^1(4)$	$h^1(4)$	$2 + h^1(2)$
Participante 2	$1 + h^2(1)$	$3 + h^2(3)$	$1 + h^2(1)$	$h^2(3)$
Total	$1 + h^1(2) + h^2(1)$	$3 + h^1(4) + h^2(3)$	$1 + h^1(4) + h^2(1)$	$2 + h^1(2) + h^2(3)$

Note que, para qualquer escolha de h^1 e h^2, a soma do total dos pagamentos nas duas primeiras duas colunas menos a soma correspondente nas duas últimas colunas é 1. Consequentemente, não há escolha de h^1 e h^2, tal que o total das colunas é zero: não existe nenhum mecanismo VCG de equilíbrio orçamentário.

O Teorema 2.2 ainda possibilita que haja alguns ambientes nos quais o mecanismo VCG sempre equilibre o orçamento. Uma classe importante deles é aquela em que o desenvolvedor do desenho de mecanismo é tratado como um dos participantes que só tem um único tipo possível. Nesse caso, o valor máximo depende só de t^{-0}, e, assim, satisfaz (2.7); de fato, $V(X, N, \vec{t}) \equiv f^0(t^{-0})$ para todo $\vec{t}$. Um mecanismo VCG que funciona nesse caso especifica os pagamentos do mecanismo pivot para todos os participantes, exceto o participante 0, e equilibra o orçamento fazendo com que este receba o rendimento líquido do mecanismo. Em situações em que o desenvolvedor do desenho do mecanismo é um regulador, um comitê ou outra entidade com autoridade de decisão, muitas vezes não tem permissão para receber ou fazer pagamentos de ou para quem exerce a autoridade. Tais limitações podem ser impostas, por exemplo, para evitar corrupção no sistema. Nesses casos, a condição de equilíbrio orçamentário surge naturalmente e impõe restrições sobre o que pode ser implementado.

2.4 Especificidade

Pode outro mecanismo, além do VCG, implementar decisões eficientes com estratégias dominantes? A resposta depende das suposições adicionais sobre o ambiente. Por exemplo, se há um comprador cujo valor está no conjunto {0, 10} e um vendedor oferecendo o bem a 5, então o seguinte mecanismo direto implementa um resultado eficiente em estratégias dominantes. No mecanismo, cada parte deve informar um valor de seu conjunto de tipos possíveis. O vendedor não tem escolha além de informar um custo de 5. Se o comprador informar um valor de 10, a transação ocorre ao preço de 8; caso contrário, não há transação e não ocorre nenhuma transferência. Por inspeção, é uma estratégia dominante para ambas as partes relatar a verdade, e o resultado é sempre eficiente. Um mecanismo VCG que não faça transferência quando não há transação é um mecanismo pivot, e, nesse caso, estabelece um preço de 5. Conclui-se que o mecanismo sugerido não é um VCG.

O exemplo anterior conta com a natureza discreta do espaço de tipos. Segundo o próximo teorema, quando o espaço de tipos está conectado de modo uniforme, só os mecanismos VCG podem implementar resultados eficientes em estratégias dominantes.

Teorema 2.3. Suponha que, para cada i, $\Theta^i = [0, 1]$ (ou simplesmente que Θ^i está conectado de modo uniforme[3]) e que para cada resultado de decisão x, $v^i(x, t^i)$ é diferenciável no segundo argumento. Então, qualquer mecanismo direto eficiente e compatível com incentivos é um VCG. ∎

---

[3] Um conjunto Θ é *conectado de modo uniforme* se, para cada dois pontos $\theta, \theta' \in \Theta$, houver uma função diferenciável $f : [0, 1] \to \Theta$ tal que $f(0) = \theta$ e $f(1) = \theta'$.

A versão do Teorema 2.3 apresentada aqui foi provada pela primeira vez por Holmstrom (1979), generalizando o trabalho de Green e Laffont (1977), que empregaram hipóteses mais restritivas sobre o espaço de tipos. Adiamos a prova para o próximo capítulo, que contém várias outras análises intimamente relacionadas.

2.5 Desvantagens do Leilão Vickrey

Apesar de seus elementos atrativos, o leilão Vickrey apresenta desvantagens relevantes, que o tornam inadequado para a maioria das aplicações. Nesta seção, mostramos essas desvantagens. Faremos uma análise mais detalhada de algumas no Capítulo 8, onde o desenho Vickrey é comparado a certas alternativas proeminentes.

As desvantagens do leilão Vickrey são divididas em três tipos: práticas, problemas de monotonicidade e de fusão-investimento.

2.5.1 Desvantagens Práticas

Nessa subseção, discutimos certas dificuldades práticas na implementação de um leilão Vickrey com base em fatores omitidos do modelo formal.

Uma delas é que um leilão Vickrey pode sobrecarregar severamente a capacidade computacional dos licitantes. Por exemplo, pense em um leilão Vickrey para vender vinte licenças de espectro. Em princípio, cada licitante deve submeter lances em cada combinação de licenças que ele possa vencer, mas existem mais de um milhão de combinações possíveis. Se os licitantes precisarem arcar com um custo, mesmo que pequeno, para determinar o valor de cada combinação diferente de licenças, ele acabará tornando a participação do leilão impraticável. Para algumas aplicações, esse custo não é muito oneroso. Por exemplo, se as licenças forem suficientemente semelhantes, um licitante pode simplesmente especificar um valor para cada quantidade de licenças diferentes, ou ajustá-lo de acordo com as diferenças nas licenças. Pelo menos no caso geral, permitir lances em todos os pacotes impõe custos altos demais para um desenho realista.

Um segundo problema prático é que licitantes reais muitas vezes enfrentam sérias limitações de orçamento, o que o desenho Vickrey não leva em conta. No caso dessas restrições, um licitante em um leilão Vickrey pode nem sempre ter uma estratégia ótima. Por exemplo, considere um leilão com dois bens idênticos e um licitante com valores de 20 para uma unidade de um bem e 40 para o pacote, mas com um orçamento total de 10. Esse licitante nem sempre tem uma estratégia ótima de leilão Vickrey. Se houver restrições de crédito ou multas pesadas por desistência, então os lances que excederem o orçamento do licitante podem ser ignorados. Se o único concorrente do licitante 1 oferecer 10 por uma unidade e 19 por duas, sua melhor resposta é oferecer 10 por uma unidade (e 10 por duas unidades também). Entretanto, se o concorrente oferecer 9 para uma única unidade, então a melhor resposta é oferecer 0 para uma unidade e 10 para duas.

Um terceiro problema prático é que o desenho Vickrey pode forçar o licitante vencedor a revelar muitas informações. O licitante pode recear que suas informações sobre valores vazem, colocando-o em desvantagem em negociações subsequentes com o leiloeiro ou outros compradores ou fornecedores (Rothkopf, Teisberg e Kahn, 1990).

2.5.2 Problemas de Monotonicidade

Um diferente conjunto de desvantagens do leilão Vickrey surge do fato que os pagamentos são determinados por uma função não monotônica dos valores dos licitantes. Ilustramos os problemas que surgem com uma série de exemplos, emprestados de Ausubel e Milgrom (2002). Uma análise formal que identifica o conjunto de ambientes de leilões em que essas desvantagens são relevantes é apresentada no Capítulo 8 como parte de uma comparação das vantagens de vários desenhos de leilões multiobjetos.

Aqui, oferecemos uma série de exemplos que ilustram os problemas de monotonicidade enfrentados pelos leilões Vickrey. Nesse tipo de leilão, (1) *adicionar* licitantes pode *reduzir* o equilíbrio das receitas; (2) as receitas podem ser zero mesmo com forte concorrência; (3) mesmo licitantes perdedores podem ter variações conjuntas lucrativas, nas quais *aumentam* os lances em parceria para vencer em itens ao mesmo tempo em que criam preços *menores* para si mesmos; e (4) licitantes podem lucrar usando *shill bidders* [lances falsos], acirrando a concorrência a fim de gerar preços menores.

Pense em um leilão Vickrey de duas licenças de espectro idênticas. Os licitantes 1 e 2 são novos participantes, cada qual precisando de duas licenças para estabelecer um negócio de escala econômica. O licitante 1 está disposto a pagar até R$1 bilhão pelo par de licenças, e o licitante 2, até R$900 milhões. Se esses são os únicos licitantes do leilão, então ele é efetivamente um leilão de segundo preço para o par de licenças. O licitante 1 adquirirá as duas licenças pelo preço de R$900 milhões.

Agora, suponha que, em vez disso, haja mais dois licitantes. Os licitantes 3 e 4 são operadores estabelecidos de serviços wireless. Ambos desejam apenas uma licença adicional para expandir a capacidade de sua rede. Suponha que cada operador esteja disposto a pagar até R$1 bilhão por uma única licença. Se o leilão Vickrey for usado e todos os licitantes aplicarem suas estratégias dominantes, os dois operadores adquirirão as licenças. Como as licenças são concedidas aos que lhe dão maior valor, esse resultado é eficiente, gerando um total de R$2 bilhões.

Pode-se esperar que aumentar o número de licitantes e seu valor total máximo para o par de licenças aumentaria a receita do vendedor, mas não é o que ocorre: o preço total pago pelos licitantes vencedores é *zero*. Para entender o motivo, vamos computar o preço pago pelo licitante 3. Segundo (2.4), esse preço é o custo de oportunidade para os outros licitantes da licença arrematada pelo licitante 3. Ou seja, é o valor máximo das duas licenças para os outros três licitantes, que é de R$1 bilhão, menos o valor máximo de uma única licença para esses licitantes, que também é de R$1 bilhão. A diferença de zero é o preço do licitante 3 e do licitante 4 determinada do mesmo modo.

Note que o problema de receita decrescente desaparece se os dois primeiros licitantes considerarem as licenças como substitutos. Por exemplo, suponha que, em vez de oferecer somente R$1 bilhão por duas licenças, o licitante 1 também esteja disposto a pagar R$500 milhões por uma licença, e, de forma parecida, o licitante 2 esteja disposto a pagar R$450 milhões por ela. Então os licitantes 3 e 4 devem pagar R$500 milhões cada por uma licença, e a receita do vendedor passa de R$900 milhões para R$1 bilhão.

As próximas duas variações exploram a característica do leilão Vickrey de que, quando os bens não são substitutos, os preços podem cair à medida que os lances aumentam ou o conjunto de licitantes se amplia.

Primeiro, modificamos o exemplo anterior. Como antes, os licitantes 1 e 2 querem só um par de licenças e estão dispostos a pagar R$1 bilhão ou R$900 milhões pelo par, respectivamente. No exemplo modificado, porém, cada um dos incumbentes, os licitantes 3 e 4, tem um valor de R$400 milhões para uma única licença. Se os incumbentes aplicarem suas estratégias dominantes, eles não vencerão nenhuma licença e terão um payoff igual a zero. Contudo, se eles agirem em conjunto, ambos aumentando suas ofertas para R$1 bilhão por uma única licença, então os preços são determinados como descrito, e a situação é a que já vimos: os licitantes 3 e 4 ganham as duas licenças pelo preço total de zero. Assim, o leilão Vickrey oferece oportunidades e incentivos para colusões entre os licitantes perdedores de baixo valor.

Em seguida, consideramos outra variação. Nesta, há somente três licitantes, sendo os dois primeiros como os descritos. Nessa variação, o terceiro licitante também é um novo participante e tem valor apenas para o par de licenças, mas seu valor é mais baixo do que o dos dois primeiros licitantes. Ele está disposto a pagar somente R$800 milhões pelo par de licenças, comparados aos R$900 milhões e R$1 bilhão pelos outros dois. Mesmo assim, o terceiro licitante pode ganhar as licenças com lucro entrando no leilão com duas identidades, como os licitantes 3 e 4, e fazendo com que 3 e 4, cada, ofereçam R$1 bilhão por uma única licença. O resultado, como antes, é que os licitantes 3 e 4 vencem, cada um adquirindo uma licença pelo preço igual a zero. Dessa forma, ao combinar as táticas de *shill bidding* e colusão do perdedor, um licitante no leilão Vickrey cujos valores são baixos demais para receber quaisquer licenças na alocação eficiente pode vencer ambas as licenças com lucro e obrigar o vendedor a aceitar o preço igual a zero.

Leilões padrão não sofrem dos problemas de monotonicidade que atormentam os leilões Vickrey. Por exemplo, se o vendedor simplesmente aceitar lances selados e conceder licenças aos licitantes com ofertas mais altas a preços iguais aos lances vencedores, então nenhum dos problemas de monotonicidade ocorre: adicionar lances e licitantes não reduz preços; introduzir *shill bids* não reduz preços de ninguém e perdedores não podem se tornar vencedores, a menos que paguem preços mais altos.

Esses problemas de monotonicidade são falhas práticas significativas. Na seção 2.5.3, a seguir, reexaminamos esses exemplos para ver se eles são excepcionais de alguma forma, isto é, se não há probabilidade de surgirem na prática. Constatamos que, ao contrário, problemas de monotonicidade só podem ser excluídos em casos em que há possibilidade de os bens serem substitutos, o que é um pequeno subconjunto dos casos possíveis.[4]

2.5.3 A Desvantagem da Fusão-Investimento

O leilão Vickrey também apresenta outra desvantagem importante, diferente das descritas. Esta surge mesmo quando o objetivo do leiloeiro é eficiência

---

[4] Em um resultado não publicado, Daniel Lehmann mostrou que, com mais que dois itens, a restrição de que eles possam ser substitutos costuma falhar. Isto é, tratar as funções de valoração como um vetor, para qualquer valoração *v* onde bens são substitutos, quase toda valoração em qualquer vizinhança de *v* falha em satisfazer a condição de substituto.

e não receita, e quando *shill bidding* e colusão são impossíveis. O problema é que o desenho Vickrey pode distorcer os incentivos de investimento e fusão dos licitantes *ex ante* (antes do leilão),[5] levando à ineficiência.[6]

Para ilustrar, voltamos ao primeiro exemplo da seção anterior, no qual os licitantes 1 e 2 valorizam apenas o par de licenças e têm valores de R$1 bilhão e R$900 milhões, respectivamente. Suponha que, antes do leilão, os licitantes 3 e 4 pudessem se fundir e articular o aumento do valor total das licenças em 25%, de R$2 bilhões para R$2,5 bilhões. Mesmo que tal fusão aumentasse o valor máximo total, as partes não lucrariam com a fusão. Lembre-se de que empresas separadas pagaram um total igual a zero e tiveram lucros líquidos de R$2 bilhões. A empresa que se fundiu, porém, pagaria R$1 bilhão em um leilão Vickrey, deixando para ela um lucro líquido de apenas R$1,5 bilhão.

Nesse exemplo, o leilão Vickrey desencoraja a fusão ao reduzir os lucros conjuntos das partes incorporadas. Assim, mesmo pelo padrão da eficiência, o mecanismo Vickrey apresenta desvantagens significativas.

Ao analisar incentivos de fusão, como ao estudar colusão e *shill bidding*, é importante saber se os ativos sendo leiloados são substitutos. No leilão Vickrey, se os licitantes consideram os bens como substitutos, então os vencedores podem reduzir seus preços pela fusão. Assim, leilões Vickrey tendem a favorecer fusões quando os bens são substitutos. Por exemplo, suponha que haja quatro licitantes para três itens. Cada um dos três primeiros licitantes tem um valor de 2 para um único item e o quarto licitante, de 1. O resultado Vickrey mostra que os três licitantes de maior valor adquirem itens únicos pelo preço de 1. Se os dois primeiros licitantes se associarem, a alocação de bens é a mesma: o licitante associado recebe duas unidades, e o licitante 3 recebe uma unidade. O preço do licitante 3 não mudou — ele paga o preço de 1 por sua unidade —, mas o licitante associado paga um total de 1

---

[5] Vários autores desenvolveram análises com base na observação de que não existem essas distorções em leilões de um único bem. Com o conjunto de licitantes determinado, como o lucro de qualquer licitante é igual à sua contribuição ao superavit social, o licitante tem os incentivos certos para quaisquer investimentos que afetem somente seus valores. O mesmo se aplica às decisões dos licitantes sobre quantas informações adquirir sobre seus valores (Bergemann e Valimaki, 2002).

[6] Economistas costumam enfatizar questões de poder de mercado ao analisar fusões, e elas foram totalmente excluídas dessa análise. Como já discutimos, o termo "eficiência", como usado na teoria do desenho de mecanismos, é mais limitado do que a ideia de Pareto, porque aqui ele leva em conta só os interesses dos participantes do mecanismo.

por suas *duas* unidades, então seu preço médio é $\frac{1}{2}$ por unidade. Essa redução de preço é típica no caso de os bens serem substitutos.

Se o governo leiloar ativos para uma indústria em que deseja promover concorrência ou encorajar entrada, como geração de energia elétrica, ele pode muito bem ver com desconfiança regras que promovam fusões e favoreçam licitantes maiores.

Contudo, como nossos exemplos mostraram, leilões Vickrey nem sempre promovem fusões. Em nosso exemplo de telecomunicações, constatamos que empresas associadas podem pagar preços relativamente altos e até achar lucrativo usar *shills* para dividir a demanda entres dois licitantes menores. Se *shills* forem impossíveis, então o leilão Vickrey desencoraja fusões lucrativas e que intensifiquem o bem-estar. Tomados em conjunto, esses vários exemplos estabelecem que leilões Vickrey podem ser tanto muito favoráveis quanto desfavoráveis a fusões.

2.6 Conclusão

A teoria Vickrey–Clarke–Groves oferece insights importantes sobre o que o desenho de mecanismo pode conseguir. Na classe de ambientes com preferências quase lineares, os mecanismos VCG proporcionam a cada participante uma estratégia dominante, que revelará verdadeiramente seu tipo. Quando os licitantes apresentam informações verdadeiras, a decisão selecionada maximiza o valor total. Além disso, os mecanismos VCG são os *únicos* que exibem essas duas propriedades sem restrições sobre os possíveis conjuntos de valores.

Certos problemas neutralizam essas vantagens dos mecanismos VCG. Usar o mecanismo VCG para decidir quanto de um bem público produzir pode impedir o equilíbrio orçamentário. Porém, esse equilíbrio não é obstáculo ao uso do mecanismo VCG para conduzir um leilão, pois o leiloeiro fica muito satisfeito em embolsar qualquer excedente que ele gere.

Além do problema do equilíbrio orçamentário, o leilão Vickrey apresenta uma série de outras desvantagens. Algumas delas são de ordem prática, associadas à complexidade do leilão, sua incapacidade de acomodar limitações de orçamento e as informações que exige dos licitantes. Outra série de inconvenientes são os *problemas de monotonicidade*, que incluem a possibilidade de que o aumento de concorrência leve à redução da receita do vendedor, que as receitas possam ser muito baixas ou nulas mesmo que a concorrência seja significativa, que licitantes perdedores possam encontrar meios lucrativos de colusão e que um único licitante possa às vezes se beneficiar ao fingir ser vários licitantes independentes. O terceiro conjunto de inconvenientes trata de distorções em fusões e decisões de investimento a elas relacionadas.

Voltaremos aos problemas de monotonicidade no Capítulo 8, no qual descobriremos que eles estão potencialmente presentes em uma ampla gama de ambientes. Eles estão seguramente ausentes apenas se os licitantes considerarem todos os bens sendo vendidos como substitutos. No Capítulo 8, identificaremos um mecanismo alternativo que combina as vantagens do desenho de Vickrey quando os bens são substitutos, mas evita algumas de suas desvantagens.

Nos capítulos intermediários, o mecanismo VCG desempenha um papel muito diferente — como referência para avaliar o desempenho de mecanismos alternativos.

REFERÊNCIAS

Ausubel, Lawrence e Paul Milgrom (2002). "Ascending Auctions with Package Bidding", *Frontiers of Theoretical Economics* **1**(1): Article 1.

Bergemann, Dirk e Juuso Valimaki (2002). "Information Acquisition and Efficient Mechanism Design". *Econometrica* **70**(3): 1007–1033.

Clarke, E.H. (1971). "Multipart Pricing of Public Goods", *Public Choice* **XI**: 17–33.

Green, Jerry e Jean-Jacques Laffont (1977). "Characterization of Satisfactory Mechanisms for the Revelation of Preferences for Public Goods", *Econometrica* **45**: 427–438.

Groves, Theodore (1973). "Incentives in Teams", *Econometrica* **61**: 617–631.

Holmstrom, Bengt (1977). *On Incentives and Control in Organizations*: Doctoral thesis, Stanford University.

Holmstrom, Bengt (1979). "Groves Schemes on Restricted Domains", *Econometrica* **47**: 1137–1144.

Ockenfels, Axel e Alvin E. Roth (2002). "Last Minute Bidding and the Rules for Ending Second-Price Auctions: Evidence from eBay and Amazon Auctions on the Internet", *American Economic Review*: **92**(4): 1093–1103.

Rothkopf, Michael, Thomas Teisberg e Edward Kahn (1990). "Why Are Vickrey Auctions Rare?", *Journal of Political Economy* **98**: 94–109.

Vickrey, William (1961). "Counterspeculation, Auctions, and Competitive Sealed Tenders", *Journal of Finance* **XVI**: 8–37.

CAPÍTULO TRÊS

O Teorema do Envelope e da Equivalência de Payoff

Mecanismos são definidos de modo genérico e assumem diversas formas. O simples tamanho e variedade do conjunto de mecanismos fazem seu uso parecer difícil em uma análise econômica. No entanto, esses usos hoje são rotineiros e costumam seguir o padrão estabelecido nas primeiras análises de Myerson (1981) e Holmstrom (1979).

Myerson apresentou a seguinte pergunta: Que mecanismo um vendedor deve usar para vender um único bem indivisível para maximizar a receita esperada se ele pode escolher entre *todos* os mecanismos aumentados possíveis? Para responder a essa questão, conhecida como o *problema do leilão ótimo*, Myerson criou um lema estabelecendo que uma determinada fórmula de payoff se aplica a todos os mecanismos aumentados no equilíbrio Bayes-Nash e limita as receitas esperadas com qualquer mecanismo. Ele demonstrou que desenhos de leilão convencionais com um preço de reserva bem escolhido às vezes atingem esse limite.[1]

---

[1] Myerson elaborou as fórmulas usando o assim chamado *princípio de revelação*, que afirma que qualquer desempenho que pode ser implementado com base em Bayes-Nash usando qualquer mecanismo também o pode ser usando o mecanismo de revelação direta compatível com incentivo. Essa conclusão adicional, contudo, não tem significado independente para o estudo de leilões. Como veremos, é a fórmula de payoff do lema de Myerson que fundamenta a teoria dos leilões e suas várias extensões.

Holmstrom perguntou se quaisquer mecanismos além do de Vickrey–Clarke–Groves poderiam implementar decisões eficientes em estratégias dominantes. Também derivou um lema que estabelece que uma determinada fórmula de payoff se aplica a todos os mecanismos viáveis em uma solução de estratégia dominante. Então demonstrou que só o esquema de pagamento VCG estipula pagamentos consistentes com ela.

As duas fórmulas de payoff, também chamadas de *lema de Myerson* e *lema de Holmstrom*, são estreitamente análogas ao lema da teoria da demanda de Hotelling e de Shepard. Os quatro lemas se derivam do teorema do envelope. Cada um pode ser definido como uma restrição a uma derivada ou a uma integral.

O tratamento de Myerson para o problema do leilão ótimo fez uso secundário de uma *condição de cruzamento único*, que surge naturalmente no problema dos leilões, mas isso não é necessário para derivar muitos dos principais resultados da teoria. Este capítulo examina as implicações do teorema do envelope e os lemas a ele relacionados para uma variedade de problemas de incentivo, sem se basear no cruzamento único. O capítulo seguinte analisa as conclusões adicionais que podem ser derivadas quando a hipótese do cruzamento único é adicionada.

3.1 O Lema de Hotelling

Para enfatizar a estreita conexão entre a teoria do incentivo e da demanda ordinária, começamos a análise revendo o *lema de Hotelling*.[2] Ele relaciona a oferta de um bem ao lucro máximo de uma empresa competitiva.

Deixemos X denotar o conjunto de escolhas viáveis da empresa e $\pi(p) = \max_{x \in X} p \cdot x$ denotar seu lucro máximo como uma função do vetor do preço de mercado $p \in \mathbb{R}_+^L$. Em sua forma habitual, o lema de Hotelling afirma que, se π é diferenciável em p, então a oferta líquida da empresa para o produto j satisfaz $x_j^*(p) = \partial \pi / \partial p_j$.[3] Assim, se a empresa faz escolhas para

---

[2] Em geral, problemas de incentivo estão bastante próximos aos vários problemas que surgem na teoria de demanda tradicional e na teoria da firma. Outros exemplos são enfatizados por Bulow e Roberts (1989) e Klemperer (2002), que destacam as conexões entre a teoria dos leilões e a de monopólio de preço.

[3] Por exemplo, veja Mas-Colell, Whinston e Green (1995), Simon e Blume (1994), ou Varian (1992).

maximizar os lucros, então é possível recuperar as escolhas ao conhecer a função de lucro máximo π.

Também é possível reverter esse relacionamento e escrever a fórmula como expressando os lucros da empresa em termos de suas escolhas de oferta. Assim, suponha que a firma produza o bem 1 e compre os outros bens como insumos. Usando o teorema fundamental de cálculo, se π é diferenciável:

$$\pi(p) = \pi(0, p_{-1}) + \int_0^{p_1} \pi_1(s, p_{-1}) \, ds$$
$$= \pi(0, p_{-1}) + \int_0^{p_1} x_1^*(s, p_{-1}) \, ds. \tag{3.1}$$

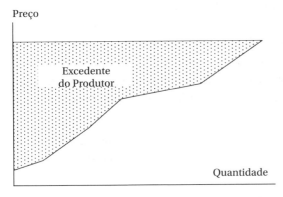

Figura 1. A área sombreada entre a curva de oferta da empresa e a vertical é o excedente do produtor.

Graficamente, isso corresponde à declaração conhecida de que o *excedente do produtor* é a área entre a curva de oferta e o eixo vertical, como mostra a Figura 1.

Combinando ambas as formas da declaração, temos o seguinte:

Lema de Hotelling. Se π é absolutamente contínuo, então $\pi(p) = \pi(0, p_{-1}) + \int_0^{p_1} x_1^*(s, p_{-1}) \, ds$. Se π é diferenciável em p, então, para cada produto j, $x_j^*(p) = \partial \pi / \partial p_j$.

Repare que a primeira conclusão do lema de Hotelling se baseia só na hipótese de que π é absolutamente contínuo. Ele não requer que a produção seja convexa ou que x_1^* seja diferenciável ou contínuo, ou mesmo que exista em todo lugar. Uma condição suficiente para π ser absolutamente contínuo é dada logo a seguir.

3.2 O Teorema do Envelope na Forma Integral

Resultados parecidos ao do lema de Hotelling desempenham um papel essencial na análise do desenho de mecanismos. Em textos acadêmicos de economia, o teorema do envelope é tradicionalmente mostrado em uma forma diferenciável e, muitas vezes, baseia-se em hipóteses sobre a convexidade ou estrutura topológica do conjunto de escolhas X. Tais hipóteses não são satisfatórias para aplicações à teoria do desenho dos mecanismos porque o problema da escolha do participante pode não ter a estrutura necessária. Por exemplo, talvez o participante tenha que escolher a mensagem a enviar ao operador do mecanismo a partir de um conjunto de mensagens X que não têm uma "boa" estrutura. Além disso, mesmo que a estrutura de X não seja um problema, a função de valor máximo V pode não ser diferenciável em todas as condições. Para nossas aplicações, precisamos de um teorema que verifique uma fórmula como (3.1) sem hipóteses restritivas no conjunto de escolhas.

Derivamos tal fórmula estudando uma família de problemas de maximização, parametrizados por $t \in [0, 1]$, estudando as funções relacionadas, como segue:

$$V(t) = \sup_{x \in X} u(x, t), \tag{3.2}$$

$$X^*(t) = \{x \in X | u(x, t) = V(t)\}, \tag{3.3}$$

$$x^*(t) \in X^*(t) \text{ para todo } t \text{ tal que } X^*(t) \neq \emptyset \tag{3.4}$$

A função V é a *função valor*. Às vezes, também é chamada de "função envelope" por causa de sua representação gráfica. Se, para cada x, plotamos a função $u(x, \cdot) : [0, 1] \to \mathbb{R}$, então V é o envelope superior dessas funções.

A função $X^*(t)$ é o conjunto de soluções ótimas para o problema (3.2). Para alguns valores do parâmetro, esse conjunto pode ser vazio. Qualquer função $x^* : [0, 1] \to X$ que satisfaça (3.4) é uma *seleção* de X^*. Teoremas de envelope estabelecem uma relação entre a função valor V e qualquer seleção x^* de X^*. A forma integral do teorema do envelope mostrada aqui é de Milgrom e Segal (2002).

Teorema 3.1 (Forma integral do teorema do envelope). Suponha que $u(x, \cdot) : [0, 1] \to \mathbb{R}$ tenha as propriedades que:

1. existe uma função de valor real $u_2(x, t)$ tal que para todo $x \in X$ e cada $[a, b] \subset [0, 1]$, $u(x, b) - u(x, a) = \int_a^b u_2(x, s)\, ds$, e
2. existe uma função integrável $b : [0, 1] \to \mathbb{R}_+$ (isto é, $\int_0^1 b(s)\, ds < \infty$) tal que $|u_2(x, t)| \leq b(t)$ para todo $x \in X$ e quase todo $t \in [0, 1]$.

Suponha então que esse $X^*(t) \equiv \arg\max_{x \in X} u(x, t) \neq \emptyset$ para quase todo $t \in [0, 1]$. Então, para qualquer seleção $x^*(t)$ de $X^*(t)$,

$$V(t) = u(x^*(t), t) = u(x^*(0), 0) + \int_0^t u_2(x^*(s), s)\, ds. \tag{3.5}$$

Prova. Primeiro, mostramos que V é absolutamente contínuo. Deixe:

$$B(t) = \int_0^t b(s)\, ds.$$

Para qualquer $t', t'' \in [0, 1]$ com $t' < t''$,

$$|V(t'') - V(t')| \leq \sup_{x \in X} |u(x, t'') - u(x, t')|$$

$$= \sup_{x \in X} \left| \int_{t'}^{t''} u_2(x, t)\, dt \right|$$

$$\leq \int_{t'}^{t''} \sup_{x \in X} |u_2(x, t)|\, dt$$

$$\leq \int_{t'}^{t''} b(t)\, dt = B(t'') - B(t').$$

Note que, por construção, B é absolutamente contínuo. Fixe qualquer $\varepsilon > 0$. Desde que b é integrável, há algum número positivo M tal que $\int_{\{|b(t)| > M\}} |b(t)|\, dt < \varepsilon/2$. Deixe $\delta < \varepsilon/2M$, selecione qualquer intervalo não sobreposto $[a_i, b_i]$, e deixe $x_i^* \in X^*(b_i)$ e $\tilde{x}_i \in X^*(a_i)$. Se $V(b_i) - V(a_i) \geq 0$, então $|V(b_i) - V(a_i)| = u(x_i^*, b_i) - u(\tilde{x}_i, a_i) \leq u(x_i^*, b_i) - u(x_i^*, a_i)$. Similarmente, se $V(b_i) - V(a_i) \leq 0$, então $|V(b_i) - V(a_i)| = -u(x_i^*, b_i) + u(\tilde{x}_i, a_i) \leq -u(\tilde{x}_i, b_i) + u(\tilde{x}_i, a_i)$. Consequentemente, se $\sum_{i=1}^k |b_i - a_i| < \delta$, então:

$$\sum_{i=1}^{k} |V(b_i) - V(a_i)| = \sum_{i=1}^{k} |u(x_i^*, b_i) - u(\tilde{x}_i, a_i)|$$

$$\leq \sum_{i=1}^{k} \max\left(|u(x_i^*, b_i) - u(x_i^*, a_i)|, |u(\tilde{x}_i, b_i) - u(\tilde{x}_i, a_i)|\right)$$

$$= \sum_{i=1}^{k} \max\left(\left|\int_{a_i}^{b_i} u_2(x_i^*, t)\, dt\right|, \left|\int_{a_i}^{b_i} u_2(\tilde{x}_i, t)\, dt\right|\right)$$

$$\leq \sum_{i=1}^{k} \max\left(\int_{a_i}^{b_i} |u_2(x_i^*, t)|\, dt, \int_{a_i}^{b_i} |u_2(\tilde{x}_i, t)|\, dt\right)$$

$$\leq \sum_{i=1}^{k} \int_{a_i}^{b_i} b(t)\, dt$$

$$< \varepsilon/2 + M \sum_{i=1}^{k} |b_i - a_i|$$

$$< \varepsilon.$$

Isso estabelece que V é absolutamente contínuo e, assim, quase sempre diferenciável. Deixe t ser um ponto de diferenciabilidade. Como $V(t) = u(x^*(t), t)$ e $V(t') \geq u(x^*(t), t')$, segue que:

$$\frac{V(t') - V(t)}{|t' - t|} \geq \frac{u(x^*(t), t') - u(x^*(t), t)}{|t' - t|}. \tag{3.6}$$

Como V é diferenciável em t, deixando $t' \downarrow t$ leva a $V'(t) \geq u_2(x^*(t), t)$, e deixando $t' \uparrow t$ leva a $V'(t) \leq u_2(x^*(t), t)$. Logo, $V'(t) = u_2(x^*(t), t)$ em cada ponto de diferenciabilidade de V. A equação (3.5) então segue do teorema fundamental do cálculo. ∎

A forma integral do teorema do envelope se aplica a problemas nos quais a função objetivo $f(x, t)$ é parametrizada, mas o conjunto de estratégias factíveis X não é. Nos problemas de desenho de mecanismo, se a ação do agente for dar informações, então cada tipo t escolhe no mesmo conjunto factível. Nesse caso, se um desenho de mecanismo aumentado especifica um conjunto de estratégias S e um resultado $x : S \to \Omega$, então o participante está efetivamente escolhendo um resultado do conjunto viável $X = x(S) \subset \Omega$ para maximizar o seu payoff — um problema ao qual podemos aplicar o teorema. A equação (3.5) então restringe as funções de desempenho x que podem ser implementadas em um espaço de tipo [0,1].

A segunda condição da forma integral do teorema do envelope sobre a função limitante integrável *b* é indispensável.[4]

3.3 Payoffs Quase Lineares

Nesta seção, especializamos nossa análise no conjunto dos modelos de desenho de mecanismos mais extensamente examinados — aqueles nos quais os participantes têm *preferências quase lineares*. As várias subseções exploram as implicações que podem ser derivadas usando esses modelos com a aplicação dos lemas de Holmstrom e de Myerson, que são as formas especiais do teorema do envelope para essa classe de modelos de desenho de mecanismos.

Em toda esta seção, um resultado é um par $\omega = (x, p)$, onde x é uma decisão de um conjunto finito $X = \{x_1, \ldots, x_K\}$ e $p = (p^1, \ldots, p^N)$ é um vetor de pagamentos em espécie dos participantes ao operador do mecanismo, e o payoff de qualquer participantes é dado por:

$$u^i(x, p^i, t^i) = v^i(x, t^i) - p^i. \tag{3.7}$$

Em particular, cada participante se preocupa com o próprio pagamento em espécie, mas não com pagamentos feitos por outros participantes. Para descrever a função total de desempenho nesse contexto, às vezes é conveniente simplesmente omitir a função de resultado e escrever $\omega(\vec{t}) = (x(\vec{t}), p(\vec{t}))$ em vez de $\omega(\sigma(\vec{t})) = (x(\sigma(\vec{t})), p(\sigma(\vec{t})))$. Usaremos essas duas notações de modo intercambiável.

A função de resultado $\omega = (x, p)$ nesse cenário compreende funções de alocação e pagamento $x: S^1 \times \cdots \times S^N \to X$ e $p: S^1 \times \cdots \times S^N \to \mathbb{R}^N$. Se supomos que ω é implementada por alguma estratégia sempre ótima para o participante *i*, então a estratégia é ótima quando os outros estão utilizando estratégias de equilíbrio correspondentes a seus verdadeiros tipos.

---

[4] Aqui está um exemplo que mostra que a conclusão do teorema não é garantida se a condição de contorno for abandonada. Deixe $X = (0, 1]$ e $f(x, t) = g(t/x)$, onde g é qualquer função de pico único continuamente diferenciável com o valor máximo de $g(1)$. Nesse exemplo, para todo $t \in (0, 1]$, $X^*(t) = \{t\}$ e $V(t) = g(1)$. Pois $t = 0$, entretanto, $X^*(t) = (0, 1]$ e o valor é $V(0) = g(0) < g(1)$, de modo que a função V não é absolutamente contínua, contrária à conclusão do teorema.

Para ver que a condição de contorno falha nesse exemplo, defina $B = \sup_{s>0} sg'(s)$. Então, o contorno relevante é $b(t) = \sup_{x \in (0,1]} g'(t/x)/x = (\sup_{s>0} sg'(s))/t = B/t$, onde obtemos o contorno substituindo $s = t/x$. O contorno $b(t) = B/t$ não é integrável.

Suponha que u_2^i tenha o contorno integrável b exigido pelo teorema do envelope. Então, quando o agente i tem tipo τ, seu valor máximo é:

$$V^i(\tau, t^{-i}) = \max_{\sigma^i \in S^i} u^i(\omega(\sigma^i, \sigma^{-i}(t^{-i})), \tau). \tag{3.8}$$

Por economia de notações, às vezes descrevemos resultados na forma do vetor 0-1, como segue. Identificamos cada resultado possível $x_k \in \{x_1, \ldots, x_K\}$ por um vetor de base canônica $z_k \in \mathbb{R}^K$ com 1 como sua k-ésima coordenada, e todas as outras coordenadas zero, de modo que o resultado definido pode ser descrito pelos vetores 0-1 $Z = \{z_1, \ldots, z_K\}$. Então descrevemos a *função de desempenho de decisão* do mecanismo aumentado como uma função dos tipos por $z(t)$, onde $z : \Theta \to Z$. Representamos a função de valor escalar $v^i(\cdot, t^i)$ pelo vetor $v^i(t^i)$, onde o k-ésimo componente é $v_k^i(t^i) = v^i(x_k, t^i) = z_k \cdot v^i(t^i)$. Também, assim como às vezes escrevemos $x(\vec{t}) = x(\sigma(\vec{t}))$, podemos escrever $z(\vec{t}) = z(\sigma(\vec{t}))$.

3.3.1 O Lema de Holmstrom

Nesta seção, usamos a notação recém-desenvolvida para obter o lema de Holmstrom, que é a fórmula para os valores e pagamentos associados com qualquer mecanismo de estratégia dominante.

O lema de Holmstrom. Suponha que $v^i(\cdot)$ é continuamente diferenciável e deixe V^i ser o valor máximo de informação completa do participante i, como definido por (3.8). Então:

$$V^i(\tau, t^{-i}) = V^i(0, t^{-i}) + \int_0^\tau \left(z(s, t^{-i}) \cdot \frac{dv^i}{ds} \right) ds. \tag{3.9}$$

Em especial, se V^i é diferenciável em τ, então $\frac{\partial}{\partial \tau} V^i(\tau, t^{-i}) = z(\tau, t^{-i}) \cdot dv^i(\tau)/d\tau$. Os pagamentos do participante i devem satisfazer:

$$p^i(\tau, t^{-i}) = -V^i(0, t^{-i}) + z(\tau, t^{-i}) \cdot v^i(\tau) - \int_0^\tau z(s, t^{-i}) \cdot \frac{dv^i}{ds} ds. \tag{3.10}$$

Prova. Aplicar o teorema do envelope a (3.8) usando os payoffs quase lineares de (3.7):

$$V^i(\tau, t^{-i}) - V^i(0, t^{-i}) = \int_0^\tau u_2^i(\omega(\sigma^i(s), \sigma^{-i}(t^{-i})), s)\, ds$$
$$= \int_0^\tau z(s, t^{-i}) \cdot \frac{dv^i}{ds}\, ds. \tag{3.11}$$

Rearranjar os termos gera (3.9). Tomar a derivada com respeito a τ gera $\frac{\partial}{\partial \tau} V^i(\tau, t^{-i}) = z(\tau, t^{-i}) \cdot dv^i(\tau)/d\tau$. Substituir $V^i(\tau, t^{-i}) = z^i(\tau, t^{-i}) \cdot v^i(\tau) - p^i(\tau, t^{-i})$ em (3.9) e rearranjar os termos leva a (3.10). ∎

3.3.2 O Teorema de Green–Laffont–Holmstrom

No estudo de mecanismos de estratégias dominantes, uma das questões centrais é como caracterizar o conjunto completo de mecanismos que (1) satisfaça as limitações de incentivo relevantes e (2) implemente o desempenho de decisão eficiente. No Capítulo 2, constatamos que os mecanismos VCG têm essas duas propriedades. Existem outras?

O teorema de Green–Laffont–Holmstrom mostra que, desde que o conjunto de preferências satisfaça uma determinada propriedade de conectividade, os mecanismos VCG são os únicos mecanismos de estratégia dominante compatíveis com incentivos para implementar resultados eficientes. A condição de conectividade está implicitamente incluída na declaração do lema de Holmstrom por meio da hipótese de que a função de valoração v^i é diferenciável. Como vimos, a equação (3.10) necessariamente se aplica a qualquer mecanismo que implemente z usando estratégias dominantes. Isso leva ao próximo teorema.

Teorema 3.2. Suponha que, para cada i, Θ^i é um caminho suavemente conectado[5] e que $v^i(t^i)$ é continuamente diferenciável. Então qualquer mecanismo direto será tal que:

(i) a regra do resultado da decisão será a regra eficiente $\hat{x}$ e

(ii) informações verdadeiras serão sempre uma resposta ótima, isto é: $t^i \in \underset{\tilde{t}^i}{\mathrm{argmax}}(v^i(x(\tilde{t}^i, t^{-i}), t^i) - p^i(\tilde{t}^i, t^{-i}))$,

---

[5] Isso significa que, para quaisquer dois pontos distintos t^i, $\tilde{t}^i \in \Theta^i$, existe uma função diferenciável $\tau^i : [0, 1] \to \Theta^i$ satisfazendo $\tau^i(0) = t^i$ e $\tau^i(1) = \tilde{t}^i$. A função τ^i é o *caminho* conectando τ^i a $\tilde{t}^i$.

é um mecanismo VCG. (Isto é, dados os pagamentos de mecanismos pivot $\hat{p}^i$, existem funções h^i tal que, para todo $\vec{t}$, $p^i(\vec{t}) = h^i(t^{-i}) + \hat{p}^i(\vec{t})$.) Em especial, o leilão Vickrey (mecanismo pivot) é o único mecanismo no qual os licitantes que não adquirem nenhum bem (*licitantes perdedores*) pagam zero.

Prova. Fixe quaisquer dois pontos distintos t^i, $\tilde{t}^i \in \Theta^i$, e deixe $\tau^i : [0, 1] \to \Theta^i$ ser uma função diferenciável satisfatória $\tau^i(0) = t^i$ e $\tau^i(1) = \tilde{t}^i$. Deixe $\hat{V}^i(0, t^{-i})$ ser o payoff do participante i do tipo t^i no mecanismo pivot. Deixe (1) $\hat{z}(s, t^{-i})$ expressar o resultado VCG $\hat{x}(\tau^i(s), t^{-i})$ na forma vetorial 0–1, (2) $\hat{p}(s, t^{-i})$ sera a regra de pagamento do mecanismo pivot quando os tipos são $(\tau^i(s), t^{-i})$, e (3) $\hat{v}^i(s) = v^i(\tau^i(s))$. Então, segundo o lema de Holmstrom:

$$\hat{p}^i(1, t^{-i}) = -\hat{V}^i(0, t^{-i}) + \hat{z}(1, t^{-i}) \cdot \hat{v}^i(1) - \int_0^1 \hat{z}(s, t^{-i}) \cdot \frac{d\hat{v}^i}{ds} ds. \quad (3.12)$$

Dado qualquer outro mecanismo de estratégia dominante que implementa a decisão eficiente $\hat{x}$ com função valor V, defina $h^i(t^{-i}) = \hat{V}^i(0, t^{-i}) - V^i(0, t^{-i})$ Aplicando o lema de Holmstrom de novo:

$$\begin{aligned} p^i(1, t^{-i}) &= -V^i(0, t^{-i}) + \hat{z}(1, t^{-i}) \cdot \hat{v}^i(1) - \int_0^1 \hat{z}(s, t^{-i}) \cdot \frac{d\hat{v}^i}{ds} ds \\ &= h^i(t^{-i}) + \hat{p}^i(1, t^{-i}). \end{aligned} \quad (3.13)$$

Como $\tilde{t}^i$ foi arbitrário, e $h^i(t^{-i})$ não depende de $\tilde{t}^i$, essa fórmula de payoff se aplica a todos os tipos. Logo, é uma fórmula VCG. Como $h^i(t^{-i}) = \hat{V}^i(0, t^{-i}) - V^i(0, t^{-i})$ é o pagamento do licitante i no mecanismo quando i perde, há um mecanismo VCG único com $h^i(t^{-i}) = 0$, e o leilão Vickrey é esse mecanismo. ∎

O uso do teorema do envelope nessa prova é comum, de modo que vale usar a intuição para reafirmar o argumento em palavras. A fórmula de Holmstrom (3.10) é a parte técnica. Ela estabelece uma *condição necessária* para como os pagamentos em espécie do licitante podem variar com esse tipo, dada a regra z que especifica resultados de decisão. Juntos, o resultado da decisão e o payoff do tipo mais baixo fixam uma regra de pagamento única. Para o leilão Vickrey, o tipo mais baixo é um licitante que sempre perde e tem um payoff igual a zero. Geralmente, o mecanismo VCG correspondente à função h é o único mecanismo com propriedades (i) e (ii) no qual um licitante perdedor i paga a quantia $h^i(t^{-i})$.

Expressar o payoff máximo do participante como a integral da função de payoff da derivada parcial há muito tem sido uma parte importante nos problemas de desenhos de mecanismos ótimos. Mirrlees (1971); Holmstrom (1979); Laffont e Maskin (1980); Myerson (1981); Riley e Samuelson (1981); Fudenberg e Tirole (1991); e Williams (1999) derivaram condições de integrais em modelos específicos ao restringir a atenção a regras de escolha continuamente diferenciáveis por partes ou mesmo classes mais reduzidas. Entretanto, pode ser ótimo implementar uma regra de escolha que não seja continuamente diferenciável por partes. Um exemplo é a classe de problemas de comércio com utilidade linear, de Myerson (1991), descrita no Capítulo 6. A forma integral do teorema do envelope nos fornece a ferramenta necessária para lidar com toda a série de possibilidades.

Em seguida, veremos que muito do mesmo argumento pode ser aplicado no contexto do equilíbrio bayesiano. Como nas aplicações de estratégias dominantes, a fórmula limita em muito as regras de pagamento que se aplicam ao equilíbrio.

3.3.3 O Lema de Myerson[6]

Na prática, muitos desenvolvedores de desenho, reguladores e observadores de leilões têm expectativas falsamente altas sobre como mudanças nas regras afetam os preços e payoffs. Muitos acreditam que procedimentos em leilões influenciam os preços de venda esperados e os payoffs dos licitantes sem afetar como os bens são alocados.

Segundo a teoria econômica atual, a capacidade de um desenvolvedor de desenho de leilões de manipular preços e payoffs sem mudar alocações é muito mais limitada. Aqui, examinamos o que o desenho de leilões faz quando os licitantes usam as estratégias de equilíbrio Bayes-Nash, fazendo ofertas ideais dadas suas crenças sobre tipos e estratégias dos outros.

---

[6] A maioria das exposições da teoria do incentivo trata a equivalência de payoff e de receita como um resultado único, mas esse parece ser um erro. Esse tratamento não só ofusca as estreitas conexões entre a teoria do incentivo e da demanda, mas também impede aplicações a modelos com tomadores de decisão avessos ao risco ou nas quais os resultados são ineficientes. A abordagem adotada aqui simplifica a tarefa de tratar desses desenvolvimentos adicionais.

Definição. Um perfil de estratégia σ é um *equilíbrio Bayes–Nash* do mecanismo $\Gamma = (S, \omega)$ no ambiente $(\Omega, N, [0,1]^N, u, \pi)$ se para todo t^i,[7]

$$\sigma^i(t^i) \in \arg\max_{\tilde{\sigma}^i \in S^i} E^i[u^i(\omega(\tilde{\sigma}^i, \sigma^{-i}(t^{-i})), \vec{t})|t^i]$$

$$= \arg\max_{\tilde{\sigma}^i \in S^i} \int u^i(\omega(\tilde{\sigma}^i, \sigma^{-i}(t^{-i})), \vec{t}) \, d\pi^i(t^{-i}|t^i). \tag{3.14}$$

Na maior parte deste capítulo, estudamos um modelo *padrão de valores privados independentes*. Isso pressupõe que:

(i) os tipos são $\Theta^i = [0, 1]$,

(ii) payoffs são quase lineares, como descrito antes, e licitantes são neutros ao risco,

(iii) valores são *privados* ($v^i(x, \vec{t}) \equiv v^i(x, t^i)$),

(iv) tipos são estatisticamente independentes, e

(v) as condições do teorema do envelope na forma integral (Teorema 3.1) são satisfeitas.

Com essas suposições, payoffs esperados podem ser escritos como segue:

$$E^i[u^i(\omega(\tilde{\sigma}^i, \sigma^{-i}(t^{-i})), \vec{t})|t^i]$$
$$= E^i[z(\tilde{\sigma}^i, \sigma^{-i}(t^{-i})) \cdot v^i(t^i) - p^i(\tilde{\sigma}^i, \sigma^{-i}(t^{-i}))]. \tag{3.15}$$

Deixe $V^i(t^i)$ denotar o máximo payoff esperado do jogador i do tipo t^i no jogo. Então:

$$V^i(t^i) = \max_{\tilde{\sigma}^i} E^i[z(\tilde{\sigma}^i, \sigma^{-i}(t^{-i})) \cdot v^i(t^i) - p^i(\tilde{\sigma}^i, \sigma^{-i}(t^{-i}))]. \tag{3.16}$$

Em uma analogia próxima ao lema de Holmstrom, temos o seguinte:

Teorema 3.3 (lema de Myerson; teorema da equivalência de payoff). Considere um modelo padrão de valores privados independentes e suponha que σ é um equilíbrio Bayes–Nash do jogo correspondente a $(\Omega, N, S, \omega, [0,1]^N, v, \pi)$ com desempenho total (x, p). Então os payoffs esperados satisfazem:

---

[7] Na expressão, E^i refere-se a uma expectativa computada em relação às crenças do jogador i.

$$V^i(\tau) = V^i(0) + \int_0^\tau E^i[z(\vec{t})|t^i = s] \cdot \frac{dv^i}{ds} ds. \tag{3.17}$$

Em especial, se V^i é diferenciável em τ, então $\frac{\partial}{\partial \tau} V^i(\tau) = E^i[z(\vec{t})|t^i = \tau] \cdot dv^i(\tau)/d\tau$. Pagamentos esperados devem satisfazer:

$$E^i[p^i(\vec{t})|t^i = \tau] = -V^i(0) + E^i[z(\vec{t})|t^i = \tau] \cdot v^i(\tau)$$
$$- \int_0^\tau E^i[z(\vec{t})|t^i = \tau] \cdot \frac{dv^i}{ds} ds. \tag{3.18}$$

Prova. A equação (3.17) segue diretamente de (3.16) e do teorema do envelope. A forma derivada do teorema segue diferenciando (3.17) com respeito a τ. Em equilíbrio, o payoff esperado do jogador é $V^i(\tau) = E[z(\vec{t})|t^i = \tau] \cdot v^i(\tau) - E[p^i(\vec{t})|t^i = \tau]$. Substituir isso por (3.17) e rearranjar gera (3.18). ∎

Se compararmos dois mecanismos de leilões diferentes, nos quais os tipos de licitantes mais baixos sempre perdem e pagam a quantia igual a zero, então $V^i(0) = 0$ para ambos. Se a função de resultado z também é a mesma para ambos, então, segundo o teorema, os payoffs e pagamentos esperados dos licitantes também são os mesmos. Se nosso modelo de licitantes estratégicos estiver certo, essa conclusão contradiz alegações intuitivas de que se podem mudar os payoffs do licitante pela manipulação de regras sem reduzir a eficiência.

3.3.4 Teoremas de Equivalência de Receita

O teorema de equivalência de payoff (risco neutro) se aplica aos payoffs de licitantes, mas também tem implicações imediatas nas receitas esperadas do vendedor. O teorema original desse tipo é o teorema de equivalência de receitas de Myerson, que se aplica a leilões de um único bem. Começamos com uma extensão recente relatada por Williams (1999).

Como anteriormente, $(\hat{x}, \hat{p})$ denota o mecanismo pivot VCG.

Teorema 3.4. Pense em um modelo padrão de valores privados independentes e suponha que σ é um equilíbrio Bayes–Nash do jogo correspondente a $(\Omega, N, S, \omega, [0, 1]^N, v, \pi)$ com desempenho total $(\hat{x}, \hat{p})$. Então, o pagamento esperado para o operador do mecanismo é o mesmo que para o mecanismo VCG $(\hat{x}, \hat{p} + h)$, onde $h^i(t^{-i}) \equiv E^i[p^i(0, t^{-i})]$.

Prova. Como o equilíbrio sempre ótimo do mecanismo VCG também é um equilíbrio Bayes–Nash, o lema de Myerson se aplica a ele, com $p = \hat{p} + h$ e $V^i(0) = 0$. Assim, a receita total esperada é $E[\sum_{i \in N} p^i(\vec{t})] = E[\sum_{i \in N} E[p^i(\vec{t})|t^i]] = E[\sum_{i \in N} E[\hat{p}^i(\vec{t})|t^i]] = E[\sum_{i \in N} \hat{p}^i(\vec{t})]$. ∎

O famoso teorema de equivalência de receita da teoria dos leilões é um caso especial:

Corolário. Considere um modelo padrão de valores privados independentes com um único bem indivisível para venda, no qual o payoff dos perdedores é igual a zero. Suponha que σ é um equilíbrio Bayes–Nash do jogo correspondente $(\Omega, N, S, \omega, [0,1]^N, v, \pi)$. Suponha que o desempenho total seja $(\hat{x}, p)$. Deixe $v^{(1)}, v^{(2)}, \ldots$ denotar a ordem estatística dos valores do licitante para o único bem, do maior para o menor. Então, o pagamento total esperado pelos participantes no mecanismo é $E[v^{(2)}]$.

Prova. Observe que $v^{(2)}$ é a receita de venda associada ao mecanismo Vickrey nesse ambiente e aplique o Teorema 3.4. ∎

A versão anterior do teorema de equivalência de receita é o mais conhecido teorema na teoria dos leilões. A história do teorema começa com Vickrey, que computou equilíbrios em quatro mecanismos de leilão diferentes e fez então a surpreendente descoberta de que as receitas esperadas eram exatamente iguais em cada um. Contribuições simultâneas de Myerson (1981) e Riley e Samuelson (1981) implicitamente estabeleceram a razão em termos dos teoremas do envelope e equivalência de payoff, como descrito.

Várias extensões do teorema de equivalência de receitas padrão são possíveis com a adaptação do mesmo argumento a modelos mais gerais. O seguinte é uma versão que se aplica ao modelo de valores independentes de Milgrom e Weber (1982), desde que os tipos sejam estatisticamente independentes.

Teorema 3.5. Considere um modelo padrão de valores privados independentes com um único bem indivisível para venda, no qual os payoffs dos perdedores são iguais a zero e a condição de valores privados é substituída pela condição de que o valor de cada licitante i para o bem satisfaça $v^i = v(t^i, t^{-i})$, onde v é continuamente diferenciável. Suponha que σ é um equilíbrio Bayes–Nash do jogo correspondente $(\Omega, N, S, \omega, [0,1]^N, v, \pi)$. Se o licitante com o tipo mais alto sempre vencer o leilão, então o payoff esperado de cada licitante i é $E[\int_0^{t^i} v_1(s, t^{-i})\,ds]$, e a receita esperada do vendedor é

$$E\left[v(t^{(1)}, t^{-(1)})\right] - N \cdot E\left[\int_0^{t^i} v_1(s, t^{-i})\,ds\right].$$

Prova. Os payoffs do licitante são os determinados na forma agora conhecida da fórmula do teorema do envelope. O payoff total esperado é $E[v(t^{(1)}, t^{-(1)})]$, de modo que o payoff esperado do vendedor é o total menos a soma dos payoffs esperados dos licitantes. ∎

Um uso importante dos teoremas de equivalência de receitas é a referência para analisar casos quando as hipóteses dos teoremas não se confirmam. No próximo capítulo, veremos como limitações de orçamento, aversão a riscos, quantidades endógenas e correlação de tipos levam a previsões sistemáticas comparando receitas esperadas de diferentes tipos de leilões, inclusive os com o mesmo desempenho de decisão. Naturalmente, mecanismos com diferentes desempenhos de decisão também terão diferentes níveis de receita esperada. Isso é potencialmente importante porque leilões padrão em ambientes assimétricos geralmente têm diferentes desempenhos de decisão.

3.3.5 O Teorema de Myerson–Satterthwaite

Outro antigo problema da teoria do desenho de mecanismos é designar uma troca eficiente entre comprador e vendedor quando ambos têm tipos incertos. Essas situações muitas vezes são conhecidas como problema do comércio, ou monopólio bilateral. Avanços anteriores nos aspectos econômicos de custos de transação e da teoria da barganha as trataram como um axioma em que o comércio se realiza sempre que for necessário em termos de eficiência. Esse *axioma da eficiência* é explícito nas derivações da solução de barganha de Nash, a solução Kalai–Smorodinsky e o valor Shapley, assim como em muitos tratamentos do assim chamado teorema de Coase.

Dúvidas sobre o axioma da eficiência se baseiam em parte em preocupações sobre barganhas com informações incompletas. Afinal, o vendedor está naturalmente inclinado a exagerar o custo de seu bem, e o comprador, a fingir que o valor que intenta pagar é baixo. Devemos, às vezes, esperar que esses exageros levem à perda de oportunidades de negociação? O problema do exagero na barganha é essencial? Ou pode um mecanismo ou protocolo de barganha ser designado para eliminar o incentivo ao exagero? Como ele funcionaria?

Para avaliar essas perguntas, usamos um modelo simples com um único bem indivisível à venda. Há um comprador em potencial e um vendedor em potencial com valores $b = v^b(t^b)$ e $s = v^s(t^s)$, respectivamente. Com preferências quase lineares, há ganhos com o negócio precisamente quando $b > s$. Deixe $p^b(t)$ e $p^s(t)$ denotar os pagamentos feitos pelo comprador e o vendedor ao equilíbrio de um mecanismo quando o perfil do tipo é t. Supomos que v^b e v^s são suaves e restritos, de modo que o teorema do envelope se aplica.

Vamos começar com a observação de que esse ambiente é um caso especial em que podemos aplicar o mecanismo VCG. Em especial, o *mecanismo pivot* (o mecanismo VCG no qual $h^s \equiv h^b \equiv 0$) parece um candidato plausível para resolver o problema. Ele especifica que a negociação deve ocorrer e transferências devem ser feitas somente se os valores informados satisfizerem $b > s$. Quando a negociação ocorre, o vendedor recebe o pagamento de b enquanto o comprador paga s. Com os pagamentos determinados dessa forma, o comprador e o vendedor sempre acham ótimo informar seus valores verdadeiros, independentemente do que o outro informar. Quando eles informam verdadeiramente, a decisão de alocação eficiente é implementada com estratégias sempre ótimas, mas há um deficit orçamentário, porque, sempre que ocorre a negociação, temos $b > s$. No Capítulo 2, observamos que, em geral, não há mecanismo VCG que sempre ofereça um equilíbrio exato do orçamento. Esse é um problema grave? Existe algum mecanismo que possa implementar resultados eficientes e atinja um orçamento estável em um equilíbrio Bayes–Nash?

O teorema Myerson–Satterthwaite mostra que, em determinadas condições, não existe mecanismo no qual a função de desempenho de decisão sempre maximize o valor total. O teorema emprega o conceito da solução do equilíbrio Bayes–Nash.

Teorema 3.6. Suponha que, além das hipóteses do Teorema 3.3, os participantes e o desenvolvedor do desenho tenham crenças idênticas anteriores: $\pi^1 = \cdots = \pi^N = \pi$. Suponha também que os tipos sejam estatisticamente independentes e v^b e v^s sejam continuamente diferenciáveis. Considere qualquer mecanismo de negociação e o equilíbrio Bayes–Nash no qual a negociação (i) ocorre em equilíbrio exatamente quando $b > s$, (ii) vendedores do tipo 1 e compradores do tipo 0 nunca negociam e (iii) nenhum pagamento é feito quando não ocorre nenhuma transação. Então o mecanismo incorre em um deficit de pagamento esperado igual ao ganho esperado da negociação, isto é, o total dos pagamentos esperados satisfazem $E[p^b(t) + p^s(t)] = -E[\max(0, b-s)]$.[8]

Prova. O mecanismo Vickrey satisfaz as condições do teorema. Ele especifica que a transação ocorre quando $b > s$, e, quando ela ocorre, o vendedor recebe o preço de b e o comprador paga o preço de s. Para cada realização (b, s), cada jogador recebe um payoff de $(b-s)^+ \equiv \max(0, b-s)$ — todo o ganho na transação. Qualquer outro mecanismo com os mesmos resultados de desempenho de decisão resulta no mesmo total de ganhos esperados $E[(b-s)^+]$ da transação e, pelo teorema de equivalência de payoff, tem o mesmo payoff esperado total de $2E[(b-s)^+]$ para o comprador e o vendedor. O deficit esperado $-E[p^b(t) + p^s(t)]$ é o excesso do payoff esperado total sobre o superavit esperado total: $E[(b-s)^+]$. ∎

3.3.5.1 Aplicação: Leilões Versus Sorteios

Apesar de pedidos de Coase (1959) e outros para a Comissão Federal de Comunicações (FCC) para alocar frequências de espectro por leilão, o Congresso dos EUA só lhe concedeu autoridade para designar direitos a operadoras wireless por leilão em 1993. Antes dessa data, o Congresso tinha dado à FCC o poder de designar esses direitos por sorteio. Embora a alocação de espectro por sorteio eliminasse os longos procedimentos burocráticos e atrasos do sistema anterior de audiências comparativas, ele introduziu suas próprias ineficiências.[9]

Nos debates referentes aos primeiros leilões de espectro, alguns observadores sugeriram que os sorteios poderiam ser transformados em um mecanismo eficiente que permitisse aos vencedores revender seus direitos a

---

[8] Note que aqui não é criada nenhuma hipótese sobre os tipos de distribuição. Em seu tratamento original, Myerson e Satterthwaite aplicaram a condição mais fraca de que a transação ocorre exatamente quando (i) $b > s$ e (ii) b e s estão nos suportes de suas próprias distribuições, e constataram que toda transação eficiente sem deficit poderia, às vezes, ser atingida quando os suportes são disjuntos Por exemplo, se o valor do comprador está distribuído em $[\frac{1}{2}, 1]$, o custo do vendedor em $[0, \frac{1}{2}]$, e cada um está limitado a informar um tipo no intervalo correspondente, então o mecanismo VCG que sempre define o preço de $\frac{1}{2}$ implementa a transação eficiente com deficit zero.

[9] Alguns destes foram descritos no Capítulo 1.

terceiros que os valorizassem ainda mais. Citando o teorema de Coase, eles argumentaram que, quando licenças transferíveis estivessem nas mãos de grupos privados, eles mesmos negociariam uma configuração de propriedade conjunta de maximização de lucros. Assim, eles concluíram, a forma do leilão inicial não era importante para a eficiência.

Argumentos teóricos podem influenciar as recomendações dos profissionais da FCC à Comissão, que, por sua vez, ajuda a modelar a política. Economistas que defendem leilões para os profissionais da FCC contestaram os proponentes dos sorteios com um argumento que combinou os teoremas de Myerson-Satterthwaite e Vickrey. Se uma única licença é atribuída aleatoriamente por sorteio a uma de duas aplicações simétricas, então o teorema Myerson-Satterthwaite infere que nenhum protocolo de barganha viável garante um resultado eficiente. Assim, o mecanismo de alocação inicial afeta a eficiência da alocação final: o desenho do leilão importa. Os profissionais da FCC foram influenciados por esse argumento e levados a dar uma atenção especial à eficiência esperada das alocações criadas pelos leilões.

3.3.6 Os Teoremas da Impossibilidade de Jehiel–Moldovanu

Jehiel e Moldovanu (2001) aplicam a equivalência do payoff para demonstrar limites na capacidade do mecanismo de implementar alocações eficientes quando os participantes não têm valores privados. Sem a hipótese de valores privados, um licitante pode saber algo que, se revelado, afetaria as escolhas de outro.

Um exemplo para ilustrar as possibilidades gerais é o clássico modelo da seleção adversa do carro usado, no qual o dono de um carro usado tem informações privadas sobre suas condições. As informações do vendedor certamente afetariam a decisão do comprador de adquiri-lo a um preço específico. Em parte por esse motivo, o vendedor pode tentar convencer o comprador de que seu motivo para vender o veículo não é o fato de ele estar em más condições. Por exemplo, o anúncio do vendedor pode incluir uma frase como "vendendo por motivo de mudança".

Para um exemplo relacionado a leilões, suponha que haja um pedaço de terra à venda nos arredores da cidade. O participante 1 é um empreiteiro que planeja construir um shopping center no terreno para atrair clientes urbanos. O participante 2 é uma mineradora interessada em uma possível jazida mineral no subsolo. O valor do terreno como um shopping center também depende de se propriedades próximas serão usadas para atividades barulhentas ou operações mineradoras poluentes — algo sobre o que a empresa mineradora sabe mais que o empreiteiro. Considerando que o valor do terreno para o empreiteiro depende das informações de posse da empresa mineradora, há algum mecanismo que aloque a terra com eficiência?[10]

Pode-se pensar em inúmeras formas de tentar atingir uma alocação eficiente, por exemplo, oferecendo um bônus em dinheiro para a mineradora dependendo das informações que tiver sobre o valor do empreiteiro. Entretanto, o princípio do teorema Jehiel-Moldovanu é tal que, a menos que as informações da mineradora possam ser verificadas de modo independente, não há como as usar para implementar decisões eficientes.

Intuitivamente, a lógica do teorema é simples. Suponha que um agente j tenha observado um sinal s que *não* afeta seus valores, mas é relevante para determinar a alocação eficiente. Como o sinal s não afeta o que j pode informar ou suas preferências quanto a alocações, ele não afeta o payoff máximo. Como mostramos a seguir, isso implica que o sinal não afeta a alocação de j. Para ilustrar, suponha que, quando s é mais alto, a alocação eficiente sempre atribui menor quantidade de certos bens valiosos para j. Então, pela fórmula de payoff do teorema do envelope, o payoff de j deve ser menor quando s é maior, o que contradiz a conclusão de que seu payoff máximo não pode depender de s. Assim, é impossível implementar a alocação eficiente. O relato formal desenvolve esse tipo de contradição a fundo para modelos de equilíbrio Nash e bayesianos *ex post*, sem qualquer suposição especial sobre como s afeta a alocação eficiente.

Começamos com o *modelo de valores interdependentes* nos quais há um único bem à venda. Para que haja a possibilidade de que cada licitante tenha informações relevantes para os demais licitantes, representamos o tipo de cada licitante com um vetor-N $t^i = (t_1^i, \ldots, t_N^i)$, onde t_j^i representa qualquer informação que o licitante i possa ter sobre o quanto o item será valioso para o licitante j. Tomamos os componentes do perfil do tipo $\vec{t}$ para serem distribuídos em conjunto segundo uma distribuição sem átomos em $[0, 1]^{N \times N}$. Supõe-se que os tipos de licitantes são estatisticamente independentes. Para fins de simplicidade analítica, especificamos que o valor das informações completas do item para o licitante i é $t_i^i + v^i(t_i^{-i})$.

---

[10] É muito comum em leilões de ativos empresariais, como licenças de espectro, que os planos dos concorrentes afetem o valor de uma licença ou que os perdedores não sejam indiferentes sobre a identidade do vencedor do leilão.

A primeira questão a ser determinada é se existe algum esquema de pagamento inteligente que resulte em desempenho de alocação eficiente em equilíbrio *ex post*. Isso significa que cada estratégia do jogador *i* deve depender só de seu tipo t^i, perfil de estratégia $(\sigma^i(t^i))_{i \in N}$ deve ser um equilíbrio de Nash para cada realização do perfil de tipo $\vec{t}$. A vantagem desse conceito de solução é discutida no Capítulo 5.

Assim, suponha que haja algum desempenho de alocação z implementada em equilíbrio *ex post*, onde $z^i(\vec{t})$ é a probabilidade de que o item seja atribuído ao licitante *i*, e $p^i(\vec{t})$ é o pagamento correspondente. Então, cada licitante apresenta a melhor resposta a todas as estratégias dos demais licitantes, considerando que $\vec{t}$. Usando o teorema do envelope na forma integral, aplicado ao parâmetro unidimensional t^i_i, o payoff de equilíbrio alcançado pelo licitante *i* quando o vetor de tipo é $\vec{t}$ é:

$$V^i(t^i, t^{-i}) = \max_{\hat{\sigma}^i} \left\{ z^i(\hat{\sigma}^i, \sigma^{-i}(t^{-i})) \left(t^i_i + v^i\left(t^{-i}_i\right) \right) - p^i(\hat{\sigma}^i, \sigma^{-i}(t^{-i})) \right\}$$

$$= V^i\left(0, t^i_{-i}, t^{-i}\right) + \int_0^{t^i_i} z^i\left(\sigma^i\left(s, t^i_{-i}\right), \sigma^{-i}(t^{-i})\right) ds. \quad (3.19)$$

Considere essas expressões como funções de t^i com t^{-i} fixo. Como a expressão à direita na primeira linha de (3.19) não depende de t^i_{-i} a expressão na segunda linha precisa ser uma função de t^i_i apenas. Logo, o integrando satisfaz $z^i(\sigma^i(s, t^i_{-i}), \sigma^{-i}(t^{-i})) \equiv z^i(\sigma^i(s, 0), \sigma^{-i}(t^{-i}))$ quase sempre. Resumindo:

Teorema 3.7. No modelo de valores interdependentes com um único bem à venda, suponha que $\hat{z}^i(t)$ depende não trivialmente de t^i_{-i}. Então, não existe mecanismo que implemente o desempenho de alocação $\hat{z}$ em um equilíbrio *ex post*.

Em especial, o teorema infere a não existência de mecanismos que implementam o desempenho de alocação em *estratégias dominantes*. Ele não infere que a informação t^i_{-i} de *i* nunca pode afetar a decisão. Por exemplo, se o licitante 1 conhece os valores dos licitantes 2 e 3, então essa informação pode ser usada para decidir como alocar os bens entre os licitantes 2 e 3, mas não pode afetar a alocação ao licitante 1.

O teorema precedente lida com estratégias de equilíbrio *ex post*. Jehiel e Moldovanu fizeram esta pergunta relacionada: Existe um mecanismo aumentado que aloque com eficiência quando o conceito de solução é um equilíbrio Bayes-Nash?[11]

Teorema 3.8. Deixe $z(t)$ ser uma função de desempenho de alocação e suponha que a função $E(t^i) \equiv E[z^i(t)|t^i]$ dependa não trivialmente de t^i_{-i}.[12] Então, não existe mecanismo que implemente z em qualquer equilíbrio Bayes-Nash.

Prova. Suponha que algum mecanismo aumentado (S, Ω, σ) seja especificado tal que σ seja um equilíbrio Bayes-Nash do jogo bayesiano associado. Deixe que a função de resultado Ω consista em uma função de resultado de decisão z e uma função de pagamento p. O correspondente valor de payoff de equilíbrio para um i individual é:

$$\begin{aligned} V^i(t^i) &= \max_{\hat{\sigma}^i} E\left[z^i(\hat{\sigma}^i, \sigma^{-i}(t^{-i}))\left(t^i_i + v^i\left(t^{-i}_i\right)\right) - p^i(\hat{\sigma}^i, \sigma^{-i}(t^{-i}))|t^i\right] \\ &= \max_{\hat{\sigma}^i} \{E[z^i(\hat{\sigma}^i, \sigma^{-i}(t^{-i}))]t^i_i + E\left[z^i(\hat{\sigma}^i, \sigma^{-i}(t^{-i}))v^i\left(t^{-i}_i\right)\right. \\ &\quad \left. - p^i(\hat{\sigma}^i, \sigma^{-i}(t^{-i}))]\} \end{aligned} \quad (3.20)$$

em que o último passo usa a independência estatística dos tipos. Logo, $V^i(t^i) = V^i(t^i_i, 0)$ é realmente somente uma função de t^i_i. Usando-a e o teorema do envelope na forma integral:

$$\begin{aligned} V^i\left(t^i_i, 0\right) - V^i(0, 0) &= \int_0^{t^i_i} E[z^i(\sigma^i(s, 0), \sigma^{-i}(t^{-i}))]\, ds \\ &= V^i\left(t^i_i, t^i_{-i}\right) - V^i\left(0, t^i_{-i}\right) \\ &= \int_0^{t^i_i} E\left[z^i(\sigma^i\left(s, t^i_{-i}\right), \sigma^{-i}(t^{-i}))\right] ds. \end{aligned} \quad (3.21)$$

Como essas funções de t^i_i são sempre iguais, os integrandos devem quase sempre ser iguais:

---

[11] Em seu tratamento original, Jehiel e Moldovanu tratam o caso de muitos bens. Embora a notação esteja mais envolvida, esse caso pode ser tratado por métodos semelhantes aos usados aqui.

[12] Por exemplo, se todas as funções v^i estão aumentando, então a função de decisão eficiente $\hat{z}^i(t)$ é decrescente em t^i_{-i}. A isso acrescentamos a condição de não degeneração de que essa função é não constante.

$$E\left[z^i\left(\sigma^i\left(s,t^i_{-i}\right),\sigma^{-i}(t^{-i})\right)\right] = E[z^i(\sigma^i(s,0),\sigma^{-i}(t^{-i}))] \text{ a.e.} \quad (3.22)$$

Isso contradiz a hipótese de que $E(t^i) \equiv E[z^i(t)]$ depende não trivialmente de t^i_{-i}. ∎

Esses dois teoremas estabelecem alguns limites importantes sobre o que os mecanismos podem conseguir.

3.3.7 Leilões de Maximização de Receita de Myerson e Riley–Samuelson

Nesta subseção, voltamos à questão do leilão ótimo apresentado por Myerson (1981), discutido na introdução deste capítulo. Uma teoria de leilões de maximização de receita similar também foi desenvolvida de modo independente por Riley e Samuelson (1981), mas foi limitada ao caso de licitantes com valores simetricamente distribuídos. A prova original de Myerson contou com o princípio da revelação para limitar a atenção a mecanismos de incentivo compatíveis diretos, mas simplificamos sua análise aqui usando o teorema do envelope na forma integral.

Considere um leilão para um único bem cujo valor para o i individual seja $v^i(t^i)$. Cada $v^i : [0,1] \to \mathbb{R}_+$ é uma função continuamente diferenciável, estritamente crescente, e os tipos são distribuídos independente e uniformemente. Note que essas suposições não implicam que os valores $v^i(t^i)$ são distribuídos identicamente: as distribuições de valor são dadas pelas funções $(v^i)^{-1}$, que podem ser quaisquer distribuições estritamente crescentes, suaves e limitadas.[13]

Definições

1. Um mecanismo aumentado (S, ω, σ) é *voluntário* se, para cada jogador i e tipo t^i, a utilidade máxima esperada satisfizer $V^i(t^i) \geq 0$ (onde a utilidade da não participação foi normalizada para zero).

2. A *receita esperada* do mecanismo aumentado (S, ω, σ) é

$$R(S, \omega, \sigma) = E\left[\sum_{i=1}^{N} p^i(\sigma^1(t^1), \ldots, \sigma^N(t^N))\right].$$

---

[13] Também se pode dispensar o contorno superior fazendo com que os espaços de tipo sejam [0, 1).

3. O mecanismo aumentado (S, ω, σ) *maximiza a receita esperada* se para qualquer outro mecanismo aumentado $(\tilde{S}, \tilde{\omega}, \tilde{\sigma})$,

$$R(\tilde{S}, \tilde{\omega}, \tilde{\sigma}) \leq R(S, \omega, \sigma).$$

Para o próximo teorema, é conveniente escrever $x^i = 1$ no caso de o bem ser atribuído ao indivíduo i e $x^i = 0$ caso contrário.

Teorema 3.9. Considere um modelo padrão com valores privados independentes com um único bem à venda. Para cada i, defina $m^i(s^i) \equiv v^i(s^i) - (1 - s^i) \, dv^i/ds^i$ (*a receita marginal como função de preço*) e suponha que m^i é uma função crescente.[14] Suponha ainda que $v^1(0) = \cdots = v^N(0)$. Então, um mecanismo aumentado é um mecanismo de maximização de receita se satisfaz $V^i(0) = 0$ e tem a seguinte função de desempenho de decisão:

$$x^i(\vec{t}) = \begin{cases} 1 & \text{se } m^i(t^i) > \max(0, \max_{j \neq i} m^j(t^j)), \\ 0 & \text{caso contrário} \end{cases} \quad (3.23)$$

Além disso, existe pelo menos um desses mecanismos.

Prova. Considerando qualquer desempenho de decisão x, a probabilidade de o licitante i receber o bem quando seu tipo é t^i é $E[x^i(\vec{t})|t^i]$. Logo, pelo teorema do envelope, o payoff máximo do licitante 1 quando seu tipo é $t^1 = \tau$ satisfaz:

$$V^1(\tau) - V^1(0) = \int_0^\tau E\left[x^1(s^1, t^{-1})|t^1 = s^1\right] \frac{dv^1}{ds^1} \, ds^1$$

$$= \int_0^\tau \int_0^1 \cdots \int_0^1 \frac{dv^1}{ds^1} x^1(s^1, \ldots, s^N) \, ds^2 \cdots ds^N ds^1. \quad (3.24)$$

Assim, o payoff esperado *ex ante* do licitante 1 deve satisfazer:

---

[14] Isso corresponde à condição comum na teoria de preços no caso do monopólio de que a receita marginal é uma função decrescente da quantidade oferecida para venda. Uma formulação equivalente que é comum na literatura específica que a condição de receita marginal em termos da distribuição de valores, $F^i = (v^i)^{-1}$. A condição então se torna que $v^i - (1 - F^i(v^i))/f^i(v^i)$ é crescente em v^i.

$$E[V^1(t^1)] - V^1(0)$$
$$= \int_0^1 \int_0^\tau \int_0^1 \cdots \int_0^1 \frac{dv^1}{ds^1} x^1(s^1, \ldots, s^N) \, ds^2 \cdots ds^N ds^1 d\tau$$
$$= \int_0^1 \cdots \int_0^1 \int_{s^1}^1 d\tau \frac{dv^1}{ds^1} x^1(s^1, \ldots, s^N) \, ds^1 \cdots ds^N$$
$$= \int_0^1 \cdots \int_0^1 (1-s^1) \frac{dv^1}{ds^1} x^1(s^1, \ldots, s^N) \, ds^1 \cdots ds^N$$
$$= \int_0^1 \cdots \int_0^1 (v^1(s^1) - m^1(s^1)) x^1(s^1, \ldots, s^N) \, ds^1 \cdots ds^N, \quad (3.25)$$

onde a segunda igualdade segue da primeira mudando a ordem de integração. Uma expressão semelhante se aplica aos outros licitantes.

Para qualquer tipo realizado $\vec{t}$, o payoff total *ex ante* a todos os licitantes mais a receita para o vendedor é $x(\vec{t}) \cdot v(\vec{t})$, de modo que a receita esperada do vendedor deve ser:

$$R(S, \omega, \sigma) = E[x(\vec{t}) \cdot v(\vec{t})] - \sum_{i=1}^N E[V^i(t^i)]$$
$$= \int_0^1 \cdots \int_0^1 \sum_{i=1}^N x^i(s^1, \ldots, s^N) v^i(s^i) \, ds^1 \cdots ds^N$$
$$- \sum_{i=1}^N E[V^i(t^i)]$$
$$= \int_0^1 \cdots \int_0^1 \sum_{i=1}^N x^i(s^1, \ldots, s^N) m^i(s^i) \, ds^1 \cdots ds^N$$
$$- \sum_{i=1}^N V^i(0)$$
$$\leq \int_0^1 \cdots \int_0^1 \max\left(0, \max_i m^i(s^i)\right) ds^1 \cdots ds^N. \quad (3.26)$$

A desigualdade segue, porque $x^i(t)$ é a probabilidade de o bem ser designado ao licitante i e, logo satisfaz $x^i(t) \geq 0$ e $\sum_{i=1}^N x^i(t) \leq 1$.

Isso prova que o desempenho especificado, se viável, coloca um contorno superior na receita. Por viabilidade, mostramos um mecanismo que atinge esse limite. É o mecanismo direto com desempenho de decisão (3.23) e essas funções de pagamento:

$$p^i(\vec{t}) = p^i(t^{-i})))$$
$$= \begin{cases} v^i\big((m^i)^{-1}\big(\max\big(0, \max_{j \neq i} m^j(t^j)\big)\big)\big) & \text{se } x^i(t) = 1, \\ 0 & \text{caso contrário} \end{cases} \quad (3.27)$$

Segue imediatamente que $V^i(0) = 0$ (tipo 0 nunca vence e nunca faz ou recebe um pagamento).

Finalmente, observe que, para todos os tipos, relatar a verdade é sempre uma estratégia ótima. Como m^i está aumentando, para cada informação que i possa dar, ele pode adquirir o bem só ao pagar o preço $p^i(t^{-i})$, porque a regra de alocação especifica que i adquire o item precisamente quando $v^i(t^i) - p^i(t^{-i}) > 0$. Assim, por um raciocínio análogo ao da análise do leilão de segundo preço, reportar verdadeiramente é sempre ótimo. ∎

Um corolário interessante desse teorema é que, às vezes, certos leilões padrão com preço de reserva podem ser leilões de maximização da receita esperada. De fato, suponha que adicionemos às hipóteses do teorema a suposição extra de que $v^1 = \cdots = v^N = v$, de modo que $m^1 = \cdots = m^N = m$. Suponha que o vendedor estabeleça um preço mínimo, ou *de reserva*, em um leilão de segundo preço. Se qualquer oferta exceder a reserva, então o preço é igual à maior reserva ou à segunda maior oferta. Se o vendedor estabelecer uma reserva de $r^* = v(t^*)$, onde t^* soluciona $m(t^*) = 0$, então o leilão Vickrey com reserva r^* atinge o desempenho de decisão especificado no teorema: o licitante i vence se e somente se seu tipo for o maior e $m(t^i) > 0$. Além disso, licitantes do tipo 0 sempre perdem: $V^i(0) = 0$. Assim, um leilão Vickrey com reserva r^* é um leilão de maximização da receita esperada nessa classe de ambientes simétricos.

3.3.8 O Teorema dos Cartéis Fracos de McAfee–McMillan

McAfee e McMillan (1992) estavam entre os primeiros a estudar a teoria de *bidding rings*, que são cartéis de licitantes que entram em conluio sobre como dividir os itens à venda em um leilão.[15] Os membros do cartel podem tentar acordar antes do leilão qual deles será o vencedor, contando com que os outros licitantes não façam ofertas ou façam ofertas baixas. Dessa forma,

---

[15] Veja Graham e Marshall (1987) para uma descrição detalhada de operação em cartel.

o vencedor obtém o item por um preço baixo, possivelmente até de reserva, aumentando o próprio lucro.

Os cartéis enfrentam uma série de problemas se quiserem operar com eficiência. Um deles é colocar os acordos em prática, o que pode ser feito em uma série de leilões sob a ameaça de retaliar os que transgridem as regras do grupo. Um segundo problema é evitar que novos licitantes entrem quando os preços em uma série de leilões parecem baixos. Um terceiro é como dividir os "benefícios" colhidos. Este pode ser um problema sério em que, como declaram McAfee e McMillan, a maioria das condenações desses cartéis pelo Departamento de Justiça dos EUA começa quando um de seus membros denuncia outros porque está insatisfeito com sua parte dos lucros. Para não deixar registros incriminadores, os cartéis muitas vezes evitam fazer pagamentos em espécie entre seus membros, e essa restrição limita o que seus membros podem conseguir.

Chamamos um cartel que não pode fazer pagamentos em espécie aos membros de *cartel fraco*. É possível imaginar que os membros do cartel poderiam discutir e ajustar as negociações de modo a tirar vantagem de suas informações, alocando os bens com mais frequência àqueles com os valores maiores. O que complica o problema é que, sem *side payments* [pagamentos laterais] para usar a fim repartir os lucros, os licitantes terão poucos incentivos para revelar suas informações até para os membros do cartel. McAfee e McMillan mostram que, em determinadas condições, um cartel fraco não extrai *nenhuma* informação útil de seus membros: ele só pode randomizar a alocação entre eles.

Em nosso tratamento do modelo de McAfee–McMillan, supomos que o vendedor estabelece um preço de reserva de r e que os participantes mostrem interesse se e somente se seus valores forem ao menos r. Tipos são estatisticamente independentes e uniformemente distribuídos em $[0, 1]$, e o valor de i é dado por $v^i(t^i)$, onde $v^1(0) = \cdots = v^N(0) = r$. Considerando o mecanismo aumentado desenvolvido pelo cartel, deixe $x^i(t^i)$ denotar a probabilidade de o licitante i do tipo t^i adquirir o item, e deixe $\bar{x}^i = E[x^i(t^i)]$. A *alocação randômica correspondente* é a alocação que atribui o item ao indivíduo i com a probabilidade $\bar{x}^i$ independentemente do vetor de tipos. Essa alocação randômica certamente é factível, pois o mesmo ocorre no mecanismo original. Como um jogador do tipo zero não tem como obter um lucro positivo, $V^1(0) = \cdots = V^N(0) = 0$.

Como Vickrey observou, $x^i(\cdot)$ é necessariamente não decrescente. Se fosse o contrário, então o licitante poderia "retificar" a relação entre seus lances e tipos, deixando seus pagamentos esperados inalterados, mas aumentando $E[x^i(t^i)v^i(t^i)]$.[16]

Teorema 3.10. Considere um modelo padrão de valores privados independente para um único bem e suponha que $(1-t^i)\,dv^i/dt^i$ é uma função decrescente. Então, qualquer mecanismo pelo qual o cartel fraco alocar o bem entre seus membros que seja não trivialmente diferente de uma alocação randômica é *ex ante* dominado para todos os licitantes por sua alocação randômica correspondente.

Prova. Deixe $V^i(t^i)$ e $\bar{V}^i(t^i)$ denotar o payoff esperado do tipo i do mecanismo proposto e a alocação randômica correspondente, respectivamente. Então, a utilidade *ex ante* do mecanismo proposto é:

$$E[V^i(t^i)] = \int_0^1 V^i(\tau)\,d\tau = \int_0^1 \int_0^\tau \frac{dv^i}{ds} x^i(s)\,ds\,d\tau$$

$$= \int_0^1 \int_s^1 d\tau \frac{dv^i}{ds} x^i(s)\,ds = \int_0^1 (1-s) \frac{dv^i}{ds} x^i(s)\,ds$$

$$< \int_0^1 (1-s) \frac{dv^i}{ds}\,ds \int_0^1 x^i(s)\,ds$$

$$= \int_0^1 (1-s) \frac{dv^i}{ds} \bar{x}^i\,ds = \cdots = E[\bar{V}^i(t^i)]. \qquad (3.28)$$

A segunda igualdade segue do teorema do envelope. Depois de reverter a ordem da integração, a desigualdade estrita segue de um teorema de *majoração* (afirmando que o valor esperado do produto de uma função crescente e uma função decrescente da mesma variável é menor que o produto das expectativas).[17] Então, reverter a série inicial de passos estabelece que o lado direito da desigualdade é o payoff esperado da alocação randômica correspondente. ∎

Dada a suposição que v^i é crescente e que tipos são uniformemente distribuídos em [0, 1], a função inversa $v^i(\cdot)^{-1}$ é a distribuição dos valores do licitante, que também pode ser escrito como F^i com densidade f^i. A condição

---

[16] Esse argumento e outros relacionados serão detalhados no próximo capítulo.
[17] Isso equivale ao teorema de que a covariância de uma função crescente de uma variável randômica com uma função decrescente da mesma variável randômica é negativa.

de que $(1 - t^i)\, dv^i/dt^i$ é decrescente é, assim, equivalente à condição de que $(1 - F^i(v))/f^i(v)$ é decrescente. Assim, a condição é, às vezes, chamada de condição de "taxa de risco crescente". Como vimos, uma condição parecida surge na análise dos leilões de maximização da receita esperada.

O teorema de McAfee–McMillan expressa um claro limite do que um cartel fraco pode realizar. Sem pagamentos em dinheiro, o cartel só pode randomizar o direito de fazer ofertas entre os membros e deixar um deles vencer com o preço de reserva.[18] Para criar maiores lucros com a alocação mais eficiente do item, o cartel precisaria ter um membro que apresentasse um valor alto para pagar mais que o preço de reserva. Em um cartel fraco, esse pagamento extra iria para o vendedor. Logo, sujeito à suposição declarada sobre a distribuição de valores, isso deixa o cartel em uma situação pior do que com uma simples randomização.

3.3.9 Leilões Sequenciais e o Teorema de Weber Martingale[19]

Nesta seção, investigamos o padrão de preços que surge quando vários itens idênticos são vendidos ao mesmo tempo, em sequência, e cada licitante só pode adquirir um deles. Constatamos que, se os preços são anunciados após cada venda, então a sequência dos preços forma um martingale. Isso significa que a expectativa de preço $n + 1º$ considerando preços anteriores é igual ao n-ésimo preço. Essa propriedade de leilões sequenciais é especialmente interessante na medida em que testes empíricos sugerem que os preços reais em leilões de arte e vinho contradizem essa previsão: eles seguem um padrão descendente.[20]

---

[18] Athey, Bagwell e Sanchirico (2003) ampliam essa conclusão usando um modelo de jogo repetido no qual os licitantes observam o preço, mas não a identidade do vencedor após o leilão. Em seu modelo, como o do texto, o cartel gostaria de promover um resultado eficiente combinando que o membro com maior valor vença o leilão. Entretanto, a incapacidade de identificar o vencedor enfraquece o cartel, apesar do jogo repetido, assim (sujeito a uma condição sobre a distribuição de valores), o cartel não pode fazer mais do que randomizar a alocação entre seus membros. Essa conclusão muda se a identidade do vencedor for revelada após cada leilão; veja Athey e Bagwell (2001).

[19] A análise de leilões sequenciais se originou com Weber (1983) e Milgrom e Weber (2000). Alguns resultados adicionais sobre a propriedade de martingale são relatados nas fontes originais.

[20] Veja Ashenfelter (1989) e Ashenfelter e Graddy (2002).

Para formular o problema, suponha que existam k itens idênticos à venda e N licitantes, onde cada um está limitado a receber apenas um item. Os itens serão vendidos em uma sequência de leilões usando uma regra na qual o licitante com lance mais alto vence e somente o vencedor paga. Deixe as regras do leilão serem tais que, dada qualquer informação I_n que possa ser disponibilizada após n itens terem sido vendidos, haja uma função de lance de equilíbrio simétrico e crescente $\beta_{n+1}(\cdot|I_n)$ que se aplique à licitação do item $n+1$. Então, em equilíbrio, o licitante de tipo mais elevado vence o primeiro item, o segundo de tipo mais alto vence o segundo, e assim por diante.

Deixe p_n denotar o preço pago pelo n-ésimo item, $t^{(1)}, \ldots, t^{(N)}$ denotar a estatística de ordem em ordem decrescente entre outros tipos de licitantes e I_0 denotar a informação nula.

Teorema 3.11. Em qualquer equilíbrio $\beta = \{\beta_n\}_{n=1}^{k}$ de qualquer jogo de leilão que satisfaça as condições descritas, a sequência de preços e informações $(p_n, I_n)_{n=1}^{k}$ satisfaz $E[p_n|I_{n-1}] = E[v(t^{(k+1)})|I_{n-1}]$. Caso se tratem de leilões de primeiro ou segundo preço e I_n seja a sequência de preços passados $\{p_1, \ldots, p_n\}$, então $(p_n, I_n)_{n=1}^{k}$ é um martingale.

Prova. Focamos o licitante 1 e supomos que ele ainda não venceu um item quando os primeiros itens $m-1$ foram vendidos. Aplicamos o lema de Myerson ao jogo começando com a venda do item m, que tem o mesmo resultado de decisão que no leilão Vickrey. Consequentemente, os pagamentos totais esperados do licitante 1, dadas as informações I_{m-1}, também devem ser os mesmos:

$$E\left[\sum_{n=m}^{k} p_n 1_{\{t^1 = t^{(n)}\}}|I_{m-1}\right] = E\left[v(t^{(k+1)}) 1_{\{t^{(m-1)} > t^1 \geq t^{(k)}\}}|I_{m-1}\right]. \quad (3.29)$$

Para $m=k$, o licitante 1 vence nessa rodada se $t^1 = t^{(k)}$ e então $E[p_k|I_{k-1}] = E[v(t^{(k+1)})|I_{k-1}]$. Por simetria, a identidade do licitante vencedor para o enésimo item é independente do preço p_n, de modo que:

$$E[p_n 1_{\{t^1 = t^{(n)}\}}|I_{m-1}] = E[1_{\{t^1 = t^{(n)}\}}|I_{m-1}]E[p_n|I_{m-1}]$$
$$= \frac{1}{N+1-m}E[p_n|I_{m-1}],$$

e de forma semelhante:

$$E\big[v(t^{(k+1)})1_{\{t^{(m-1)}>t^1\geq t^{(k)}\}}\big|I_{m-1}\big] = E\big[1_{\{t^{(m-1)}>t^1\geq t^{(k)}\}}|I_{m-1}\big]E\big[v(t^{(k+1)})|I_{m-1}\big]$$
$$= \frac{k+1-m}{N+1-m}E\big[v(t^{(k+1)})|I_{m-1}\big],$$

assim, a equação (3.29) se torna:

$$\frac{1}{N+1-m}\sum_{n=m}^{k}E\,[p_n|I_{m-1}] = \frac{k+1-m}{N+1-m}E\big[v(t^{(k+1)})|I_{m-1}\big]. \tag{3.30}$$

Usando (3.30), podemos concluir que $E[p_n|I_{m-1}] = E[v(t^{(k+1)})|I_{m-1}]$ para todos $m \leq n \leq k$. Caso contrário, existe algum $\tilde{n}$ que é o valor maior de n para o qual a igualdade falha. Então, usando (3.30) com $m = \tilde{n}$, $E[p_{\tilde{n}}|I_{\tilde{n}-1}] = E[v(t^{(k+1)})|I_{\tilde{n}-1}]$, assim para $m \leq \tilde{n}$, $E[p_{\tilde{n}}|I_{m-1}] = E[E[P_{\tilde{n}}|I_{\tilde{n}-1}]|I_{m-1}] = E[E[v(t^{(k+1)})|I_{\tilde{n}-1}]|I_{m-1}] = E[v(t^{(k+1)})|I_{m-1}]$ o que é uma contradição.

No caso de um leilão de segundo preço (respectivamente, leilão de primeiro preço), ao inverter as funções de lance, a informação I_n é $(t^{(1)}, \ldots, t^{(n-1)})$ (respectivamente, $(t^{(2)}, \ldots, t^{(n)})$), de modo que $E\,[p_n|I_{m-1}] = E[v(t^{(k+1)})|I_{m-1}] = p_{m-1}$, pelo lema de Myerson. ■

3.3.10 Teorema de Matthews: Equivalência de Payoff e Aversão ao Risco

Nos modelos estudados anteriormente, os payoffs são os valores esperados recebidos menos a quantia esperada paga. Essa especificação incorpora dois tipos de suposições sobre as preferências do licitante. A primeira é a de que não há *efeitos de riqueza* nas escolhas sob incerteza: mudar a riqueza do licitante taxando-o ou dando-lhe uma transferência antes de lhe apresentar uma escolha arriscada não alteraria sua escolha preferida. Em especial, transferências de riqueza não afetam decisões de oferta. A segunda é que cada licitante é neutro ao risco com respeito a jogos que envolvam dinheiro.

Matthews (1983) estudou leilões com compradores com aversão ao risco cujas preferências não exibem efeitos na riqueza. Como no caso do risco neutro, a chave para uma análise simples é usar o teorema do envelope para obter uma restrição simples aos payoffs do licitante. Nesse caso, constatamos que as utilidades esperadas pelo licitante não podem variar entre os desenhos de leilões em uma determinada classe, ou seja, os licitantes são indiferentes entre os desenhos.

Para simplificar a análise, normalizamos o payoff da utilidade de um licitante perdedor a zero e denotamos o coeficiente constante de absoluta aversão ao risco do licitante i por r^i. Quando i vence, o payoff de sua utilidade é $1 - \exp[-r^i(v^i(t^i) - p^i)] = 1 - \hat{v}^i(t^i)u^i(p^i)$, onde $\hat{v}^i(t^i) = \exp[-r^i(v^i(t^i))]$ e $u^i(p^i) = \exp[r^i p^i]$.

Teorema 3.12. Considere um jogo de leilão em que os payoffs do licitante mostrem uma constante e absoluta aversão ao risco, como especificado anteriormente. Suponha que σ é um equilíbrio Bayes–Nash de um jogo de desempenho total (x, p) em que o licitante de tipo 0 sempre perde e paga um valor igual a zero. Defina $X^i(t) \equiv E[x^i(t, t^{-i})]$. Então, o equilíbrio esperado da utilidade do licitante i do tipo t é:

$$V^i(t) = X^i(t) - \hat{v}^i(t)\left(X^i(0) + \int_0^t \frac{1}{\hat{v}^i(s)}\, dX^i(s)\right). \tag{3.31}$$

Em especial, dois jogos de leilão com a mesma função de desempenho de decisão x especificam a mesma utilidade esperada $V^i(t)$ para o tipo de cada licitante.

Prova. Dadas as estratégias dos outros licitantes, quando o licitante i de tipo t adota a estratégia ("lances") b, sua utilidade esperada é $\pi(b, t) = E[x^i(b, t^{-i})(1 - \hat{v}^i(t)u^i(p(b, t^{-i})))]$.[21] Defina $\varphi^i(t) = E[x^i(t, t^{-i})u^i(p(t, t^{-i}))]$. Então o equilíbrio da utilidade esperado é $V^i(t) = E[x^i(t, t^{-i})(1 - \hat{v}^i(t)u^i(p(t, t^{-i})))]$ $= X^i(t) - \hat{v}^i(t)\varphi^i(t)$. Para estabelecer (3.31), mostramos que $\varphi^i(t) = X^i(0) + \int_0^t \left[1/\hat{v}^i(s)\right] dX^i(s)$.

Pelo teorema do envelope e usando a condição de contorno $V^i(0) = 0$, obtemos uma segunda expressão para a utilidade esperada: $V^i(t) = \max_b \pi(b, t) = \int_0^t \pi_2(\sigma^i(s), s)\, ds = -\int_0^t \hat{v}^{i\prime}(s)\varphi^i(s)\, ds$. Igualar as duas expressões leva a $X^i(t^i) - \hat{v}^i(t^i)\varphi^i(t^i) = -\int_0^t (\hat{v}^i)'(s)\varphi^i(s)\, ds$. Diferenciando com respeito a t^i: $dX^i(t^i) - \hat{v}^i(t^i)d\varphi^i(t^i) = 0$, ou $d\varphi^i(t^i) = dX^i(t^i)/\hat{v}^i(t^i)$. Por suposição, $p(0, t^{-i}) = 0$ e $u^i(0) = 1$, de modo que $\varphi^i(0) = X^i(0)$ e $\varphi^i(t^i) = X^i(0) + \int_0^t [1/\hat{v}^i(s)]\, dX^i(s)$. ∎

---

[21] É nessa expressão que utilizamos a suposição de que licitantes perdedores sempre pagam valor igual a zero e, assim, têm uma utilidade normalizada de zero.

Vários fatores nessa análise merecem comentários. Primeiro, embora o resultado afirme que os payoffs são os mesmos para diferentes licitantes em uma classe de leilões, os payoffs esperados não são os mesmos para o vendedor. Em caso de risco neutro, a receita esperada do vendedor é igual ao superavit total esperado menos os payoffs esperados do comprador, mas aqui essa identidade não se aplica. Na verdade, veremos no próximo capítulo que a aversão ao risco do licitante nesse modelo cria uma vantagem de receita para o leilão de primeiro preço comparado ao ascendente ou de segundo preço.

Segundo, o resultado de equivalência de payoff e aversão ao risco é mais limitado que a versão correspondente de risco neutro, porque se aplica só a quando licitantes perdedores sempre pagam quantia igual a zero. Por exemplo, o teorema se aplica tipicamente aos payoffs esperados em leilões padrão de primeiro e segundo preço, mas não se aplica a sorteios e leilões pagos (all-pay auctions), nos quais até os licitantes perdedores pagam algum valor.

Finalmente, enfatizamos de novo nossa opinião de que esse uso da constante aversão absoluta ao risco é meramente uma técnica analítica, semelhante às que têm sido usadas com bons resultados em outros lugares na teoria dos leilões e na do agente principal.[22] Essa técnica não prejulga a importância dos efeitos da riqueza mais do que calcular um puro efeito de substituição na teoria do consumidor prejulga a importância dos efeitos da renda nessa teoria. Os efeitos da riqueza podem ser estudados separadamente, e a importância relativa dos dois efeitos naturalmente variará em diferentes aplicações.

---

[22] Por exemplo, Milgrom e Weber (1982) usam a constante aversão absoluta ao risco para estudar os efeitos de revelar informações estatísticas sobre preços de leilões. Um efeito é que essas informações tendem a reduzir os riscos em média. Excluindo os efeitos da riqueza, que sempre aumenta o preço médio que um licitante está disposto a pagar. Para qualquer especificação de utilidade suave sem aversão absoluta ao risco constante, sempre existem exemplos de jogos e informações estatísticas como aqueles contra os quais o efeito de riqueza sobre a revelação de informações trabalha, e são maiores que o efeito de redução de risco.

Da mesma forma, Holmstrom e Milgrom (1987) apresentam um modelo de agente principal com aversão absoluta ao risco constante para excluir o efeito que a compensação passada de um agente possa ter sobre sua aversão ao risco atual. A otimização dos contratos de remuneração linear como comissões para agentes de vendas ou taxas por peças produzidas para operários dependem de uma série de suposições, incluindo essa.

3.4 Conclusão

Este capítulo organiza alguns resultados importantes da teoria do desenho de mecanismos usando o teorema do envelope e os lemas relacionados de Holmstrom e Myerson.

Para enfatizar a estreita ligação entre a teoria da demanda e a de incentivos, começamos a apresentar o lema de Hotelling em duas formas. Sua forma integral, que é a importante para nossos fins, afirma que o excedente do produtor é igual a determinada integral que representa a área entre a curva de oferta e o eixo vertical.

O mesmo tipo de fórmula pode ser derivado para a escolha mais abstrata da teoria do desenho de mecanismos, mas isso requer que primeiro se introduza um teorema do envelope estendido. O teorema implica o lema de Hotelling quando o parâmetro usado é o *preço* pelo qual os bens podem ser vendidos. Ele implica o lema de Holmstrom quando o parâmetro é o *tipo* do participante no mecanismo e o participante maximiza seu payoff conhecendo o tipo do perfil t^{-i} oposto. Ele implica o lema de Myerson quando o parâmetro é o tipo do participante no mecanismo e o participante maximiza seu payoff *esperado, sem* conhecer o perfil do tipo oposto, t^{-i}.

O lema de Holmstrom leva ao *teorema de Green–Laffont–Holmstrom*, que afirma que, se o conjunto de valores possíveis é suavemente conectado, então todos os mecanismos aumentados que implementam resultados eficientes em estratégias dominantes são mecanismos VCG.

O *lema de Myerson* leva ao famoso *teorema de equivalência de receitas*, que afirma que, se o conjunto de valores possíveis é suavemente conectado, então todos os mecanismos aumentados que implementam resultados eficientes em estratégias Bayes–Nash levam às mesmas receitas esperadas, como no leilão Vickrey.

Os teoremas restantes do capítulo examinam as restrições do desempenho de mecanismos que os resultados precedentes implicam. Derivamos o *teorema de Myerson–Satterthwaite* examinando os payoffs que os barganhistas precisam conseguir se quiserem atingir resultados de barganha eficientes. Esses payoffs somam o dobro do excedente disponível para distribuição. Logo, concluímos que resultados de barganha eficientes não podem ser implementados em geral (a menos que um doador esteja disponível para cobrir a insuficiência de dinheiro).

O *teorema do leilão ótimo de Myerson* identifica o desenho de leilão de maximização da receita esperada do vendedor em uma classe de ambientes. A análise funciona ao expressar a receita esperada do vendedor como o excedente total esperado menos os lucros totais esperados do licitante, usando o lema de Myerson para obter a expressão para este último. Maximizar a expressão da receita identifica o desempenho da decisão associada com a mais alta receita esperada possível.

O *teorema de Jehiel-Moldovanu* avalia a possibilidade de implementar um desempenho eficiente em um diferente conjunto de ambientes. Usando o teorema do envelope, constatamos que, para implementar um desempenho eficiente, a função de lucro máximo de cada licitante deve depender de quaisquer informações únicas que o licitante tenha sobre o valor da alocação aos outros licitantes. Por inspeção direta, constatamos que a função de payoff máximo não pode ter essa propriedade, e que a contradição implica que implementar o resultado eficiente deva ser impossível.

O *teorema dos cartéis fracos de The McAfee-McMillan* examina o que membros do cartel podem conseguir por conta própria quando os demais são incapazes de fazer uma transferência em dinheiro entre eles. Com a fórmula do envelope, há uma correspondência exata entre o desempenho de alocação que o cartel implementa e os payoffs que os membros conseguem. O exame da fórmula do payoff leva a uma resposta simples quando uma certa condição de taxa de risco crescente é satisfeita. Então, os mecanismos *randômicos*, nos quais o item é alocado para os membros do cartel segundo algumas probabilidades pré-especificadas, formam uma classe dominante de Pareto: qualquer outro mecanismo leva a payoffs esperados que são *fracamente mais baixos para cada licitante* do que os payoffs esperados de algum mecanismo randômico.

O *teorema martingale de Weber* examina uma sequência de leilões quando licitantes querem adquirir apenas uma unidade. Pelo lema de Myerson, no início de cada leilão, o preço esperado de cada item deve ser a expectativa do preço Vickrey, dadas as informações dos licitantes. Isso leva à conclusão de que a sequência de preços deve formar um martingale.

O *teorema de aversão ao risco e equivalência de payoff de Matthews* estabelece a indiferença dos licitantes entre a classe de leilões na qual licitantes perdedores sempre pagam valor igual a zero, quando os licitantes exibem uma aversão absoluta ao risco constante. O teorema é provado pelo uso do teorema do envelope para derivar a fórmula para payoffs dos licitantes, que é independente da regra de pagamento usada no leilão. O teorema de equivalência de receitas não se aplica a esse modelo, que estabelece que resultados sobre a equivalência licitante-payoff são distintas dos resultados de equivalência de receita.

REFERÊNCIAS

Ashenfelter, Orley (1989). "How Auctions Work for Wine and Art", *Journal of Economic Perspectives* **3**: 23-36.

Ashenfelter, Orley e Kathryn Graddy (2002). "Art Auctions: A Survey of Empirical Studies", *Center for Economic Policy Studies*.

Athey, Susan e Kyle Bagwell (2001). "Optimal Collusion with Private Information", *Rand Journal of Economics* **32**(3): 428-465.

Athey, Susan, Kyle Bagwell e Chris Sanchirico (2003). "Collusion and Price Rigidity", *Review of Economic Studies* (a ser publicado).

Bulow, Jeremy e John Roberts (1989). "The Simple Economics of Optimal Auctions", *Journal of Political Economy* **97**(5): 1060-1090.

Coase, Ronald (1959). "The Federal Communications Commission", *Journal of Law and Economics* **2**: 1-40.

Fudenberg, Drew e Jean Tirole (1991). *Game Theory*. Cambridge, MA: MIT Press.

Graham, Daniel e Robert Marshall (1987). "Collusive Bidder Behavior at SingleObject, Second-Price and English Auctions", *Journal of Political Economy* **95**: 1217-1239.

Holmstrom, Bengt (1979). "Groves Schemes on Restricted Domains", *Econometrica* **47**: 1137-1144.

Holmstrom, Bengt e Paul Milgrom (1987). "Aggregation and Linearity in the Provision of Intertemporal Incentives", *Econometrica* **55**(2): 303-328.

Jehiel, Philippe e Benny Moldovanu (2001). "Efficient Design with Interdependent Valuations", *Econometrica* **69**(5): 1237-1259.

Klemperer, Paul (2002). "Why Every Economist Should Learn Some Auction Theory", http://www.paulklemperer.org/.

Laffont, Jean-Jacques e Eric Maskin (1980). "A Differentiable Approach to Dominant Strategy Mechanisms", *Econometrica* **48**: 1507-1520.

Mas-Colell, Andreu, Michael Whinston e Jerry Green (1995). *Microeconomic Theory*. Nova York: Oxford University Press.

Matthews, Stephen (1983). "Selling to Risk Averse Buyers with Unobservable Tastes", *Journal of Economic Theory* **30**: 370-400.

McAfee, R. Preston e John McMillan(1992). "Bidding Rings", *American Economic Review* **82**(3): 579-599.

Milgrom, Paul e Ilya Segal (2002). "Envelope Theorems for Arbitrary Choice Sets", *Econometrica* **70**(2): 583-601.

Milgrom, Paul e Robert J. Weber (1982). "A Theory of Auctions and Competitive Bidding", *Econometrica* **50**: 463-483.

Milgrom, Paul e Robert J. Weber (2000). "A Theory of Auctions and Competitive Bidding, II", *The Economic Theory of Auctions*. P. Klemperer. Cheltenham: Edward Elgar Publishing, Ltd. **2**: 179-194.

Mirrlees, James (1971). "An Exploration in the Theory of Optimal Taxation", *Review of Economic Studies* **38**: 175-208.

Myerson, Roger B. (1981). "Optimal Auction Design", *Mathematics of Operations Research* **6**(1): 58-73.

Myerson, Roger B. (1991). *Game Theory*. Cambridge, MA: Harvard University Press.

Riley, John G. e William S. Samuelson (1981). "Optimal Auctions", *American Economic Review* **71**(3): 381-392.

Simon, C. e Larry Blume (1994). *Mathematics for Economists*. Nova York: W.W. Norton & Co.

Varian, Hal R (1992). *Microeconomic Analysis*. Nova York: W.W. Norton & Co.

Weber, Robert J. (1983). "Multiple-Object Auctions", *Auctions, Bidding, and Contracting: Uses and Theory*. R. Engelbrecht-Wiggans, M. Shubik e R. M. Stark. Nova York: New York University Press. 165-191.

Williams, Steven R. (1999). "A Characterization of Efficient, Bayesian Incentive Compatible Mechanism", *Economic Theory* **XIV**: 155-180.

CAPÍTULO QUATRO

Equilíbrio de Lances e Diferenças de Receita

Este capítulo tem dois objetivos. O primeiro é de ordem técnica: mostrar como identificar estratégias de equilíbrio para o candidato em uma variedade de formas de leilão e verificar se essas estratégias realmente formam um equilíbrio. Esta parte da análise usa diversas condições de cruzamento único extensivamente. Os pesquisadores analisaram várias dessas condições; neste capítulo, nós as descrevemos e relacionamos e destacamos sua importância.

O segundo objetivo é investigar o desempenho comparativo de diferentes leilões quando algumas das suposições do Capítulo 3 não se mantêm. Por exemplo, mostramos que em um modelo de leilão padrão simétrico de único bem, embora as receitas esperadas sejam as mesmas nos leilões de primeiro e segundo preço, elas são mais arriscadas no de segundo preço. Consequentemente, um vendedor avesso a riscos prefere um leilão de primeiro preço. No mesmo modelo, introduzir a aversão ao risco do licitante evita a aplicação do teorema da equivalência de receitas e leva a preços médios mais altos no leilão de primeiro preço do que no de segundo preço. Logo, a aversão ao risco do licitante também faz os vendedores preferirem o desenho de leilão de preço único. Em um leilão de compra direta, em que os lances competitivos determinam os preços, mas depois o comprador determina quantidades, mostramos que leilões de primeiro preço geram preços menores dos que de segundo preço e tanto licitantes quanto compradores podem preferir o desenho de primeiro preço. Por outro lado, introduzir um certo tipo de dependência estatística positiva (*afiliação*) entre os tipos de compradores leva à conclusão de que os preços são mais altos, em média, em um leilão de segundo preço ou ascendente.

Este capítulo tem quatro seções principais. A primeira explica e analisa as condições de cruzamento único essenciais a todo o capítulo. A segunda usa essas condições para derivar e verificar equilíbrio em diferentes tipos de leilões. A terceira desenvolve o método mais comumente usado para comparar receitas em modelos de leilão que parte do modelo padrão. A última estuda leilões de maximização de receitas no caso de bem único.

4.1 As Condições de Cruzamento Único

Esta seção define vários tipos de condições de cruzamento único e mostra a relação entre eles.

O termo "condição de cruzamento único" pode causar confusão porque diferentes autores o usam com significados diferentes. Nas três definições mais usadas, o domínio da função é $\mathbb{R}$, $\mathbb{R}^2$ ou $\mathbb{R}^3$, mas a variação é sempre $\mathbb{R}$.

A definição mais básica se aplica a domínios unidirecionais. Deixe o domínio ser qualquer $X \subset \mathbb{R} \cup \{-\infty, +\infty\}$. Então a função $f: X \to \mathbb{R} \cup \{-\infty, +\infty\}$ satisfaz a *condição de cruzamento único* se para todos $t > t'$, $f(t') > 0 \Rightarrow f(t) > 0$ e $f(t') \geq 0 \Rightarrow f(t) \geq 0$; ela satisfaz a *condição de cruzamento único restrito* se para todo $t > t'$, $f(t') \geq 0 \Rightarrow f(t) > 0$. Intuitivamente, a condição de cruzamento único restrita se aplica quando a função cruza zero apenas uma vez e apenas por baixo. A condição de cruzamento único ordinária é semelhante, mas permite a possibilidade de intersecção da função com o eixo-x ao longo de todo um intervalo, e não apenas em um único ponto. Assim, funções não decrescentes e crescentes[1] satisfazem as condições ordinárias e restritas, respectivamente. A Figura 1 ilustra três outras funções que satisfazem o cruzamento único restrito.

Neste livro, usamos a propriedade unidimensional apenas como um componente para condições dimensionais maiores. Versões dimensionais maiores da propriedade são úteis para o exercício conhecido como *análise de sensibilidade* ou *análise estática comparativa*.

---

[1] "Crescente" significa o mesmo que "estritamente crescente", isto é, $x > y \Rightarrow f(x) > f(y)$. Se o domínio de f só é parcialmente ordenado, então $x > y$ significa que $x \geq y$ e $x \neq y$.

Começamos com o tipo mais simples de análise estática comparativa sobre um problema de escolha em que o tomador de decisão escolhe uma variável real x e o parâmetro é uma variável real t. O objetivo é a função *g (x, t)* mapear um subconjunto de $\mathbb{R}^2$ para $\mathbb{R}$. Diremos que *g* satisfaz a *condição de diferenças de cruzamento único* ou a condição de *diferenças de cruzamento únicas restritas* se para qualquer $x' > x$, a função definida por $f(t) = g(x', t) - g(x, t)$ satisfaz a condição de cruzamento único unidimensional correspondente. Assim, *g* satisfaz diferenças de cruzamento único se para todo $t > t'$ temos $g(x', t') - g(x, t') > 0 \Rightarrow g(x', t) - g(x, t) > 0$ e $g(x', t') - g(x, t') \geq 0 \Rightarrow g(x', t) - g(x, t) \geq 0$. A Figura 2 ilustra essas relações para $x' > x$.

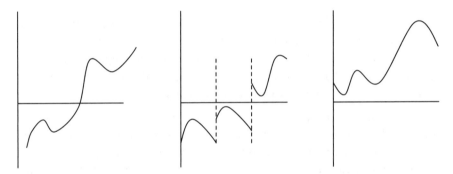

Figura 1. Todas essas três funções satisfazem a condição de cruzamento único restrito.

A seguinte propriedade de invariância revela parte da estrutura das diferenças das condições de cruzamento único. Para qualquer função crescente $h : \mathbb{R} \to \mathbb{R}$, a função $g(x, t)$ mostra a propriedade de diferença de cruzamento único (ordinário ou restrito) se e apenas se $h(g(x, t))$ tem a mesma propriedade. Isso sugere várias formas de verificar a propriedade. Por exemplo, se $g(x, t)$ é diferenciável, então se uma das duas condições se aplicar a todo (x, t), a propriedade de diferenças de cruzamentos únicos também se mantém:

(i) $\dfrac{\partial^2 g(x, t)}{\partial x \partial t} \geq 0$ ou (ii) $g(x, t) > 0$ e $\dfrac{\partial^2 \log g(x, t)}{\partial x \partial t} \geq 0$.

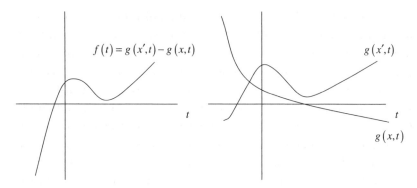

Figura 2. A função g satisfaz diferenças de cruzamento único porque, para $x' > x$, a função de diferença f tem a propriedade de cruzamento único unidimensional.

A condição (i) implica diferenças de cruzamento único porque implica que para qualquer $x > x'$, a diferença $g(x, t) - g(x', t) = \int_{x'}^{x} g_1(s, t)\, ds$ (onde $g_1 = \partial g/\partial x$) é não decrescente em t e, assim, cruza zero apenas uma vez e apenas por baixo. Para mostrar que essa condição (ii) também garante diferenças de cruzamento único, simplesmente estabeleça $h(x) = \log x$.

Condições (i) e (ii) são comumente usadas na teoria dos leilões. Se x é a probabilidade de um licitante ganhar um item, $b(x)$ é o que o licitante deve oferecer para vencer com a probabilidade x, e t é seu valor para o item, quando o payoff esperado do licitante é $g(x, t) = xt - xb(x)$, que satisfaz a condição (i). Se o licitante não é neutro ao risco, a condição (i) não se aplica, mas a condição (ii) se aplica à versão reformulada do problema do licitante no qual x é o lance oferecido e $p(x)$ é a probabilidade de vencer. Então, o payoff esperado é $g(x, t) = p(x)u(t - x)$. Sem perda de generalidade, podemos limitar a atenção aos lances para que $u(t - x) > 0$. Nesse domínio, se a função $z \to \log u(z)$ é côncava, então $g(x, t)$ satisfaz a segunda condição listada anteriormente.

Note que embora as condições suficientes citadas sejam *simétricas* nos dois argumentos (x, t), as condições de diferenças de cruzamento único não são. Por exemplo, a condição de que g é estritamente monotônica (crescente ou decrescente) em x implica diferenças de cruzamento único, mas a condição de que g é estritamente monotônica em t, não.

Uma versão levemente mais sólida das condições de diferenças de cruzamento único nos ajudará a realizar a análise usando integrais e derivadas. Usamos subscritos aqui para denotar derivadas parciais, deixando $g_1(x, t) = \partial g/\partial x$ e $g_2(x, t) = \partial g/\partial t$. A função g satisfaz a condição de *diferenças de cruzamento único suave* se satisfizer a condição de diferença única e, além disso, tiver a propriedade que para todo $x \in \mathbb{R}$, se $g_1(x, t) = 0$, então para todo $\delta > 0$ temos $g_1(x, t + \delta) \geq 0$ e $g_1(x, t - \delta) \leq 0$. A condição de diferenças de cruzamento único implica que para todo $\varepsilon > 0$, se $g(x + \varepsilon, t) - g(x, t) = 0$, então para todo $\delta > 0$ temos $g(x + \varepsilon, t + \delta) - g(x, t + \delta) \geq 0 \geq g(x + \varepsilon, t - \delta) - g(x, t - \delta)$. A condição de diferenças de cruzamento único suave fortalece a condição ordinária ao exigir que a desigualdade precedente se mantém mesmo quando ε é infinitesimal.

4.1.1 O Teorema de Seleção Monótona

Os três teoremas seguintes resumem consequências gerais importantes das condições de diferenças de cruzamento único. O primeiro é um teorema de Milgrom e Shannon (1994). Seguindo nossa prática anterior, limitamos o espaço do parâmetro a [0, 1].

Teorema 4.1 (Seleção monótona).[2] A função $g : \mathbb{R} \times [0, 1] \to \mathbb{R}$ satisfaz a condição de diferenças estritas de cruzamento único se e apenas se para cada conjunto finito[3] $X \subset \mathbb{R}$, cada seleção ótima $x^*(t, X) \in \arg\max_{x \in X} g(x, t)$ é não decrescente em t.

Prova. Primeiro mostramos que se g satisfaz as diferenças estritas da condição de cruzamento único, então cada seleção ótima é não decrescente. Deixe x ser uma seleção de $\arg\max_{x \in X} g(x, t)$; deixe $t_0 < t_1$; e tome $x^*(t_0, X) = x_0$ e $x_1 = x^*(t_1, X)$. A otimalidade implica que $g(x_0, t_0) - g(x_1, t_0) \geq 0$ e $g(x_0, t_1) - g(x_1, t_1) \leq 0$. Essas duas desigualdades e diferenças de cruzamento único estritas implicam que $x_1 \geq x_0$. Logo, a condição implica que a seleção x^* é não decrescente em t.

Em seguida, mostramos que se g não satisfaz as diferenças estritas da condição de cruzamento único, então existe uma seleção ótima que não é não decrescente. Suponha que as diferenças estritas da condição de cruzamento único não se mantenham. Então existe uma $t_0 < t_1$ e $x_0 > x_1$ tal que $g(x_0, t_0) - g(x_1, t_0) \geq 0$ e $g(x_0, t_1) - g(x_1, t_1) \leq 0$. Como a proposição do

---

[2] Também há uma versão do teorema de seleção monótona que estabelece a equivalência entre a condição de cruzamento único *fraco* e a existência de *alguma* seleção monótona. Veja Milgrom e Shannon (1994).

[3] Limitamos a atenção a conjuntos finitos para garantir que o máximo exista para que a seleção seja bem definida.

teorema precisa se manter para cada conjunto finito X, considere $X = \{x_0, x_1\}$, e deixe $x^*(t_0, X) = x_0 > x_1 = x^*(t_1, X)$. Então a seleção ótima $x^*(\cdot, X)$ é decrescente. ∎

Como vimos, as condições de cruzamento único às vezes se mantêm em modelos de leilão. Em uma aplicação típica, t será o tipo do licitante e x será alguma outra variável, como a probabilidade de vencer ou o valor do lance. A condição do cruzamento único então implica que a probabilidade de vencer ou o lance em si, deve ser uma função não decrescente do tipo do licitante.

4.1.2 O Teorema de Suficiência

O teorema de suficiência conecta ideias de cruzamento único com outras usadas no teorema do envelope para fornecer uma ferramenta útil para a análise de equilíbrios em leilões.

O teorema do envelope e o da seleção monótona implicam que, em certas condições, se $\bar{x}(t) \in x^*(t) = \arg\max_{x \in X} g(x, t)$, então (1) $g(\bar{x}(t), t)$ satisfaz a fórmula integral do envelope e (2) $\bar{x}$ é uma função não decrescente. O próximo teorema altera essa situação. Com um diferente conjunto de suposições, as condições (1) e (2) implicam que $\bar{x}(t) \in X^*(t) = \arg\max_{x \in X} g(x, t)$.

Uma dessas suposições é uma condição de regularidade. Lembre-se que qualquer função não decrescente $\bar{x}$ pode ser descontínua apenas em seus saltos. Assim, $\bar{x}$ pode ser expresso como $\bar{x} = \bar{x}_J + \bar{x}_C$: a soma de uma função de salto e uma função contínua. Denotamos a função de salto por $\bar{x}_J(t) = \sum_{t \in J, s \leq t} \lambda_-(s) + \sum_{t \in J, s < t} \lambda_+(s)$, onde J é o conjunto de pontos de salto e $\lambda_-(s)$ e $\lambda_+(s)$ são os tamanhos dos saltos à esquerda e direita em s, e denotamos a função contínua por $\bar{x}_C$.

Qualquer função não decrescente $\bar{x}$ é quase sempre diferenciável. Será conveniente a seguir deixar $\bar{x}'(t)$ denotar a derivada onde ela existir e definir $\bar{x}'(t) = 0$ em outro lugar. A condição de regularidade para o próximo teorema é que a parte contínua de $\bar{x}$ é absolutamente contínua. Portanto, para todo t e $\hat{t}$, $\bar{x}_C(t) - \bar{x}_C(\hat{t}) = \int_{\hat{t}}^{t} \bar{x}'(s)\, ds$. Embora a condição de regularidade exclua funções como a de Cantor que são contínuas, mas não absolutamente contínuas, ela cobre todas as funções que encontraremos a seguir.

Teorema 4.2 (Suficiência). Suponha que $g(x, t)$ é continuamente diferenciável e tem a propriedade de diferenças suaves do cruzamento único. Deixe

$\bar{x} : [0, 1] \to \mathbb{R}$ ter uma imagem X, e suponha que $\bar{x} = \bar{x}_J + \bar{x}_C$, onde $\bar{x}_J$ é uma função de salto e $\bar{x}_C$ é absolutamente contínua. Se

(1) $\bar{x}(t)$ é não decrescente e

(2) a fórmula do envelope afirma que: $g(\bar{x}(t), t) - g(\bar{x}(0), 0) = \int_0^t g_2(\bar{x}(s), s)\, ds$,

então $\bar{x}(t)$ é uma seleção de $X^*(t) = \arg\max_{x \in X} g(x, t)$.

Prova. Como $\bar{x}$ é não decrescente, para todo t temos $\lim_{\hat{t} \downarrow t} \bar{x}(\hat{t}) \equiv \bar{x}_+(t) \geq \bar{x}(t) \geq \bar{x}_-(t) \equiv \lim_{\hat{t} \uparrow t} \bar{x}(\hat{t})$. Lembre que J é o conjunto de pontos de salto de $\bar{x}$, e considere $s \in J$. Por (2), $g(\bar{x}(t), t)$ é contínuo, de modo que $g(\bar{x}(s), s) = g(\bar{x}_+(s), s) = g(\bar{x}_-(s), s)$. Por cruzamento contínuo, para todo $t > s$ temos $g(\bar{x}_-(s), t) \leq g(\bar{x}(s), t) \leq g(\bar{x}_+(s), t)$, e para todo $t < s$ temos $g(\bar{x}_-(s), t) \geq g(\bar{x}(s), t) \geq g(\bar{x}_+(s), t)$.

Se $s \notin J$, então $\bar{x}$ é contínuo em s. Logo, pela condição (2) do teorema, $\frac{d}{ds} g(\bar{x}(s), s) = g_2(\bar{x}(s), s)$. Aplicando a regra da cadeia, $\frac{d}{ds} g(\bar{x}(s), s) = g_2(\bar{x}(s), s) + g_1(\bar{x}(s), s)\bar{x}'(s)$. Assim $g_1(\bar{x}(s), s) = 0$ ou $\bar{x}'(s) = 0$ (que inclui, por convenção, a possibilidade de que $\bar{x}$ não é diferenciável em s). No caso anterior, por diferenças suaves em cruzamentos únicos, para todo $t > s$ temos $g_1(\bar{x}(s), t) \geq 0$, e para todo $t < s$ temos $g_1(\bar{x}(s), t) \leq 0$. Como $\bar{x}'(s) \geq 0$, segue que para $t > s$ temos $g_1(\bar{x}(s), t)\bar{x}'(s) \geq g_1(\bar{x}(s), s)\bar{x}'(s)$, e para $t < s$ a desigualdade se mantém.

Assim, para $t > \hat{t}$,

$$g(\bar{x}(t), t) - g(\bar{x}(\hat{t}), t)$$
$$= \int_{\hat{t}}^t g_1(\bar{x}(s), t)\bar{x}'(s)\, ds + \sum_{s \in J, \hat{t} < s < t} (g(\bar{x}_+(s), t) - g(\bar{x}_-(s), t))$$
$$+ (g(\bar{x}(t), t) - g(\bar{x}_-(t), t)) + (g(\bar{x}_+(\hat{t}), t) - g(\bar{x}(\hat{t}), t))$$
$$\geq \int_{\hat{t}}^t g_1(\bar{x}(s), s)\bar{x}'(s)\, ds + \sum_{s \in J, \hat{t} < s < t} (g(\bar{x}_+(s), s) - g(\bar{x}_-(s), s))$$
$$+ (g(\bar{x}(t), t) - g(\bar{x}_-(t), t)) + (g(\bar{x}_+(\hat{t}), \hat{t}) - g(\bar{x}(\hat{t}), \hat{t})) = 0, \qquad (4.1)$$

onde a desigualdade se mantém para cada termo do integrando e somatório. Da mesma forma, para $t < \hat{t}$,

$$g(\bar{x}(\hat{t}), t) - g(\bar{x}(t), t) = \cdots$$
$$\leq \int_t^{\hat{t}} g_1(\bar{x}(s), s)\bar{x}'(s)\,ds$$
$$+ \sum_{s \in J, t < s < \hat{t}} (g(\bar{x}_+(s), s) - g(\bar{x}_-(s), s))$$
$$+ (g(\bar{x}_+(t), t) - g(\bar{x}(t), t)) + (g(\bar{x}(\hat{t}), \hat{t}) - g(\bar{x}_-(\hat{t}), \hat{t}))$$
$$= 0.$$

Logo, $g(\bar{x}(\hat{t}), t) \leq g(\bar{x}(t), t)$ para todo $t, \hat{t}$. ∎

Necessidade de Diferenças Suaves de Cruzamentos Únicos

Esta subseção estabelece que geralmente podemos dispensar a suposição extra das diferenças suaves de cruzamentos únicos só quando o conjunto de escolha é separado.

Na prova do Teorema 4.2, analisamos as partes do salto e contínua de $\bar{x}$ em separado. A parte do salto corresponde às somas em (4.1), e a parte contínua às integrais. A análise dos saltos requer só a condição de diferenças ordinárias do cruzamento contínuo. Portanto, a conclusão do teorema se aplica a conjuntos de escolha separados nessa suposição, independentemente se a função do objetivo satisfaz as diferenças suaves de cruzamento único.

Usamos um exemplo para estabelecer que a condição de diferenças ordinárias de cruzamento único não é suficiente quando o conjunto de escolha é $[0, 1]$. Deixe $g : [0, 1]^2 \to \mathbb{R}$ ser dado por $g(x, t) = (x - t)^3$. Como g está aumentando em x, ele satisfaz as diferenças estritas de cruzamento único. Considere a função $\bar{x}(t) = t$, que é crescente e continuamente diferenciável. Observe que $g(\bar{x}(t), t)$ satisfaz a fórmula do envelope, porque $g(\bar{x}(t), t) = 0 = g_2(\bar{x}(t), t)$. Além disso, como $\max g(x, t) = (1 - t)^3 > 0$ para $t < 1$, segue que $\bar{x}(t) \notin X^*(t)$. Assim, enfraquecer a suposição do Teorema 4.2 para o cruzamento único estrito invalidaria o teorema.

Segundo o Teorema 4.2, o fato de que $\bar{x}(t) \notin X^*(t)$ implica que alguma condição do teorema falha, de modo que a função g não deve satisfazer o cruzamento único suave. Para integridade, verificamos que, como segue: para $\hat{t} < t$, $g_1(\bar{x}(t), \hat{t}) = 3(t - \hat{t})^2 > 0 = g_1(\bar{x}(t), t)$.

4.1.3 Teorema da Simplificação da Restrição

No desenho de mecanismos, às vezes queremos identificar da forma mais completa possível o conjunto de funções de desempenho que podem ser implementadas. Se a função de payoff satisfaz as diferenças estritas da condição de cruzamento único e a condição de contorno integrável, então os teoremas de seleção monótona e do envelope estabelecem que as condições (1) e (2) acima — a monotonicidade e a fórmula do envelope — são necessárias para otimalidade. Segundo o teorema da suficiência, um diferente conjunto de suposições implica que elas são suficientes. Em modelos em que todas as suposições relevantes se mantêm, as condições (1) e (2) são necessárias e suficientes para otimalidade. Esse fato caracteriza o conjunto de funções de desempenho factíveis.

Teorema 4.3 (Simplificação da restrição). Suponha que a função $g : \mathbb{R} \times [0, 1] \to \mathbb{R}$ é continuamente diferenciável e satisfaz as propriedades de diferenças estritas de cruzamentos únicos. Suponha também que há uma função integrável $b(t)$ tal que $\sup_x |g_2(x, t)| \leq b(t)$. Deixe $\bar{x} : [0, 1] \to \mathbb{R}$ ter uma variação X, e suponha que $\bar{x} = \bar{x}_J + \bar{x}_C$, onde $\bar{x}_J$ é uma função de salto e $\bar{x}_C$ é absolutamente contínua. Então $\bar{x}(t)$ é a seleção de $x^*(t) = \arg\max_{x \in X} g(x, t)$ se e somente se as duas condições adicionais seguintes forem satisfeitas:

(3) $\bar{x}(\cdot)$ é não decrescente;

(4) a fórmula do envelope mantém: $g(\bar{x}(t), t) - g(\bar{x}(0), 0) = \int_0^t g_2(\bar{x}(s), s) \, ds$.

O teorema da simplificação de restrição foi o burro de carga do desenho de mecanismos ótimos, porque caracteriza as funções de desempenho $\bar{x}(t)$ que um mecanismo pode implementar quando os participantes agem otimamente, em seu próprio interesse. Veremos essas aplicações mais adiante no capítulo.

4.1.4 O Teorema da Representação Mirrlees–Spence

Há uma longa tradição na teoria do consumidor para avaliar a mudança na sua escolha racional a partir de um conjunto de orçamento à medida que suas preferências mudam. Por exemplo, se a curva de indiferença do consumidor fica mais acentuada, então ele geralmente escolherá consumir mais do bem no eixo horizontal (Figura 3). Dada uma função de utilidade parametrizada $U(x, y, t)$ para um espaço de bens bidimensional, as curvas de indiferença são mais acentuadas com aumentos em t quando sua inclinação $dy/dx = -U_1(x, y, t)/U_2(x, y, t)$ é crescente em t.

Precisamente a mesma condição matemática surgiu de novo em uma famosa análise de tributação e sinalização ideal de James Mirrlees (1971) e A. Michael Spence (1973). A principal diferença analítica entre os modelos de Mirrlees e Spence e seus predecessores é que o conjunto de escolha não está limitado a um conjunto de orçamentos — um segmento de linha — mas pode tomar mais espaços gerais, como mostrado. Mesmo assim, uma curva de indiferença mais acentuada ainda induzirá a um consumo maior do bem no eixo horizontal (Figura 4).

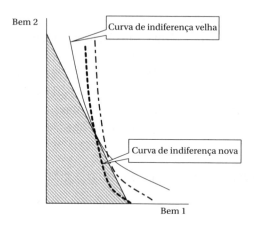

Figura 3. Na teoria do consumidor tradicional, onde ele tem preferências convexas e enfrenta um conjunto de orçamentos em linha reta, uma curva de indiferença mais inclinada leva a maior consumo do primeiro bem.

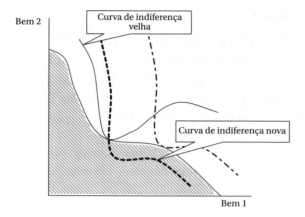

Figura 4. Mesmo com o conjunto de escolha não convexo, uma curva de indiferença mais inclinada ainda leva a maior consumo do primeiro bem.

Esta condição matemática — que a curva de indiferença por qualquer ponto se torna mais inclinada com aumentos em t — implica que duas curvas de indiferença correspondentes a diferentes tipos podem cruzar apenas uma vez. De fato, se uma curva de indiferença para o tipo $t > t'$ tivesse que cruzar a curva-t' duas vezes, então teria que haver um cruzamento de cima e outro de baixo, transgredindo a suposição de que a curva-t é mais inclinada que a curva-t' em qualquer ponto do cruzamento. A propriedade de que a curva de indiferença cruza uma vez é a razão pela qual a condição de Mirrlees–Spence muitas vezes é chamada de "condição de cruzamento único".

Em modelos de licitação simples, a escolha ocorre em um espaço unidimensional: o licitante escolhe um lance. Porém, o lance determina um resultado bidimensional — o preço e alocação do bem. Esse fato cria uma estreita conexão entre as condições de cruzamento único para problemas de escolha uni e bidimensionais. O próximo resultado resume essa conexão.[4]

Teorema 4.4 (Representação de Mirrlees–Spence). Suponha que

(i) $h : \mathbb{R}^3 \to \mathbb{R}$ é uma função duas vezes continuamente diferenciável com $h_2 \neq 0$ e $|h_1|$ limitada, e

(ii) para cada $(x, x', y, t) \in \mathbb{R}^4$, existe $y' \in \mathbb{R}$ tal que $h(x', y', t) = h(x, y, t)$.

---

[4] Para desenvolvimento adicional da relação entre condições de cruzamento único e a condição Mirrlees–Spence, veja Milgrom e Shannon (1994), Edlin e Shannon (1998a, 1998b).

Então os seguintes são equivalentes:

(1) h satisfaz a condição Mirrlees–Spence, isto é, para todo $x, y \in \mathbb{R}$, $h_1(x, y, t)/|h_2(x, y, t)|$ é não decrescente em t.

(2) Para cada função continuamente diferenciável f, a função $g^f : \mathbb{R}^2 \to \mathbb{R}$ definida por $g^f(x, t) = h(x, f(x), t)$ satisfaz a condição de diferenças suaves de cruzamento único.

Prova. Para mostrar (2) $\Rightarrow$ (1), fixe $\hat{x}, \hat{y}, \hat{t} \in \mathbb{R}$. Defina $f(z) = \hat{y} + \alpha(z - \hat{x})$, onde $\alpha = -h_1(\hat{x}, \hat{y}, \hat{t})/h_2(\hat{x}, \hat{y}, \hat{t})$. Então, $g_1^f(\hat{x}, \hat{t}) = h_1 + \alpha h_2 = 0$. Assim, o cruzamento único suave implica que

$$0 \leq \frac{\partial}{\partial t} g_1^f(\hat{x}, t)|_{t=\hat{t}}$$
$$= \frac{\partial}{\partial t}\left[h_2(\hat{x}, \hat{y}, t)\left(\alpha + \frac{h_1(\hat{x}, \hat{y}, t)}{h_2(\hat{x}, \hat{y}, t)}\right)\right]_{t=\hat{t}}$$
$$= \left[h_2(\hat{x}, \hat{y}, t)\frac{\partial}{\partial t}\left(\alpha + \frac{h_1(\hat{x}, \hat{y}, t)}{h_2(\hat{x}, \hat{y}, t)}\right) + 0\right]_{t=\hat{t}},$$

que implica que h satisfaz a condição Mirrlees–Spence.

Para mostrar (1)$\Rightarrow$(2), primeiro mostramos que (1) implica que g^f tem diferenças de cruzamento único. Deixe $f : \mathbb{R} \to \mathbb{R}$ ser uma função arbitrária. Suponha $\hat{x} > \tilde{x}$, $\hat{y} = f(\hat{x})$, e $h(\hat{x}, \hat{y}, \tilde{t}) \geq h(\tilde{x}, \tilde{y}, \tilde{t})$. Precisamos mostrar que para qualquer $t > \tilde{t}$ temos $h(\hat{x}, \hat{y}, t) \geq h(\tilde{x}, \tilde{y}, t)$.

Suponha que não. Como h é contínuo em t, existe $\hat{t} \in [\tilde{t}, t)$ tal que $h(\hat{x}, \hat{y}, \hat{t}) = h(\tilde{x}, \tilde{y}, \hat{t})$. Deixe $\{(x(s), y(s))|s \in [\tilde{t}, \hat{t}]\}$ satisfazer $x(s) = \tilde{x} + \lambda(s - \tilde{t})$ onde $\lambda = (\hat{x} - \tilde{x})/(\hat{t} - \tilde{t}) > 0$, e para todo s defina $y(s)$ de modo que $h(x(s), y(s), \hat{t}) = h(\tilde{x}, \tilde{y}, \hat{t})$. Por suposição, tal função $y(s)$ existe. Como $x'(s) = \lambda$ e h é diferenciável com $h_2 \neq 0$, segue que $y(s)$ é diferenciável e

$$h_2(x(s), y(s), \hat{t})\frac{dy}{ds} = -h_1(x(s), y(s), \hat{t})\frac{dx}{ds},$$

ou

$$\frac{dy}{ds} = -\frac{dx}{ds}\frac{h_1(x(s), y(s), \hat{t})}{h_2(x(s), y(s), \hat{t})}.$$

Como $h_2 \neq 0$ e h_2 é contínuo, essa função tem um sinal fixo, que podemos denotar por $\sigma = h_2(\tilde{x}, \tilde{y}, \tilde{t})/|h_2(\tilde{x}, \tilde{y}, \tilde{t})| = \pm 1$. Então, como $x(\hat{t}) = \hat{x}$ e $x(\tilde{t}) = \tilde{x}$,

$$h(\hat{x}, \hat{y}, t) - h(\tilde{x}, \tilde{y}, t)$$
$$= \int_{\tilde{t}}^{\hat{t}} \frac{d}{ds} h(x(s), y(s), t) ds$$
$$= \int_{\tilde{t}}^{\hat{t}} \left[h_1(x(s), y(s), t) \frac{dx}{ds} + h_2(x(s), y(s), t) \frac{dy}{ds} \right] ds$$
$$= \int_{\tilde{t}}^{\hat{t}} \left[\lambda \frac{h_1(x(s), y(s), t)}{|h_2(x(s), y(s), t)|} + \sigma \frac{dy}{ds} \right] \cdot |h_2(x(s), y(s), t)| ds$$
$$\geq \int_{\tilde{t}}^{\hat{t}} \left[\lambda \frac{h_1(x(s), y(s), \hat{t})}{|h_2(x(s), y(s), \hat{t})|} + \sigma \frac{dy}{ds} \right] \cdot |h_2(x(s), y(s), t)| ds$$
$$= 0. \tag{4.2}$$

Na medida em que $dx/ds > 0$, a desigualdade em (4.2) segue de (1) (porque o integrando é sempre maior com funções avaliadas em t). A igualdade final segue porque, por construção, o integrando é sempre zero.

Agora mostramos que g^f tem uma propriedade de diferenças suaves de cruzamento contínuo. Suponha que f é diferenciável e $dh(x, f(x), t)/dx = 0$. Suponha $h_2 > 0$ sempre e considere qualquer $\hat{t}$. Então $dh(x, f(x), \hat{t})/dx = h_1(x, f(x), \hat{t}) + h_2(x, f(x), \hat{t}) f'(x)$, que tem o mesmo sinal que $h_1(x, f(x), \hat{t})/h_2(x, f(x), \hat{t}) + f'(x)$, que é maior ou menor que $h_1(x, f(x), t)/h_2(x, f(x), t) + f'(x) = 0$ como $\hat{t}$ é maior ou menor que t. Assim, g^f tem a propriedade suave de cruzamento único quando $h_2 > 0$, e um argumento similar se mantém quando $h_2 < 0$. ■

A condição (ii) do teorema afirma que o segundo bem é suficientemente importante e pode ser usado para compensar qualquer mudança de quantidade no primeiro bem. Essa condição satisfaz em todos os modelos de leilão existentes e em qualquer modelo em que as preferências ordinais são quase lineares. Para modelos quase lineares, a condição Mirrlees–Spence toma uma forma especialmente simples.

Teorema 4.5. A função $h(x, y, t) = y + g(x, t)$ satisfaz a condição Mirrlees–Spence se e só quando $\partial g(x, t)/\partial x$ é crescente em t.

A condição de que $\partial g(x, t)/\partial x$ é crescente em t é uma versão diferenciável da condição conhecida como *diferenças crescentes* ou *diferenças isótonas*. A função g tem diferenças crescentes quando para todo $x' > x$ e $t' > t$,

$$g(x', t') - g(x, t') > g(x', t) - g(x, t). \tag{4.3}$$

Essa condição é mais forte que as diferenças de cruzamento único na medida em que este último requer só que o lado esquerdo de (4.3) seja positivo sempre que o lado direito o for. A condição de diferenças crescentes é útil em nossa análise e na estática comparativa, em geral.

4.2 Derivando e Verificando Estratégias de Equilíbrio

Nesta seção, usamos os teoremas anteriores para derivar estratégias de equilíbrio para uma classe de leilões na qual o licitante com oferta mais alta vence.[5] Nos primeiros jogos que estudamos, um licitante que faz a oferta b tem um payoff esperado de

$$X^i(b)v^i(t^i) - p^i(b) \tag{4.4}$$

onde $v^i(t^i)$ é o valor de i' e $X^i(b)$ e $p^i(b)$ são, respectivamente, a probabilidade de o licitante vencer e o pagamento esperado quando ele oferece um lance de b. Se v^i é diferenciável e $\beta^i(t^i)$ é o lance que maximiza (4.4), então podemos definir $x^i(t^i) = X^i(\beta^i(t^i))$. Suprimindo o sobrescrito i do licitante, a fórmula integral do envelope implica que o payoff do licitante de tipo t satisfaz

$$V(t) = V(0) + \int_0^t v'(s)x(s)\,ds. \tag{4.5}$$

Podemos supor sem perda de generalidade que $v(\cdot)$ é não decrescente,[6] o que implica que o payoff (4.4) tem diferenças de cruzamento único. Se $v(\cdot)$ é crescente, então o payoff tem a propriedade de diferenças estritas de cruzamento único de modo que a probabilidade de o licitante vencer é necessariamente não decrescente em seu tipo. Se um licitante pode vencer apenas

---

[5] Klemperer (2002) sugere um procedimento similar para derivar equilíbrio em certos jogos relacionados a jogos de leilão.

[6] Se v não fosse não decrescente, poderíamos reclassificar os tipos para transformá-los de acordo.

fazendo a maior oferta, então pelo teorema da seleção monótona, qualquer função de lance ótimo do licitante deve ser não decrescente.

Os primeiros exemplos empregam o modelo de leilão que tem sido intensivamente estudado e muitas vezes incorporado a outras análises — o *modelo simétrico de valores privados independentes de risco neutro*, que às vezes chamaremos de modelo padrão ou *de referência*. Nesse modelo, há licitantes N, indexados por n, e um único item à venda.[7] Supõe-se que os tipos sejam estatisticamente independentes e identicamente distribuídos segundo alguma densidade contínua. Um licitante que não adquire nada, mas paga um preço p tem um payoff de $-p$; um licitante do tipo t que adquire o bem tem um payoff de $v(t) - p$. Os licitantes são neutros ao risco.

A formulação mostrada é redundante. Podemos especificar um modelo completamente geral estabelecendo $v(t) = t$ e eliminando v do modelo. Alternativamente, sem perda da generalidade, podemos especificar que cada tipo é distribuído uniformemente em [0, 1] e impor qualquer distribuição crescente F dos valores do licitante estabelecendo $v = F^{-1}(t)$. A primeira abordagem é mais comum na literatura. A segunda abordagem usando *estratégias distributivas* tem duas vantagens: (1) ela gera previsões sobre distribuições de lances para uso em trabalhos empíricos facilmente e (2) unifica a análise de modelos com distribuições de valores separados ou contínuos.[8] Neste capítulo, mantemos a flexibilidade permitindo aos tipos ter qualquer distribuição F em [0, 1] com uma densidade correspondente f, e o valor de cada licitante ser qualquer função diferenciável e não decrescente do tipo do licitante.

4.2.1 O Leilão de Segundo Preço com Preço de Reserva

Um padrão útil ao qual comparar outros leilões nesta seção é uma variação do leilão de segundo preço de Vickrey no qual o vendedor define um lance mínimo aceitável, ou *preço de reserva*, de r. O leilão então determina a alocação como se o vendedor tivesse oferecido r. Se nenhum outro lance exceder r, o item fica com o vendedor; senão, o licitante com a oferta maior adquire o item pelo preço igual ao segundo maior lance real ou pelo preço de r se ele exceder o segundo lance mais alto.

---

[7] A análise seguinte generaliza para casos com múltiplos itens para venda contanto que cada licitante seja limitado a vencer apenas um item.

[8] Para mais sobre esta abordagem, veja Milgrom e Weber (1985).

Como no Capítulo 2, os licitantes neste modelo têm estratégias dominantes: cada licitante sempre acha melhor oferecer seu valor pelo item. Se $t^{(1)}$ e $t^{(2)}$ denotarem o primeiro e o segundo tipos mais altos, então a estratégia dominante leva ao preço de $\max[v(t^{(2)}), r]$ se $v(t^{(1)}) > r$ e, caso contrário, a nenhuma venda. Essas estratégias constituem um equilíbrio Bayes–Nash para quaisquer tipos de distribuição.

No leilão Vickrey, os payoffs de equilíbrio do vendedor ou do licitante não dependem da regra do desempate. Entretanto, como empates são possíveis se v não é estritamente crescente, será conveniente computar os payoffs no caso de empates como se o vencedor fosse o licitante com o maior tipo.

4.2.2 O Leilão Selado, ou de Primeiro Preço

Seguindo a introdução do leilão selado de segundo preço de Vickrey, ficou comum para os economistas se referirem a leilões padrão selados como "leilões de primeiro preço". Eles simplesmente são leilões selados nos quais o lance mais alto vence e o licitante com a maior oferta paga um preço igual ao seu lance. Alternativamente, se os licitantes são vendedores, um leilão padrão selado é aquele em que o licitante com lance menor vence e recebe o preço correspondente.[9] Para simplificar, supomos que se dois ou mais licitantes apresentarem o mesmo lance mais alto, então o item é concedido para um dos dois aleatoriamente. Além disso, introduzimos uma reserva r de modo que uma concessão é feita apenas se algum lance exceder r.

Analisamos um equilíbrio simétrico nesse leilão, isto é, uma estratégia $\beta : [0, 1] \to \{0\} \cup (r, \infty)$ tal que o perfil da estratégia simétrica $(\beta, \ldots, \beta)$ é um equilíbrio de Nash. Quando um licitante não alcança o preço de reserva, diz-se que seu lance é zero. Suponhamos que exista algum $\hat{t} \in (0, 1)$ tal que $v(\hat{t}) = r$, isto é, a reserva é mais do que alguns tipos possíveis estão dispostos a pagar, mas menos do que outros estariam dispostos a pagar.

---

[9] Matematicamente, esses dois casos são indistinguíveis. Um lance para vender pode ser modelado como uma troca a preço negativo. Nesse caso, o "lance alto" é o mais próximo de zero, de modo que a mesma teoria se aplica. Em alguns leilões reais de pacotes de obrigações de contrato não está claro se o pacote tem valor positivo ou negativo, de modo que qualquer distinção prática entre comprar e vender fica igualmente desfocada.

Uma análise preliminar limita o conjunto de estratégias de equilíbrio em potencial.[10] Observe, primeiro, que é uma estratégia dominante para um licitante com valor $v(t) < r$ para oferecer 0. Para licitantes com $v(t) > r$, é uma estratégia dominada oferecer menos que r ou mais que $v(t)$. Além disso, não há equilíbrios *simétricos* nos quais os jogadores fazem lances dominados com probabilidade positiva. Por exemplo, se houver um intervalo de tipos com $v(t) < r$ que ofereçam r ou mais, então o evento em que o tipo de cada licitante estiver nesse intervalo teria que ter uma probabilidade positiva. Mas então, tipos nesse intervalo teriam payoffs esperados negativos (payoffs negativos no evento identificado e zero payoffs no evento complementar). Payoffs esperados negativos são inconsistentes com equilíbrio, pois cada licitante pode ganhar zero simplesmente oferecendo lances iguais a zero.

Em um equilíbrio simétrico, lances altos necessariamente envolvem uma probabilidade estritamente mais alta de vencer. Se v é crescente, então a função de payoff satisfaz a propriedade de diferenças estritas de cruzamento único, de modo que o teorema da seleção monótona implica que qualquer estratégia de equilíbrio simétrica β é não decrescente.

Mais claramente, qualquer função de lance de equilíbrio simétrico β precisa ser estritamente crescente no subdomínio de tipos em que $v(t) > r$. Não sendo assim, então o leilão terminaria em um empate com probabilidade $\varepsilon > 0$, com vários licitantes oferecendo a mesma quantia $b > r$ e cada um estritamente preferindo vencer ao preço b. Nesse caso, um licitante que planeje oferecer b poderia aumentar seu payoff esperado oferecendo um pouco mais, digamos $b' > b$. Essa mudança aumentaria sua probabilidade de vencer por ε a um custo de no máximo $b' - b$, que pode ser escolhido como sendo arbitrariamente pequeno, provando que a estratégia do candidato original não está em equilíbrio.

Com uma estratégia de equilíbrio simétrico crescente, o licitante com o tipo mais alto vence, desde que seu valor para o bem exceda r. Consequentemente, o desempenho da decisão desse leilão é o mesmo que o do leilão Vickrey com um preço de reserva r. Como ambos os leilões também produzem um payoff de equilíbrio zero para um licitante do tipo 0, o lema de Myerson implica que os payoffs esperados de todos os tipos precisam ser idênticos nos dois leilões. Assim, a única estratégia de equilíbrio simétrico possível é a que faz os pagamentos esperados nos dois leilões iguais para

---

[10] Griesmer, Levitan e Shubik (1967) foram pioneiros nas análises preliminares desse tipo, limitando a série de funções que podem ser funções de lances de equilíbrio.

todos os tipos $t > \hat{t}$. Analisamos o caso do licitante 1 do tipo $t^1 = t > \hat{t}$, introduzindo a notação $T = \max(t^2, \ldots, t^N)$. Se todos os licitantes adotarem a estratégia de equilíbrio crescente, β, então o pagamento esperado do licitante 1 deve satisfazer

$$\begin{aligned}\beta(t)F^{N-1}(t) &= E[\max(r, v(T))1_{\{T<t\}}] \\ &= r \cdot F^{N-1}(\hat{t}) + \int_{\hat{t}}^{t} v(s)\,dF^{N-1}(s) \\ &= v(\hat{t})F^{N-1}(\hat{t}) + \int_{\hat{t}}^{t} v(s)(N-1)f(s)F^{N-2}(s)\,ds.\end{aligned} \quad (4.6)$$

Na primeira linha de (4.6), a expressão à esquerda é o pagamento esperado do licitante 1 no leilão de primeiro preço: ela paga $\beta(t)$ quando vence e 0 caso contrário, e vence quando $N-1$ tipos $t^2, \ldots, t^N$ são todos menores que o tipo realizado do licitante 1, o que ocorre com a probabilidade $F^{N-1}(t)$. A expressão à direita é o pagamento esperado correspondente em um leilão Vickrey: o licitante nesse leilão vence quando $T < t$ e paga $\max(r, v(T))$.

Desde que v é crescente, a equação (4.6) identifica o candidato único para a estratégia de equilíbrio. Pelo Teorema 4.6 a estratégia é de equilíbrio simétrico.

Teorema 4.6. No modelo de *referência* (com licitantes simétricos, neutros ao risco, com valores privados independentes) a estratégia dada por $\beta(t) = 0$ para $t < \hat{t}$ e caso contrário por

$$\begin{aligned}\beta(t) &= E[\max(r, v(T))|T < t] \\ &= v(\hat{t})\frac{F^{N-1}(\hat{t})}{F^{N-1}(t)} + (N-1)\int_{\hat{t}}^{t} v(s)\frac{f(s)F^{N-2}(s)}{F^{N-1}(t)}\,ds\end{aligned}$$

é uma estratégia de equilíbrio simétrico. Se v é crescente, ela é uma estratégia de equilíbrio simétrica única.

Observações. Este teorema se aplica se os valores são distribuídos separada ou continuamente. Suponha que os licitantes tenham valores de 5 ou 10, cada um com probabilidade $\frac{1}{2}$. Para modelar esse caso, deixe v ser qualquer função suave e não decrescente com $v(t) = 5$ para $t \in (\frac{1}{4}, \frac{1}{2})$ e $v(t) = 10$ para $t \in (\frac{3}{4}, 1)$ e deixe F ser a distribuição uniforme em $(\frac{1}{4}, \frac{1}{2}) \cup (\frac{3}{4}, 1)$. Pode-se modelar qualquer distribuição separada de valores de forma similar. Essas construções atendem às exigências de que F tenha uma densidade correspondente f e que v seja não decrescente e diferenciável.

Quando v não é estritamente crescente, a distribuição de valores pode ter um átomo. Apesar da possibilidade de um átomo na distribuição de valores, *a distribuição de lances ainda é destituída de átomos e ainda tem uma densidade.* Efetivamente, β então descreve uma estratégia mista, incorporando instruções de como um licitante deveria randomizar. Se para tipos t e t', $v(t) = v(t')$, então, o licitante é indiferente entre oferecer $\beta(t)$ e oferecer $\beta(t')$ em cada caso, de modo que as melhores respostas e equilíbrio não são únicas. Mas quando a distribuição de valores tem um átomo, estratégias de licitação de equilíbrio distintas diferem apenas em meios pelos quais elas resolvem as indiferenças dos licitantes.

Prova do Teorema 4.6. Pela construção das estratégias de equilíbrio, os payoffs correspondentes satisfazem a condição do envelope e já observamos que o cruzamento único fraco sempre se aplica. Como a estratégia identificada é não decrescente, o teorema de suficiência implica que nenhum licitante de qualquer tipo tem uma melhor resposta *entre lances na faixa da função de lances*. Em seguida consideramos lances fora dessa faixa.

Como a estratégia implicada por (4.6) é contínua e crescente em $t \geq \hat{t}$, a faixa da função de lance é o intervalo $[r, \beta(1)]$. Por definição, o único lance permitido menor que r é 0, de modo que os únicos lances possíveis fora da faixa da função de lance são lances de zero ou $b > \beta(1)$. O primeiro desses nunca é um desvio lucrativo, porque ganha um payoff de zero. Qualquer lance $b > \beta(1)$ vence com probabilidade um, dado que todos os licitantes usem sua estratégia de equilíbrio e gerem um payoff de $v(t) - b < v(t) - \beta(1)$, de modo que é menos lucrativo que oferecer $\beta(1)$. Logo, $\beta(t)$ é a melhor resposta em todo o conjunto de lances permitidos.

Se v é crescente, então nossos argumentos anteriores, mais o teorema de seleção monótona, implicam que o equilíbrio β deve ser crescente. Então a condição do envelope, que é necessária para otimalidade, pode ser escrita na forma (4.6), de modo que qualquer estratégia de equilíbrio simétrico deve coincidir com a que identificamos. ∎

A prova consiste em duas partes, ambas indispensáveis. Uma parte verifica que não há desvio lucrativo na faixa da função de lance de equilíbrio β.

A outra verifica que lances fora da faixa de β não podem levar a payoffs esperados mais altos que os lances nela. Para ver porque este último passo é essencial, considere a estratégia segundo a qual cada tipo de cada licitante oferece 10. Essa é uma estratégia monótona e os payoffs correspondentes satisfazem a condição do envelope. Cada tipo de cada licitante maximiza seus lucros em lances em uma faixa da função de lances porque essa faixa é única. No entanto, este não é um equilíbrio, porque alguns tipos de licitantes ficariam em melhor situação se licitarem mais que 10 e os outros, menos.

Em seguida, nos voltamos à questão sobre as implicações empíricas da teoria dos leilões. Laffont, Ossard e Vuong (1995) investigaram a consistência das distribuições empíricas de lances com equilíbrio no comportamento de licitação. Considerando os dados sobre a distribuição de lances, podemos encontrar uma distribuição de valores (ou, de modo equivalente, a função v) que produziria lances de equilíbrio consistentes com o resultado observado? Para essa análise, é conveniente usar a formulação de estratégia de distribuição, tomando F para ser a distribuição uniforme em [0, 1].

Teorema 4.7. A distribuição de lances G com densidade correspondente $G' > 0$ é consistente com o equilíbrio no modelo de referência com $r = 0$ para uma função de valor crescente v e a distribuição uniforme de tipos se e somente se $b + \frac{1}{N-1} \frac{G(b)}{G'(b)}$ é uma função crescente de b para $b \geq 0$. Nesse caso, a função de valor consistente com G é

$$v(t) = \frac{1}{N-1} \frac{t}{G'(G^{-1}(t))} + G^{-1}(t).$$

Prova. Diferenciando a equação de estratégia de equilíbrio (4.6) com respeito a t, obtemos

$$\beta'(t) F^{N-1}(t) + (N-1)\beta(t) F^{N-2}(t) f(t) = v(t)(N-1) F^{N-2}(t) f(t).$$

Usando a suposição de que os tipos são uniformemente distribuídos em [0, 1], obtemos

$$\beta'(t) t^{N-1} + (N-1)\beta(t) t^{N-2} = v(t)(N-1) t^{N-2},$$

ou

$$v(t) = \frac{t\beta'(t)}{N-1} + \beta(t).$$

Substituindo $t = G(b)$ e $b = \beta(t)$ leva a

$$v(G(b)) = \frac{1}{N-1} \frac{G(b)}{G'(b)} + b. \tag{4.7}$$

Como v e G são funções crescentes, o lado direito também deve necessariamente ser crescente.

Por outro lado, suponha que a expressão à direita em (4.7) é crescente em b. Então pode-se usar (4.7) para calcular

$$v(t) = \frac{1}{N-1} \frac{t}{G'(G^{-1}(t))} + G^{-1}(t),$$

que é crescente em t porque $v(G(b))$ é crescente. Para recuperar (4.6), simplesmente revertemos os passos. Substituindo $t = G(b)$ e $b = \beta(t)$, temos

$$v(t) = \frac{1}{N-1} \frac{t}{G'(\beta(t))} + \beta(t)$$
$$= \frac{1}{N-1} t\beta'(t) + \beta(t),$$

em que obtemos a segunda igualdade diferenciando a expressão $t = G(\beta(t))$ com respeito a t: $1 = G'(b)\beta'(t)$. Segue que β é a função de equilíbrio de lance correspondente a v quando $r = 0$.[11] ■

Laffont, Ossard e Vuong (1995) usaram a técnica de inversão para calcular a distribuição de valores consistente com lances em um leilão oral de berinjelas em um mercado no sul da França. Grande parte da literatura sobre estrutura econométrica sobre leilões segue de maneira semelhante. Veja Laffont (1997) para uma pesquisa sobre seu trabalho.

4.2.3 O Leilão da Guerra do Desgaste

O leilão da *guerra do desgaste* foi desenvolvido como um modelo de competição entre dois animais da mesma espécie por alimento ou um parceiro. O mesmo modelo também foi usado para analisar fenômenos econômicos como saída de oligopólios (Fudenberg e Tirole, 1986) e disputas

---

[11] Pode-se estender o Teorema 4.6 para cobrir casos em que $r > 0$ e casos em que ambos $v(\cdot)$ e $b + \frac{1}{N-1} \frac{G(b)}{G'(b)}$ são não decrescentes, em vez de estritamente crescentes.

por orçamentos governamentais (Alesina e Drazen, 1991). Veja também Milgrom e Weber (1985) e Bulow e Klemperer (1999).

Na versão biológica do modelo, dois animais famintos brigam por comida até que um deles desiste e se retira. A batalha é onerosa para ambos, porque exige energia e envolve o risco de ferimento. A estratégia de cada animal especifica quanto tempo lutar antes de desistir, que podemos chamar do *lance* do animal, b. O animal que oferece o lance maior, $\max(b_1, b_2)$, vence. A luta dura até o tempo $\min(b_1, b_2)$, quando um animal para. Ambos pagam $\min(b_1, b_2)$, que é o custo do tempo gasto na luta.

Os animais diferem em termos da fome que sentem, isto é, do quanto valorizam vencer a competição, de modo que cada um escolhe um lance de acordo com seu tipo. Se cada animal otimizar contra as estratégias adotadas pelos outros na população, então a estratégia da população será uma função $\beta : [0, 1] \to \mathbb{R}$ que é um equilíbrio simétrico do jogo.

Diante das interpretações, estabelecemos o preço de reserva em todo o jogo de leilão com todos os pagamentos em zero. Então, defendendo o leilão de primeiro preço, a estratégia de preço β deve ser uma função crescente do tipo do licitante. Um licitante do tipo mais baixo deve esperar perder sempre, então ele deve oferecer um lance zero em qualquer equilíbrio, pois caso contrário ele poderia se beneficiar ao desviar e mudar seu lance para zero. Logo, pelo lema de Myerson para o caso $N = 2$, qualquer estratégia de puro equilíbrio deve igualar o pagamento esperado do licitante no leilão de ambos pagamentos com o pagamento esperado em um leilão Vickrey sem preço de reserva:

$$\int_0^t \beta_{\text{WA}}(s) f(s)\, ds + (1 - F(t)) \beta_{\text{WA}}(t) = \int_0^t v(s) f(s)\, ds. \tag{4.8}$$

A esquerda é o pagamento total esperado pelo licitante em um leilão de dois pagamentos, que é a soma de seu pagamento esperado quando ele vence e seu pagamento esperado quando perde. A direita é seu pagamento esperado em um leilão Vickrey com reserva zero e $N = 2$. Diferenciar ambos os lados de (4.8) com respeito a t gera

$$(1 - F(t)) \beta'_{\text{WA}}(t) = v(t) f(t).$$

A equação (4.8) sempre implica que $\beta_{\text{WA}}(0) = 0$, de modo que a solução única é

$$\beta_{\text{WA}}(t) = \int_0^t v(s) \frac{f(s)}{1 - F(s)} \, ds. \tag{4.9}$$

Analisando, β_{WA} é não decrescente. Por construção, se todos os licitantes usam essa estratégia, então seus payoffs satisfazem a fórmula do envelope. Logo, o teorema de suficiência se aplica: nenhum licitante pode se beneficiar ao desviar para outro lance na faixa de β_{WA}. É fácil ver que nenhum licitante pode estritamente aumentar seu payoff fazendo ofertas fora dessa faixa, de modo que o Teorema 4.8 segue.

Teorema 4.8. No modelo de referência, o equilíbrio da estratégia pura simétrica e única do leilão da guerra de desgaste é a estratégia definida por (4.9).

O raciocínio anterior ilustra o uso do teorema de suficiência para verificar estratégias de equilíbrio de lances. Dada uma estratégia de equilíbrio proposta, verifica-se primeiro que ela satisfaz a equação do envelope, que muitas vezes se mantém pela construção da estratégia. Se $\beta(t)$ é crescente e não há lance melhor fora da faixa de $\beta(t)$, então o teorema de suficiência implica que $\beta(t)$ é a melhor resposta para cada licitante e, portanto, uma estratégia de equilíbrio.

4.2.4 O Leilão Pago (All-pay Auction)

Outro desenho de leilão no qual os perdedores pagam é o leilão pago, que, às vezes, é usado para modelar subornos. A parte que oferecer o suborno mais alto recebe o contrato ou alguma outra consideração valiosa. Embora apenas o licitante com lance mais alto receba o prêmio, cada licitante paga uma quantia igual ao próprio lance. Novamente, pode-se usar o lema Myerson para estabelecer que com N jogadores, a única estratégia de equilíbrio possível iguala o lance (que também é o pagamento esperado do licitante) ao pagamento esperado do licitante no leilão Vickrey com reserva zero. A estratégia do candidato é, então

$$\beta_{\text{AP}}(t) = \int_0^t v(s)(N-1) F^{N-1}(s) f(s) \, ds. \tag{4.10}$$

À esquerda, está o pagamento do subornador de tipo t, enquanto à direita está o pagamento esperado correspondente feito em um leilão Vickrey com N jogadores.

Teorema 4.9. No modelo de referência, o equilíbrio de estratégia pura simétrica única do jogo de leilão de primeiro preço de todos pagamentos é a estratégia definida por (4.10).

A prova do Teorema 4.9 usa o teorema de suficiência e se assemelha a outros neste capítulo.

4.3 Comparações de Receita no Modelo de Referência

Nesta seção, apresentamos cinco variações do modelo de leilão de referência no qual as receitas esperadas diferem sistemática e previsivelmente entre os formatos de leilões padrão. As condições que invalidam o teorema de equivalência de receitas nas cinco variações são (1) custos de licitação, (2) aversão ao risco, (3) limitações de orçamento, (4) escolhas pós-leilão de quantidade pelo leiloeiro e (5) correlação entre tipos de licitante. Para simplificar a notação, supomos exceto onde notado que os tipos são independente e uniformemente distribuídos e que os valores $v(t)$ são uma função crescente e suave do tipo.

Estudamos os custos de licitação e aversão ao risco na mesma seção porque eles ocorrem em modelos em que a equivalência de payoff para licitantes pode existir mesmo que o teorema da equivalência de receitas não se mantenha. Os custos de licitação são modelados como os custos de participar em um leilão enquanto o leilão está acontecendo, de modo que leilões mais curtos geram custos mais baixos. É interessante notar que no modelo de custo de licitação a duração do leilão é endógena. Por exemplo, os licitantes podem fazer lances com salto para fazer o leilão terminar rapidamente.

A aversão ao risco, como vimos no capítulo anterior, não invalida necessariamente a equivalência de payoff, mas aumenta os lances em leilões de primeiro preço. A razão é que licitantes avessos ao risco negociam lucros menores para ter maior probabilidade de vencer ao aumentar seus lances. Esse efeito, ausente em leilões de segundo preço, aumenta a receita em leilões de primeiro preço.

Limitações de orçamento também induzem variações no desempenho do leilão. As limitações são mais danosas em leilões de segundo do que de primeiro preço porque os lances de equilíbrio são mais altos em leilões de segundo preço (sem limitações).

Em alguns leilões reversos, os licitantes apresentam seus lances ao comprador, que aceita o melhor e então determina que quantidade comprar.

A decisão sobre a quantidade afeta sistematicamente a comparação entre leilões. Se o comprador tende a comprar uma quantidade maior a preços menores, então o licitante em um leilão de primeiro preço faz lances menores do que faria em outro caso, porque a quantidade maior que vender compensa em parte o aumento menor. Não há efeito semelhante no leilão de segundo preço, de modo que os preços tendem a ser mais baixos no leilão de primeiro preço.

A correlação positiva entre os tipos de licitantes é ainda outra fonte de variação sistemática, operando pelo que Milgrom e Weber (1982) chamaram de *princípio de ligação*. Surpreendentemente, um licitante de tipo elevado não pode evitar pagar um preço médio maior em um leilão de segundo preço ao fazer uma oferta como se seu tipo fosse mais baixo. Como o segundo lance mais alto está positivamente relacionado com seu tipo, o preço esperado que ele paga para qualquer lance é uma função crescente de seu tipo. Essa ligação direta do preço com o tipo do licitante eleva os preços que tipos mais altos pagam e reduz seus lucros no leilão de segundo preço, mas não no de primeiro preço. Como esse efeito de ligação não afeta a eficiência do resultado, ele eleva a receita média no leilão de segundo preço em relação ao de primeiro preço.

Em um capítulo posterior, ilustramos outras aplicações deste princípio. Veremos, por exemplo, que se o vendedor tem informações privadas verdadeiras relacionadas às informações do licitante, então revelá-las liga os lances às informações reveladas, o que também pode aumentar os preços.[12]

4.3.1 Equivalência de Payoff sem Equivalência de Receita

Vendedores com Aversão ao Risco

No modelo de valores privados independentes simétricos, embora os payoffs *esperados* sejam os mesmos para leilões de segundo preço, a sua variabilidade difere. Em leilões de primeiro preço, os perdedores sempre ganham um valor igual a zero e o licitante do tipo t que vence recebe um payoff $v(t) - b$. Em comparação, em leilões de segundo preço, o licitante de tipo t que é informado que venceu ainda enfrenta uma incerteza adicional: ele ainda não sabe que preço pagará.

---

[12] Quando a revelação de informações afeta a alocação do(s) bem(ns), então esse fato não deve beneficiar o leiloeiro. Veja Perry e Reny (1999) para exemplo.

Duas proposições a seguir exploram as consequências do risco adicional associado a leilões de segundo preço. Constatamos, primeiro, que o risco adicional enfrentado pelo licitante vencedor em um leilão de segundo preço também induz mais aleatoriedade ao payoff do vendedor. Assim, se os licitantes são neutros ao risco, mas o vendedor é avesso ao risco, então o vendedor deveria preferir o leilão de primeiro preço. O Teorema 4.10 a seguir formaliza essa ideia.

Deixe $t^{(1)}$ e $t^{(2)}$ denotar as estatísticas de primeira e segunda ordem entre $(t^1, \ldots, t^N)$. Então, o equilíbrio de receita realizado pelo vendedor é $\beta_{FP}(t^{(1)})1_{\{v(t^{(1)})\geq r\}}$ no leilão de primeiro preço e $\max(r, v(t^{(2)}))1_{\{v(t^{(1)})\geq r\}}$ no leilão de segundo preço.

Teorema 4.10. No modelo de referência, para qualquer função de utilidade estritamente côncava, a função U,

$$E\big[U\big(\beta_{FP}\big(t^{(1)}\big)1_{\{v(t^{(1)})\geq r\}}\big)\big] \geq E\big[U\big(\max\big(r, v\big(t^{(2)}\big)\big)1_{\{v(t^{(1)})\geq r\}}\big)\big].$$

Isto é, a utilidade esperada pelo vendedor é maior no leilão de primeiro preço do que no de segundo preço.

Prova. Sem perda de generalidade, podemos normalizar para que $U(0) = 0$. Então

$$\begin{aligned} E\big[U(\max(r, v(t^{(2)})))1_{\{v(t^{(1)})\geq r\}}\big] &= E\big[E\big[U(\max(r, v(t^{(2)})))\,1_{\{v(t^{(1)})\geq r\}}|t^{(1)}\big]\big] \\ &= E\big[E\big[U(\max(r, v(t^{(2)})))\,|t^{(1)}\big]1_{\{v(t^{(1)})\geq r\}}\big] \\ &\leq E\big[U\big[E(\max(r, v(t^{(2)}))\,|t^{(1)})\big]1_{\{v(t^{(1)})\geq r\}}\big] \\ &= E\big[U\big(\beta_{FP}(t^{(1)})\big)1_{\{v(t^{(1)})\geq r\}}\big]. \end{aligned}$$

O primeiro passo usa a lei das expectativas iteradas; a segunda segue porque a função do indicador é mensurável com respeito a $t^{(1)}$; o terceiro usa a desigualdade de Jensen[13]; e o último segue de nossa caracterização anterior da estratégia de lances de equilíbrio (ou seja, quando $v(t^{(1)}) > r$, $\beta_{FP}(s) = E[\max(r, v(t^{(2)}))\,|\,t^{(1)} = s]$). ∎

---

[13] Lembre que a desigualdade de Jensen afirma que para qualquer função convexa f, $E[f(x)] \geq f(E[x])$.

O centro da prova é a observação que, dado $t^{(1)}$, o preço no leilão de segundo preço é uma variável com média $\beta_{\text{FP}}(t^{(1)})$. Consequentemente, as receitas do vendedor no leilão de segundo preço tem a mesma média e o maior "grau de risco" que em um leilão de primeiro preço. Assim, um vendedor avesso ao risco prefere o leilão de primeiro preço no modelo de referência.

Licitantes com Aversão ao Risco

No Capítulo 3, constatamos (usando um modelo simétrico específico) que quando os licitantes têm aversão ao risco absoluta constante, os leilões de primeiro e segundo preço geram os mesmos payoffs esperados. Dependendo de seu tipo (mas não dos valores de outros licitantes), o licitante vencedor em um leilão de segundo preço enfrenta um risco de preço. Se o licitante é avesso ao risco, sua utilidade esperada é então menor que seu valor menos o preço esperado. Logo, o teorema de equivalência de payoff implica que o preço médio deve ser menor no leilão de segundo preço do que no de primeiro.

Esta conclusão também se mantém em modelos mais gerais que o de referência. A aversão ao risco do licitante não muda sua estratégia dominante em um leilão de segundo preço, mas aumenta seu lance de equilíbrio em um leilão de primeiro preço, porque elevar um pouco um lance em um leilão de primeiro preço é semelhante a contratar um seguro parcial: ele reduz a probabilidade de um payoff de zero e aumenta a probabilidade de vencer, embora com uma margem de lucro menor. Licitantes avessos ao risco valorizam o seguro de preço justo, de modo que ofertam mais do que se fossem de risco neutro.

Para comparar receitas em que licitantes são avessos ao risco, precisamos primeiro caracterizar a estratégia de lances de equilíbrio β_{FP}^{U} usada por um licitante que maximize a utilidade esperada no leilão de primeiro preço. Mais uma vez, o teorema de simplificação de restrições é essencial. Em toda a nossa análise, fazemos a normalização que $U(0) = 0$. Então, se o maior lance oposto tem distribuição H, o licitante de tipo t que oferece um lance b recebe um payoff esperado de

$$\Pi(b) = U(v(t) - b)H(b). \tag{4.11}$$

Um licitante do tipo t pode simplesmente limitar a atenção aos lances $b \le v(t)$ e de modo equivalente maximizar o logaritmo de sua função de objetivo: $\ln \Pi(b) = \ln(U(v(t) - b)) + \ln H(b)$. Como v é crescente, se $U(\cdot)$ é côncavo, então o Teorema 4.5 implica que $\Pi(b)$ satisfaz diferenças de cruzamento único. Então, a estratégia de melhor resposta do licitante β a quaisquer estratégias competitivas deve ser uma função não decrescente. Por argumentos como os da seção 4.2.2, a função de lance de equilíbrio deve realmente ser crescente. Se a função do lance é diferenciável e os lances satisfazem as condições de otimalidade de primeira ordem, então a condição de envelope é necessariamente satisfeita.[14] Assim, uma função crescente que satisfaz condições de primeira ordem é, de fato, um equilíbrio.

Teorema 4.11.[15] Suponha ln $U(\cdot)$ é côncavo e diferenciável e define t^* por $v(t^*) = r$. Então a única estratégia de equilíbrio simétrico β_{FP}^U do leilão de primeiro preço é a solução da seguinte equação diferencial com condição de contorno $\beta_{FP}^U(t^*) = r$:

$$\frac{N-1}{t\beta_{FP}^{U\prime}(t)} = \frac{U'\left(v(t) - \beta_{FP}^U(t)\right)}{U\left(v(t) - \beta_{FP}^U(t)\right)}. \tag{4.12}$$

Prova. O problema do licitante é maximizar

$$\ln \Pi(b) = \ln \left(U(v(t) - b)\right) + \ln H(b).$$

A condição de primeira ordem é

$$-\frac{U'(v(t) - b)}{U(v(t) - b)} + \frac{1}{H(b)} \cdot \frac{dH(b)}{db} = 0.$$

Suprimindo sobrescritos e subscritos de β_{FP}^U e usando $H(b) = (\beta^{-1}(b))^{N-1}$, temos

$$\frac{1}{H(b)} \cdot \frac{dH(b)}{db} = \frac{N-1}{t\beta'(t)},$$

de modo que

$$-\frac{U'(v(t) - b)}{U(v(t) - b)} + \frac{N-1}{t\beta'(t)} = 0.$$

---

[14] Para ver isso, suponha que $f_1(b(t), t) = 0$ e que b é diferenciável. Então $\frac{d}{dt} f(b(t), t) = f_1(b(t), t)b'(t) + f_2(b(t), t) = f_2(b(t), t)$, e a fórmula integral é seguida pelo teorema fundamental de cálculo.

[15] Charles Holt, Jr., foi o primeiro a provar este resultado.

Analisando com atenção, como U, $U' > 0$ para argumentos positivos, a solução de (4.12) tem uma derivativa não negativa $\beta_{\text{FP}}^{U'}(t)$ sempre, de modo que a função β_{FP}^{U} é crescente. Como obtivemos a solução da condição de primeira ordem, os payoffs esperados correspondentes satisfazem a fórmula do envelope. Logo, pelo teorema de simplificação da restrição, a função da solução β_{FP}^{U} é a melhor resposta. ∎

O próximo teorema afirma que, em um leilão de primeiro preço, a função do lance de equilíbrio é mais alta quando os licitantes são avessos ao risco do que neutros. Intuitivamente, essa é uma conclusão plausível, porque quando enfrentam a mesma distribuição de lances adversários, o licitante avesso ao risco sempre oferece mais que o licitante neutro ao risco e na verdade, quanto mais avesso ao risco, maior é o lance ótimo. Mesmo assim, a prova não é imediata, porque há os efeitos do equilíbrio. Quando o licitante ajusta seus lances levando em conta a aversão ao risco, os problemas dos outros licitantes mudam, e todos os efeitos precisam ser rastreados até o equilíbrio. Há uma técnica simples que usaremos muitas vezes para mostrar que certas classificações de lances, payoffs ou distribuições que encontramos fora de equilíbrio são preservadas no equilíbrio. Para ressaltar nosso método, damos um nome a essa ferramenta básica: o *lema da classificação*.

O lema da classificação. Suponha que $f : \mathbb{R} \to \mathbb{R}$ é uma função diferenciável de modo que $f(\underline{t}) \geq 0$. Se (i) para todo $t \geq \underline{t}$, $f(t) \leq 0 \Rightarrow f'(t) \geq 0$, então (ii) para todo $t \geq \underline{t}$, $f(t) \geq 0$. Similarmente, se (i') para todo $t \geq \underline{t}$, $f(t) = 0 \Rightarrow f'(t) > 0$, então (ii') para todo $t > \underline{t}$, $f(t) > 0$.

Prova. Suponha o contrário que (i) se mantém, mas para algum $t > \underline{t}$ temos $f(t) < 0$. Deixe $\tilde{t} = \sup\{s \in [\underline{t}, t] \mid f(s) \geq 0\}$. Então, para todo $s \in (\tilde{t}, t]$, $f(s) < 0$ e $f(\tilde{t}) = 0$. Pelo teorema do valor médio, existe $\hat{t} \in (\tilde{t}, t]$ tal que $f'(\hat{t}) = f(t)/(t - \hat{t}) < 0$, contrário à condição (ii) do lema. Assim, não existe tal t. A segunda conclusão é provada de forma semelhante. ∎

Armado com este lema, mostramos que, ao equilíbrio do leilão de primeiro preço, licitantes avessos ao risco oferecem mais que os neutros ao risco.

Teorema 4.12. Deixe β_{FP} ser a estratégia de equilíbrio simétrico em um leilão de primeiro preço com reserva r para licitantes neutros ao risco e deixe β_{FP}^{U} ser a estratégia de equilíbrio simétrico com uma função de utilidade diferenciável estritamente côncava U. Então, para todos os tipos $t > t^*$, $\beta_{FP}(t) < \beta^U_{FP}(t)$.

Prova. A condição de contorno é $\beta_{FP}(t^*) = \beta^U_{FP}(t^*)$. Porque para todo $t > t^*$ temos

$$\frac{N-1}{t\beta^{U'}_{FP}(t)} = \frac{U'\left(v(t) - \beta^U_{FP}(t)\right)}{U\left(v(t) - \beta^U_{FP}(t)\right)}$$

e

$$\frac{N-1}{t\beta'_{FP}(t)} = \frac{1}{v(t) - \beta_{FP}(t)},$$

segue que

$$\frac{\beta'_{FP}(t)}{v(t) - \beta_{FP}(t)} = \frac{N-1}{t} = \frac{\beta^{U'}_{FP}(t) \cdot U'\left(v(t) - \beta^U_{FP}(t)\right)}{U\left(v(t) - \beta^U_{FP}(t)\right)}. \quad (4.13)$$

Como U é estritamente côncavo e $U(0) = 0$, segue para $x > 0$ que $xU'(x) < U(x)$. Combinando essa desigualdade com $x = v(t) - \beta^U_{FP}(t)$ e usando (4.13) e $\beta^U_{FP}(t) > 0$, temos

$$\frac{\beta'_{FP}(t)}{v(t) - \beta_{FP}(t)} = \beta^{U'}_{FP}(t)\frac{U'\left(v(t) - \beta^U_{FP}(t)\right)}{U\left(v(t) - \beta^U_{FP}(t)\right)} < \frac{\beta^{U'}_{FP}(t)}{v(t) - \beta^U_{FP}(t)}.$$

Logo, para todo $t > 0$, $\beta_{FP}(t) > \beta^U_{FP}(t) \Rightarrow \beta'_{FP}(t) < \beta^{U'}_{FP}(t)$, e aplicando o lema da classificação à função $\beta^U_{FP}(t) - \beta_{FP}(t)$, concluímos que $\beta_{FP}(t) < \beta^U_{FP}(t)$ para todo $t > t^*$. ∎

Lances com Saltos em Leilões com Licitações Custosas

Em seguida, estudamos um modelo no qual o custo de participação do licitante em um leilão inclui o custo de seu tempo. O modelo é uma versão simplificada daquele apresentado por Avery (1998), que argumenta que custos de tempo são plausivelmente importantes em muitos tipos de leilões ascendentes.

Para levar os custos de tempo em consideração, ampliamos nossa descrição do resultado do leilão para incluir a identidade do vencedor, o preço e o tempo em que cada licitante está ativo. Embora os leilões de segundo preço e ascendentes sejam estrategicamente equivalentes em modelos em que somente a identidade de vencedor e o preço importam, eles não são estrategicamente equivalentes aqui, porque os payoffs diferem: o leilão ascendente exige que os licitantes passem um período de tempo positivo fazendo lances enquanto o leilão de segundo preço tem duração zero.

Suponha que o leiloeiro aumente os lances continuamente ao longo do tempo. Os licitantes podem deixar o leilão a qualquer momento, mas a decisão é irreversível. Suponha que os licitantes não recebam nenhuma informação sobre os outros lances antes do final do leilão. Então, é possível que alguém descreva uma estratégia por um número ou lance designando o preço mais alto em que o licitante continuará ativo. Como no leilão de segundo preço, o lance mais alto determina o vencedor e o segundo lance mais alto determina o preço. Selecionamos unidades de modo que os preços aumentem por uma unidade monetária por unidade de tempo. Licitantes incorrem um custo de c por unidade de tempo enquanto estiverem ativos.

O objetivo de nosso modelo será explorar a tática do *jump bidding* para intimidar outros licitantes. O licitante pode abrir com um lance alto para fazer os concorrentes pensarem: "Esse cara está determinado a jogar alto. Não há porque desperdiçar tempo valioso participando deste leilão, pois provavelmente vou perder. Vou sair agora."

No equilíbrio estudado a seguir uma abertura com lance alto de B de fato intimidará certos licitantes que, de outra forma, ofertariam mais que B. Além disso, em equilíbrio, licitantes que fazem lances com saltos se beneficiam ao encurtar o leilão e, às vezes, conseguindo um preço menor. O *jump bidding* aumenta o payoff do licitante em relação ao seu payoff se não fizer o salto, mas não segue que permitir o lance com saltos beneficia os licitantes à custa do vendedor. Constataremos que, ao contrário, *o vencedor se beneficia em média dos jump bids* — obtendo receitas de equilíbrio esperadas maiores.

A equivalência de payoff fornece uma noção valiosa sobre o efeito do *jump bidding* sobre as receitas. Neste modelo, o licitante do tipo mais alto ainda vence. Assim, aplicando o teorema do envelope, o nível de custos de licitação c não afeta o equilíbrio dos lucros esperados de qualquer licitante, independentemente de se há *jump bidding*. Em equilíbrio, os saltos reduzem a duração média do leilão, de modo que o excedente total esperado é mais alto. Como a receita do vendedor é igual ao excedente total menos os lucros do licitante, é o vendedor que se beneficia em média do *jump bidding*.

Considere um tipo de licitante t que escolhe uma estratégia (ou "lance") b que vence com probabilidade $p(b)$, resulta em um tempo esperado de participação de $\tau(b)$ como um licitante ativo, e gera um pagamento esperado de $\pi(b)$. Note que o "lance" nesta fórmula não é um número, mas um plano para licitar no leilão. Então o leilão rende um lucro esperado de $v(t)p(b) - c\tau(b) - \pi(b)$, de modo que se a estratégia ideal é b^*, então a fórmula do envelope afirma que $V(t) - V(0) = \int_0^t p(b^*(s))v'(s)\,ds$. Nesta fórmula, os lucros esperados dependem da forma usual da probabilidade de vencer, mas não do custo de tempo c. Se o licitante do tipo mais alto sempre vence, a fórmula do envelope estipula que os lucros de equilíbrio são independentes dos custos de licitação c e os mesmos de um leilão de segundo preço (para os quais os custos de tempo são zero). Essa observação nos permite adivinhar a estratégia de equilíbrio.

Primeiro analisamos um leilão ascendente no qual o *jump bidding* não é permitido. Suponha que o jogo tem uma função de lance de equilíbrio simétrica estritamente crescente β_c. Então, por cálculo direto, o payoff esperado de um licitante de tipo t deve ser

$$V(t) = v(t)t^{N-1} - c\left(\int_0^t \beta_c(s)\,ds^{N-1} + \beta_c(t)(1 - t^{N-1})\right) \\ - \int_0^t \beta_c(s)\,ds^{N-1}. \quad (4.14)$$

Essa fórmula expressa o payoff máximo do licitante como o valor recebido esperado menos os custos de tempo incorridos (quer o licitante vença ou perca) e menos os pagamentos mínimos esperados. Como argumentamos antes, esse payoff deve ser o mesmo que o esperado em um leilão de segundo preço sem qualquer custo de tempo, que é

$$V(t) = \int_0^t v'(s)s^{N-1}ds = v(t)t^{N-1} - \int_0^t v(s)\,ds^{N-1}. \quad (4.15)$$

Igualar o lado direito de (4.14) e (4.15) e diferenciar em relação a t leva à equação diferencial $v(t) - \beta_c(t) = \frac{1}{N-1}ct^{2-N}(1 - t^{N-1})\beta_c'(t)$. Resolvemos essa equação diferencial para identificar o equilíbrio.

Teorema 4.13. Suponha que $0 < v(0)$ e $0 < v'(0)$. No modelo de leilão ascendente simétrico sem permissão de *jump bidding* e preço de reserva zero, existe uma estratégia de equilíbrio simétrica que satisfaz

$$\beta_c(0) = 0 \text{ e } \beta'_c(t) = (N-1)\frac{v(t) - \beta_c(t)}{c} \frac{t^{N-2}}{1 - t^{N-1}}. \tag{4.16}$$

Prova. Como p é crescente em b, a função esperada de payoff $v(t)p(b) - c\tau(b) - \pi(b)$ tem diferenças crescentes como função de (b, t). A solução tem $\beta'_c(t) > 0$, de modo que a estratégia proposta é crescente. Por construção, a solução satisfaz a condição de primeira ordem e, assim, satisfaz a fórmula do envelope. Logo, pelo teorema de suficiência, não há desvios lucrativos dessa estratégia para lances na faixa de β_c. Nenhum lance abaixo da faixa da estratégia de equilíbrio é possível, e lances acima dela levam ao mesmo payoff que $\beta_c(1)$. ∎

A equação (4.16) implica que se $v(0) > 0$, então $\beta_c(t) < v(t)$ para todo $t < 1$. Sem custos de tempo, os licitantes fariam ofertas até $v(t)$. Assim, em equilíbrio, os licitantes fazem menos ofertas de modo uniforme em leilões ascendentes com custo de tempo do que em leilões correspondentes sem eles. Consequentemente, as receitas são uniformemente mais baixas do que em leilões selados de segundo preço. Embora usemos o relacionamento de equivalência de *payoff* para adivinhar a estratégia de equilíbrio, o teorema de equivalência de *receitas* não se aplica.

Segundo (4.16), $\beta_c(0) = 0$, e se $N > 2$ então $\beta'_c(0) = 0$ também, mesmo que $v(0) > 0$. Assim, licitantes do tipo baixo oferecem lances muito menores que seus valores. Isso contrasta fortemente com as estratégias de equilíbrio de licitação para o caso de referência com $c = 0$, pois nesse caso mesmo licitantes do tipo baixo fazem ofertas até o máximo de seus valores. Intuitivamente, quando $c > 0$ e $N > 2$, licitantes com tipos muito baixos constatam que a probabilidade de vencer é tão irrisória que qualquer lance substancialmente positivo ganha lucros esperados negativos. Como os custos vão de zero a algum valor positivo, estratégias de equilíbrio mudam de forma descontinuada.

Se licitantes podem fazer lances com saltos, a análise de equilíbrio muda. Além de intimidar outros licitantes, eles podem evitar alguns custos de tempo com o *jump bidding*. Contra essas vantagens, os licitantes devem comparar a desvantagem de um *jump bid* superar o preço máximo que os outros estão dispostos pagar, fazendo com que o licitante pague um preço excessivo pelo item.

Como é um equilíbrio com *jump bidding*? Em nosso modelo simples, permitimos que os licitantes saltem a um número específico B na abertura do leilão. O leiloeiro diz a todos quando alguém saltou para B, mas não fornece mais informações.

Segundo essas suposições, cada licitante precisa tomar quatro decisões. Primeiro, ele fará o salto no lance de abertura? Segundo, se ele o fizer, até que ponto (b_1) ele deve continuar a oferecer lances após o salto antes de sair? Terceiro, se ninguém fizer o salto, quão alto (b_2) o licitante deve continuar antes de sair? Quarto, se ele não fizer o salto, mas o leiloeiro anunciar que alguém o fez, quão alto(b_3) ele deve ir antes de sair? Os planos do licitante para situações que não ocorrerão de acordo com sua estratégia são irrelevantes. Assim, ao limitar a atenção a *estratégias reduzidas*, podemos especificar que se o licitante planeja não dar saltos, então $b_1 = 0$, ou caso contrário $b_2 = b_3 = 0$. Deixe nos dizer que um *lance* para qualquer tipo neste jogo é um triplo $b = (b_1, b_2, b_3)$, e uma estratégia é um triplo $\beta = (\beta_1, \beta_2, \beta_3)$ mapeando tipos em lances.

A estratégia de equilíbrio simétrico é caracterizada no Teorema 4.14 a seguir. Nós o derivamos aqui usando a fórmula do envelope e uma análise das condições de contorno. Procuramos um equilíbrio simétrico no qual licitantes (i) saltam exatamente quando seus tipos excedem algum corte $\hat{t}$ e (ii) o vencedor é sempre o licitante com o tipo mais alto.

Começamos examinando o equilíbrio de licitação para $t < \hat{t}$. Em equilíbrio, os payoffs para tipos nesta faixa devem satisfazer a seguinte equação:

$$V(t) = v(t)t^{N-1} - c\left(\int_0^t \beta_2(s)\,ds^{N-1} + \beta_2(t)(\hat{t}^{N-1} - t^{N-1})\right)$$
$$- \int_0^t \beta_2(s)\,ds^{N-1}.$$

(4.17)

A equação (4.17) é similar a (4.14). A diferença reflete o fato que em um modelo com *jump bidding*, se algum licitante tem um tipo superior a $\hat{t}$, então o licitante salta no início do leilão e os licitantes com tipos inferiores a $\hat{t}$ saem e evitam os custos de licitação.

Podemos caracterizar a estratégia de licitação para tipos $t < \hat{t}$ igualando a expressão de envelope para $V(t)$ em (4.15) com a expressão em (4.17) e diferenciando em relação a t. Isso leva a uma equação diferencial que reportamos como (4.19) no teorema.

Para licitantes com $t > \hat{t}$, usamos um método semelhante. A fórmula de payoff relevante é

$$V(t) = v(t)t^{N-1} - c\left(\int_{\hat{t}}^t (\beta_1(s) - B)\,ds^{N-1} + (\beta_1(t) - B)(1 - t^{N-1})\right)$$
$$- B\hat{t}^{N-1} - \int_{\hat{t}}^t \beta_1(s)\,ds^{N-1}.$$

(4.18)

O primeiro termo em (4.18) é o valor do item quando o licitante vence. O segundo é o custo de tempo incorrido. Após o salto para B, os licitantes incorrem em custos de tempo até o ponto em que fizeram ofertas acima de B. Os dois últimos termos correspondem a pagamentos em espécie. O licitante vencedor após um salto paga B se ninguém mais apresentar lances com salto, e acaso contrário paga o segundo lance mais alto.

Podemos caracterizar a estratégia de licitação para os tipos $t > \hat{t}$ igualando expressões (4.15) e (4.18) e diferenciando em relação a t. Novamente, isso leva a uma equação diferencial que reportamos como (4.20) no teorema a seguir.

A última parte determina o menor tipo $\hat{t}$ que salta. Em equilíbrio, se os licitantes fizerem lances com salto exatamente quando seus tipos estão acima de $\hat{t}$, então o licitante do tipo $\hat{t}$ que não salta espera ganhar quando nenhum outro concorrente salta e seu pagamento esperado é a quantia expressa no lado direito de (4.21). Assim, a condição (4.21) requer que o pagamento esperado de qualquer licitante seja exatamente o mesmo se ele fizer um lance até $\beta_2(\hat{t})$ sem *jumping* ou com *jumping*, mas sai imediatamente no caso de alguém também o fizer.

Teorema 4.14. No modelo de leilão ascendente simétrico com *jump bidding* para B permitido e preço de reserva zero, há uma estratégia de equilíbrio simétrico β. Nesse equilíbrio, há um tipo $\hat{t}$ tal que todos os tipos $t \leq \hat{t}$ desistem do *jumping* e saem se outro licitante fizer o lance com salto ($\beta_1(t) = \beta_3(t) = 0$). Em equilíbrio, $\beta_2(t)$ satisfaz

$$\beta_2(0) = 0 \text{ e } \beta_2'(t) = (N-1)\frac{v(t) - \beta_2(t)}{c}\frac{t^{N-2}}{\hat{t}^{N-1} - t^{N-1}}. \tag{4.19}$$

Tipos $t > \hat{t}$ saltam (logo $\beta_2(t) = \beta_3(t) = 0$), e β_1 satisfazem

$$\beta_1(\hat{t}) = B \text{ e } \beta_1'(t) = (N-1)\frac{v(t) - \beta_1(t)}{c}\frac{t^{N-2}}{1 - t^{N-1}}. \tag{4.20}$$

O tipo $\hat{t}$ satisfaz

$$B\hat{t}^{N-1} = (1+c)\int_0^{\hat{t}} \beta_2(s)\,ds^{N-1}. \tag{4.21}$$

Em equilíbrio,

$$\beta_2(\hat{t}) = v(\hat{t}) > B. \qquad (4.22)$$

Observações. O *jump bidding* intimida com sucesso licitantes no equilíbrio identificado; isto é, concorrentes que não oferecem lances com salto saem imediatamente após um salto. Segundo (4.2), os tipos de licitantes intimidados incluem os que, não fosse o salto, estariam preparados para oferecer lances estritamente acima de B.

Prova. Por construção, as estratégias satisfazem a fórmula derivada do envelope para todos os tipos, possivelmente com exceção de $\hat{t}$, e por (4.21) a função de payoff é contínua em $\hat{t}$. Logo, a fórmula integral do envelope se mantém sempre. Também por construção, tipos maiores vencem com maiores probabilidades e os payoffs satisfazem a propriedade de diferenças crescentes. Assim, pelo teorema de suficiência, não há desvio lucrativo na faixa da estratégia de equilíbrio. Por inspeção, também não há desvio lucrativo para qualquer tipo fora da faixa da estratégia proposta, de modo que a estratégia é de equilíbrio.

Para todo $\tilde{t} \in [0, \hat{t}]$, temos

$$\begin{aligned}
\beta_2(\hat{t}) - \beta_2(\tilde{t}) &= \int_{\tilde{t}}^{\hat{t}} \beta_2'(s)\, ds \\
&\geq \frac{N-1}{c} \min_{t \in [\tilde{t}, \hat{t}]} [v(t) - \beta_2(t)] \int_{\tilde{t}}^{\hat{t}} \frac{s^{N-2}}{\hat{t}^{N-1} - s^{N-1}}\, ds \\
&= \frac{N-1}{c} \min_{t \in [\tilde{t}, \hat{t}]} [v(t) - \beta_2(t)] \cdot \infty.
\end{aligned}$$

Isso implica que para todo $\tilde{t}$, o termo mínimo é zero, Logo, a continuidade, $v(\hat{t}) - \beta_2(\hat{t}) = 0$.

Pela fórmula do envelope, o lucro esperado do tipo $\hat{t}$ é positivo, de modo que $B < v(\hat{t})$. ∎

Teorema 4.15. No equilíbrio com *jump bidding* determinado por (4.19)-(4.21), cada tipo de todos os licitantes tem o mesmo lucro como no equilíbrio sem *jump bidding* determinado por (4.16), e os licitantes com tipos menores que $\hat{t}$ incorrem em custos de tempo no leilão com *jump bidding*.

Prova. Pelo lema de Myerson, como $V(0) = 0$ nos dois leilões e o desempenho de decisão é o mesmo, o payoff esperado de cada tipo de licitante é idêntico nos dois leilões.

Para $t \leq \hat{t}$, comparar (4.16) e (4.19), $\beta_2(t) > \beta_c(t)$ ou $\beta'_2(t) > \beta'_c(t)$. Como $\beta_c(0) = \beta_2(0) = 0$, aplicar o lema de classificação à função $\beta_2(t) - \beta_c(t)$, segue que $\beta_2(t) > \beta_c(t)$ para todos os tipos $t \in (0, \hat{t}]$. Como a soma dos pagamentos esperados e custos de tempo dos licitantes é a mesma nos dois leilões, mas os licitantes esperam pagar mais no leilão com *jump bidding* quando $t \leq \hat{t}$, seus custos de tempo esperados devem ser inferiores nesse leilão do que em um sem *jump bidding*. ■

Curiosamente, embora licitantes com tipos maiores que $\hat{t}$ possam poupar muito tempo com *jump bidding*, nenhum teorema geral prova que, em equilíbrio, eles sempre poupem tempo dessa forma.

4.3.2 Restrições de Orçamento

Seguindo Che e Gale (1998), modificamos o modelo de referência assumindo que cada licitante tem um orçamento limitado e nunca pode pagar mais do que uma soma fixa B. Para simplificar a exposição, supomos que v é estritamente crescente e que existem tipos t_r e t_B tal que $v(t_r) = r$ e $v(t_B) = B$. Essa mudança dificilmente afeta nossa análise de licitação no leilão Vickrey. Licitantes ainda têm uma estratégia dominante, que é oferecer um lance $\min(B, v(t))$ — o menor do valor real e o orçamento disponível. O argumento é similar ao do modelo sem restrições de orçamento.

Argumentamos antes que, em leilões de primeiro preço, não podem ocorrer empates em equilíbrio entre licitantes com valores acima de r, pois cada licitante teria um incentivo para aumentar seu lance apenas levemente. Dessa forma, ele incorreria em um pequeno custo arbitrário ao mesmo tempo em que aumentaria discretamente suas chances de vencer com lucro e esse possível desvio é inconsistente com o equilíbrio de Nash. O mesmo argumento se mantém para preços abaixo do limite do orçamento de B. Porém, empates podem ocorrer em B, porque aumentos em lances acima de B não são factíveis. Inferimos que a função de lance de equilíbrio simétrico, se existir, deve ser estritamente crescente no domínio de tipos para os quais $v(t) > r$ até o menor tipo t_F que faz oferta B.

Ao aplicar a fórmula do envelope como antes, concluímos que os payoffs de equilíbrio para tipos menores que t_F devem coincidir com seus payoffs no leilão de primeiro preço ilimitados de modo que as funções de lances também devem coincidir. Como todos os tipos mais altos farão ofertas em B, esse lance deve ocorrer com probabilidade positiva. Assim, a função de lance de equilíbrio deve dar um salto no argumento t_F; caso contrário, qualquer licitante com um tipo ligeiramente menor que t_F em seu lugar ofereceria B, porque fazer isso vence o leilão com uma probabilidade discretamente maior, mas incorre em um custo apenas um pouco maior.

Identificamos o tipo menor t_F que oferece B igualando seu lucro esperado ao oferecer B para o especificado pela fórmula do envelope. Como observado antes, não há perda de generalidade ao supor que F é a distribuição uniforme em [0, 1], de modo que $F^{N-1}(s) = s^{N-1}$. Mantemos essa suposição nesses cálculos:

$$\int_{t_r}^{t_F} s^{N-1} v'(s)\, ds = (v(t_F) - B)\, P(t_F), \qquad (4.23)$$

onde

$$P(t_F) = \sum_{k=0}^{N-1} C(N-1, k) t_F^{N-1-k} (1-t_F)^k (1+k)^{-1}. \qquad (4.24)$$

O lado esquerdo de (4.23) é o lucro esperado do licitante segundo o teorema do envelope. O lado direito é o lucro esperado por fazer a oferta em B, obtido multiplicando o lucro do vencedor $v(t_F) - B$ pela probabilidade de vencer $P(t_F)$, como dado por (4.24).

Para derivar (4.24), note primeiro que quando o licitante empata com outros licitantes k, ele vence com probabilidade $(1+k)^{-1}$. Logo, a probabilidade $P(t_F)$ é igual à soma sobre k da probabilidade de um empate envolvendo outros licitantes k em lances B vezes $(1+k)^{-1}$. Na expressão (4.24) $C(N, k)$ denota $N!/(k!(N-k)!)$.

Teorema 4.16. Existe no máximo uma solução única t_F para (4.23). Quando existe uma solução, ela corresponde ao único equilíbrio com limite de orçamento do leilão, que é dado por

$$\beta_{FB}(t) = \begin{cases} \beta_{FP}(t) & \text{se } t \leq t_F, \\ B & \text{se } t > t_F. \end{cases} \qquad (4.25)$$

Prova. Observe que a derivada à esquerda de (4.23) com relação a t_F é $t_F^{N-1} v'(t_F)$, e a que está à direita é $P(t_F)v'(t_F) + (v(t_F) - B) P'(t_F)$. Este primeiro termo da derivada à direita é maior do que o da esquerda,[16] e o segundo termo da derivada à direita é positiva. Logo, vendo os lados direito e esquerdo de (4.23) como funções de t_F, a inclinação do lado esquerdo é sempre menor que a do lado direito. Assim, há no máximo uma solução para (4.23). Pelos argumentos do texto que precede o teorema, se existe uma estratégia de equilíbrio simétrica, ela deve satisfazer (4.25).

Pelo teorema de simplificação da limitação, nenhum tipo pode estritamente lucrar com o desvio de cada lance na faixa de β_{FB}. Os únicos lances factíveis não nessa faixa são os lances $b \in (\beta_{FP}(t_F), B)$. Dada a hipótese de equilíbrio que os outros jogadores adotam a estratégia β_{FB}, fazer ofertas $\beta_{FP}(t_F)$ vence precisamente o mesmo tipo de vetores que qualquer lance b e reduz a condição de preço do licitante para vencer, de modo que nenhum lance desses pode ser uma melhoria estrita. Logo, a estratégia β_{FB} é uma estratégia de equilíbrio. ∎

O teorema cobre o caso no qual a solução para (4.23) existe. Ela pode não existir em dois casos. Uma possibilidade é que o lado esquerdo de (4.23) é maior do que o direito para todos os valores de t_F. Nesse caso, pode-se identificar o equilíbrio definindo $t_F = 1$ em (4.25): a restrição de orçamento não é vinculativo. A segunda possibilidade é que o lado esquerdo é menor que o direito para todos os valores de t_F. Neste caso, pode-se identificar o equilíbrio definindo $t_F = 0$ em (4.25): todos os lances são B, e a alocação do leilão é totalmente aleatória.

O próximo teorema compara os efeitos da restrição de orçamento ao desempenho dos dois tipos de leilão.

Teorema 4.17. A receita esperada do leilão de primeiro preço com reserva r e a restrição de orçamento B é maior do que a do leilão Vickrey correspondente. O leilão de primeiro preço rende o mesmo desempenho de decisão e receita esperada que o leilão Vickrey com reserva r e orçamento $v(t_F) > B$.

Prova. Pelo teorema precedente, o leilão de primeiro preço com restrição de orçamento B e onde t_F é o tipo mais baixo que faz lance B gera o seguinte desempenho de alocação: (i) nenhuma concessão se o tipo mais alto tem

---

[16] $P(t_F)$ é a soma de termos positivos, incluindo o termo t_F^{N-1}.

$v(t^{(1)}) < r$, (ii) tipo $t^{(1)}$ vence se $t^{(1)} \leq t_F$ e $v(t^{(1)}) > r$, (iii) uma concessão aleatória entre licitantes de tipos maiores que t_F se $t^{(1)} > t_F$. Este desempenho é precisamente o mesmo que no leilão Vickrey com restrição de orçamento $v(t_F) > v(t_B) = B$. Assim, o lema de Myerson implica que os dois leilões têm os mesmos pagamentos esperados. O desempenho da alocação difere da do leilão Vickrey com restrição de orçamento B, onde o tipo mais baixo a fazer um lance B é $t_B < t_F$. Claramente, o leilão Vickrey com uma restrição de orçamento menor produz uma receita esperada menor. ∎

A ideia que fundamenta a prova é a de que a probabilidade de pagamentos elevados varia entre desenhos de leilão, então eles variam tanto quanto os orçamentos restringem os licitantes. O pagamento mais alto feito em qualquer leilão de primeiro preço é menor do que em um de segundo preço, porque licitantes de alto valor sempre pagam menos que seus valores em um leilão de primeiro preço. O teorema prova uma afirmação sólida — que o leilão de primeiro preço duplica a alocação de um leilão de segundo preço com um limite de orçamento maior. Portanto, em especial, ele gera mais receita que um leilão de segundo preço com o mesmo limite de orçamento.

4.3.3 Quantidades Endógenas

Quando compradores conduzem leilões, as quantidades que compram muitas vezes dependem do preço que pagam. Por exemplo, considere uma grande empresa que tenta adquirir quartos de hotel para sua equipe gerencial em viagem a uma determinada cidade. Cada hotel oferece um preço por quarto para a grande empresa em um leilão competitivo. Quando a empresa recebe os lances, viajantes individuais decidem com que frequência viajarão e se usarão o serviço de viagens da empresa para reservar aposentos. Assim, a quantidade de diárias vendidas dependerá do licitante e do lance vencedor. Hansen (1988) mostrou que essa escolha de quantidade endógena afeta os incentivos de licitação da mesma forma que a aversão ao risco. Isto é, a endogeneidade da quantidade negociada reduz os lances em um leilão de primeiro preço sem mudar os incentivos em um leilão de segundo preço.

Para facilitar comparações com resultados anteriores, continuamos a supor que licitantes são compradores, mas agora supomos que os compradores têm um valor por unidade $v(t)$ e ficam satisfeitos em comprar múltiplas unidades, enquanto o vendedor fornece uma certa quantidade de unidades, $S(p)$, que aumentam com seu preço p. Está claro, neste caso, que os incentivos em um leilão de segundo preço são exatamente os mesmos como quando $S \equiv 1$.

Argumentos que agora são conhecidos implicam que ao analisar o leilão de primeiro preço podemos restringir a atenção a funções de lances estritamente crescente. A função de equilíbrio de lances $\beta = \beta_{FP}^{ES}$ deve resolver

$$\beta(t) \in \arg\max_b (v(t) - b)(\beta^{-1}(b))^{N-1} S(b), \qquad (4.26)$$

em que $v(t) - b$ é a margem de "lucro" em cada unidade, $(\beta^{-1}(b))^{N-1}$ é a probabilidade de vencer e $S(b)$ é a função de *oferta* que estipula a quantidade fornecida pelo vendedor dado o lance b.

Teorema 4.18. Suponha que S é crescente e diferenciável, o logaritmo $S(b)$ é côncavo e $v'(0) > 0$. Defina t^* por $v(t^*) = r$. Então, a única estratégia de equilíbrio simétrica $\beta = \beta_{FP}^{ES}$ do leilão de primeiro preço com função de oferta endógena S resolve a seguinte equação diferencial com condição de contorno $\beta(t^*) = r$:

$$\frac{N-1}{t\beta'(t)} = \frac{1}{v(t) - \beta(t)} - \frac{S'(\beta(t))}{S(\beta(t))}. \qquad (4.27)$$

Prova. Tomando o logaritmo do objetivo (4.26) e então avaliando a condição de otimalidade de primeira ordem em $b = \beta(t)$ leva a (4.27). Usando (4.27), $\beta(t^*) = r$, e a concavidade do logaritmo $S(b)$, a função do lance $\beta(t)$ é não decrescente.[17] Pelo argumento usual, $\beta(t)$ é o candidato único para um equilíbrio simétrico. Além disso, por construção, o lance de equilíbrio satisfaz as condições de primeira ordem e, logo, a fórmula do envelope integral. Pelo teorema da simplificação da restrição, β é uma estratégia de equilíbrio simétrico. ∎

---

[17] Por inspeção, $\beta'(t^*) = 0$. Mostramos que pode haver nenhum intervalo $(\underline{t}, \overline{t}) \subset [t^*, 1]$ tal como $\beta'(\underline{t}) = 0$ e para todo $t' \in (\underline{t}, \overline{t}), \beta'(t) < 0$. Se houvesse tal intervalo, então $\beta'(t) = \int_{\underline{t}}^{t} \beta''(s) \, ds < 0$ para todo $t \in (\underline{t}, \overline{t})$. Então, definindo $\hat{S} = \log S$, diferenciando ambos os lados de (4.27) e multiplicando por -1, teríamos

$$\frac{(N-1)(\beta'(t) + t\beta''(t))}{(t\beta'(t))^2} = \frac{v'(t) - \beta'(t)}{(v(t) - \beta(t))^2} + \beta'(t)\hat{S}''(\beta(t)).$$

Como $\beta'(t) < 0$ e $\hat{S}$ são côncavos, o lado direito da equação é positiva. Para que o lado esquerdo também seja positivo, devemos ter $\beta''(t) > 0$ para todos $t \in (\underline{t}, \overline{t})$, que contradiz $\beta'(t) = \int_{\underline{t}}^{t} \beta''(s) \, ds < 0$.

Teorema 4.19. Suponha que S seja crescente e diferenciável, log $S(b)$ seja côncavo, e $v'(0) > 0$. Defina t^* por $v(t^*) = r$. Deixe β_{FP} e β_{FP}^{ES} ser as funções de lance de equilíbrio em um leilão de primeiro preço com reserva r para oferta exógena ($S' = 0$) e oferta endógena $S'_{ES} > 0$ respectivamente. Então, para todos os tipos $t > t^*$, $\beta_{FP}(t) < \beta_{FP}^{ES}(t)$. Em outras palavras, os licitantes fazem ofertas maiores quando a oferta é responsiva ao preço.

Prova. Por (4.27), se $\beta_{FP}(t) > \beta_{FP}^{ES}(t)$ então $\beta'_{FP}(t) < \beta_{FP}^{ES'}(t)$. Dada a condição de contorno $\beta_{FP}(t^*) = \beta_{FP}^{ES}(t^*)$, a conclusão segue a partir do lema de classificação, aplicado à função $\beta_{FP}^{ES}(t) - \beta_{FP}(t)$. ∎

Neste modelo, como o equilíbrio do leilão de segundo preço não depende da função de oferta, o preço esperado para o leilão de segundo preço é $\beta_{FP}(t)$ quando o vencedor é do tipo t. Logo, com oferta endógena, leilões de primeiro preço levam a preços médios maiores.

4.3.4 Tipos Correlacionados

Quando licitantes reais participam em um leilão, às vezes eles usam seus próprios valores como estimativa inicial dos valores de outros licitantes. Para esse procedimento fazer sentido, os tipos devem ter uma associação positiva e não agir de modo independente como supusemos anteriormente. Aqui, tratamos o modelo de tipos correlacionados introduzido por Milgrom e Weber (1982).

Quando os tipos são correlacionados, o problema de escolher um lance de maximização do lucro esperado (ignorando empates) torna-se

$$\max_b (v^i(t^i) - b) F_B(b|t^i), \tag{4.28}$$

no qual F_B é a distribuição de probabilidade condicional do lance concorrente mais alto dado o tipo do licitante.

O problema do licitante neste modelo difere do de outros modelos em que a probabilidade de um lance b vencer depende da associação do lance e do tipo de licitante, e não de apenas do lance. Podemos limitar a atenção a lances $b < v^i(t^i)$, já que lances maiores não seriam lucrativos. Usando logaritmos, o problema se torna

$$\max_b [\ln(v^i(t^i) - b) + \ln F_B(b|t^i)]. \tag{4.29}$$

Se v^i é crescente, o primeiro termo satisfaz a condição de diferenças crescentes e, portanto, diferenças suaves de cruzamento único. Se o lance induz a um valor positivo de F_B e se o segundo termo também tem diferenças crescentes, então todo o objetivo tem uma propriedade de diferenças de cruzamento único estrito.

Em um modelo simétrico de dois licitantes, se há uma estratégia de equilíbrio simétrica crescente β, então $\ln F_B(\beta(t^j)|t^i) = \ln F(t^j|t^i)$, onde o F não subscrito denota a distribuição conjunta dos tipos de licitantes. Segue um cálculo de rotina que, se $\ln F(t^j|t^i)$ tem diferenças crescentes, então o mesmo ocorre em $\ln F_B(b|t^i)$.

Teorema 4.20. No modelo simétrico de dois licitantes com tipos dependentes, suponha que $\ln F(t^j|t^i)$ é continuamente diferenciável e tem diferenças crescentes e $v'(0) > 0$. Então, a função de lance de equilíbrio crescente simétrico único β_{FP} satisfaz $\beta_{\text{FP}}(0) = v(0)$ e

$$\frac{1}{\beta'_{\text{FP}}(t)} \frac{f(t|t)}{F(t|t)} = \frac{1}{v(t) - \beta_{\text{FP}}(t)}. \tag{4.30}$$

Prova. O problema de otimização do licitante é

$$\max_b [\ln(v(t) - b) + \ln F(\beta^{-1}(b)|t)],$$

que rende a condição de primeira ordem

$$\frac{-1}{v(t) - b} + \frac{f(\beta^{-1}(b)|t)}{F(\beta^{-1}(b)|t)} \cdot \frac{d}{db}\beta^{-1}(b) = 0$$

e, portanto (4.30), porque $\beta^{-1}(b) = t$. Como $\beta_{\text{FP}}(t)$ satisfaz a condição de otimalidade de primeira ordem, deve satisfazer a condição do envelope. Tanto $f(t|t)$ quanto $F(t|t)$ são positivos por suposição, e em qualquer solução de (4.30) temos $v(t) - \beta_{\text{FP}}(t) > 0$ para todos $t > 0$. Então, por inspeção de (4.30), $\beta'_{\text{FP}}(t) > 0$ para $t > 0$. Logo, pelo teorema de simplificação da restrição, β_{FP} é a melhor resposta e, assim, um equilíbrio de Nash. Note que, comumente, nenhum lance fora da faixa de $\beta_{\text{FP}}(t)$ pode pagar mais para qualquer tipo que algum lance dentro da faixa.

Além disso, cada estratégia de licitação de equilíbrio de Nash deve, pelos motivos habituais (veja a Seção 4.2.2), ser contínua, crescente e diferenciável, e tem que satisfazer (4.30) pela definição da melhor resposta de $\beta(0) = v(0)$. A função do lance é única, pois não são permitidos empates e nenhuma outra condição de contorno é possível. ■

Em seguida, comparamos os lucros e receitas esperados em leilões de primeiro e segundo preço. O ponto central de nossa análise é que o preço pago esperado pelo licitante vencedor no leilão de segundo preço aumenta no tipo do licitante, mesmo mantendo seu lance fixo. Isso ocorre em nosso modelo devido à suposta correlação positiva entre os tipos de licitantes.[18] Como não existe tal efeito no leilão de primeiro preço, os lucros do licitante aumentam mais depressa como uma função de tipo nesse leilão, gerando diferentes payoffs nos dois leilões.

Começamos provando que o pagamento esperado do licitante no leilão de segundo preço aumenta em seu tipo, mesmo mantendo o lance fixo.

Lema. Suponha que $\ln F$ tenha diferenças crescentes. Então (1) $F(s|t)$ é não crescente em seu segundo argumento e (2) a função $\bar{p}(s|t) = E[v(t^j)|t^j < s, t^i = t]$ é não decrescente em seu segundo argumento.

Prova. Como $\ln F$ tem diferenças crescentes, para qualquer $t > \hat{t}$ temos $-\ln F(s|\hat{t}) = \ln F(1|\hat{t}) - \ln F(s|\hat{t}) \leq \ln F(1|t) - \ln F(s|t) = -\ln F(s|t)$. Logo, $F(s|t) \leq F(s|\hat{t})$. Como s é arbitrária, a distribuição $F(\cdot|t)$ de primeira ordem domina estocasticamente $F(\cdot|\hat{t})$, isto é, para todo s, $F(s|t) \leq F(s|\hat{t})$, que prova (1). Assim, como v é crescente, $\bar{p}$ é crescente em seu segundo argumento. ■

Teorema 4.21. No modelo simétrico de dois licitantes com tipos dependentes, suponha que $\ln F(t^j|t^i)$ seja continuamente diferenciável e tenha diferenças crescentes, isto é, $\partial^2 \ln F(x|y)/\partial x\, \partial y \geq 0$. Então, o payoff esperado para cada tipo de licitante é menor no leilão de segundo preço do que no de primeiro.

Prova. O payoff esperado do licitante no leilão de segundo preço quando oferece $v(s)$ é $(v(t) - \bar{p}(s|t)) F(s|t)$, que é seu valor $v(t)$ menos o preço que espera

---

[18] Mais precisamente, tipos devem ser positivamente correlacionados condicionados a pertencer a qualquer conjunto de produtos. Essa condição de *afiliação* é analisada e explorada no Capítulo 5.

pagar $\tilde{p}(s|t)$, condicional à oferta $v(s)$ quando seu tipo é t, vezes a probabilidade condicional $F(s|t)$ que o tipo oposto é menor que s. Deixe-nos imaginar que o licitante otimiza escolhendo s, e defina $V_{SP}(t) = \max_s (v(t) - \tilde{p}(s|t)) F(s|t)$; este é o payoff de equilíbrio do licitante. O máximo ocorre em $s = t$. Portanto, pelo teorema do envelope, $V'_{SP}(t) = (v'(t) - \tilde{p}_2(t|t))F(t|t) + (v(t) - \tilde{p}(t|t))F_2(t|t)$. Substituir $\tilde{p}(t|t) = v(t) - V_{SP}(t)/F(t|t)$ leva a

$$V'_{SP}(t) = \left(v'(t) - \tilde{p}_2(t|t)\right) F(t|t) + \frac{V_{SP}(t)}{F(t|t)} F_2(t|t). \qquad (4.31)$$

Argumentar de modo similar em leilão de primeiro preço usando $V_{FP}(t) = \max_s (v(t) - \beta(s)) F(s|t)$ leva a

$$V'_{FP}(t) = v'(t) F(t|t) + \frac{V_{FP}(t)}{F(t|t)} F_2(t|t). \qquad (4.32)$$

Além disso, $V_{FP}(0) = V_{SP}(0) = 0$. Note que $F_2(t|t) \leq 0$, pelo lema. Logo, de (4.31) e (4.32), em cada ponto t, se $V_{FP}(t) < V_{SP}(t)$ então $V'_{FP}(t) \geq V'_{SP}(t)$. Segue então do lema de classificação aplicado a $V_{FP}(t) - V_{SP}(t)$ que $V_{FP}(t) \geq V_{SP}(t)$ para todo $t \geq 0$. ∎

Quando há mais que dois licitantes, é possível uma análise semelhante. Nessa análise, substituímos a exigência de que $\ln F(t^j|t^i)$ h tem diferenças crescentes com uma condição similar na distribuição cumulativa conjunta $\tilde{F}$ de tipo i e o tipo maior entre $N - 1$ outros licitantes. Veja o Capítulo 5 para o desenvolvimento completo.

4.4 Leilões com Maximização de Receita Esperada

Entre os mais famosos resultados na teoria de leilões está o teorema de Myerson sobre leilões que maximizam as receitas esperadas do vendedor. Embora a análise original partisse do pressuposto de que os tipos dos licitantes eram seus valores, também podemos apresentar os resultados mais intuitivamente usando as estratégias distributivas discutidas na seção 4.2.

Supomos que o tipo de cada licitante t^i é uniformemente distribuído em [0, 1] e que o valor de um item para o licitante i é uma função diferenciável crescente $v^i(t^i)$. Usando a fórmula (4.5), o payoff esperado *ex ante* do licitante i no leilão é, portanto

144 Aplicando a Teoria dos Leilões

$$E[V^i(t^i)] = V^i(0) + \int_0^1 \int_0^t \frac{d}{ds} v^i(s) x^i(s) \, ds \, dt$$
$$= V^i(0) + \int_0^1 \int_s^1 dt \frac{d}{ds} v^i(s) x^i(s) \, ds$$
$$= V^i(0) + \int_0^1 (1-s) \frac{d}{ds} v^i(s) x^i(s) \, ds. \tag{4.33}$$

Antes de formular o problema do vendedor, primeiro consideramos as restrições, isto é, que desempenho de decisão é factível nesse cenário. Então derivamos a fórmula para o payoff do vendedor e convenientemente o expressamos em termos do mecanismo de desempenho. Para determinar que desempenho podemos implementar, revertemos à notação do desenho do mecanismo similar à do Capítulo 2, escrevendo a função de payoff de i como u^i, a função de desempenho (combinando alocações e transferências) como z, e o espaço do tipo como Θ^i em vez de $[0, 1]$.

Definição. A função de desempenho z é (*bayesiano*) *incentivo-compatível* se e apenas se para todo $\hat{t}^i \in \Theta^i$,

$$E[u^i(z(t^i, t^{-i}), t^i) | t^i] \geq E[u^i(z(\hat{t}^i, t^{-i}), t^i) | t^i].$$

A definição afirma que a função de desempenho é incentivo-compatível se, quando o participante do tipo i é t^i, ele nunca prefere estritamente que o mecanismo escolha um resultado como se o tipo i fosse realmente $\hat{t}^i$. A importância da compatibilidade do incentivo reside no *princípio da revelação*.

O Princípio da Revelação para Equilíbrio Bayes-Nash. O equilíbrio Bayes-Nash σ de um mecanismo aumentado (S, ω, σ) atinge o desempenho z se e apenas se a função de desempenho é incentivo-compatível.

Prova. Se z é não incentivo-compatível, então para algum $t^i, \hat{t}^i$,

$$E[u^i(\omega(\sigma^i(t^i), \sigma^{-i}(t^{-i})), t^i) | t^i] = E[u^i(z(t^i, t^{-i}), t^i) | t^i]$$
$$< E[u^i(z(\hat{t}^i, t^{-i}), t^i) | t^i] = E[u^i(\omega(\sigma^i(\hat{t}^i), \sigma^{-i}(t^{-i})), t^i) | t^i],$$

de modo que o jogador de tipo t^i estritamente prefere desviar de $\sigma^i(t^i)$ para $\sigma^i(\hat{t}^i)$, contradizendo a suposição de que σ é um equilíbrio Bayes-Nash. Ou seja, dados os verdadeiros tipos dos jogadores, o desempenho z pode ser atingido se e apenas se a função de desempenho é incentivo-compatível para que todos os jogadores reportem seus tipos verdadeiramente.

Por outro lado, se z é incentivo-compatível então, por inspeção, as estratégias $\sigma^i(t^i) = t^i$ constituem um equilíbrio Bayes–Nash do mecanismo direto. ∎

Agora formulamos o problema de maximização de receita do vendedor. Note primeiro que o payoff conjunto total *ex ante* do comprador i e do vendedor das vendas ao comprador i é

$$TV^i = \int_0^1 v^i(t) x^i(t)\, dt, \tag{4.34}$$

de modo que a receita esperada do vendedor gerada por essas vendas é

$$\begin{aligned} E[p^i(t^i)] &= TV^i - E[V^i(t^i)] \\ &= \int_0^1 v^i(t) x^i(t)\, dt - V^i(0) - \int_0^1 (1-s) \frac{dv^i}{ds} x^i(s)\, ds \\ &= -V^i(0) + \int_0^1 \left(v^i(s) - (1-s) \frac{dv^i}{ds} \right) x^i(s)\, ds. \end{aligned} \tag{4.35}$$

Portanto, o problema do vendedor é

$$\max_{x,p} E\left[\sum_{i=1}^N p^i(t^i) \right]$$

sujeito a

(PC) $V^i(t^i) \geq 0$ para todo i, t^i,
(IC) $v^i(t^i) E[x^i(t^i, t^{-i}) | t^i] - p^i(t^i)$
   $\geq v^i(t^i) E[x^i(\hat{t}^i, t^{-i}) | t^i] - p^i(\hat{t}^i)$ para todo $i, t^i, \hat{t}^i$ \hfill (4.36)

onde (PC) designa *restrição de participação* (voluntária) [*participation constraint*] e (IC) a *restrição de incentivo* [*incentive constraint*]. A restrição de participação exige que o licitante pelo menos sempre se sai tão bem ao participar do mecanismo quanto ao se recusar a fazê-lo. A restrição de incentivo exige que o mecanismo seja incentivo-compatível.

O problema (4.36) pode ser simplificado de várias formas. Primeiro, usando o teorema de simplificação de restrição, a restrição de incentivo pode ser substituída por

(IC') $\begin{cases} x^i \text{ não decrescente para } i = 1, \ldots, N, \\ V^i(t) = v^i(t)x^i(t) - p^i(t) = V^i(0) + \int_0^t v^{i\prime}(s)x^i(s)\,ds \\ \text{para } i = 1, \ldots, N, t \in [0, 1], \end{cases}$

onde a segunda expressão é do teorema do envelope. Podemos reescrever o pagamento esperado do licitante i como

$$p^i(t) = v^i(t)x^i(t) - \int_0^t \frac{dv^i}{ds}x^i(s)\,ds - V^i(0).$$

Segundo, porque a fórmula do envelope implica que V^i é não decrescente, a restrição de participação reduz-se a

(PC') $V^i(0) \geq 0$ para $i = 1, \ldots, N$.

Bulow e Roberts (1989) sugeriram uma analogia entre o problema do leilão ideal e o de preços de monopólio padrão.

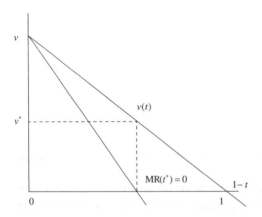

Figura 5. A função de valoração v desempenha um papel na teoria de maximização de receitas em leilões semelhante à função de demanda inversa na teoria de monopólio. Note que a quantidade mostrada no eixo horizontal é $1 - t$.

Se alguém define o preço de modo a vender uma unidade ao licitante se seu tipo é t ou maior, então a probabilidade de uma venda será $1 - t$. Essa probabilidade é a quantidade vendida esperada, de modo que a função $P(1 - t) = v^i(t)$ é interpretável como a função de demanda inversa. Vender uma quantidade esperada de $1 - t$ ao preço de $v^i(t)$ gera um *total de receitas* esperadas de $\mathrm{TR}^i(t) = v^i(t)(1 - t)$ (veja a Figura 5). A *receita marginal* correspondente é

$$\mathrm{MR}^i(t) = \frac{d((1-t)v^i(t))}{d(1-t)} = -\frac{d((1-t)v^i(t))}{dt} = v^i(t) - (1-t)\frac{dv^i}{dt}. \quad (4.37)$$

O leilão ótimo maximiza lucros esperados vendendo a compradores cujos tipos t satisfazem $\mathrm{MR}(t) > 0$. A expressão $(1 - t)\, dv^i/dt$ é a taxa de risco inversa associada à distribuição F^i. Para ver isso, lembre-se que a taxa de risco inversa é $1/h^i(t) = (1 - F^i)/f^i$, e como $v^i = (F^i)^{-1}$, sabemos que $F^i(v^i) = t^i$, para $[dF^i(v^i)/dv^i]dv^i/dt^i = 1$. Portanto,

$$\frac{dv^i}{dt^i} = \frac{1}{f^i}, \text{ ou } (1 - t^i)\frac{dv^i}{dt^i} = \frac{1 - F^i}{f^i}.$$

Usando a equação (4.37) para definir MR^i, podemos reescrever (4.35) mais compacta e intuitivamente como

$$E[p^i(t^i)] = -V^i(0) + \int_0^1 \mathrm{MR}^i(s^i) x^i(s^i)\, ds^i. \quad (4.38)$$

Os dois usos são relacionados por[19]

$$x^i(t^i) = \int \cdots \int x^i(t^i, t^{-i})\, dt^{-i}. \quad (4.39)$$

Como $x^i(\cdot)$ são probabilidades, elas precisam satisfazer $x^i(t^1, \ldots, t^N) \geq 0$ e $\sum_{i=1}^{N} x^i(\vec{t}) \leq 1$ para todos os tipos de vetores $\vec{t} = (t^1, \ldots, t^N)$. A receita total esperada do vendedor, em termos da função de desempenho de alocação x, é

---

[19] A notação x^i tem função dupla aqui, como função de variável real t^i ou variável do vetor $\vec{t}$.

$$\sum_{i=1}^{N} E[p^i(t^i)] = -\sum_{i=1}^{N} V^i(0) + \sum_{i=1}^{N} \int_0^1 \text{MR}^i(s^i) \int \cdots \int x^i(s^i, s^{-i}) \, ds^{-i} ds^i$$

$$= -\sum_{i=1}^{N} V^i(0)$$

$$+ \int \cdots \int \left(\sum_{i=1}^{N} \text{MR}^i(s^i) x^i(s^i, s^{-i}) \right) ds^1 \cdots ds^N. \tag{4.40}$$

Usando (4.40), podemos reescrever o problema da maximização de receitas esperadas como

$$\max_{x,p} - \sum_{i=1}^{N} V^i(0) + \int \cdots \int \left(\sum_{i=1}^{N} \text{MR}^i(s^i) x^i(s^i, s^{-i}) \right) ds^1 \cdots ds^N,$$

(IC') $\begin{cases} \int x^i(t^i, s^{-i}) \, ds^{-i} \text{ é não decrescente em } t^i \text{ para } i = 1, \ldots, N, \\ p^i(t) = v^i(t) x^i(t) - V^i(0) - \int_0^t v^{i\prime}(s) x^i(s) \, ds \text{ para todo } i, t \in [0, 1], \end{cases}$

(PC') $V^i(0) \geq 0 \quad \text{para} \quad i = 1, \ldots, N,$

(Prob) $\begin{cases} x^i(s^i, s^{-i}) \geq 0 \quad \text{para} \quad i = 1, \ldots, N, \ (s^i, s^{-i}) \in [0,1]^N, \\ \sum_{i=1}^{N} x^i(s^i, s^{-i}) \leq 1 \quad \text{para} \quad (s^i, s^{-i}) \in [0,1]^N. \end{cases}$

(4.41)

A primeira condição de (IC') segue do fato que $x^i(\cdot)$ é não decrescente e as restrições (Prob) refletem os fatos de que x^i é a probabilidade e que o vendedor possui somente uma unidade.

4.4.1 Teorema de Myerson

Quanto a outros problemas de fixação de preços por monopólio, aqui é mais fácil caracterizar a solução quando as funções de receita marginal são decrescentes em quantidades (aqui denotadas por $1 - s^i$). Com essa suposição (que implica que cada função MR^i é crescente no tipo do licitante), verificar a solução de (4.41) é simples.

Teorema 4.22. Se cada uma das funções MR^i é crescente, então uma solução ótima para (4.41) é dada por

$$x^i(\vec{t}) = \begin{cases} 1 \text{ se } \mathrm{MR}^i(t^i) = \max\{0, \mathrm{MR}^1(t^1), \ldots, \mathrm{MR}^N(t^N)\} \\ \qquad\qquad\qquad \text{para} \quad i = 1, \ldots, N, \quad \vec{t} \in [0,1]^N, \\ 0 \text{ caso contrário}, \end{cases}$$

$$V^i(0) = 0,$$

$$p^i(t) = V^i(t)x^i(t) - \int_0^t v^{i\prime}(s)x^i(s)\, ds \quad \text{para} \quad i = 1, \ldots, N, t \in [0,1]. \tag{4.42}$$

A receita máxima correspondente é

$$E[\max\{0, \mathrm{MR}^1(t^1), \ldots, \mathrm{MR}^N(t^N)\}].$$

Observação. Em caso de empate para o mais alto MR^i, a regra de alocação pode randomizar entre os lances empatados.

Prova. Considere o problema relaxado no qual omitimos a restrição de que $x(\cdot)$ é não decrescente. A solução proposta descrita por (4.42) maximiza o integrando no objetivo no problema (4.41) sujeito apenas às restrições (PC') e (Prob) para cada realização de tipos. Consequentemente, ela maximiza a receita esperada se a solução proposta for factível. Para verificar a factibilidade, só precisamos ver se (IC') é satisfeito.

A condição de pagamento esperado (que é a condição do envelope na forma integral neste problema) é implicada pela suposição imposta à função de valor. A monotonicidade se mantém porque a suposição (na declaração do teorema) que $\mathrm{MR}^i(\cdot)$ é crescente implica que $x^i(t^i, t^{-i})$ é não decrescente em t^i. ∎

Exemplos

Segundo o teorema, o leilão de maximização de receita esperada é qualquer leilão que aloca o bem segundo (4.42) e cobra o preço esperado correspondente, com cada $V^i(0) = 0$. Dois grupos de exemplos ilustram a aplicação do teorema.

O primeiro grupo consiste em exemplos simétricos nos quais $v^i = v$ para todo i. Defina t^* para ser a solução de $\mathrm{MR}(t^*) = 0$, ou se MR é sempre positivo, deixe $t^* = 0$. No caso simétrico, o leilão Vickrey com reserva $r^* = v(t^*)$ aloca o bem ao licitante com o maior tipo sempre que seu valor exceder r^*. Dada a suposição que MR é crescente, este desempenho é precisamente o que a primeira equação (4.42) requer. Como $V(0) = V(t^*) = 0$ no leilão

Vickrey com essa reserva, concluímos que o leilão maximiza a receita esperada do vendedor em relação a todos os mecanismos possíveis.

Contudo, o leilão Vickrey não é o único com maximização da receita esperada. No leilão de primeiro preço com reserva r^*, o tipo mais baixo a participar é novamente t^*. Outra vez, $V(0) = V(t^*) = 0$, e o licitante vence se e apenas se seu tipo é o maior e exceder t^*. Logo, o leilão de primeiro preço com reserva r^* é outro leilão que maximiza a receita esperada.

Existem ainda mais leilões que maximizam a receita esperada. No leilão de primeiro e segundo preço com todos os pagamentos, se a reserva for definida em $(t^*)^{N-1}r^*$, o licitante oferece um lance positivo se e apenas se seu tipo exceder t^* e vence quando essa condição se mantém e, também, seu tipo é o mais alto. Novamente, $V(0) = V(t^*) = 0$, de modo que esses leilões também maximizam a receita esperada no modelo de referência.

Nosso segundo grupo de exemplos usa um modelo assimétrico para examinar as diferenças entre alocações que maximizam receitas e as que são mais eficientes. Com este fim, suponha que os tipos são iguais aos valores ($v(t) = t$), mas a distribuição de tipos difere entre os licitantes. Deixe $\{F_\gamma(t)\}$ denotar uma família de distribuições de valores em um intervalo $[\alpha, \beta]$ com densidades correspondentes $\{f_\gamma(t)\}$. Vamos supor que $\ln(1 - F_\gamma(t))$ é uma função do submodular de t, γ ou, de modo equivalente, que $f_\gamma(t)/(1 - F_\gamma(t))$ é decrescente em γ. Esta é uma condição forte que implica a condição mais fraca de que um aumento em γ muda a distribuição de valores em termos do domínio estocástico de primeira ordem.[20] Pelo teorema, se dois licitantes concorrentes com valores diferentes de γ reportam o mesmo valor, então o leilão ótimo atribui o bem ao licitante com o valor menor de γ. Isso identifica um senso particular no qual o leilão ótimo favorece o licitante "mais fraco".

Para um exemplo mais específico, suponha que G é uma função de distribuição com densidade g e tal que $\ln(1 - G)$ é côncavo ou, de modo equivalente, $(1 - G(t))/g(t)$ é crescente. Deixando $F_\gamma(t) = G(t - \gamma)$, obtemos uma família de distribuições que satisfaz nossas suposições. Esta família inclui o caso comumente estudado de distribuições uniformes. Em todos esses casos, a alocação no leilão de maximização de receita é tendenciosa em relação à alocação eficiente ao favorecer licitantes com valores menores que γ.

---

[20] Para $\gamma' < \gamma$, submodularidade implica que para todo $t \in (\alpha, \beta)$, $\ln(1 - F(t|\gamma)) = \ln(1 - F(t|\gamma)) - \ln(1 - F(v|\gamma)) \leq \ln(1 - F(t|\gamma')) - \ln(1 - F(v|\gamma')) = \ln(1 - F(t|\gamma'))$, de modo que $F(t|\gamma) \leq F(t|\gamma')$.

Bulow e Roberts usaram o conceito de receita marginal para destacar a conexão entre a teoria dos leilões de maximização de receita esperada e a teoria de fixação de preços por monopólio. O caso mais simples surge quando $N = 1$. Neste caso, podemos deixar os sobrescritos que identificam o licitante e fixar $V(0) = 0$ e novamente deixar o tipo do licitante ser uniformemente distribuído em [0, 1]. O problema do monopolista é determinar um preço que maximize sua receita esperada total. Para vender a quantidade esperada total $1 - s$, é preciso definir o preço de $v(s)$, pois se v é crescente, todos os tipos maiores que s comprarão uma unidade e todos os tipos mais baixos não comprarão nada. Novamente, limitamos a atenção ao caso em que a receita marginal do monopolista cai continuamente no total de vendas esperadas $1 - s$, isto é, no qual a função MR(s) é contínua e crescente. Neste caso, a política de maximização de receita esperada é definir o preço igual a $r^* = v(t^*)$, onde t^* é determinado como antes por MR(t^*) = 0. Tal preço rende o seguinte desempenho de alocação:

$$x(t) = \begin{cases} 1 & \text{se MR}(t) \geq 0, \\ 0 & \text{caso contrário} \end{cases} \quad (4.43)$$

Por inspeção, esta solução é um caso especial da solução no Teorema 4.22.

Em seguida, vamos levar em conta todos os licitantes N. Imagine que um vendedor tenha que decidir a quais mercados N separados alocar uma unidade marginal que acabou de ficar disponível. O vetor tipo $\vec{t} = (t^1, \ldots, t^N)$ descreve condições atuais nos mercados. O vendedor maximiza sua receita total esperada alocando cada unidade ao mercado no qual a receita marginal é mais alta e retendo a unidade se a receita marginal mais alta é negativa. Essa é precisamente a regra prescrita por (4.42).

4.4.2 Teorema de Bulow–Klemperer

Um resultado de Jeremy Bulow e Paul Klemperer oferece outra ilustração do poder da teoria dos leilões ótimos. Bulow e Klemperer (1996) compararam os ganhos de definir um preço de reserva otimamente com os ganhos de adicionar mais um licitante ao leilão. Por simplicidade, supomos que $v(0) = 0$. Essa suposição parece tornar muito importante estabelecer um preço de reserva adequado, pois de outra forma a receita do leilão seria muito baixa. Em um leilão de segundo preço, a receita poderia ficar perto de zero mesmo que algum licitante estiver disposto a pagar um preço alto.

Porém, a análise formal entrega uma conclusão diferente.

Teorema 4.23. A receita esperada de um leilão com $N+1$ licitantes e nenhuma reserva é, pelo menos, tão alta quanto a gerada por um leilão correspondente com N licitantes usando o preço de reserva de maximização de receita $v(\mathrm{MR}^{-1}(0))$.

Prova. O Teorema 4.22. dá a receita no segundo caso. No primeiro, a receita esperada é $E[\max\{\mathrm{MR}^1(t^1),\ldots,\mathrm{MR}^{N+1}(t^{N+1})\}]$. A definição de MR^i implica que $E[\mathrm{MR}^i(t^i)] = \int_0^1 \mathrm{MR}^i(s)\,ds = -(1-t)v(t)|_{t=0}^1 = 0$. A desigualdade de Jensen implica que para qualquer variável aleatória z e constante A, temos $E[\max(A,z)] \geq \max(A, E[z])$. Tomando $z = \mathrm{MR}^{N+1}(t^{N+1})$, temos

E [receita do leilão, $N+1$ licitantes e nenhuma reserva]

$$
\begin{aligned}
&= E[\max\{\mathrm{MR}^1(t^1),\ldots,\mathrm{MR}^{N+1}(t^{N+1})\}] \\
&= E[E[\max\{\mathrm{MR}^1(t^1),\ldots,\mathrm{MR}^{N+1}(t^{N+1})\}|t^1,\ldots,t^N]] \\
&\geq E[\max\{\mathrm{MR}^1(t^1),\ldots,\mathrm{MR}^N(t^N), 0\}] \\
&= E\,[\text{receita do leilão, } N \text{ licitantes e reserva ótima}],
\end{aligned}
$$
(4.44)

que prova o teorema. ∎

4.4.3 O Caso Irregular

Até agora, limitamos a atenção ao caso em que MR^i é crescente. O problema no caso geral é que a função de desempenho x^i prescrita pelo teorema não conseguirá ser não decrescente quando MR^i for não decrescente, de modo que a restrição da compatibilidade de incentivos em (4.41) não será satisfeita.

Na fixação de preços por monopólio, o problema correspondente é que a função de receita marginal pode ser crescente em alguns intervalos. Nesse caso, a função de receita total RT não será côncava, de modo que dada uma quantidade esperada, às vezes um resultado randomizado leva a receitas totais esperadas maiores que um resultado determinístico. Por exemplo, ao randomizar $\frac{1}{2}-\frac{1}{2}$ entre quantidades q e q', o vendedor pode obter uma receita total esperada de $\frac{1}{2}\mathrm{TR}(q) + \frac{1}{2}\mathrm{TR}(q')$. Como uma função de resultado *esperado*, a receita total máxima do vendedor é o *casco côncavo* da função da receita total, isto é, a menor função côncava $\widehat{\mathrm{TR}}(q)$ que satisfaz $\widehat{\mathrm{TR}}(q) \geq \mathrm{TR}(q)$ para todo q.

O problema do leilão tem uma estrutura análoga. Defina $TR^i(t) = \int_t^1 MR^i(s)\,ds$; essa é a receita total esperada usufruída pelo vendedor se ele fixar o preço $v(t)$ e vender com probabilidade $1 - t$. Deixe $\overline{TR}^j$ ser o casco côncavo de TR^j; essa é a receita que o vendedor pode atingir randomizando seu preço. Deixe $\overline{MR}^i = -d\overline{TR}^i(t)/dt$ ser a função de receita marginal correspondente. Então a regra de alocação de maximização de receita esperada atribui o item ao licitante com a maior receita marginal $\overline{MR}^i(t^i)$ contanto que seja positiva. No caso de empate, a alocação será aleatória:

$$x^i(t^1,\ldots,t^N) = \begin{cases} 0 & \text{se } \overline{MR}^i(t^i) \neq \max(0, \overline{MR}^1(t^1), \ldots, \overline{MR}^N(t^N)), \\ 1/N & \text{caso contrário,} \end{cases} \quad (4.45)$$

onde $N = \#\{i : \overline{MR}^i(t^i) = \max(0, \overline{MR}^1(t^1), \ldots, \overline{MR}^N(t^N))\}$ é a quantidade de licitantes empatados. Em contraste com o desempenho e alocação especificados no teorema, a função x^i é garantida de ser não decrescente sempre. A razão é que $\overline{MR}^i$ é não decrescente sempre, porque $\overline{TR}^i$ é côncavo. Omitimos as provas formais.

4.5 Leilões com Licitantes Fracos e Fortes[21]

A análise das seções precedentes é basicamente limitada a casos nos quais os valores dos licitantes são simetricamente distribuídos. A primeira questão em leilões assimétricos é como caracterizar o equilíbrio. Focamos o caso de dois licitantes com tipos distribuídos uniformemente em [0,1], funções de valor diferenciáveis e crescentes v^1 e v^2 com a reserva r na faixa de ambos, e estratégias β^1 e β^2. Nesse modelo, uma condição necessária para o equilíbrio é as funções de lances serem contínuas e crescentes. Outra é que licitantes com valor r ofertem r, isto é, $\beta^1((v^1)^{-1}(r)) = \beta^2((v^2)^{-1}(r)) = r$. Uma terceira é que a faixa das funções de lance sejam as mesmas, de modo que $\beta^1(1) = \beta^2(1)$.

É conveniente apresentar a função de ajuste m como segue:

$$m(t) = (\beta^2)^{-1}(\beta^1(t)). \quad (4.46)$$

Para cada tipo de licitante 1, essa função identifica o tipo correspondente de licitante 2 que faz o mesmo lance. Usando essa notação, o problema

---

[21] Para simplificar, a teoria nesta seção é desenvolvida para leilões com apenas dois licitantes, mas pode se ampliada para leilões com duas categorias de licitantes, fracos e fortes.

enfrentado pelo licitante 1 do tipo t em equilíbrio é escolher o lance b ou, de modo equivalente, um tipo s e seu lance correspondente $b = \beta^2(s)$, para maximizar $s(v^1(t) - \beta^2(s))$. A condição de primeira ordem deve ser satisfeita em equilíbrio quando $s = m(t)$ ou, de modo equivalente, quando $t = m^{-1}(s)$. Usando esta última, a condição é:

$$0 = v^1(m^{-1}(s)) - \beta^2(s) - s(\beta^2)'(s) \tag{4.47}$$

e a condição de primeira ordem correspondente para o licitante 2 leva a:

$$0 = v^2(m(t)) - \beta^1(t) - t(\beta^1)'(t). \tag{4.48}$$

Podemos aplicar os argumentos conhecidos para concluir que qualquer solução crescente das condições de primeira ordem identifica melhores respostas para ambos os licitantes, quando eles estão restritos a lances na faixa da função de lance de equilíbrio. Está claro que os licitantes com valor inferior a r não podem aumentar seus lucros fazendo lances qualificados. Para licitantes com valores maiores que r, se as faixas das duas funções de lance coincidirem e incluírem a reserva r, então qualquer lance fora da faixa das funções de lance, isto é, qualquer lance inferior a r ou maior que $\bar{b} = \beta^1(1) = \beta^2(1)$ é, por inspeção, menos lucrativo que um lance de r ou $\bar{b}$, respectivamente. Logo, qualquer solução que satisfaça as condições necessárias identificadas é um equilíbrio.

Teorema 4.24. (Maskin e Riley, 2000a).[22] Existe uma solução crescente única para o sistema de equação diferencial (4.46)-(4.48) que satisfaz $\beta^1((v^1)^{-1}(r)) = \beta^2((v^2)^{-1}(r)) = r$ e $\beta^1(1) = \beta^2(1)$. Esta solução é um equilíbrio do leilão de primeiro preço assimétrico.

Um resultado básico sobre equilíbrio é que, se os valores de um jogador são distribuídos acima dos de outro no sentido da dominância estocástica de primeira ordem, então os lances desse licitante são distribuídos acima no mesmo sentido. Como as funções de valor v^1 e v^2 também são funções de distribuição inversa para os valores, então a condição de dominância estocástica estrita é a condição para todo $t \in (0, 1)$, $v^1(t) > v^2(t)$.

---

[22] Maskin e Riley provam este teorema atestando a existência de uma solução para o sistema de equações diferenciais que satisfaz as condições de contorno declaradas.

Teorema 4.25. Suponha que para todo $t \in (0, 1)$, $v^1(t) > v^2(t)$. Então, para todo $t \in (0, 1)$, as estratégias de equilíbrio têm $\beta^1(t) > \beta^2(t)$.

Prova. Em qualquer ponto em que $\beta^1(t) = \beta^2(t)$, temos $m(t) = t = m^{-1}(t)$. Assim, por (4.47)-(4.48), $(\beta^1)'(t) < (\beta^2)'(t)$. Também, $\beta^1(1) = \beta^2(1)$. Segue pelo lema de classificação aplicado à função $f(1-t) = \beta^1(t) - \beta^2(t)$ que $\beta^1(t) > \beta^2(t)$ para todo $t \in (0, 1)$. ∎

No restante desta seção, preocupa-nos principalmente com leilões nos quais um licitante é "mais forte" do que os outros. Exploramos a ideia intuitiva que quando o licitante é mais forte, seus concorrentes fazem ofertas mais agressivas. Para essa exploração, é mais conveniente identificar tipos com valores e, portanto, fixar funções de lance de modo que os lances sejam uma função de valor.

Para ver como a força de um licitante afeta os lances dos concorrentes, considere o problema do licitante 1 quando seu valor é v. Suponha que os valores do licitante 2 sejam extraídos de alguma distribuição na família $\{F(t|s)\}$, onde s parametrizará a força do licitante. Para qualquer estratégia crescente contínua β que o licitante 2 possa adotar que especifique lances como uma função de seu valor, o licitante 1 escolhe um lance b na faixa de β para maximizar $(v - b)F(\beta^{-1}(b)|s)$ ou, de modo equivalente, para maximizar $\ln(v - b) + \ln F(\beta^{-1}(b)|s)$. A solução deste problema é não decrescente em s para cada função crescente β se e apenas se $\ln F(t|s)$ é supermodular. A suficiência da supermodularidade segue do teorema de monotonicidade; a necessidade segue de um teorema de Milgrom (1994). A seguir, diremos que s parametriza a força se $\ln F(t|s)$ é supermodular.

A condição de $\ln F(t|s)$ ser supermodular está relacionada a, mas diferente da, condição que $\ln(1 - F(t|s))$ é submodular, que usamos para estudar leilões de maximização de receita. A segunda condição implicou que o leilão de maximização de receitas favoreceu o licitante com valores baixos de s sempre que ambos tinham o mesmo valor. Já mostramos que a segunda condição implica que $F(t|s)$ é decrescente em s; um argumento similar sugere que a primeira condição tem a mesma implicação.

Intuitivamente, a conclusão precedente de que o licitante faz mais ofertas quando o concorrente é mais forte sugere que, em equilíbrio, o licitante mais fraco estaria inclinado a oferecer mais que o licitante mais forte com os mesmos valores. Entretanto, a conclusão não é imediata, porque o argumento que sustenta essa conclusão não é um argumento de equilíbrio. Em equilíbrio, ambas as estratégias dos licitantes dependerão das forças de cada um. O próximo teorema mostra que a classificação esperada de estratégias de fato se mantém em equilíbrio.

Teorema 4.26 (Maskin e Riley, 2000b). Considere um leilão com dois licitantes cujos valores são extraídos de distribuições $\{F(t|s)\}$ em $[\underline{v}, \bar{v}]$ com densidades correspondentes $\{f(t|s)\}$, onde $\ln F(t|s)$ é supermodular e onde as forças do licitante são $s = 0$ e $s = 1$, respectivamente. Deixe β_s ser as estratégias de equilíbrio, mapeando valores aos lances. Então, o licitante forte oferece menos para cada valor possível do que o licitante fraco: para todo $t \in (\underline{v}, \bar{v}), \beta_1(t) < \beta_0(t)$.

Prova. Em equilíbrio, a faixa das funções de lance de equilíbrio deve ser a mesma, de modo que $\beta_0(\bar{v}) = \beta_1(\bar{v})$. Para qualquer valor v no qual $\beta_0(v) = \beta_1(v) < v$, as condições de primeira ordem para lances ótimos são:

$$0 = -1 + (v - \beta_1(v))\frac{f(v|0)}{F(v|0)}/\beta_0'(v)$$

$$= -1 + (v - \beta_0(v))\frac{f(v|1)}{F(v|1)}/\beta_1'(v). \tag{4.49}$$

Como $f(v|0)/F(v|0) < f(v|1)/F(v|1)$ e $v - \beta_0(v) = v - \beta_1(v)$, segue que $\beta_1'(v) > \beta_0'(v)$. Logo, aplicar o lema da classificação à função $h(\bar{v} - t) = \beta_0(t) - \beta_1(t)$, segue que para todo $t \in (\underline{v}, \bar{v}), \beta_1(t) < \beta_0(t)$. ∎

Ao combinar os dois últimos resultados, vemos que o licitante mais forte tem maior distribuição de equilíbrio de lances, mas que sua estratégia exige que ofereça menos que o licitante mais fraco para qualquer realização de seu valor em especial. Como resultado das estratégias dos licitantes, o licitante forte às vezes perde o leilão mesmo quando tem o valor maior. De fato um licitante forte com valor v é o licitante com lance maior no leilão de primeiro preço se e apenas se o licitante mais fraco tem valor menor que $m(v) \equiv \beta_0^{-1}(\beta_1(v)) < v$. Em comparação, em um leilão de segundo preço, o licitante forte vence quando seu valor é o maior e isso ocorre estritamente com mais frequência. Aplicando a fórmula do envelope, a comparação de frequências leva ao seguinte resultado.

Teorema 4.27 (Maskin e Riley, 2000b). O equilíbrio do lucro esperado de um licitante forte com qualquer valor v é maior no leilão de segundo preço do que no de primeiro. Por outro lado, o lucro esperado em equilíbrio de um licitante fraco com qualquer valor v é maior no leilão de primeiro preço do que no de segundo.

Prova. Para um licitante forte com valor v, pelo teorema do envelope, lucros esperados $\int_{\underline{v}}^{v} F(m(r)|0)\, dr$ no leilão de primeiro preço e $\int_{\underline{v}}^{v} F(r|0)\, dr$ no leilão de segundo preço. Como $m(r) < r$, o segundo integrando é maior.

Para um licitante fraco com valor v, pelo teorema do envelope, os lucros esperados são $\int_{\underline{v}}^{v} F(m^{-1}(r)|1)\, dr$ para o leilão de primeiro preço e $\int_{\underline{v}}^{v} F(r|1)\, dr$ para o leilão de segundo preço. Como $m^{-1}(r) > r$, o primeiro integrando é maior. ∎

Que conclusões gerais podemos tirar das análises anteriores sobre quando o leilão de primeiro preço leva a receitas maiores em média do que o de segundo preço? A análise original de Vickrey sobre leilões inclui exemplos para estabelecer que nenhuma classificação completamente geral com base em receitas esperadas é possível. Ele deu exemplos de modelos de leilão assimétricos nos quais a receita média do leilão de primeiro preço é, às vezes, maior e, outras, menor que a receita média do leilão de segundo preço.

Apesar dos exemplos de Vickrey, os resultados precedentes e simulações numéricas sugerem que em modelos de leilões assimétricos com um licitante forte, o leilão de primeiro preço muitas vezes pode levar a receitas médias maiores do que o leilão de segundo preço. Intuitivamente, a razão é tal que esse leilão introduz o tipo certo de "tendência".[23] Em equilíbrio, como $m(t) < t$, o licitante fraco vence com mais frequência em equilíbrio no leilão de primeiro preço do que no de segundo. Uma tendência similar em favor de licitantes mais fracos foi encontrada em leilões de maximização de receita, contanto que $\ln(1 - F(t|s))$ seja submodular.

---

[23] Veja Maskin e Riley (2000b) para exemplos e condições suficientes para esse resultado.

4.6 Conclusão

Este capítulo apresentou várias condições de cruzamento único, incluindo a condição de diferenças de cruzamento único de Milgrom-Shannon, a condição de diferenças de cruzamento único suave e a condição de Mirrlees-Spence, e suas várias implicações, especialmente o teorema de simplificação da restrição. Eles oferecem uma forma compacta para verificar equilíbrio em um grande conjunto de modelos de leilões e preparam o terreno para a celebrada teoria do leilão ótimo. Usamos esses métodos para identificar e verificar estratégias de equilíbrio em leilões selados com preços de reserva e a guerra do desgaste e o leilão com todos os pagamentos.

O próximo grupo de análises observou os resultados de equivalência de receita e payoff para analisar situações nas quais receitas de leilões podem ser comparadas. A principal ferramenta para essa comparação é o *lema da classificação*, que proporciona um método para mostrar que certos efeitos diretos nas licitações são preservados na análise de equilíbrio. Usamos esse método para estabelecer que os licitantes aumentam os lances de equilíbrio em leilões de primeiro preço à medida que se tornam mais avessos ao risco, que licitantes fazem ofertas menores em leilões reversos de primeiro preço (mas não em leilões reversos de segundo preço) quando a quantidade comprada pelo tomador do lance é uma função decrescente do preço e que essa correlação entre tipos de licitantes aumenta as receitas de equilíbrio no leilão de segundo preço comparados ao de primeiro preço.

Além desses estudos, investigamos os efeitos de restrições de orçamento e estudamos como custos de licitação podem contribuir para o jump bidding. Também desenvolvemos a famosa análise de "leilões ótimos", que identifica os leilões que maximizam a receita do vendedor. Uma conclusão dessa teoria é que, sob certas condições, leilões de maximização de receita discriminam os licitantes "fortes" cujos valores se espera que sejam altos.

Uma seção final é dedicada ao estudo de leilões nos quais há concorrência entre o licitante fraco, com baixa distribuição de valores, e um licitante forte, com distribuição de valores mais alta. A caracterização de licitantes fracos e fortes nessa teoria difere da teoria de leilões de maximização de receita. O lema de classificação nos permite comparar lances de equilíbrio de licitantes fracos e fortes. Entre as principais constatações está a que no equilíbrio do leilão de primeiro preço, licitantes fortes fazem lances maiores do que os fracos em termos de sua distribuição de lances, mas oferecem menos que licitantes fracos para qualquer realização particular do valor do licitante. Isso é qualitativamente similar à tendência exigida pelos leilões de maximização de receita, e muitas vezes esses leilões geram receitas mais altas do que leilões de segundo preço.

Os próximos dois capítulos desenvolvem mais lições da teoria dos leilões tradicional para avaliar algumas práticas comuns de leilão.

REFERÊNCIAS

Alesina, Alberto e Allan Drazen (1991). "Why Are Stabilizations Delayed?", *American Economic Review* **81**(5): 1170-1188.

Avery, Christopher (1998). "Strategic Jump Bidding in English Auctions", *Review of Economic Studies* **65**(2, nº. 223): 185-210.

Bulow, Jeremy e Paul Klemperer (1996). "Auctions versus Negotiations", *American Economic Review* **86**(1): 180-194.

Bulow, Jeremy e Paul Klemperer (1999). "The Generalized War of Attrition", *American Economic Review* **89**(1): 175-189.

Bulow, Jeremy e John Roberts (1989). "The Simple Economics of Optimal Auctions", *Journal of Political Economy* **97**(5): 1060-1090.

Che, Yeon-Koo e Ian Gale (1998). "Standard Auctions with Financially Constrained Bidders", *Review of Economic Studies* **65**(1, nº. 222): 1-21.

Edlin, Aaron e Chris Shannon (1998a). "Strict Monotonicity in Comparative Statics", *Journal of Economic Theory* **81**: 201-219.

Edlin, Aaron e Chris Shannon (1998b). "Strict Single Crossing and the Strict Spence-Mirrlees Condition: A Comment on Monotone Comparative Statics", *Econometrica* **60**(6): 1417-1425.

Fudenberg, Drew e Jean Tirole (1986). "Theory of Exit in Duopoly", *Econometrica* **54**(4): 943-960.

Griesmer, Levitan e Shubik (1967). "Toward a Study of Bidding Processes, Part IV: Games with Unknown Costs", *Naval Research Logistics Quarterly* **14**(4): 415-443.

Hansen, Robert G. (1988). "Auctions with Endogenous Quantity", *Rand Journal of Economics* **19**(1): 44-58.

Klemperer, Paul (2002b). "Why Every Economist Should Learn Some Auction Theory", http://www.paulklemperer.org/.

Laffont, Jean-Jacques (1997). "Game Theory and Empirical Economics: The Case of Auction Data", *European Economic Review* **41**: 1-35.

Laffont, Jean-Jacques, Herve Ossard e Quang Vuong (1995). "Econometrics of First-Price Auctions", *Econometrica* **63**(4): 953-980.

Maskin, Eric e John Riley (2000a). "Equilibrium in Sealed High Bid Auctions", *Review of Economic Studies* **67**(3): 439-454.

Maskin, Eric e John Riley (2000b). "Asymmetric Auctions", *Review of Economics Studies* **67**(3): 413-438.

Milgrom, Paul e Chris Shannon (1994). "Monotone Comparative Statics", *Econometrica* **62**: 157-180.

Milgrom, Paul e Robert Weber (1985). "Distributional Strategies for Games with Incomplete Information", *Mathematics of Operations Research* **10**: 619-632.

Milgrom, Paul e Robert J. Weber (1982). "A Theory of Auctions and Competitive Bidding", *Econometrica* **50**: 463-483.

Mirrlees, James (1971). "An Exploration in the Theory of Optimal Taxation", *Review of Economic Studies* **38**: 175-208.

Perry, Motty e Philip Reny (1999). "On the Failure of the Linkage Principle", *Econometrica* **67**(4): 895-900.

Spence, A Michael (1973). "Job Market Signaling", *Quarterly Journal of Economics* **87**(3): 355-374.

CAPÍTULO CINCO
Interdependência de Tipos e Valores

A maioria dos modelos nos Capítulos 2–4 é de valores privados independentes. Valores são *privados* se o valor de cada jogador para um resultado depender só de seu tipo, e *independentes* se os tipos forem estatisticamente independentes. As únicas exceções até agora são o modelo de Jehiel–Moldovanu, no Capítulo 3, que descarta a suposição de valores privados, e o exemplo de tipos correlatos no Capítulo 4, que relaxa a suposição de independência.

Relaxar valores privados e suposições de independência suscita uma série de questões. Quando os licitantes não conhecem os próprios valores, a conexão entre lances e valores é mais fraca, e o licitante com o valor mais alto pode vencer com menor frequência. O desconhecimento do licitante sobre seus valores nos leva a estudar que informações os licitantes têm probabilidade de conseguir, se eles as partilharão ou manterão em segredo e se o leiloeiro pode melhorar o resultado reunindo e disseminando informações por conta própria. A suposição de independência é uma premissa essencial do lema de Myerson e os teoremas de equivalência de receita. Relaxar essa suposição nos obriga a reavaliar os resultados mais básicos da teoria dos leilões.

Neste capítulo, analisamos questões suscitadas por dois tipos possíveis de interdependência. A Seção 5.1 investiga os tipos de suposições de simplificação que são "razoáveis" e "úteis" em modelos de leilão. A Seção 5.2 explora as consequências de tipos estatisticamente interdependentes em um modelo de leilão ótimo. A Seção 5.3 estuda o bem-sucedido *modelo de trato de drenagem*, que fala de licitações de tratos adjacentes a um trato previamente desenvolvido. A Seção 5.4 introduz um modelo que relaxa as suposições de valores privados e independência estatística.

5.1 Que Modelos e Suposições são "Úteis"?

Às vezes, os alunos perguntam aos professores se uma determinada suposição é "razoável" em um modelo de leilão específico. A resposta é encontrada refazendo a pergunta: o que é uma suposição útil?

Leilões reis ocorrem em muitas situações diferentes. Não há como esperar que quaisquer suposições de simplificações tratáveis descrevam bem a todas — ou até qualquer uma delas. O teste de adequabilidade das suposições é se elas são simples o bastante para tornar a análise tratável enquanto ainda captam características essenciais suficientes para serem úteis ao objetivo pretendido, que pode ser fazer previsões quantitativas ou gerar insights qualitativos para alguma questão.

Às vezes, criadores de modelos podem lucrar usando análises teóricas para avaliar suposições de simplificação, explorando consequências das suposições dentro do modelo ou desenvolvendo suas implicações em um modelo mais amplo. Nesta seção, usamos a teoria de modo a investigar algumas suposições comuns usadas em modelos de leilões.

5.1.1 Payoffs Dependem Só de Lances e Tipos

Nos capítulos anteriores e em toda a teoria de desenho de mecanismos, geralmente se supõe que o payoff do participante depende *só* do resultado x e do vetor $\vec{t}$ dos tipos do participante [$u^j(x,\vec{t})$], mas isso nem sempre descreve a realidade com precisão. Por exemplo, considere um leilão para o direito de extrair minerais de um determinado terreno, quando ninguém pode determinar com antecedência a quantidade de minério no solo ou o custo dessa extração. O payoff final do licitante vencedor dependerá da resolução dessas incertezas. Dada essa situação, alguns teóricos escreveram o payoff do licitante como uma função do resultado x e algum vetor y de variáveis aleatórias, $\hat{u}^j(x, y)$, onde y pode incluir o perfil do tipo e variáveis não observadas.

Quais são as consequências dessas formulações alternativas? Mostramos nesta subseção que para o propósito limitado de caracterizar estratégias de equilíbrio de lances como funções dos tipos dos licitantes, pode-se supor sem perda da generalidade que os payoffs dependem só do resultado do leilão e dos tipos de licitantes. Suponha que os payoffs reais $\hat{u}^j(x, y)$ dependam do resultado e de um vetor y de quantidades observadas e não observadas. Então o payoff esperado em qualquer perfil de estratégia neste modelo é exatamente o mesmo que no modelo com payoffs dados por $u^j(x,\vec{t}) = E[\hat{u}^j(x, y)|\vec{t}]$.

Para verificar essa alegação, observe que o payoff esperado do licitante j no jogo original, dado o perfil de estratégia σ e tipo de j, é

$$E[\hat{u}^j(x(\sigma(\vec{t})), y)|t^j] = E[E[\hat{u}^j(x(\sigma(\vec{t})), y)|\vec{t}]|t^j]$$
$$= E[u^j(x(\sigma(\vec{t})),\vec{t})|t^j].$$

À esquerda, temos o payoff esperado no jogo com a função de payoff $\hat{u}^j$, e, à direita, está o payoff esperado no jogo com a função de payoff u^j. Como os dois payoffs esperados são idênticos, o comportamento de equilíbrio também o é. Pode-se dizer que o vetor y de variáveis aleatórias pode sempre ser "tirado" da função de payoff original para que ela dependa apenas do perfil do tipo.

Esta descoberta é importante porque quando tipos são exógenos, as estratégias de equilíbrio dependem só das informações na forma reduzida de payoff $u^j(x,\vec{t})$. Mesmo assim, quando queremos que nosso modelo relacione payoffs de equilíbrio às informações do licitante, é útil trabalhar com uma função de payoff mais detalhada. Por exemplo, suponha que desejamos investigar se o grau de incerteza sobre o volume de hidrocarbonetos recuperáveis aumenta os lucros em um leilão de concessão para exploração de petróleo. Mesmo que as informações dos licitantes sejam não observáveis de modo que a teoria de equilíbrio não possa ser testada diretamente, se houver instrumentos usáveis para o grau de incerteza e se os lucros forem observáveis, então o modelo mais detalhado pode gerar previsões testáveis. De modo similar, é possível testar como a melhoria na habilidade do licitante em calcular petróleo recuperável afeta suas estratégias, lucros e decisões de entrada assim como as receitas do leilão e a eficiência do resultado do leilão.

Se os licitantes escolherem que informações reunir ou se o vendedor decidir que informações divulgar, então os tipos não são exógenos, e a análise de equilíbrio pode exigir mais que um modelo de forma reduzida. A análise de equilíbrio requer que o modelo inclua todas as informações potencialmente observáveis. Um modelo com informações potencialmente não observáveis nos permite analisar as escolhas dos licitantes sobre que informações reunir e a escolha do vendedor sobre que informações divulgar.

5.1.2 Tipos São Unidimensionais e Valores São Privados

Aqui avaliamos as duas suposições em que o tipo do licitante é unidimensional — um número real — e que licitantes têm valores privados. Se os licitantes têm valores privados, então nenhum licitante tem informações que outro licitante possa achar útil para calcular seu valor. Pode-se perguntar: isso é razoável? Os licitantes não gostariam de saber algo sobre os valores dos concorrentes? Para responder a essas perguntas, precisamos distinguir os diferentes tipos de informações que um licitante pode adquirir.

Adotamos um modelo semelhante ao do teorema de Jehiel–Moldovanu no Capítulo 3, com um único item a venda. A informação do licitante j é um vetor $t^j = (t_1^j, \ldots, t_N^j)$, no qual somente o componente t_i^j é diretamente relevante ao payoff do licitante i. Permitimos que o payoff de i quando ele vence o item possa depender das informações de outros licitantes; ele é $v^i(t_i^1, \ldots, t_i^N)$ menos a quantia que pagar. Também supomos, por ora, que os tipos são estatisticamente independentes entre os licitantes e denotamos estratégias de outros licitantes por σ^{-j}. A partir da independência estatística, segue que a probabilidade de que j vença com qualquer determinado lance b é independente do tipo de j, de modo que

$$E\big[v^j(\vec{t})1_{\{b \text{ vence}\}}|t^j = \tau^j\big] = \Pr\{b \text{ vence }\}E\big[v^j\big(\tau_j^j, t_j^{-j}\big)|t^j = \tau^j\big]$$
$$= \Pr\{b \text{ vence }\}E\big[v^j\big(\tau_j^j, t_j^{-j}\big)\big] = f(b, \tau_j^j).$$

Considerando o mecanismo, o payoff esperado do licitante j quando ele oferece b com o tipo t^j é

$$f\big(b, t_j^j\big) - E[\text{Pagamento }(b, \sigma^{-j}(t^{-j}))] = f\big(b, t_j^j\big) - g(b). \tag{5.1}$$

Segue que o lance de maximização de payoff esperado de j dado seu tipo t^j depende só de t_j^j e não de t_{-j}^j, de modo que o valor de j nas informações t_{-j}^j é *zero*.

Essa conclusão é significativa se supusermos que há algum custo positivo para coletar e avaliar as informações t_{-j}^j. Neste caso, como o valor do licitante j em relação a essa informação é zero, ele não o receberá em equilíbrio. Por um lado, essa conclusão estende o resultado de Jehiel–Moldovanu, que diz que mesmo se tais informações estejam disponíveis gratuitamente, o leiloeiro não pode tirar proveito delas. Acrescentamos aqui que, dependendo de nossa suposição de que informações são onerosas, o licitante não se daria ao trabalho de reuni-las, para começar.

Este argumento estabelece que, sob outras suposições especificadas, os tipos de licitantes são endogenamente unidimensionais e essa dimensão inclui só as informações diretamente relevantes ao payoff do licitante j.

Mesmo que licitantes apenas reúnam informações unidimensionais sobre os próprios valores, esse fato ainda não estabelece a adequabilidade da suposição de valores privados. Por exemplo, suponha que existam apenas dois licitantes e seus tipos, $t^1 = (t_1^1, t_2^1)$ e $t^2 = (t_1^2, t_2^2)$, sejam independentes. Suponha ainda que o licitante 1 observe só o componente, t_1^1, de seu tipo que afeta seu valor e, de modo similar, o licitante 2 observa só t_2^2. O que podemos dizer sobre o valor esperado pelo licitante 1 condicionado aos componentes observados do perfil do tipo, isto é, sobre $\hat{v}^1(t_1^1, t_2^2) = E[v^1(t_1^1, t_1^2)|t_1^1, t_2^2]$? Segue que $\hat{v}^1(t_1^1, t_2^2)$ depende só de seu primeiro argumento?

A resposta é não, porque t_1^2 pode estar relacionado a t_2^2. Por exemplo, suponha que o licitante 2 esteja avaliando seu valor para um campo de petróleo. Esse valor dependerá de variáveis específicas para esse licitante, mas principalmente do volume de hidrocarbonetos no campo, o que também afeta o valor do campo para o licitante 1. Por este motivo, t_1^2 e t_2^2 tenderão a ser altos ou baixo juntos. Consequentemente, um valor alto de t_2^2 será significativo para o licitante 1, porque sugere que seu valor também é alto. $\hat{v}^1$ pode, portanto, aumentar nos dois argumentos se t_1^2 e t_2^2 são relacionados.

Note que mesmo a conclusão de que os tipos são efetivamente unidimensionais parte da suposição de que diferentes tipos de jogadores são estatisticamente independentes. Sem essa suposição, as observações do licitante afetam não só seus valores, mas também as crenças sobre os valores dos outros e assim por diante, *ad infinitum*. Geralmente, essas crenças não são resumidas por um tipo unidimensional e servem de incentivo para os licitantes tomarem conhecimento sobre os tipos dos demais para prever os lances concorrentes.

5.1.3 Tipos São Estatisticamente Independentes

A independência estatística é uma suposição especial e expressiva cujo papel na análise de leilões têm sido há muito questionado. Em leilões de ativos, os licitantes muitas vezes calculam a receita líquida que o bem pode gerar, que é sensível à demanda e à tecnologia. Na medida em que os licitantes estão calculando as mesmas variáveis subjacentes, seus cálculos muitas vezes estarão positivamente correlacionados.

Para ilustrar essa tendência, considere um leilão para concessão de prospecção de petróleo no qual o tipo de cada licitante equivale à estimativa da quantidade de petróleo no solo. Suponha que o valor real do petróleo é uma variável aleatória não degenerativa y com média μ e que a estimativa do licitante j é $t^j = y + \varepsilon^j$, onde ε^1, ε^2 e y são mutuamente dependentes. Então, $\text{Cov}(t^1, t^2) = \text{Var}(y) > 0$. Assim, erros independentes induzem tipos positivamente correlacionados.

Esse tipo de correlação é especialmente importante em alguns dos modelos de leilão mais bem-sucedidos empiricamente que usam o oposto polar da suposição dos valores privados — a suposição do *valor comum*.[1] Em leilões para concessão de direitos de prospecção de petróleo e gás (e outros recursos minerais), o valor dos direitos dos licitantes depende principalmente de como o petróleo e o gás se encontram no solo e a facilidade com que pode ser extraído. Modelos de valor comum supõem que este é o único tipo de informação que os licitantes têm. Com frequência, os modelos supõem que o bem tem exatamente o mesmo valor para cada licitante. Segundo essa suposição, como a alocação do bem não impacta a eficiência, análises de eficiência focam os recursos usados pelo leiloeiro e pelos licitantes no leilão. A maioria das análises publicadas sobre leilões e valores comuns foca as receitas associadas com procedimentos de leilão alternativos.

5.2 Dependência Estatística e Leilões de Maximização de Receitas

A dependência estatística entre tipos no modelo do leilão ótimo muda a solução do problema do leilão ótimo. De fato, a solução muda *descontinuamente* quando passamos de tipos estatisticamente dependentes para independentes. Cremer e McLean (1985) mostraram que mesmo com uma pequena quantidade de dependência estatística, um leilão de maximização de receita esperada para o vendedor sempre produz resultados eficientes e sempre reduz todos os lucros dos licitantes a zero, de modo que a receita esperada do vendedor se iguala ao valor do item para os licitantes que mais o valoriza.

Revisamos a análise de Cremer e McLean em mais detalhes a seguir. Primeiro, vamos lembrar porque o vendedor em um modelo com tipos independentes não pode reduzir os lucros do licitante a zero enquanto ainda vende o item com uma probabilidade positiva. Vimos no Capítulo 3 que no modelo de valores privados independentes, o lucro esperado de cada licitante é completamente determinado pela função $x^j(t^j)$, que especifica a probabilidade de que o licitante de tipo t^j vence o bem. Aplicando o teorema do envelope,

---

[1] Wilson (1967), Ortega-Reichert (1968), e Wilson (1969) analisaram os primeiros modelos de valor comum.

o payoff esperado do licitante é $V^j(\tau) = V^j(0) + \int_0^\tau x^j(s)[dv^j(s)/ds]\,ds$. Nos desenhos de leilões que estudamos, é sempre verdade que $V^j(0) = 0$, mas a porção dos lucros do licitante devida no segundo termo da soma — às vezes chamada de *locação da informação* — é positiva se o bem é de fato vendido e os valores são uma função crescente do tipo do licitante.

O segredo para construir um leilão de maximização de receita com dependência entre os tipos é ligar um leilão de primeiro preço com certas apostas paralelas. Suponha que as regras exijam que o licitante que oferta b para o item no leilão de primeiro preço entre em uma aposta que depende de b. A aposta é desenhada para ter um payoff esperado de zero para o licitante se seu valor for b, e caso contrário ter um payoff esperado que seja praticamente negativo. Essas apostas paralelas levam os licitantes a fazer lances verdadeiros, deixam os licitantes com lucros esperados de zero e permitem que o leilão atribua o item com lucros esperados de zero e que o leilão atribua o item para o licitante com o valor mais alto para o preço igual a esse valor.

As apostas paralelas são mais fáceis de construir quando o número de tipos é finito; limitamos a atenção aqui para este caso.[2] Suponha que há N licitantes e os tipos positivos do licitante j são os elementos de um conjunto finito de $\{1, \ldots, M^j\}$. O valor privado do bem do licitante j é $v^j(t^j)$, onde v^j é inversível.

Deixe $P^j(t^{-j}|t^j)$ denotar a função de probabilidade condicional para o licitante j. Os valores da função são listados em uma matriz P^j com M^j fileiras (indexadas por t^j e denotadas por $P^j(t^j)$) e $\times_{i \neq j} M^i$ colunas (indexadas por t^{-j}), com o elemento k–l da matriz dado por $P_{kl}^j = P^j(t^{-j} = \tau_l^{-j}|t^j = \tau_k^j)$, onde τ_k^j é o k-*ésimo* tipo possível do licitante j, e τ_l^{-j} é o possível 1-ésimo tipo possível de perfil para os licitantes restantes. Por exemplo, suponha que há três licitantes e os conjuntos de possíveis tipos são $\{1,\ldots, 4\}$, $\{1,\ldots, 8\}$ e $\{1,\ldots, 5\}$. Então a P^2 é uma matriz 8×20. A principal suposição afirma que nenhuma crença dos tipos pode ser expressa como uma combinação convexa das crenças de outros tipos.

(A) *Dependência Estatística não Degenerativa.* Para cada licitante j, a matriz P^j descrita acima é de classificação de linha completa.

Considere um leilão de primeiro preço modificado em que: (1) licitante j pode oferecer quantias apenas no conjunto $\{v^j(1), \ldots, v^j(M^j)\}$; (2) as regras normais de um leilão de primeiro preço determinam o vencedor e o pagamento; e (3) se o licitante j oferece $v^j(t^j)$ os licitantes adversários oferecem

---

[2] McAfee e Reny (1982) estendem o resultado a certos modelos com espaços de tipo finitos.

quantias $v^{-j}(t^{-j})$, então o vendedor paga ao licitante j a quantia $B^j(t^j, t^{-j})$. Chamamos esse leilão de primeiro preço de *leilão com apostas laterais B*.

Teorema 5.2.1. Suponha que essa distribuição de tipos satisfaça a suposição de (A) (*dependência estatística não degenerativa*). Então existe um sistema de apostas laterais B tal que o leilão de primeiro preço com apostas laterais B tem essas propriedades:

1. ele é incentivo-compatível
2. ele rende lucro esperado zero para cada tipo de licitante e
3. é condicionado ao tipo de perfil realizado $\vec{t}$, as receitas esperadas são iguais a $\max(v^1(t^1), \ldots, v^N(t^N))$.

Prova. Como resultado de dependência estatística não degenerativa, cada crença $P^j(t^j)$ fica fora do casco convexo $\text{Conv}\{P^j(\hat{t}^j)|\hat{t}^j \neq t^j\}$. Pelo teorema da separação do hiperplano,[3] existe um vetor $h^j(t^j)$ com $\times_{i \neq j} M^i$ elementos tal que para todo $\hat{t}^j \neq t^j$ tem-se $h^j(t^j) \cdot (P^j(t^j) - P^j(\hat{t}^j)) > 0$. Além disso, porque cada vetor de crenças é um vetor de probabilidade, podemos escolher $h^j(t^j)$ de modo que $h^j(t^j) \cdot P^j(t^j) = 0$ e $h^j(t^j) \cdot P^j(\hat{t}^j) \leq -1$ para todo $t^j \neq \hat{t}^j$.[4]

Deixe $\bar{B} = \max_{j,t^j} v^j(t^j)$ e $B^j(t^j) = \bar{B} h^j(t^j)$. Pela construção do mecanismo, o lucro esperado do licitante j de tipo t^j que oferece $v^j(t^j)$ é zero (isto é, ele paga seu valor quando vence e faz pagamentos adicionais que, por construção, tem valor esperado de zero). Porém, o lucro esperado de um licitante j de tipo t^j que oferece $v^j(\hat{t}^j)$ ($\hat{t}^j \neq t^j$) é limitado acima por

$$v^j(t^j) - v^j(\hat{t}^j) + P^j(t^j) \cdot B^j(\hat{t}^j) = v^j(t^j) - v^j(\hat{t}^j) + P^j(t^j) \cdot \bar{B} \cdot h^j(\hat{t}^j)$$
$$\leq v^j(t^j) - v^j(\hat{t}^j) - \bar{B} \geq 0.$$

Obtemos a igualdade substituindo por $B^j(\hat{t}^j)$; a primeira desigualdade usa $P^j(t^j) \cdot h^j(\hat{t}^j) \leq -1$, e a segunda desigualdade usa $\bar{B} = \max_{j,t^j} v^j(t^j) \geq v^j(t^j)$. Note que $v^j(t^j) - v^j(\hat{t}^j)$ é o lucro do licitante do leilão quando ele é do tipo t^j e reporta tipo $\hat{t}^j$ e vence, e $-P^j(t^j) \cdot B^j(\hat{t}^j)$ é a perda esperada da aposta lateral. Como nem todos os lances não verdadeiros criam perdas, estabelecemos uma compatibilidade de incentivo.

---

[3] Veja, por exemplo, Royden (1968).

[4] Suponha que h^j satisfaça $h^j(t^j) \cdot P^j(t^j) = \alpha \neq 0$. Deixe $\lambda(t^j) = \alpha - \max_{\hat{t}^j} h^j(t^j) \cdot P^j(\hat{t}^j) > 0$. Então deixe $(\tilde{h}^j(t^j))_i = [(h^j(t^j))_i - \alpha]/\lambda(t^j)$ para todo i. Logo, $\tilde{h}^j(t^j) \cdot P^j(t^j) = (\alpha - \alpha)/\lambda(t^j) = 0$ e $\tilde{h}^j(t^j) \cdot P^j(\hat{t}^j) \leq -\lambda(t^j)/\lambda(t^j) = -1$ para $\hat{t}^j \neq t^j$.

Como todos os licitantes oferecem seus valores, o licitante com o valor mais alto recebe o item por um preço igual a esse valor, e o valor esperado das apostas laterais é zero. Assim, a alegação (3) sobre receitas esperadas se mantém. ∎

O Teorema 5.2.1 é provocativo; é uma implicação extrema da teoria dos leilões ótimos. A prova reside na condição (A), que afirma que as crenças de nenhum tipo são uma mistura de probabilidade das crenças de outros tipos. Nesse caso, podemos encontrar lances que atingem um equilíbrio para apenas um tipo e que levam a enormes perdas esperadas para todos os outros tipos do mesmo licitante. Ao reunir a aposta ao lance, garantem-se incentivos para licitações verdadeiras.

O teorema não descreve nada que é encontrado na prática e nos lembra como é importante verificar o bom senso prático de soluções sugeridas por um modelo antes de implementar quaisquer políticas práticas baseadas no modelo. O teorema também sugere uma longa lista de perguntas que um desenvolvedor do desenho cuidadoso deveria fazer sobre qualquer mecanismo. Consideramos algumas a seguir.

O mecanismo do Teorema 5.2.1 é sensível de uma maneira não realista em relação às suas suposições sobre distribuição de tipos? No modelo atual, as soluções requerem apostas laterais cada vez maiores à medida que as crenças de diferentes tipos se aproximam. Entretanto, quando as crenças não dependem dos tipos — isto é, quando os tipos são independentes — o mecanismo de maximização de receita nunca usa apostas laterais. A sensibilidade das conclusões em relação às suposições é perturbadora.

O desenvolvedor do desenho tem as informações necessárias para implementar um mecanismo como o do Teorema 5.2.1? Essa questão se relaciona à primeira. A sensibilidade da solução das suposições do desenvolvedor do desenho significa que ele precisa de informações muito precisas para obter bons resultados. Robert Wilson (1987), em que acabou sendo conhecido como a "doutrina Wilson", argumentou que desenhos de leilões úteis devem ser independentes dos finos detalhes dos valores e crenças do licitante incognoscível.

O modelo captura a situação de modo que é útil para fazer previsões ou ele simplifica a realidade excessivamente por motivos de tratabilidade? O mecanismo Cremer–McLean explora as crenças do licitante para induzir uma licitação verdadeira. Neeman (2001) argumenta que o modelo é irreal ao assumir que alguém pode inferir o valor de um licitante a partir de suas crenças sobre os outros tipos de licitantes. Se abandonarmos essa suposição e formularmos um modelo em que as crenças e valores possam variar separadamente, então a conclusão de Cremer e McLean precisa mudar. Para entender o motivo, suponha que o licitante tenha um tipo bidimensional (t_1, t_2) no qual seu valor seja $v(t_1)$ e sua probabilidade de vencer com um lance de b seja $p(b|t_2)$. Então seu payoff é $V(t_1, t_2) = \max_b v(t_1)p(b|t_2) - X(b|t_2)$, onde $X(b|t_2)$ é seu pagamento esperado quando ele oferece b. Se seu lance ótimo em qualquer mecanismo é $\beta(t_1, t_2)$, então, pelo teorema do envelope, $\partial V(t_1, t_2)/\partial t_1 = v'(t_1)p(\beta(t_1, t_2)|t_2)$. Isso implica que os lucros esperados do licitante são crescentes em t_1 no domínio dos tipos que, às vezes, vencem no leilão, de modo que os lucros do licitante nem sempre podem ser iguais a zero. Mesmo assim, geralmente o mecanismo ótimo ainda envolve apostas laterais que permitem ao vendedor explorar a correlação entre valores e crenças.

O desenvolvedor do desenho do mecanismo pode implementá-lo se quiser? Licitantes avessos ao risco certamente seriam desencorajados por esse mecanismo, pois as apostas laterais impõem riscos onerosos aos licitantes e os lucros esperados serão zero. Mais geralmente, em leilões reais, os licitantes costumam se recusar a participar se o mecanismo proposto parecer estranho ou injusto. Muitos aplicam esses adjetivos a um mecanismo que associa lances a apostas laterais. Precedentes e familiaridade muitas vezes limitam o conjunto de desenhos praticamente viáveis.

5.3 Modelo Wilson de Trato de Drenagem

Wilson (1969) desenvolveu o modelo de trato de drenagem para descrever licitações em leilões de primeiro preço para direitos de extrair petróleo em tratos na plataforma continental externa dos EUA. Um *trato de drenagem* é um trato adjacente a um que já está sendo desenvolvido por alguma companhia petrolífera — o *vizinho* — cujas atividades oferecem informações especialmente boas sobre a geologia do trato de drenagem. Por exemplo, o vizinho pode ter encontrado bastante petróleo perto da fronteira que separa seu trato do trato de drenagem ou pode ter encontrado somente buracos secos sem petróleo recuperável. Wilson assumiu que o vizinho conhece o valor V. Neste modelo, o valor do concorrente também é V, mas ele só tem informações públicas para estimar esse valor.

O modelo do trato de drenagem depois recebeu muita atenção de pesquisadores teóricos e empíricos. Em uma série de subseções, caracterizaremos o equilíbrio do modelo, os lucros esperados usufruídos pelo vizinho e as receitas correspondentes para o vendedor e como esses lucros e receitas são afetados pelas pesquisas do vizinho e não vizinho e pela possibilidade de o vendedor reunir e revelar informações. Também estudaremos efeitos de segundo nível, relativas a se seu vizinho ou não vizinho que reúne informações quer que seus concorrentes saibam disso. Entres nossas descobertas, está que o vizinho quer que saibam que ele está bem informado, porque quanto mais bem informado ele for, mais timidamente seus concorrentes estarão inclinados a fazer ofertas. Por outro lado, os não vizinhos mal-informados preferem que o vizinho acredite que eles não têm informações, porque eles farão lances menos agressivos nessas circunstâncias.

É conveniente supor que o vizinho — licitante 1 — observe o tipo t_1, e que o valor do arrendamento seja $V = v(t^1)$ para todos os licitantes, onde v é não decrescente. Os não vizinhos têm tipos desinformados $t^2, \ldots, t^N$, que servem apenas para orientar a randomização dos lances. Pelo teorema de seleção monotônica, não perdemos generalidade ao assumir que todos os licitantes usam funções de lance não decrescentes $\beta^j : [0, 1) \to \mathbb{R}_+$.

5.3.1 Equilíbrio[5]

Primeiro afirmamos o equilíbrio para o caso de dois licitantes. O modelo é de um leilão de primeiro preço.

Teorema 5.3.1. Suponha que v seja continuamente diferenciável, não decrescente e tem a derivada à direita em zero. Então o modelo de leilão de trato de drenagem de dois licitantes tem um único equilíbrio de Nash. Em, equilíbrio, o licitante vizinho e o não vizinho oferecem lances $\beta(s) = \frac{1}{s}\int_0^s v(r)\,dr$. O não vizinho recebe um lucro esperado de zero, condicionado a vencer: $E[v(t^1)|\beta(t^1) < x] - x = 0$ para todo x na faixa de β.

Observação. A estratégia de equilíbrio prescreve que cada licitante de tipo s ofereça $E[v(t^1)|t^1 < s]$. Embora o ambiente seja muito diferente do modelo de duas pessoas independentes de valores privados, as funções de lance de equilíbrio nos dois modelos são idênticas. Em equilíbrio no modelo de trato de drenagem o não vizinho randomiza: seu tipo não tem relação com o valor do trato ou o tipo do rival, mas o usa para selecionar um lance randomicamente. Para oferecer incentivos adequados ao vizinho, o não vizinho precisa randomizar de modo a reproduzir a distribuição do lance que geraria no modelo de valores privados de duas pessoas independentes, no qual seu valor é $v(t^2)$ em vez de $v(t^1)$. O não vizinho está disposto a randomizar porque, dada a

---

[5] As caracterizações de equilíbrio nessa subseção se baseiam principalmente em Engelbrecht-Wiggans, Milgrom e Weber (1983) e nas extensões desenvolvidas por Hendricks, Porter e Wilson (1994). Weverbergh (1979) foi o primeiro a identificar o equilíbrio de Nash em uma versão do modelo do trato de drenagem.

estratégia do vizinho, todos os lances na faixa da função tem o mesmo payoff esperado de zero. O vizinho se dispõe a adotar a mesma estratégia de equilíbrio como no modelo de valores privados independentes porque, considerando a estratégia do não vizinho, ele enfrenta o mesmo problema de decisão em ambos os jogos.

Prova. Começamos verificando que as estratégias propostas constituem um equilíbrio. O problema de maximização do payoff para o licitante 1 é

$$\max_x (v(s) - x)\beta^{-1}(x).$$

A condição de primeira ordem é $0 = -\beta^{-1}(x) + (v(s) - x)\frac{d}{dx}\beta^{-1}(x)$. Lembre que pelo teorema da função inversa $\frac{d}{dx}\beta^{-1}(x)|_{x=\beta(s)} = 1/\beta'(s)$. E, se β é uma estratégia de equilíbrio, então $x = \beta(s)$ maximiza o payoff do licitante 1. Substituir $x = \beta(s)$, $s = \beta^{-1}(x)$, $\frac{d}{dx}\beta^{-1}(x)|_{x=\beta(s)} = 1/\beta'(s)$ pela condição de primeira ordem leva a $0 = -s\beta'(s) + v(s) - \beta(s)$. Podemos reescrever essa equação como $\frac{d}{ds}[s\beta(s)] = v(s)$. Integrando ambos os lados, obtemos $\beta(s) = \frac{1}{s}\int_0^s v(r)\,dr$.

Por construção, $\beta(s)$ satisfaz a condição de primeira ordem para todo s, de modo que deve satisfazer a fórmula do envelope. Porque $v(s) - \beta(s) \geq 0$, vemos pela condição de primeira ordem que β também é crescente.[6] O licitante 1 não tem mais lances lucrativos fora da faixa de β: lance $\beta(1)$ domina qualquer lance maior que $\beta(1)$, e qualquer lance menor que $\beta(0)$ não tem resultado melhor que $\beta(0)$. Pelo teorema de simplificação de restrição, se o licitante 2 joga pela estratégia β, então a melhor resposta do licitante 1 é jogar β.

Quando o licitante de tipo 2 é s, seu payoff esperado ao fazer qualquer oferta $\beta(s)$ na faixa de β é

$$\int_0^s (v(\tau) - \beta(s))\,d\tau = s(E[v(t^1)|t^1 < s] - \beta(s)) = 0.$$

Por inspeção, o licitante 2 pode ganhar um payoff esperado maior ao licitar fora da faixa de β, de modo que o lance prescrito de $\beta(s)$ é a melhor resposta. Assim, as estratégias propostas constituem um equilíbrio.

Note que a equação precedente também estabelece a última afirmação do teorema: para x na faixa de β, diga $x = \beta(s)$,

$$E[v(t^1)|\beta(t^1) < x] - x = E[v(t^1)|t^1 < s] - \beta(s) = 0.$$

---

[6] Esta conclusão também usa nossa suposição que $v'_+(0) > 0$.

Em seguida, mostramos que o equilíbrio é único. Começamos os argumentos familiares do Capítulo 4, que impõe as condições necessárias para qualquer equilíbrio. Primeiro, a faixa de funções de lance β^1 e β^2 deve ser a mesma e devem formar um conjunto convexo, caso contrário algum tipo poderia reduzir seu lance com lucro sem reduzir a probabilidade de vencer. Segundo, porque o licitante 2 randomiza, os lances no apoio da randomização precisam ter lucros esperados iguais. Terceiro, o lance de menor equilíbrio $\beta^2(0)$ do licitante 2 nunca vence, de modo que o licitante 2 precisa ganhar um lucro esperado de zero em todos os seus lances, e precisamos ter $\beta^1(0) = \beta^2(0) = v(0)$. Quarto, o jogador 1 faz somente lances vencedores: $\beta^1(s) \leq v(s)$. Quinto, a distribuição do lance do licitante 2 deve ser não atômica, exceto possivelmente em $v(0)$, pois caso contrário o licitante 1 pode lucrar aumentando um pouco o seu lance quando o lance cair bem abaixo do átomo. Considerando as faixas idênticas da função de lance, a distribuição do lance do licitante 1 precisa sempre ser não atômica, pois caso contrário 2 teria um lance estritamente lucrativo. Por fim, a estratégia do licitante 1 deve ser não decrescente e, por ser não atômica, deve ser estritamente crescente.

Se o licitante 1 usar a estratégia crescente $\beta^1 = \beta$ e o licitante 2 ofertar dois lances x, então o licitante 2 vence quando $\beta(t^1) < x$ e recebe um payoff de $v(t^1) - x$, de modo que seu payoff esperado de um lance de $x > \beta(0)$ é

$$\int_0^{\beta^{-1}(x)} (v(s) - x)\, ds = 0.$$

Substituindo $x = \beta(r)$, a estratégia de equilíbrio do licitante 1 deve satisfazer

$$\int_0^r (v(s) - \beta(r))\, ds = 0.$$

Portanto,

$$\beta(r) = \frac{1}{r} \int_0^r v(s)\, ds.$$

O argumento precedente estabelece que o licitante 1 tem uma única estratégia de equilíbrio $\beta^1 = \beta$.

Suponha que o jogador 2 faça ofertas segundo a estratégia crescente β^2. Então sua distribuição de lance F é o inverso, isto é, $F(\beta^2(s)) = s$. Então, quando o tipo do licitante 1 é s, o seu problema de maximização de payoff é $\max_x (v(s) - x) F(x)$. A condição de primeira ordem para o problema do licitante 1 avaliado em seu lance de equilíbrio $x = \beta(s)$ é $-F(x) + (v(\beta^{-1}(x)) - x)f(x) = 0$. Reescrevemos esta equação como uma equação diferencial: $\frac{d}{dx} \ln F(x) = 1/(v(\beta^{-1}(x)) - x)$. A equação reescrita é válida para $x > v(0) = \beta(0)$, porque $v(s) > \beta(s)$ para $s > 0$.

Como os suportes das distribuições do lance para os dois licitantes são idênticos, eles devem apresentar o mesmo lance mais alto: $\beta^2(1) = \beta^1(1)$. Lembrando que $\beta^2 = F^{-1}$, temos $1 = F(\beta^2(1)) = F(\beta^1(1))$. Assim, a equação diferencial $\frac{d}{dx} \ln F(x) = 1/(v(\beta^{-1}(x)) - x)$ e a condição de contorno $1 = F(\beta^1(1))$ determinam F completamente, de modo que a estratégia de equilíbrio do licitante 2 também é única. ■

O equilíbrio tem uma característica comum em modelos de jogos teóricos, mas mesmo assim surpreendente: o licitante 2 é indiferente entre seus vários lances, e sua estratégia fixa probabilidades para fazer o problema de otimização do licitante 1 ter a solução prescrita. O intrigante é como esse padrão de comportamento pode surgir na realidade, isto é, como os licitantes podem aprender a licitar dessa forma. Esse enigma está além do alcance deste livro, de modo que deixamos a outros o problema de explicar como esse "equilíbrio" poderia surgir ao longo do tempo.

Quando há um vizinho, mas múltiplos não vizinhos participam do leilão, então existem vários equilíbrios, mas todos estão intimamente relacionados no Teorema 5.3.1.

Teorema 5.3.2. Suponha que haja um vizinho ($j = 1$) e $N - 1$ não vizinhos ($j = 2,..., N$), em que $N \geq 2$. Suponha que a função de valor v seja continuamente diferenciável com $v'(0) > 0$. Deixe $\beta^1 = \beta$ denotar uma estratégia crescente para o vizinho e $(\beta^2, \ldots, \beta^N)$ denotar estratégias crescentes para os não vizinhos. Deixe $F^j = (\beta^j)^{-1}, j = 1,..., N$, denotar as distribuições correspondentes dos lances (com $F = F^1$). Então, o perfil da estratégia $(\beta, \beta^2, \ldots, \beta^N)$ constitui um equilíbrio de Nash se $\beta(s) = E[v(t^1)|t^1 \leq s]$ e para todo x na faixa de β temos $F(x) = F^2(x) \cdots F^N(x)$. O lucro esperado de cada não vizinho é zero condicionado ao seu lance de equilíbrio e ao caso de seu lance vencer.

Prova. Note que quando um não vizinho, o licitante 2, por exemplo, vence com um lance de x, seu lucro esperado é $E[v(t^1)|\beta^j(t^j) < x, j \neq 2] - x = E[v(t^1)|\beta^1(t^1) < x] - x = 0$. A primeira igualdade segue porque tipos são independentes; a segunda segue do Teorema 5.3.1. Portanto, as estratégias prescritas para os não vizinhos são melhores respostas às estratégias dos outros licitantes.

Quando $t^1 = s$, o vizinho resolve $\max_x (v(s) - x) F^2(x) \cdots F^N(x) = \max_x (v(s) - x) F(x)$. Essa função de payoff é idêntica à estudada no Teorema 5.3.1, de modo que ofertar $\beta(s)$ é a melhor resposta para o licitante 1 do tipo s. Logo, as estratégias formam um equilíbrio de Nash. ∎

O Teorema 5.3.2 deriva duas conclusões surpreendentes do modelo, a saber, que o *comportamento de licitação* do vizinho é independente do número de licitantes opostos e que seu *payoff esperado* é similarmente independente. Porque os não vizinhos são indiferentes quanto aos seus lances, qualquer distribuição de lances com o mesmo suporte que o da distribuição do lance do vizinho é a melhor respostas. A condição de que todos os lances dos vizinhos recebem um lucro esperado zero determina os lances deles e a condição de que a estratégia do vizinho é a melhor resposta determina a distribuição do lance máximo dos não vizinhos.

Hendricks, Porter e Wilson (1994) testaram as conclusões do modelo sobre lances e lucros usando dados de arrendamento de petróleo em tratos de drenagem em plataformas continentais externas. Eles descobriram menos lances relativamente mais baixos entre não vizinhos do que o modelo previa, mas por outro lado foram incapazes de rejeitar até mesmo as previsões mais marcantes do modelo. Eles calcularam que não vizinhos ganharam lucros zero e que vizinhos tiveram lucros positivos. A distribuição de lances do vizinho e a distribuição de lances do lance mais alto entre os não vizinhos são as mesmas, e não variam com o número de não vizinhos. O diagrama da Figura 1, extraída de seu trabalho, plota as distribuições de lances.

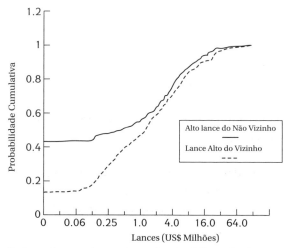

Todos os lances são representados em dólares de 1972.
Figura 1. Distribuição de lances.

Como mostra a plotagem, lances elevados de não vizinhos eram escassos na faixa entre cerca US$60 mil e US$1 milhão, mas correspondiam à distribuição de lances do lance alto do vizinho na faixa mais alta. Para explicar esse padrão de licitação, os autores sugeriram modificar o modelo precedente permitindo ao vendedor estabelecer um preço de reserva aleatório que possa estar relacionado ao valor. Como introduzimos os métodos exigidos para analisar lances correlatos mais adiante no livro, limitamos a atenção à variação de seu modelo no qual o preço de reserva não está relacionado ao valor.

Teorema 5.3.3. Suponha que o vizinho ($j = 1$) e $N - 1$ não vizinhos ($j = 2,...,N$), onde $N \geq 2$. Suponha que a função de valor v seja continuamente diferenciável e $v'(0) > 0$. Deixe G denotar a distribuição do preço de reserva aleatório r estabelecido pelo vendedor e suponha que G seja continuamente diferenciável. Deixe $\beta(s) = E[v(t^1)|t^1 \leq s]$. Suponha que exista um preço de reserva r tal que:

1. $\forall x < r, d \ln G(x)/d \ln x \geq d \ln \beta^{-1}(x)/d \ln x$, e
2. $\forall x > r, G(x) > \beta^{-1}(x)$.

Considerando um perfil de estratégias crescentes $(\beta^1, \ldots, \beta^N)$, deixe $F^j = (\beta^j)^{-1}$ ser as distribuições de lances correspondentes. Então $(\beta^1, \ldots, \beta^N)$ é um equilíbrio de Nash se as duas condições seguintes se mantiverem:

$$G(x)F^2(x) \cdots F^N(x) = \begin{cases} G(x) & \text{para } x \leq r, \\ \beta^{-1}(x) & \text{para } x \geq r \end{cases} \quad (5.2)$$

e

$$\beta^1(s) = \begin{cases} \arg\max_{x \leq r} (v(s) - x) G(x) & \text{para } s \leq \beta^{-1}(r), \\ \beta(s) & \text{para } s \geq \beta^{-1}(r). \end{cases} \quad (5.3)$$

O lucro esperado de cada não vizinho é zero, condicionado ao seu lance de equilíbrio e ao caso em que seu lance vença.

Prova. Por construção, β^1 é não decrescente em s.[7] Em nossa análise prévia, para $s \geq \beta^{-1}(r)$, $\beta^1(s) = \beta(s)$ resolve a questão de maximização $\max_{x \geq r} (v(s) - x)\beta^{-1}(x)$ e, logo, satisfaz a condição correspondente de

---

[7] Por inspeção, β^1 é crescente no domínio em que $s < \beta^{-1}(r)$ e no domínio em que $s > \beta^{-1}(r)$, e β^1 é contínuo em $s = \beta^{-1}(r)$.

primeira ordem. Por construção, $\beta^1(s)$ satisfaz a condição de primeira ordem para o problema $\max_{x \leq r} (v(s) - x)G(x)$ para $s \leq \beta^{-1}(r)$. Está claro que não há lances fora da faixa de β^1 que geram payoffs esperados mais altos. Logo, pelo teorema de simplificação de restrição, β^1 é a melhor resposta para o vizinho (licitante 1).

Considere a família de problemas de maximização $\max_{x \leq r} \ln(v(s) - x) + H(x, \lambda)$, onde $H(x, \lambda) = \lambda \ln G(x) + (1 - \lambda) \ln \beta^{-1}(x)$. Pela suposição de que $d \ln G(x)/d \ln x \geq d \ln b^{-1}(x)/d \ln x$, $H(x, \lambda)$ é supermodular.[8] Do Teorema 5.3.2, sabemos que $\beta(s)$ resolve o problema para $\lambda = 0$, e por construção sabemos que $\beta^1(s)$ o resolve para $\lambda = 1$. Porque $H(x, \lambda)$ é supermodular e, logo, tem diferenças de cruzamento únicas, o teorema da seleção monotônica implica que $\beta^1(s) \geq \beta(s)$. Segue que se um não vizinho não oferece qualquer valor $x \leq r$, então seu lucro esperado, dependendo de vencer, é $E[v(t^1)|x \geq \beta^1(t^1)] - x \leq E[v(t^1)|x \geq \beta(t^1)] - x = 0$, onde a igualdade segue do Teorema 5.3.2. Assim, para um não vizinho, qualquer lance inferior a r recebe um payoff não positivo. Por construção, lances acima de r na faixa de β levam a lucros zero pelo Teorema 5.3.2. Qualquer lance $x > \beta(1) = E[v(t^1)]$ sempre vence, mas recebe lucros esperados negativos ($E[v(t^1)] - x < 0$), e qualquer lance $x < \beta(0)$ sempre perde. Assim, cada estratégia de um não vizinho também é a melhor resposta. ■

Em qualquer equilíbrio, introduzir uma reserva não reduz o lance do vizinho. Se a probabilidade de a reserva do vendedor ser maior de que algum número x é menor, o equilíbrio é sustentado por ter o lance dos não vizinhos acima desse nível com frequência suficiente para fazer as probabilidades corresponderem às do Teorema 5.3.2. Isso é consistente com o equilíbrio para os não vizinhos, porque eles são indiferentes aos seus lances. Também é consistente com o equilíbrio para o vizinho, porque seu problema é o mesmo que na análise anterior. Se a probabilidade de que a reserva do vendedor exceder algum número x é alta, então os lances do vizinho são ajustados para serem uma resposta melhor a eles, e os não vizinhos não fazem lances nessa faixa.

5.3.2 Lucros e Receitas[9]

Os teoremas apresentados até agora nesta seção concluem que não vizinhos sempre têm lucros zero, mas e quanto ao vizinho? Aqui derivamos uma

---

[8] Observe que $\partial H/\partial \lambda = \ln[G(x)/\beta^{-1}(x)]$. A condição (1) do teorema mantém que essa expressão aumenta em x, de modo que $H(x, \lambda)$ é supermodular.

[9] Os resultados das próximas três seções se devem a Milgrom e Weber (1982b).

fórmula para os lucros do vizinho em que não há preço de reserva ou, de modo mais geral, quando $G(x) \geq \beta^{-1}(x)$ para todo x, ou seja, quando a reserva do vendedor não afasta lances de não vizinhos em qualquer nível. Nesses casos, a probabilidade de que um vizinho de tipo s vence é só s, então pelo teorema do envelope o lucro máximo esperado de um vizinho de tipo t é

$$\Pi(t) = V(0) + \int_0^t sv'(s)\,ds = \int_0^t sv'(s)\,ds. \tag{5.4}$$

O lucro esperado *ex ante* correspondente do vizinho é, portanto

$$\int_0^1 \Pi(t)\,dt = \int_0^1 \int_0^t sv'(s)\,ds\,dt = \int_0^1 \int_s^1 dt\, sv'(s)\,ds$$
$$= \int_0^1 (1-s)sv'(s)\,ds. \tag{5.5}$$

Nas aplicações a seguir, será importante acompanhar as informações nas quais os lances são baseados. No próximo teorema, usamos o subscrito V para significar que o vizinho observa o valor ou estimativa de valor V. Depois, substituiremos esse subscrito com qualquer informação que o vizinho possa ter observado.

Teorema 5.3.4. Suponha que v seja não decrescente e continuamente diferenciável e defina $H_V(x) = \Pr\{v(t^1) \leq x\}$.[10] Então, dependendo de $v(t) = w$, o lucro esperado do vizinho é

$$\Pi_V(w) = \int_0^w H_V(z)\,dz, \tag{5.6}$$

O lucro esperado *ex ante* do vizinho é

$$\bar{\pi}_V = \int_0^\infty H_V(z)(1 - H_V(z))\,dz, \tag{5.7}$$

e a receita esperada do vendedor é $E[v(t^1)] - \bar{\pi}_V$.

---

[10] Se v é invertível, então H_v é o inverso de v.

Prova. Faça a mudança das variáveis $z = v(s)$ e $s = H_V(z)$ sempre que $v'(s) > 0$. Então, usando (5.4) com $v(t) = w$, temos $\Pi_V(w) = \Pi(t) = \int_0^t s v'(s)\, ds = \int_0^w H_V(z)\, dz$. De forma semelhante,

$$\bar{\pi}_V = \int_0^\infty \Pi_V(w)\, dH_V(w) = \int_0^\infty \int_0^w H_V(y)\, dy\, dH_V(w)$$
$$= \int_0^\infty \int_y^\infty dH_V(w)\, H_V(y)\, dy = \int_0^\infty (1 - H_V(y)) H_V(y)\, dy. \quad\blacksquare$$

O Teorema 5.3.4 coloca as expressões de lucro e receita em uma forma acessível para análise futura.

5.3.3 Política de Informações ao Licitante

Informações são valiosas quando possibilitam que se tome decisões melhores. Na teoria clássica das decisões, o valor das decisões não pode ser negativo. As informações relevantes permitem tomar decisões mais acuradas e as irrelevantes podem ser ignoradas.

Em modelos de jogos teóricos, uma alegação semelhante diz que, quando o processo de coleta de informações é não observada: o tomador de decisões pode simplesmente usá-las para tomar decisões melhores. Mas informações em jogos também podem ter um segundo efeito: elas podem alterar o comportamento dos demais, mesmo que eles não as conheçam. Por exemplo, no modelo de trato de drenagem, a estratégia do não vizinho (desinformado) depende do que o vizinho (informado) sabe. Em jogos gerais, as informações podem ajudar ou prejudicar a parte informada. Esses efeitos criam incentivos para o grupo revelar ou ocultar a extensão de suas informações.

Nesta subseção, exploramos como as informações de cada licitante afetam os lances de outros licitantes fazendo as seguintes perguntas. Melhorar as informações do vizinho torna o lance do não vizinho mais tímido ou agressivo? Se o vizinho adquire novas informações, ele prefere que os não vizinhos saibam que as adquiriu? Ou ele prefere ocultar seu acesso às informações adicionais? Se o não vizinho conseguir acesso às informações, ele prefere revelá-las ou ocultá-las?

Começamos avaliando o valor das informações para o vizinho. Suponha que o valor de todas as informações do trato seja V e que o vizinho observe uma variável aleatória X que fornece informações relevantes para V. Se o vizinho também observar uma variável aleatória Y que proporciona informações adicionais sobre V, ele prefere observar Y mesmo que os não vizinhos estejam cientes de que o está observando? Se ele observasse Y, ele *quer* que não vizinhos estivessem cientes de que ele obteve essa informação adicional? Esses incentivos são uniformes ou as respostas às perguntas anteriores dependem das realizações de X e Y?

Como vimos, os lucros dos vizinhos não dependem da quantidade de não vizinhos, de modo que simplificamos a discussão focando o caso de apenas dois licitantes. Começamos estudando os lucros do vizinho em dois jogos de leilão, diferenciados pelo fato de o vizinho observar (e se acredita ter observado) apenas X ou ambos, X e Y. Deixe $V_X = E[V|X]$ e $V_{XY} = E[V|X, Y]$, e deixe H_X e H_{XY} ser as respectivas distribuições dessas duas variáveis aleatórias. Deixe F_X e F_{XY} ser as distribuições de lances de equilíbrio para o não vizinho nos dois jogos, e deixe

$$\Pi_X(w) = \max_x (w-x) F_X(x) \text{ e } \Pi_{XY}(w) = \max_x (w-x) F_{XY}(x) \qquad (5.8)$$

ser o lucro esperado do vizinho em casos em que $V_X = w$ ou $V_{XY} = w$, respectivamente. Com essas definições, podemos declarar o resultado principal:

Teorema 5.3.5. Para cada realização possível de X e Y, tem-se $\Pi_X(w) \leq \Pi_{XY}(w)$. (Isto é, o payoff esperado do vizinho é mais alto se o não vizinho acreditar que observou X e Y.)

Prova. Em vista do Teorema 5.3.4 (especialmente (5.6)), temos

$$\Pi_X(w) = \int_0^w H_X(z)\, dz \text{ e } \Pi_{XY}(w) = \int_0^w H_{XY}(z)\, dz. \qquad (5.9)$$

Pela lei das expectativas iteradas, $E[V_{XY}|X] = E[E[V|X, Y]|X] = E[V|X] = V_X$. Assim, V_{XY} é um *spread de preservação média* de V_X, e logo, para cada número w, $\int_0^w H_X(z)\, dz \leq \int_0^w H_{XY}(z)\, dz$. ∎

O lucro esperado do vizinho, considerando sua estimativa de valor, depende do lance do não vizinho que, por sua vez, depende do que este acredita. Segundo o Teorema 5.3.5, o não vizinho faz lances "mais tímidos" quando acredita que o vizinho está melhor informado; isto é, o máximo lucro esperado que o vizinho pode receber é uniformemente mais alto neste caso.

Uma forma de prosseguir seria criar um modelo em que seja incerto se o vizinho observa apenas X ou X e Y. Se o vizinho pode fazer anúncios não verificáveis ou oferecer uma prova de que observou Y, que informações oferecerão equilíbrio? Em equilíbrio, o vizinho oferecerá prova sempre que observar ambas as variáveis; ele nunca ocultará as informações coletadas. O não vizinho baseará sua estratégia em declarações comprovadas, mas ignorará os anúncios não comprovados do vizinho, que podem incluir falsas alegações sobre as informações que o vizinho observou. A análise segue o caminho de Grossman (1981) e Milgrom (1981a).

Em vez de desenvolver esse modelo, focamos o forte contraste entre os incentivos do vizinho e não vizinho para revelar ou ocultar capacidades de coleta de informações. Suponha que seja do conhecimento de todos que o vizinho observa X e Y e todos preveem que o não vizinho não observe nada. Suponha que, ao contrário das expectativas, o não vizinho consiga observar Y. Quereria ele, como o vizinho, divulgar o fato? Ou, se pudesse, preferiria convencer o vizinho com seu silêncio de que não observou nada?

Se o não vizinho revelar publicamente que observou Y, então a única informação privada no modelo será a observação X do vizinho. Já vimos que, nesses casos, o não vizinho obtém um lucro esperado de zero. Em comparação, se o vizinho acreditar que o não vizinho está mal informado, os lucros esperados do não vizinho geralmente são positivos. Considerando essas crenças e qualquer realização de X e Y, o vizinho nunca oferta mais que $E[V]$.[11] Logo, sempre que $E[V|Y] > E[V]$, o não vizinho pode obter um lucro esperado de $E[V|Y] - E[V] > 0$ simplesmente ofertando $E[V]$. Consequentemente, a política de divulgação ótima do não vizinho é totalmente diferente da do vizinho:

Teorema 5.3.6. Suponha que todos saibam que o vizinho observa X e Y. Então, para cada realização de Y, se o não vizinho aprender Y, seu lucro esperado é, pelo menos, tão alto como se o vizinho acreditar que não aprendeu Y.

Observamos acima que poderíamos incorporar a decisão do vizinho para revelar a aquisição da informação em um jogo maior no qual ele apenas observa Y com alguma probabilidade e, obviamente, podemos fazer o mesmo para o não vizinho. O Teorema 5.3.6 sugere que não há equilíbrio do jogo maior no qual o não vizinho sempre revela o fato de que observou Y.

---

[11] O vizinho oferece $E[V_{XY}|V_{XY} < w]$, de modo que nunca oferece mais que $E[V_{XY}|V_{XY} < \infty] = E[V_{XY}] = E[V]$.

5.3.4 Política de Informação do Vendedor

O vendedor se importa tanto quanto os licitantes sobre quem sabe o quê porque a distribuição das informações afeta o preço de venda esperado ou a eficiência da alocação (embora o segundo efeito esteja obviamente ausente dos modelos de valor comum como o de trato de drenagem).

Ao administrar arrendamentos de direitos de prospecção de petróleo em terras federais, o Departamento do Interior dos EUA exige que a empresa que desenvolve o trato apresente relatórios periódicos, que o departamento usa para determinar pagamento de royalties. Antes dos leilões de trato de drenagem, o governo pode revelar algumas informações sobre esses relatórios aos demais licitantes. O governo também pode realizar pesquisas por conta própria, como estudos sísmicos, a fim de revelar informações sobre o valor de suas várias propriedades. Nesta seção, investigamos os efeitos das políticas como essas na receita dos vendedores.

Primeiro modelamos a política de revelação de informações geradas pelos licitantes. Suponha que o vizinho observe o par (X, Y) e reporte Y para o governo (o vendedor). Se o vendedor não tornar Y público, então, por analogia a (5.7), o payoff esperado *ex ante* do vizinho é

$$\bar{\pi}_{XY} = \int_0^\infty H_{XY}(z)(1 - H_{XY}(z))\, dz,$$

onde $H_{XY}(z) = \Pr\{V_{XY} \leq z\}$. Se o vendedor anunciar Y publicamente, as crenças do não vizinho sobre a estimativa do vizinho são $H_{XY}(z|Y) = \Pr\{V_{XY} \leq z|Y\}$. O lucro esperado do vizinho condicionado a Y é, portanto

$$\pi(Y) = \int_0^\infty H_{XY}(z|Y)(1 - H_{XY}(z|Y))\, dz.$$

Teorema 5.3.7. Quando o vendedor reporta publicamente a informação do licitante Y, o lucro esperado do vizinho cai:

$$E[\pi(Y)] \leq \bar{\pi}_{XY}, \tag{5.10}$$

e a receita esperada do vendedor sobe.

Prova. Quando o vendedor divulga Y, o payoff esperado do vizinho é

$$E[\pi(Y)] = E\left[\int_0^\infty H_{XY}(z|Y)(1 - H_{XY}(z|Y))\,dz\right]$$
$$= \int_0^\infty E\left[H_{XY}(z|Y)(1 - H_{XY}(z|Y))\right]dz$$
$$\leq \int_0^\infty E\left[H_{XY}(z|Y)\right](1 - E\left[H_{XY}(z|Y)\right])\,dz$$
$$= \int_0^\infty H_{XY}(z)(1 - H_{XY}(z))\,dz = \bar\pi_{XY},$$

onde a desigualdade segue da desigualdade de Jensen e a última etapa mantém pela lei de expectativas iteradas, porque

$$H_{XY}(z) = E[1_{\{V_{XY} \leq z\}}] = E[E[1_{\{V_{XY} \leq z\}}|Y]] = E[H_{XY}(z|Y)].$$

Porque o lucro esperado do não vizinho é zero em ambos os casos, a receita esperada do vendedor sobe de $E[V] - \bar\pi_{XY}$ para $E[V] - E[\pi(Y)]$. ∎

Agora, examinamos a decisão de o vendedor gerar as próprias informações. Esse tipo de informação tem dois efeitos. Primeiro, quando o vendedor revela as informações do vizinho, essa revelação diz ao não vizinho algo sobre o valor do trato de drenagem e, assim, faz com que a informação do vizinho seja menos privada. A intuição sugere e a seguinte análise confirma, que esse efeito sempre reduz o lucro esperado do vizinho e aumenta a receita esperada do vendedor. Entretanto, há um segundo efeito, que pode aumentar ou diminuir os lucros esperados do licitante, dependendo de se a informação do vendedor é um substituto ou um complemento da informação do vizinho para o propósito de estimar o valor do trato de drenagem.

Agora formalizamos esses dois efeitos. Suponha que o vizinho observe X e o vendedor observe Y, em que ambas são variáveis aleatórias de real valor. Denote as expectativas condicionais respectivas por $\bar v(x) = E[V|X = x]$ e $\hat v(x, y) = E[V|X = x, Y = y]$. Suponha que $\bar v$ e $\hat v$ sejam continuamente diferenciáveis e crescentes em x, com $\bar v'(x) > 0$ e $\hat v_1(x, y) = \partial \hat v(x, y)/\partial x > 0$. Deixe G_X ser a função de distribuição para X. Então, usando a expressão (5.5) e substituindo $s = G_X(x)$ e assim $v(s) = \bar v(x)$, obtemos o lucro esperado do vizinho *ex ante* quando Y não é revelado:

$$\int_0^1 s(1-s)v'(s)\,ds = \int_0^\infty G_X(x)(1 - G_X(x))\bar v'(x)\,dx.$$

Da mesma forma, quando Y é revelado, o lucro esperado *ex ante* do vizinho é

$$E\left[\int_0^\infty (1 - G_X(x|Y))G_X(x|Y)\hat{v}_1(x, Y)\, dx\right].$$

Assim, a mudança no lucro esperado do vizinho quando o vendedor revela Y é

$$\Delta = E\left[\int_0^\infty (1 - G_X(x|Y))G_X(x|Y)\hat{v}_1(x, Y)\, dx\right] \\ - \int_0^\infty (1 - G_X(x))G_X(x)\bar{v}'(x)\, dx. \quad (5.11)$$

Nosso objetivo é analisar essa mudança Δ.

Teorema 5.3.8. A mudança nos lucros esperados do vizinho quando o vendedor revela suas informações privadas Y é Δ e a mudança na receita esperada do vendedor é $-\Delta$, onde $\Delta = P + W$,

$$P = \int_0^\infty \{E[(1 - G_X(x|Y))G_X(x|Y)] - (1 - G_X(x))G_X(x)\}\bar{v}'(x)\, dx, \quad (5.12)$$

e

$$W = E\left\{\int_0^\infty (1 - G_X(x|Y))G_X(x|Y)[\hat{v}_1(x, Y) - \bar{v}'(x)]\, dx\right\}. \quad (5.13)$$

Para todo X e Y, $P \le 0$.

Prova. Compute $\Delta = P + W$ adicionando (5.12) e (5.13) para obter (5.11). Como o lucro esperado do não vizinho é zero, a receita esperada do vendedor é o valor esperado do trato menos a receita esperada do vizinho, de modo que a mudança na receita esperada do vendedor é $-\Delta$. Usando $E[(1 - G_X(x|Y))G_X(x|Y)] \le (1 - E[G_X(x|Y)])E[G_X(x|Y)] = (1 - G_X(x))G_X(x)$ (pela desigualdade de Jensen e a lei das expectativas iteradas) multiplique ambos os lados por $\bar{v}'(x) > 0$, e integre para estabelecer que $P \le 0$. ∎

O Teorema 5.3.8 decompõe o efeito total da receita do anúncio do vendedor na soma dos dois termos. O *efeito de publicidade* P mostra como o lucro esperado do vizinho mudaria se a informação Y contribuísse em nada para a estimativa de valor do vizinho, isto é, se $\bar{v} = \hat{v}$. Nesse caso, o único efeito de revelar Y seria dar ao não vizinho algumas informações sobre a estimativa do vizinho. A afirmação do teorema de que $P \leq 0$ enfatiza que esse efeito sempre reduz o lucro esperado do vizinho.

O *efeito da ponderação* W depende da diferença $\hat{v}_1(x, Y) - \bar{v}'(x)$, que mostra como a observação de Y amplifica ou reduz o impacto da observação X na estimativa do valor do vizinho. Se o termo $\hat{v}_1(x, Y) - \bar{v}'(x)$ for sempre negativo, então $W < 0$; chamamos este caso de *substitutos informacionais*. Para ilustrar esse caso, suponha que $\hat{v}(x, y) = b_0 + b_x x + b_y y$ com $b_x, b_y > 0$. Então $\bar{v}(x) = \hat{v}(x, E[Y|X = x]) = b_0 + b_x x + b_y E[Y|X = x]$. Assim, se $E[Y|X = x]$ é crescente, então $\hat{v}_1(x, Y) - \bar{v}'(x) < 0$. Quando as observações forem substitutos informacionais, revelar Y reduz ainda mais os lucros do vizinho.

Corolário 5.3.1. Se X e Y são substitutos informacionais, então $\Delta < 0$.[12]

O efeito de ponderação é zero quando a informação do vendedor é inferior que a do vizinho, isto é, quando $Y = X + \varepsilon$ para algum termo de erro ε que seja independente das outras variáveis aleatórias no modelo. Nesse caso, saber Y não tem efeito sobre a estimativa do vizinho.

Também é possível que X e Y sejam *complementos informacionais* ($W > 0$), isto é, que revelar Y aumenta a utilidade da informação privada X do vizinho. Por exemplo, suponha que $X = V + \varepsilon_X$, em que ε_X é um termo de erro independente e suponha $\bar{v}(x) = a + bx$. Naturalmente, $b < 1$. Suponha que $Y = \varepsilon_X$. Então, revelando resultados de informação em $\hat{v}(x, y) = x - y$, revelar Y aumenta o peso atribuído a X ao estimar V. Neste caso $W > 0$: o efeito de ponderação beneficia o vizinho quando a informação Y é revelada. Além disso, nessa especificação, X e Y são independentes, de modo que $G_X(x) \equiv G_X(x|Y)$ e, logo $P = 0$. Neste exemplo, o vendedor se sai estritamente pior ao revelar sua informação Y.

5.4 Tipos Correlatos e Valores Interdependentes

Vários resultados nesta seção usam a noção de afiliação que Milgrom e Weber (1982a) introduziram na literatura de leilões. A afiliação capta a ideia de que valores mais elevados em uma variável têm maior probabilidade de criar valores mais elevados nas outras. Começamos essa seção mostrando resultados importantes sobre a afiliação que usaremos. Na subseção seguinte, estudamos dois modelos de leilões ascendentes que diferem o

---

[12] Milgrom e Weber (1982b) mostram que uma condição suficiente para X e Y serem substitutos informacionais é que (X, Y, V) sejam afiliados. A Seção 5.4 define afiliação e explora algumas de suas consequências.

quanto os licitantes podem inferir a partir de lances anteriores, caracterizando o equilíbrio em cada caso. Estudamos a eficiência e as receitas desses leilões ascendentes e os comparamos a leilões de primeiro preço, e também como a política do vendedor sobre revelar ou ocultar informações afeta os resultados do leilão.

5.4.1 Afiliação

A definição de afiliação usa conceitos da teoria dos reticulados. Lembre que dados dois pontos $x, y \in \mathbb{R}^N$, escrevemos $x \geq y$ para significar que $x_1 \geq y_1, \ldots, x_N \geq y_N$, e $x > y$ para significar que $x \geq y$ e $x \neq y$. A *conjunção* é definida por $x \wedge y = (\min(x_1, y_1), \ldots, \min(x_N, y_N))$, e a *união* por $x \vee y = (\max(x_1, y_1), \ldots, \max(x_N, y_N))$. Uma função $f : \mathbb{R}^N \to \mathbb{R}^M$ é *isótona* se $x \geq y \Rightarrow f(x) \geq f(y)$. Uma condição especialmente importante para este capítulo é a afiliação, que agora definimos.

Definição. Suponha que variáveis aleatórias $X_1, \ldots, X_N$ tenham densidade conjunta f.[13] Então as variáveis aleatórias são *afiliadas* se e somente se $f(x)f(y) \leq f(x \wedge y)f(x \vee y) \,\forall x, y \in \mathbb{R}^N$.

Para ver como a definição capta nossa descrição intuitiva da afiliação, deixe $N = 2$, e considere $x_1 > y_1$ e $x_2 < y_2$. Então, podemos reescrever a condição de afiliação que é $f(x_1, x_2)f(y_1, y_2) \leq f(x_1, y_2)f(y_1, x_2)$, como $f(x_1, x_2)/f(y_1, x_2) \leq f(x_1, y_2)/f(y_1, y_2)$. Dividir o numerador e o denominador à esquerda pela densidade marginal $f_2(x_2)$ e à direita por $f_2(y_2)$ leva a $f(x_1|x_2)/f(y_1|x_2) \leq f(x_1|y_2)/f(y_1|y_2)$. Assim, a condição original é equivalente à declaração intuitiva de que o valor mais elevado de X_2 torna relativamente mais prováveis valores maiores de X_1.

Note que (deixar log 0 = $-\infty$) a desigualdade da afiliação é equivalente à declaração de que o logaritmo da função de densidade conjunta f é supermodular:

$$\log f(x) + \log f(y) \leq \log f(x \wedge y) + \log f(x \vee y).$$

Dizemos que uma função f que satisfaz a condição anterior exibe *logsupermodularidade* e chamamos a desigualdade correspondente de *desigualdade*

---

[13] Milgrom e Weber (1982a) dão uma definição geral que se aplica mesmo quando as variáveis aleatórias não têm densidades. Eles estabelecem que ela é equivalente à definição citada para variáveis aleatórias que têm uma densidade conjunta. Athey (2001) analisa a existência de um equilíbrio monotônico usando supermodularidade logarítmica e condições relacionadas. Veja também Athey (2002).

de afiliação. Quando as variáveis aleatórias $X_1, \ldots, X_N$ são estatisticamente independentes, elas são trivialmente afiliadas; a desigualdade de afiliação mantém a igualdade.

A observação de que a afiliação é supermodular nos lembra que transformações preservadoras da ordem das variáveis subjacentes não afetam a propriedade. Esse fato é importante para nossa teoria, porque quando as estratégias dos licitantes $\beta^i : [0, 1) \to \mathbb{R}$ são crescentes, o vetor de lances é uma transformação de preservação de ordem do vetor de tipos não observado.

Para ilustrar o princípio no contexto de leilões, deixe f_t e f_b denotar as densidades conjuntas dos tipos dos licitantes e lances respectivamente. Por conveniência, suponha por ora que essas densidades existam e são positivas e que a função de lance de equilíbrio é diferenciável. Fixe dois tipos de perfil $\hat{t}$ e $\tilde{t}$ e perfis de lance correspondentes $\hat{b} = (\beta^1(\hat{t}^1), \ldots, \beta^N(\hat{t}^N))$ e $\tilde{b} = (\beta^1(\tilde{t}^1), \ldots, \beta^N(\tilde{t}^N))$, que escrevemos de modo compacto como $\hat{b} = \beta(\hat{t})$ e $\tilde{b} = \beta(\tilde{t})$.[14] Como as estratégias do licitante são crescentes no tipo, a densidade cumulativa de tipos deve ser igual à densidade cumulativa de lances: $F_t(\hat{t}) = F_b(\hat{b}) = F_b(\beta(\hat{t}))$. Derivamos a relação entre as densidades correspondentes diferenciando N vezes, como segue. Primeiro, $\partial F_t/\partial t^1 = (\partial F_b/\partial b^1) \cdot \beta^{1'}(t^1)$; em seguida, $\partial^2 F_t/\partial t^1 \partial t^2 = (\partial^2 F_b/\partial b^1 \partial b^2) \cdot \beta^{1'}(t^1) \cdot \beta^{2'}(t^2)$; e assim por diante, até chegarmos ao seguinte:

$$\begin{aligned} f_t(\hat{t}) &= f_b(\hat{b})\beta^{1'}(\hat{t}^1) \cdots \beta^{N'}(\hat{t}^N), \\ f_t(\tilde{t}) &= f_b(\tilde{b})\beta^{1'}(\tilde{t}^1) \cdots \beta^{N'}(\tilde{t}^N), \\ f_t(\hat{t} \vee \tilde{t}) &= f_b(\hat{b} \vee \tilde{b})\beta^{1'}(\hat{t}^1 \vee \tilde{t}^1) \cdots \beta^{N'}(\hat{t}^N \vee \tilde{t}^N), \\ f_t(\hat{t} \wedge \tilde{t}) &= f_b(\hat{b} \wedge \tilde{b})\beta^{1'}(\hat{t}^1 \wedge \tilde{t}^1) \cdots \beta^{N'}(\hat{t}^N \wedge \tilde{t}^N). \end{aligned} \quad (5.14)$$

Para cada i, o conjunto $\{\hat{t}^i, \tilde{t}^i\} = \{\hat{t}^i \wedge \tilde{t}^i, \hat{t}^i \vee \tilde{t}^i\}$, de modo que $\beta^{j'}(\hat{t}^j) \cdot \beta^{j'}(\tilde{t}^j) = \beta^{j'}(\hat{t}^i \wedge \tilde{t}^i) \cdot \beta^{j'}(\hat{t}^i \vee \tilde{t}^i)$. Logo, combinando as quatro equações de (5.14) e simplificando, obtemos

$$\frac{f_t(\hat{t} \wedge \tilde{t}) f_t(\hat{t} \vee \tilde{t})}{f_t(\hat{t}) f_t(\tilde{t})} = \frac{f_b(\hat{b} \vee \tilde{b}) f_b(\hat{b} \wedge \tilde{b})}{f_b(\hat{b}) f_b(\tilde{b})}.$$

A afiliação é a exigência de que os coeficientes da equação precedente excedam uma, de modo que os lances sejam afiliados se e somente se os tipos são afiliados.

---

[14] Aqui, como antes, lemos a notação a respeito da estrutura do jogo no qual o lance de cada licitante depende só de seu próprio tipo. Assim, $\hat{b}^j = \beta^j(\hat{t}^j)$ e $\tilde{b}^j = \beta^j(\tilde{t}^j)$.

Os próximos vários resultados facilitam a aplicação da teoria de variáveis aleatórias afiliadas a leilões. O primeiro declara que a afiliação de cada par de variáveis em um conjunto implica a afiliação do conjunto e que, se a função de densidade é suave, pode-se verificar a afiliação usando uma fórmula de derivada simples.

Teorema 5.4.1. A função f é logsupermodular se e somente se para cada $i \neq j$, x_{-ij}, $x_i > \hat{x}_i$, e $x_j > \hat{x}_j$, tem-se

$$f(x_i, \hat{x}_j, x_{-ij}) f(\hat{x}_i, x_j, x_{-ij}) \leq f(x_i, x_j, x_{-ij}) f(\hat{x}_i, \hat{x}_j, x_{-ij}).$$

Se f é positivo e duas vezes continuamente diferenciável, então f é logsupermodular se e somente se $\partial^2 \log(f(x))/\partial x_i \partial x_j \geq 0$.

Pode-se reformular ambas as partes deste teorema simplesmente como teoremas sobre funções supermodulares. Provas podem ser encontradas em Topkis (1978) ou Topkis (1998).

Teorema 5.4.2. Se $f : \mathbb{R}^2_+ \to \mathbb{R}$ é logsupermodular, então $g(x_1, x_2) = \int_0^{x_1} f(s, x_2) \, ds$ é logsupermodular.

Prova. Deixe $x_1 > \hat{x}_1$ e $x_2 > \hat{x}_2$. Então

$$\frac{g(x_1, x_2)}{g(\hat{x}_1, x_2)} = \frac{\int_0^{x_1} f(s, x_2) \, ds}{\int_0^{\hat{x}_1} f(s, x_2) \, ds} = 1 + \frac{\int_{\hat{x}_1}^{x_1} \frac{f(s, x_2)}{f(\hat{x}_1, x_2)} \, ds}{\int_0^{\hat{x}_1} \frac{f(s, x_2)}{f(\hat{x}_1, x_2)} \, ds}$$

$$\geq 1 + \frac{\int_{\hat{x}_1}^{x_1} \frac{f(s, \hat{x}_2)}{f(\hat{x}_1, \hat{x}_2)} \, ds}{\int_0^{\hat{x}_1} \frac{f(s, \hat{x}_2)}{f(\hat{x}_1, \hat{x}_2)} \, ds} = \frac{g(x_1, \hat{x}_2)}{g(\hat{x}_1, \hat{x}_2)}.$$

A desigualdade segue porque $f(s, x_{-1})/f(\hat{x}_1, x_{-1})$ é crescente em x_{-1} para $s > \hat{x}_1$ e decrescente em x_{-1} for $s < \hat{x}_1$. ∎

Teorema 5.4.3. Se $f(x_1, x_2)$ é uma densidade de probabilidade logsupermodular em $\mathbb{R}^2_+$, então

(1) a densidade condicional $f(x_1|x_2)$ é logsupermodular,

(2) a função de distribuição condicional cumulativa $F(x_1|x_2)$ é logsupermodular, e

(3) a função de distribuição cumulativa condicional $F(x_1|x_2)$ é não crescente em x_2.

Prova. Para mostrar (1), note que a densidade condicional é $f(x_1|x_2) = f(x_1, x_2)/f_2(x_2)$, de modo que $\ln f(x_1|x_2) = \ln f(x_1, x_2) - \ln f_2(x_2)$. Segue que $f(x_1|x_2)$ é logsupermodular se (e somente se) $f(x_1, x_2)$ é logsupermodular.

Para mostrar (2), note que $F(x_1|x_2) = \int_0^{x_1} f(s|x_2)\,ds$, e aplique o Teorema 5.4.2.

Para mostrar (3), fixe x_1 e deixe $x_2 > \hat{x}_2$. Por (2), $F(x_1|\hat{x}_2)/F(x_1|x_2) \geq \lim_{x \to \infty} F(x|\hat{x}_2)/F(x|x_2) = 1$, de modo que $F(x_1|\hat{x}_2) \geq F(x_1|x_2)$. ∎

Note que segundo a parte (3), a afiliação implica que certas distribuições condicionais sejam ordenadas pela dominância estocástica de primeira ordem. O resultado seguinte demonstra outra propriedade de afiliação importante: se um conjunto de variáveis é afiliado então qualquer subconjunto de variáveis também é afiliada.

Teorema 5.4.4. Se $f(x_1, \ldots, x_n)$ é uma densidade de probabilidade logsupermodular, então $g(x_1, \ldots, x_{n-1}) = \int f(x_1, \ldots, x_{n-1}, s)\,ds$ também é uma densidade de probabilidade logsupermodular.

Prova. É trivial que g é uma densidade de probabilidade e o resultado de logsupermodularidade é trivial para o caso $n = 2$. Da mesma forma, suponha que $n \geq 3$. É suficiente provar que o resultado para qualquer par de variáveis x_i, x_j onde $1 \leq i, j \leq n-1$, de modo que focamos o caso $i = 1, j = 2$. Fixe $y = (x_3, \ldots, x_{n-1})$ (y é nulo se $n = 3$) e deixe $x_1 > \hat{x}_1$ e $x_2 > \hat{x}_2$. Porque $f(s|\hat{x}_1, \hat{x}_2, y) = f(\hat{x}_1, \hat{x}_2, y, s)/\int f(\hat{x}_1, \hat{x}_2, y, t)\,dt$, segue que

$$\begin{aligned}\frac{g(\hat{x}_1, x_2, y)}{g(\hat{x}_1, \hat{x}_2, y)} &= \frac{\int f(\hat{x}_1, x_2, y, s)\,ds}{\int f(\hat{x}_1, \hat{x}_2, y, s)\,ds} \\ &= \int \frac{f(\hat{x}_1, x_2, y, s)}{f(\hat{x}_1, \hat{x}_2, y, s)} f(s|\hat{x}_1, \hat{x}_2, y)\,ds \\ &\leq \int \frac{f(x_1, x_2, y, s)}{f(x_1, \hat{x}_2, y, s)} f(s|\hat{x}_1, \hat{x}_2, y)\,ds \\ &\leq \int \frac{f(x_1, x_2, y, s)}{f(x_1, \hat{x}_2, y, s)} f(s|x_1, \hat{x}_2, y)\,ds \\ &= \frac{\int f(x_1, x_2, y, s)\,ds}{\int f(x_1, \hat{x}_2, y, s)\,ds} = \frac{g(x_1, x_2, y)}{g(x_1, \hat{x}_2, y)}.\end{aligned}$$

A primeira desigualdade segue porque, pela logsupermodularidade, o integrando é sempre maior. Duas observações implicam a segunda desigualdade. Primeiro, pela parte (3) do Teorema 5.4.3, a distribuição $F(s|x_1, \hat{x}_2, y) \leq F(s|\hat{x}_1, \hat{x}_2, y)$ para todo s. A distribuição condicional considerando $x_1, \hat{x}_2, y$ é, portanto, maior no sentido da dominância estocástica de primeira ordem do que a distribuição condicional considerando $\hat{x}_1, \hat{x}_2, y$.[15] Segundo, o coeficiente $f(x_1, x_2, y, s)/f(x_1, \hat{x}_2, y, s)$ é não decrescente em s (pela logsupermodularidade de f). A desigualdade então segue da definição da dominância estocástica de primeira ordem. ∎

Teorema 5.4.5. Suponha que as variáveis aleatórias $X_1, \ldots, X_N$ são afiliadas. Então, para cada função isótona de contorno $g : \mathbb{R}^N \to \mathbb{R}$, a função $h(x) = E[g(X_1, \ldots, X_N)|X_1 = x]$ é isótona.

Prova. O teorema é óbvio no caso $N = 1$. Para $N = 2$, deixe $x_1 > \hat{x}_1$. Então $h(\hat{x}_1) = E[g(\hat{x}_1, X_2)|X_1 = \hat{x}_1] \leq E[g(x_1, X_2)|X_1 = \hat{x}_1] \leq E[g(x_1, X_2)|X_1 = x_1] = h(x_1)$. A primeira desigualdade segue da isotonicidade de g. A dominância estocástica implica a segunda; observe que $g(x_1, \cdot) : \mathbb{R} \to \mathbb{R}$ é não decrescente e (pelo Teorema 5.4.3, parte (3)) que $F(x_2|x_1) \leq F(x_2|\hat{x}_1)$.

Em seguida, considere $N \geq 3$, e suponha que o teorema mantém para todo $m \leq N - 1$. Deixe $\hat{g}(x, y) = E[g(X_1, \ldots, X_N)|X_1 = x, X_2 = y]$. Mantendo $X_1 = x$, o lado direito integra a função de $N - 1$ variáveis, a saber, $g(x, \cdot) : \mathbb{R}^{N-1} \to \mathbb{R}$. Assim, pela hipótese indutiva, $\hat{g}$ é não decrescente em y. Por um argumento similar, ele também é não decrescente em x. Logo, $\hat{g}$ é isótono.

Assim, $h(x) = E[g(X_1, \ldots, X_N)|X_1 = x] = E[E[g(X_1, \ldots, X_N)|X_1, X_2]|X_1 = x] = E[\hat{g}(X_1, X_2)|X_1 = x]$. Aplicar a hipótese indutiva outra vez estabelece que esta última expressão é não decrescente em x. ∎

Teorema 5.4.6 (Milgrom e Weber). Suponha que as variáveis aleatórias $(X_1, X_2, \ldots, X_N, Y)$ tenham uma densidade conjunta f que é simétrica nos componentes de X. Então $(X_1, X_2, \ldots, X_N, Y)$ é afiliado se e somente se $(X^{(1)}, \ldots, X^{(N)}, Y)$ for afiliado.

---

[15] Para a definição da dominância estocástica de primeira ordem, veja, por exemplo, a definição 6.D.1 em Mas-Colell, Whinston e Green (1995). Essa referência também inclui a caracterização da dominância estocástica usada aqui.

Prova. A densidade de $(X^{(1)}, \ldots, X^{(N)}, Y)$ é $N! f(x, y) 1_{\{x_1 > \cdots > x_N\}}$, pois há $N!$ formas de arranjar os componentes de X, e o indicador rende o valor da densidade apenas quando esses componentes estiverem ordenados. Essa densidade satisfaz a desigualdade de afiliação se e somente se f o faz. ∎

5.4.2 Os Modelos de Leilões Ascendentes de Milgrom–Weber

Leilões ascendentes seguem uma variedade de formatos. Versões em viva voz são os mais comuns. Nesses leilões, os licitantes dão seus lances até que o leiloeiro determine que a licitação terminou e então venda o lote ou item pelo valor do lance mais alto. Em leilões de peixes ou gado, é usado um sistema de sinais de mão para apresentar os lances. O leiloeiro também pode controlar a progressão de preços apresentados. Por exemplo, nos assim chamados leilões japoneses, o leiloeiro eleva o preço até que apenas um licitante ainda esteja disposto a dar um lance.

Vickrey introduziu o leilão de segundo preço como um modelo do leilão inglês ascendente. Sua hoje conhecida ideia era que a estratégia ótima de cada licitante seria licitar até que as ofertas atingissem seu próprio preço de reserva pré-determinado, ponto em que o licitante se retiraria. O licitante vencedor seria então o com o maior preço de reserva e o lance vencedor seria aproximadamente o segundo preço de reserva mais alto.

O modelo de Vickrey omite a possibilidade de que os licitantes tomem conhecimento de algo durante leilão que possa fazer com que mudem o preço de reserva. Se os licitantes obtiverem informações durante o leilão, precisamos estar atentos às normas do leilão que influenciam o que os licitantes observam durante o processo de licitação. Por exemplo, suponha que o leiloeiro aumente continuamente o lance exigido e cada licitante toma apenas uma decisão: quando parar de fazer ofertas. Podemos pensar no licitante como fazendo ofertas apertando um botão e parando ao soltá-lo (alternativamente, parar de pressioná-lo). Parar dessa forma é visto como irreversível. Na versão desse modelo que oferece o mínimo de informações possíveis, o mecanismo do leilão não fornece feedback sobre a quantidade de licitantes ativos ou suas identidades durante esse processo. Nesse modelo, pode-se descrever qualquer estratégia pura com um único preço de reserva,[16] de modo que o modelo Vickrey incorpora quaisquer oportunidades de aprendizado que os licitantes possam ter. Isto é, o leilão ascendente sem feedback sobre licitantes ativos é *estrategicamente equivalente* ao modelo de leilão de segundo preço de Vickrey. Dizemos que um mecanismo de leilão ascendente que não oferece informações aos licitantes sobre os números ou identidades de licitantes ativos oferece *um mínimo de informações* na classe de mecanismos de leilões ascendentes.

Em leilões ingleses reais, os licitantes geralmente observam informações adicionais. Discutimos um modelo de tal situação a seguir, na qual os licitantes observam a quantidade de outros licitantes que ainda estão ativos em cada momento do leilão. Porém, limitamos nossa atenção aos modelos de *leilão com botão*, no qual a única decisão do licitante é quando se retirar irreversivelmente da licitação.[17] Este modelo, devido a Milgrom e Weber (1982a), é o primeiro de um leilão com botão e também o primeiro com valores interdependentes gerais e tipos correlatos.

Entre os muitos modelos analisados a seguir, a *maldição do vencedor* é uma característica essencial. A maldição do vencedor é uma forma de seleção adversa. O licitante que vence a competição contra licitantes bem informados deve saber que a relutância dos outros em apresentar lances maiores é uma informação desfavorável sobre o valor do item. No modelo de trato de drenagem, calculamos os lucros dos não vizinhos exatamente dessa forma: o não vizinho vence com um lance de b exatamente quando o vizinho oferece menos que b, que é uma informação sobre a estimativa do valor do vizinho. Quando mais que um licitante tem informações relevantes, cada um precisa estar ciente do conteúdo das informações dos lances dos outros

---

[16] Esse raciocínio é um tanto informal, associando *estratégias* com *estratégias reduzidas*. Uma *estratégia* em um jogo especifica o que o jogador faz com cada conjunto de informações a respeito das quais deve agir. Assim, formalmente, a estratégia do licitante nesse jogo especifica o que ele fará se ainda estiver ativo quando o lance exigido subir a x, mesmo que a estratégia também especifique que o licitante se retirará quando o lance exigido for $x - 1$. Os verdadeiros resultados do jogo de leilão descrito aqui são determinados pelo lance *menor* do qual cada licitante se retirar. E duas estratégias que têm o menor lance sempre levam ao mesmo resultado. Na teoria dos jogos, uma estratégia reduzida é uma classe de estratégias equivalentes nas quais cada elemento sempre leva ao mesmo resultado. Assim, nesse jogo de leilão, é a estratégia reduzida que especifica somente o menor preço no qual o licitante se retirará.

[17] Ao fazer isso, omitimos modelos nos quais os licitantes "saltam" a comunicação de informações aos demais. O *jump bidding* envolve aumentar significativamente (e assincronamente) o atual lance elevado. Veja Avery (1998).

ao tomar a própria decisão. Também pode haver uma *maldição do perdedor* em leilões de multiobjetos.[18]

5.4.2.1 O Leilão de Botão (de Segundo Preço) com Informações Mínimas

Suponha que o payoff de cada licitante seja o valor recebido menos a quantia paga. Para licitantes perdedores, o valor recebido é zero. O licitante vencedor, i, recebe o valor $v^i = v^i(t^i, t^0, t^{-i})$, onde t^0 é uma variável que pode não ser observada pelos licitantes, como informações do vendedor. Supomos que v^i é não decrescente.

Começamos com o caso simétrico, que impõe três restrições. Primeiro, todos os licitantes têm a mesma função de valor v, de modo que $v^i = v(t^i, t^0, t^{-i})$. Segundo, a função de valor é simétrica nos tipos de outros jogadores, isto é, $v^1 = v(t^1, t^0, t^{-1}) = v(t^1, t^0, t^{(1)}, \ldots, t^{(N-1)})$, em que $t^{(1)}, \ldots, t^{(N-1)}$ denota a estatística de ordem (do maior para o menor) de $t^2, \ldots, t^N$. Terceiro, a distribuição dos tipos é simétrica da mesma forma que a função de valor.

Considere o leilão de botão com informações mínimas, que vimos ser estrategicamente equivalente ao modelo de leilão de segundo preço. Defina $\hat{v}(r, s) = E[v^1 | t^1 = r, t^{(1)} = s]$. Se os tipos são afiliados e simetricamente distribuídos, então pelos Teoremas 5.4.5 e 5.4.6, a função $\hat{v}$ é *isótona*, isto é, não decrescente em cada argumento. Para comparar os seguintes resultados, será conveniente tratar $\hat{v}$ como primitiva e supor que é isótona e estritamente assim no primeiro argumento.

Teorema 5.4.7 (Milgrom, 1981b). Suponha que a função $\hat{v}$ é isótona e crescente em seu primeiro argumento. Então a estratégia $\beta(s) = \hat{v}(s, s)$ é uma estratégia de equilíbrio simétrico do leilão de segundo preço. O equilíbrio tem a propriedade que se qualquer licitante conhece o tipo oposto mais alto e o lance de seu tipo, ele pode não ganhar se mudar seu lance.

Prova. Suponha que outros jogadores que não o licitante 1 adotem a estratégia de equilíbrio simétrico. Depois de aprender $t^{(1)}$ e o lance correspondente $\beta(t^{(1)}) = \hat{v}(t^{(1)}, t^{(1)})$, o problema do licitante 1 é $\max_b (\hat{v}(t^1, t^{(1)}) - \hat{v}(t^{(1)}, t^{(1)})) 1_{b > \beta(t^{(1)})}$. Se $t^1 > t^{(1)}$, então qualquer lance $b > \beta(t^{(1)})$ maximiza o

---

[18] A maldição do perdedor foi apresentada por Pesendorfer e Swinkels (1997). A possibilidade da maldição do perdedor tem implicações importantes para os incentivos dos licitantes para coletar informações. Uma primeira tentativa de estudá-los está em Hernando-Veciana (2003).

payoff do licitante, incluindo o lance $\beta(t^1)$. Se $t^1 < t^{(1)}$, então qualquer lance $b < \beta(t^{(1)})$ maximiza o objetivo, incluindo o lance $\beta(t^1)$. Porque $\beta(t^1)$ é a melhor resposta condicionada a cada realização de $t^{(1)}$, ela é uma melhor resposta incondicional. ∎

Um equilíbrio no qual os jogadores podem nunca ganhar ao mudar as estratégias, mesmo que aprendam os tipos e ações de outros jogadores é chamado de equilíbrio *ex post*. Segundo o Teorema 5.4.7, o equilíbrio identificado no leilão de segundo preço é um equilíbrio *ex post* se houver apenas dois licitantes. Documentos recentes sobre a teoria dos leilões deram nova ênfase aos equilíbrios *ex post*.

Equilíbrios *ex post* em leilões ascendentes têm dois aspectos atraentes. Primeiro, a estratégia de equilíbrio *ex post* de cada licitante depende apenas de seu tipo, de modo que o licitante pode implementar a estratégia só com essa informação. Segundo, cada estratégia é uma melhor resposta à estratégia dos outros jogadores mesmo quando o licitante conhece todos os tipos e lances. A estratégia é a melhor resposta para qualquer estrutura de informação intermediária, de modo que continua sendo a melhor resposta para uma ampla série de suposições sobre os conhecimentos dos licitantes.

Em um equilíbrio *ex post*, nenhum jogador tem incentivos para gastar esforços e reunir informações sobre tipos ou ações de outros jogadores, porque sua ação ótima não depende dessas informações. Portanto, pelo Teorema 5.4.7, os licitantes em um leilão de segundo preço não têm incentivos para gastar esforços reunindo tais informações. Em comparação, os licitantes geralmente têm esse incentivo em leilões de primeiro preço; em especial, eles poderiam usar informações sobre lances de terceiros e se beneficiar delas para escolher os próprios lances. Consequentemente, o leilão de segundo preço pode reduzir alguns tipos de custos do licitante. Os custos de participar de um leilão são uma grande preocupação para o desenho do leilão prático, então essa vantagem é significativa.

Diversas variações do modelo usado para o Teorema 5.4.7 também se mostraram tratáveis. Em seguida, consideramos um modelo de valor comum puro com dois jogadores. Existem vários equilíbrios *ex post* nesse caso.

Teorema 5.4.8 (Milgrom, 1981b). Considere uma versão de dois jogadores do modelo anterior em que v é simétrico, isto é, $v^1 = v(t^1, t^2) = v(t^2, t^1) = v^2$. Então, para cada função contínua crescente $f : \mathbb{R} \to \mathbb{R}$, o perfil da estratégia $\beta^1(s) = v(s, f^{-1}(s))$ e $\beta^2(s) = v(f(s), s)$ é um equilíbrio *ex post*.

Prova. Considere o problema *ex post* do licitante 1. Depois de conhecer t^1 assim como t^2 e o lance correspondente $\beta^2(t^2)$, o licitante 1 soluciona $\max_b (v(t^1, t^2) - \beta^2(t^2)) 1_{b > \beta^2(t^2)}$. Assim, $\beta^1(t^1)$ é a melhor resposta para todo t^1 se $\beta^1(t^1) > \beta^2(t^2) \Leftrightarrow v(t^1, t^2) > \beta^2(t^2)$.

Por construção, se $t^1 = f(t^2)$, então $\beta^1(t^1) = v(t^1, f^{-1}(t^1)) = v(f(t^2), t^2) = \beta^2(t^2)$. Porque v é crescente, $\beta^1(t^1) > \beta^2(t^2) \Leftrightarrow t^1 > f(t^2)$. Por construção, $t^1 > f(t^2) \Leftrightarrow \beta^2(t^2) = v(f(t^2), t^2) < v(t^1, t^2)$, de modo que $\beta^1(t^1) > \beta^2(t^2) \Leftrightarrow \beta^2(t^2) < v(t^1, t^2)$, como exigido.

Um argumento análogo mostra que a estratégia do licitante 2 também é uma melhor resposta. ∎

O Teorema 5.4.8 permite alguns equilíbrios extremos nos quais as receitas do vendedor podem ser muito baixas. Por exemplo, vamos aplicar o teorema usando a função $f(s) = s^\alpha$ em que α é um grande número positivo. Lembrando que os espaços de tipo são [0, 1], quando o tipo do licitante 2 é $s \in (0, 1)$, seu lance de equilíbrio é $\beta^2(s) = v(s^\alpha, s) \approx v(0, s)$. O lance de equilíbrio do licitante 1 quando $s \in (0, 1)$ é $\beta^1(s) = v(s, s^{1/\alpha}) \approx v(s, 1)$. Usando essas aproximações, os lances do licitante 2 são todos menores que $v(0, 1)$, e os lances do licitante 1 são todos maiores que a mesma quantia. Consequentemente, o licitante 1 vence quase o tempo todo e paga um preço de aproximadamente $v(0, t^2)$. Estendendo o exemplo, suponha que $v(r, s) = rs$. Então, o preço será sempre aproximadamente $v(0, t^2) = 0$. É claro que, se esse equilíbrio fosse previsto, o licitante 2 poderia ficar desencorajado a ponto de não entrar na licitação especialmente se os custos de entrada forem elevados.

Esses equilíbrios extremos são plausíveis? Klemperer (1998) argumentou que em situações com "valores quase comuns", equilíbrios extremos como esses podem ser os únicos "razoáveis". Klemperer ilustra esse ponto com o jogo da carteira no qual dois licitantes fazem um lance pela quantia (privadamente conhecida) do conteúdo da carteira do outro. Aqui, a função de valor $v(r, s) = r + s$ é simétrica e isótona, de modo que segundo o Teorema 5.4.8, há muitos equilíbrios correspondentes a diferentes valores de f. O que acontece quando um jogador tem uma vantagem, mesmo que arbitrariamente pequena, sobre o outro? O próximo teorema mostra que equilíbrios extremos são comuns e o licitante em desvantagem não tem chance de vencer em qualquer equilíbrio em estratégias contínuas não dominadas.

Teorema 5.4.9. Suponha que os valores do licitante sejam dados por $v^1(t^1, t^2)$ e $v^2(t^2, t^1)$, onde cada função é contínua, isótona e estritamente crescente em seu primeiro argumento. Suponha que para cada realização possível de t^1 e t^2, $v^1(t^1, t^2) > v^2(t^2, t^1)$. Então, as seguintes funções de lance rendem um equilíbrio *ex post* em estratégias não dominadas, crescentes e contínuas: $\beta^1(t^1) = v^1(t^1, 1)$ e $\beta^2(t^2) = v^2(t^2, 0)$. Neste equilíbrio, o licitante 1 sempre ganha. Além disso, em qualquer equilíbrio de Nash em estratégias não dominadas e contínuas, o licitante 1 vence com probabilidade um.

Prova. Primeiro, verificamos que as estratégias propostas formam um equilíbrio *ex post*. Porque v^1 e v^2 são isótonos, para todo t^1 e t^2 temos $\beta^1(t^1) = v^1(t^1, 1) \geq v^1(t^1, t^2) > v^2(t^2, t^1) \geq v^2(t^2, 0) = \beta^2(t^2)$. Porque $\beta^1(t^1) > \beta^2(t^2)$, o licitante 1 sempre vence. O licitante 1 soluciona $\max_b(v^1(t^1, t^2) - \beta^2(t^2))1_{b>\beta^2(t^2)}$, e, por inspeção, qualquer lance que sempre vence é ótimo. O licitante 2 soluciona $\max_b(v^2(t^2, t^1) - \beta^1(t^1))1_{b>\beta^1(t^1)}$, e por inspeção, qualquer lance que sempre perde é ótimo. Assim, as estratégias propostas são melhores respostas mútuas e, logo, formam um equilíbrio.

Em qualquer equilíbrio de Nash em estratégias não dominantes, o licitante 2 do tipo $t^2 = 0$ não oferece mais que $v^2(0, 1)$, e o licitante 1 do tipo $t^1 = 1$ não oferece menos que $v^1(1, 0) > v^2(0, 1)$. Assim, não há equilíbrio em estratégias não dominantes nas quais o licitante 2 sempre vence. Logo, se o licitante 2 vencer com probabilidade positiva, então como as funções de lance são contínuas, existe um intervalo aberto de lances que está na faixa das duas funções de lance. Deixe b ser um lance nesse intervalo e suponha que t^1 e t^2 são tipos tal como $b = \beta^1(t^1) = \beta^2(t^2)$. Se $v^1(t^1, t^2) > b$, então isso não pode ser um resultado de equilíbrio, porque o licitante 1 se beneficiaria aumentando ligeiramente seu lance, ganhando com mais frequência quando vencer fosse lucrativo. Da mesma forma, se $v^1(t^1, t^2) < b$, então o licitante 1 faria melhor em reduzir o lance. Assim, em equilíbrio para qualquer lance no intervalo, deve ser verdade que $b = v^1(t^1, t^2)$ e, da mesma forma, $b = v^2(t^2, t^1)$. Isso contradiz nossa hipótese de que $v^1(t^1, t^2) > v^2(t^2, t^1)$ para todos os pares de tipos. Logo, todos os tipos de licitante 2 vencem com probabilidade zero e todos os tipos de licitante 1 vencem com probabilidade 1. ∎

Segundo o Teorema 5.4.9, uma pequena assimetria pode fazer uma grande diferença nas estratégias de equilíbrio e receitas no leilão de valor comum puro. Para ilustrar a lógica dessa conclusão, considere a variante do jogo da carteira no qual um participante recebe um dólar a mais sempre que vencer. Suponha que se sabe que as carteiras contêm entre US$0 e US$100. Então, segundo o teorema, o licitante em vantagem oferece a quantia da própria carteira mais US$101 em um leilão de segundo preço, enquanto o outro licitante timidamente oferece apenas o conteúdo da própria carteira. O motivo pelo qual não há equilíbrio em que o licitante 2 possa vencer é esse: suponha que em algum outro equilíbrio exista um preço p no qual o licitante 2 vença se o valor do licitante 1 é baixo o suficiente, digamos, menos que US$15. Então, o licitante 2 poderia subir o lance até p exatamente quando sua carteira contivesse pelo menos $p - 15$. Mas então, se a carteira do licitante 1 contiver $v \in (14, 15)$ e ele aumentar o lance até p e vencer nesse preço, o valor para ele não é menor que a quantia da própria carteira, mais US$1, mais a quantia da carteira do licitante 2, que é pelo menos, $p - 15$, de modo que seus ganhos líquidos são $(v + 1 + p - 15) - p > 0$, e as estratégias originais não poderiam estar em equilíbrio.

Neste exemplo, o lance vencedor médio é apenas a quantia média na carteira do licitante tímido. Como o teorema sugere, há outros equilíbrios plausíveis neste caso, mas eles diferem pouco do equilíbrio que acabamos de descrever. Por exemplo, o licitante tímido pode oferecer US$1 a mais que o conteúdo da carteira. Mesmo assim, em equilíbrio, o licitante em vantagem sempre vence e o preço médio não excede o conteúdo médio da carteira do perdedor mais US$1. O lucro do licitante vencedor é alto e a receita do vendedor é correspondentemente baixa.

Bulow, Huang e Klemperer (1999) usaram um modelo de valor comum para estudar batalhas de aquisição, tratando-as como leilões. Eles mostram que quando um licitante tem um pequeno apoio em uma batalha de aquisição, possuindo algumas ações da empresa-alvo antes de a batalha começar, então a teoria do equilíbrio prevê que o licitante pode vencer a batalha a um preço assustadoramente baixo. Essa aplicação reforça a lição de que um ambiente de valor comum amplia em muito pequenas assimetrias.[19]

Até agora, enfatizamos comparações de receita em leilões com botão, mas a teoria econômica tradicional muitas vezes foca a eficiência. Maskin (1992) investigou a existência do equilíbrio perfeito em uma versão assimétrica do leilão de botão com os dois jogadores acima. Outra vez, $v^1(t^1, t^2)$ e $v^2(t^2, t^1)$ como funções primitivas. A condição seguinte prova ser importante.

Definição. Valores mostram (*estritas*) *diferenças interpessoais de cruzamento único* (SCID) para o licitante i se para todo $j \neq i$ e todo t^{-i}, a quantidade $\Delta^{ij}(t^i|t^{-i}) = v^i(t^i, t^{-i}) - v^j(t^j, t^i, t^{-ij})$ — considerada como uma função de t^i — tem a propriedade de cruzamento único (estrito). Isto é, SCID se mantém se

---

[19] Bulow e Klemperer (2002) relatam resultados adicionais da mesma espécie.

$(t^i > \tilde{t}^i, \Delta^{ij}(\tilde{t}^i|t^{-i}) \geq 0) \Rightarrow \Delta^{ij}(t^i|t^{-i}) \geq 0$ e $\Delta^{ij}(\tilde{t}^i|t^{-i}) > 0 \Rightarrow \Delta^{ij}(t^i|t^{-i}) > 0$; e estrito SCID se mantém se $(t^i > \tilde{t}^i, \Delta^{ij}(\tilde{t}^i|t^{-i}) \geq 0) \Rightarrow \Delta^{ij}(t^i|t^{-i}) > 0$.

Em outras palavras, a propriedade SCID significa que se o valor de i exceder o de j por algum perfil de tipos, então aumentar o tipo de i não pode reverter a relação. Intuitivamente, se essa reversão fosse possível, significaria que o valor de j era mais sensível às informações de i do que o próprio valor de i.

A condição SCID garante uma espécie de alinhamento entre os incentivos do licitante e o critério de eficiência. Em geral, um tipo mais elevado para o licitante j sugere que ele tem valor maior e, assim, está disposto a pagar mais para vencer. Quando a SCID se mantém, um tipo mais elevado para j também sugere que ele tem maior probabilidade de ser o vencedor eficiente. Segundo o Teorema 5.10 a seguir, o alinhamento é suficiente para o leilão ascendente apresentar um equilíbrio *ex post* com resultados eficientes. Segundo o Teorema 5.4.11, também é necessário um refinamento da condição SCID.

Teorema 5.4.10 (Maskin). Suponha que cada v^i seja contínua e crescente, que $v^1(0,0) = v^2(0,0)$, e que os jogadores são rotulados para satisfazer $v^1(1,1) \geq v^2(1,1)$. Se o valor apresenta SCID restrito para ambos os licitantes, então há uma função crescente f tal que as estratégias (β^1, β^2) constituam um equilíbrio *ex post* do jogo de leilão de segundo preço, onde $\beta^1(s) = v^1(s, f^{-1}(s))$ e $\beta^2(s) = v^2(s, f(s))$. Além disso, resultados de equilíbrio são eficientes.

Prova. Suponha $t^2 \in (0,1)$. Por um restrito SCID para o licitante 2, porque $v^1(1,1) - v^2(1,1) \geq 0$, segue que $v^1(1, t^2) - v^2(t^2, 1) > 0$. Além disso, porque $v^1(0,0) - v^2(0,0) = 0$, o SCID restrito para o licitante 2 implica que $0 > v^1(0, t^2) - v^2(t^2, 0)$. Logo, pela continuidade dos valores, existe um tipo $\hat{t}^1 = f(t^2)$ tal que $v^1(f(t^2), t^2) = v^2(t^2, f(t^2))$. Pelo SCID restrito para o licitante 1, o $f(t^2)$ que satisfaz essa equação é única. Para o SCID restrito para ambos os licitantes, $f(\cdot)$ é crescente.

Suponha que os licitantes adotem as estratégias $\beta^1(s) = v^1(s, f^{-1}(s))$ e $\beta^2(s) = v^2(s, f(s))$. Por construção, ambas as estratégias são crescentes. Depois que o licitante 1 conhece o tipo do licitante 2 t^2 e oferece $\beta^2(t^2)$, o problema do licitante 1 passa a ser

$$\max_b (v^1(t^1, t^2) - v^2(t^2, f(t^2))) \cdot 1_{b > \beta^2(t^2)}.$$

Porque $\beta^1(t^1) = \beta^2(t^2) \Leftrightarrow t^1 = f(t^2)$ e ambas as funções de lance e f são crescentes, segue que $\beta^1(t^1) > \beta^2(t^2) \Leftrightarrow t^1 > f(t^2)$. Assim, se os licitantes jogarem de acordo com essas estratégias, 1 vence exatamente quando $t^1 > f(t^2)$, isto é, quando $v^1(t^1, t^2) > v^2(t^2, t^1)$. Assim, quando os licitantes usam essas estratégias o resultado é sempre eficiente.

Em seguida, $t^1 > f(t^2) \Leftrightarrow v^1(t^1, f^{-1}(t^1)) > v^1(f(t^2), t^2) = v^2(t^2, f(t^2))$. Logo, $\beta^1(t^1) > \beta^2(t^2) \Leftrightarrow v^1(t^1, f^{-1}(t^1)) > v^2(t^2, f(t^2)) = \beta^2(t^2)$.

A desigualdade $v^1(t^1, f^{-1}(t^1)) > \beta^2(t^2)$ determina quando um lance $b > \beta^2(t^2)$ é ótimo *ex post* para o licitante 1. A conclusão de que a desigualdade se mantém se e somente se $\beta^1(t^1) > \beta^2(t^2)$ significa que o licitante 1 está adotando uma melhor resposta *ex post*. Uma análise semelhante se aplica ao licitante 2, verificando que as estratégias formam um equilíbrio *ex post*. ■

O próximo teorema declara uma reversão parcial do resultado da eficiência no Teorema 5.4.10: não podemos atingir resultados eficientes sem pelo menos uma forma fraca de SCID.

Teorema 5.4.11 (Maskin). Suponha que v^1 é contínuo e crescente e que existam tipos como SCID para que o licitante 1 seja violado, isto é, $\exists t^1 > \hat{t}^1$ e t^2 tal que $v^1(\hat{t}^1, t^2) - v^2(t^2, \hat{t}^1) > 0 > v^1(t^1, t^2) - v^2(t^2, t^1)$. Então não existe equilíbrio *ex post* em que os resultados sejam sempre eficientes.

Prova. Porque v^1 é crescente, pelo teorema de seleção monotônica o lance precisar ser do tipo crescente, de modo que o licitante 1 precisa ter probabilidade ligeiramente maior de adquirir o item quando seu tipo é t^1 do que quando é $\hat{t}^1$ e quando o tipo do licitante 2 é t^2. Em particular, às vezes 1 precisa adquirir o item quando o perfil do tipo é (t^1, t^2). Entretanto, esse resultado é inconsistente com a eficiência, porque $0 > v^1(t^1, t^2) - v^2(t^2, t^1)$. ■

5.4.2.2 O Leilão de Botão com o Máximo de Informações

O modelo simétrico estudado supõe que os licitantes recebem um mínimo de informações sobre os números e identidades dos licitantes ativos. Neste modelo, os licitantes não sabem nada sobre os lances dos demais ou não podem fazer deduções a respeito. Agora modelamos o extremo oposto. Suponha que todos os licitantes saibam quando um deles se retira. Além disso, os licitantes usam essa informação para tirar conclusões sobre o tipo do desistente. Naturalmente, com apenas dois licitantes, os leilões de botão com máximo e mínimo de informações são equivalentes, porque em nenhum dos leilões o licitante conhecerá o preço de desistência do oponente antes do final do leilão. Com mais de dois licitantes, porém, podemos conceber um leilão em dois estágios. Durante o primeiro estágio, $N-2$ licitantes desistem e suas decisões fornecem informações aos dois últimos licitantes ativos. Quando o licitante k-*ésimo* desiste ao preço p_k, cada licitante restante calcula que o tipo do desistente é o $(N-k)$ésimo maior entre os concorrentes, estima que esse tipo seja algum número $\hat{t}^{(N-k)}$, atualiza suas estimativas e continua de acordo. Quando restam só dois licitantes, eles efetivamente oferecem lances em um leilão de segundo preço.

Na análise formal abaixo, usamos $t^{(n)}$ para denotar o n-ésimo maior tipo *entre os concorrentes* de algum licitante.

Como supomos que o jogo é simétrico, é conveniente tratar o licitante 1 como um licitante comum e focar seu problema de licitação. Uma estratégia (reduzida) para esse jogo especifica se o licitante 1 desiste quando o preço atinge determinado nível, considerando o histórico até o momento. Deixe $\beta_n(s, p_1, \ldots, p_n)$ descreva o menor preço no qual o licitante de tipo s desistirá quando n licitantes desistiram com preços $p_1 \leq \cdots \leq p_n$. Claramente, $\beta_n(s, p_1, \ldots, p_n) \geq p_n$.

Para facilitar o estudo de variações em informações de licitantes, deixe v ser uma função de valor primitivo cujos argumentos incluam o perfil do tipo e informações do vendedor t^0, e deixe $\bar{v}(t^1, \ldots, t^N) = E[v(t^1, t^0, t^2, \ldots, t^N) | t^1, \ldots, t^N]$ ser a função de valor de forma reduzida quando o vendedor não revelar nenhuma informação sobre seu tipo.

Teorema 5.4.12. Suponha que $\bar{v}$ seja contínuo, isótono e estritamente crescente em seu primeiro argumento. Então a estratégia seguinte, definida indutivamente, é uma estratégia de equilíbrio simétrica *ex post* do leilão ascendente:

$$\begin{aligned}\beta_0(s) &= \bar{v}(s, \ldots, s), \\ \beta_n(s, p_1, \ldots, p_n) &= \bar{v}(s, \ldots, s, \hat{t}^{(N-n)}, \ldots, \hat{t}^{(N-1)}),\end{aligned} \quad (5.15)$$

onde $\hat{t}^{(N-k)}$ resolve

$$\begin{aligned}p_k &= \beta_{k-1}(\hat{t}^{(N-k)}, p_1, \ldots, p_{k-1}) \\ &= \bar{v}(\hat{t}^{(N-k)}, \ldots, \hat{t}^{(N-k)}, \hat{t}^{(N-(k-1))}, \ldots, \hat{t}^{(N-1)})\end{aligned} \quad (5.16)$$

e $\hat{t}^{(N-k)} = 0$ se $p_k \leq \bar{v}(0, \ldots, 0)$.

Prova. Porque $\bar{v}$ é contínuo e estritamente crescente em seu primeiro argumento, $\beta_k(\cdot, p_1, \ldots, p_k)$ também é contínuo e crescente. Logo, existe uma solução única $\hat{t}^{(N-k)}$ para $p_k = \beta_{k-1}(\hat{t}^{(N-k)}, p_1, \ldots, p_{k-1})$ no domínio relevante.

Por construção, se os licitantes além do licitante 1 adotarem a estratégia de equilíbrio, então quando o licitante 1 vencer, independentemente de sua estratégia, ele pagará $\bar{v}(t^{(1)}, t^{(1)}, t^{(2)}, \ldots, t^{(N-1)})$, para adquirir o bem. Esse preço é inferior ao valor do licitante 1 $\bar{v}(t^1, t^{(1)}, t^{(2)}, \ldots, t^{(N-1)})$ precisamente quando $t^1 > t^{(1)}$. Além disso, como a função de lance de equilíbrio simétrica é crescente, o licitante 1 vence usando a função só quando $t^1 > t^{(1)}$. Logo, a propriedade de melhor resposta *ex post* é satisfeita. ∎

Cada uma das estratégias componentes β_n reflete uma espécie de comportamento licitante míope. O licitante se pergunta: "Se todos desistissem agora, antes de eu ter chance de reagir, ficaria satisfeito em ser declarado vencedor?" Ele continua ativo no leilão já que a resposta a essa pergunta é sim.

Para compreender melhor as estratégias de equilíbrio, suponha que nenhum licitante tenha desistido ($n = 0$). Suponha que o preço atinja o nível $\beta_0(\hat{t})$ quando o tipo do licitante 1 for t^1. O licitante 1 deduz a partir da licitação que os outros tipos são todos pelo menos $\hat{t}$. Se os licitantes 2,..., n tivessem que desistir nesse instante, então o licitante 1 poderia deduzir que seus tipos eram exatamente $\hat{t}$. Nesse caso, o licitante 1 quereria adquirir o item ao preço $\beta_0(\hat{t})$ exatamente quando $\bar{v}(t^1, \hat{t}, \ldots, \hat{t}) \geq \beta_0(\hat{t}) = \bar{v}(\hat{t}, \hat{t}, \ldots, \hat{t})$, que se mantém quando $t^1 > \hat{t}$.

A análise é semelhante quando $k > 0$ licitantes desistiram. Se todos adotarem a estratégia de licitação de equilíbrio, um deles pode inverter a função de lance para determinar os tipos dos primeiros desistentes. Em equilíbrio, os licitantes restantes incorporam essa informação a seus valores, e o leilão continua como $N - k$ licitantes. A fórmula para a estratégia em (5.15) então assume a mesma forma de quando nenhum licitante desistiu; cada licitante avalia qual seria seu valor se os outros licitantes desistissem imediatamente ao preço corrente. A única diferença é que as conjeturas do licitante 1 sobre os primeiros licitantes k não mudam mais à medida que os lances aumentam.

Bikchandani, Haile e Riley (2002) ressaltaram outros equilíbrios nesse leilão com diferentes estratégias, mas o mesmo resultado. Com pelo menos $N \geq 3$ licitantes, um equilíbrio alternativo $\tilde{\beta}$ especifica que os primeiros licitantes $N - 2$ desistem em lances como uma fração $\alpha \in (0, 1)$ dos lances nos quais desistiram pela estratégia β, e os dois últimos licitantes fizeram ofertas como antes:

$$\tilde{\beta}_0(s) = \alpha \bar{v}(s, \ldots, s),$$
$$\tilde{\beta}_n(s, p_1, \ldots, p_n) = \begin{cases} \alpha \bar{v}(s, \ldots, s, \hat{t}^{(N-n)}, \ldots, \hat{t}^{(N-1)}) & \text{para } n < N - 1, \\ \bar{v}(s, \ldots, s, \hat{t}^{(N-n)}, \ldots, \hat{t}^{(N-1)}) & \text{para } n = N - 1, \end{cases}$$

com as interferências $\hat{t}^{(k)}$ ajustadas de acordo. É rotina verificar que essa combinação de estratégia é um equilíbrio *ex post,* porque níveis de desistência além do último não têm efeito sobre o resultado do leilão.

A multiplicidade de equilíbrios indica os fracos incentivos que os licitantes perdedores têm para usar qualquer estratégia específica. Esses fracos incentivos podem levar a deduções não confiáveis sobre a perda de lances e sugerir que este modelo pode não captar a essência do problema de inferência do mundo real, onde sinalizar e *jump bidding* podem desempenhar um papel importante. Como em nossa discussão sobre a teoria Cremer-McLean, essa objeção de multiplicidade nos lembra que a aplicabilidade de modelos de equilíbrio no mundo real não podem ser vista como certa, e que considerações omitidas pela lógica do equilíbrio podem ser importantes na prática.

No equilíbrio simétrico acima, o tipo mais alto sempre vence o leilão. Quando o tipo mais alto também tem o maior valor? Podemos derivar uma analogia para SCID para este modelo observando que se $t^1 = t^2 = s'$, então $v^1 = v^2 = \bar{v}(s', s', t^{-12})$. Assim, uma versão adequada do SCID deve implicar que aumentar o tipo do licitante 1 torna esse valor maior do que o do licitante 2: para $s > s'$, temos $\bar{v}(s, s', t^{-12}) > \bar{v}(s', s, t^{-12})$. Essa desigualdade implica que o tipo mais alto no modelo tem um valor maior do que qualquer outro licitante, de modo que temos o seguinte:

Teorema 5.4.13. Suponha que $\bar{v}$ tenha a propriedade que para $s > s'$ tenha-se $\bar{v}(s, s', t^{-12}) > \bar{v}(s', s, t^{-12})$. Então, no equilíbrio do Teorema 5.4.12, o resultado é eficiente.

5.4.2.3 Algumas Comparações de Receita

Em seguida, examinamos o efeito do desenho de leilões na receita de leilões ascendentes. A teoria prevê quaisquer diferenças sistemáticas entre leilões de botão com um máximo e mínimo de informações? Como a revelação de informações do vendedor influencia a expectativa de receitas?

Para o restante deste capítulo, será importante acompanhar a diferença entre a forma primitiva da função de valor e suas várias formas reduzidas. Denotamos estimativas de valor baseadas em todas as informações por $v(t^i, t^{-i}, t^0)$. O valor esperado dado pelos tipos de licitantes, mas não pelas informações dos vendedores é $\bar{v}(t^i, t^{-i}) = E[v(t^i, t^{-i}, t^0)|t^i, t^{-i}]$. Finalmente, a valor esperado considerando apenas o tipo do licitante 1 e o tipo oposto mais alto é $\hat{v}(t^1, t^{(1)}) = E[\bar{v}(t^1, t^{-1})|t^1, t^{(1)}] = E[v(t^1, t^{-1}, t^0)|t^1, t^{(1)}]$. Também escrevemos $\hat{\bar{v}}(t^1, t^{(1)}, t^0) = E[v(t^1, t^{-1}, t^0)|t^1, t^{(1)}, t^0]$.

Teorema 5.4.14. Suponha que $\bar{v}(t^1, \ldots, t^N)$ é crescente e os tipos são afiliados, e considere os equilíbrios identificados no Teorema 5.4.12. Então

$$\hat{v}\left(t^{(1)}, t^{(1)}\right) \le E\left[\bar{v}(t^{(1)}, t^{(1)}, t^{(2)}, \ldots, t^{(N-1)} | t^1, t^{(1)}\right]. \qquad (5.17)$$

Isto é, o preço pago por cada tipo de licitante 1 quando vence no leilão de segundo preço não é maior do que o preço condicional esperado que ele paga considerando seu tipo t^1 e o tipo oposto mais alto $t^{(1)}$ no leilão de botão com o máximo de informações.

Prova. O preço pago pelo licitante vencedor 1 do tipo s quando o segundo tipo mais alto é r é $\hat{v}(r,r)$. Mas

$$\begin{aligned}\hat{v}(r,r) &= E\left[\bar{v}(r, r, t^{(2)}, \ldots, t^{(N-1)}) | t^1 = r, t^{(1)} = r\right] \\ &\le E\left[\bar{v}(r, r, t^{(2)}, \ldots, t^{(N-1)}) | t^1 = s, t^{(1)} = r\right],\end{aligned}$$

por Teoremas 5.4.6 e 5.4.5, porque a densidade dos tipos é afiliada e v é isótono. O lado direito é a receita esperada no leilão ascendente com o máximo de informações. ∎

O teorema implica que cada tipo de cada licitante espera pagar um preço mais alto na média no leilão com botão com o máximo de informações do que no leilão com o mínimo. Por (5.17) e a lei de expectativas iteradas, $E[\hat{v}(t^{(1)}, t^{(1)})|t^1] \le E[\bar{v}(t^{(1)}, t^{(1)}, t^{(2)}, \ldots, t^{(N-1)}|t^1]$, então o preço esperado com o máximo de informações é mais alto.

Agora consideramos como a decisão do vendedor de revelar informações afeta a eficiência e as receitas em um leilão. Os dois efeitos podem ter sinais opostos. Por exemplo, suponha que há dois licitantes com valores 1 e 3, mas somente o vendedor sabe o valor de cada licitante. Se o vendedor revelar essa informação, então um leilão de segundo preço entre as duas partes fará com que o licitante com maior valor vença e pague o preço de 1. Se o vendedor não revela essa informação e as posições são simétricas *ex ante*, então cada licitante fará a oferta como se seu valor fosse 2. A receita do vendedor será 2 e, em média, o valor do vencedor também será 2.

Para focar os outros efeitos, abstraímos essas possibilidades, transformando um modelo simétrico no qual as informações do vendedor são irrelevantes à alocação eficiente. Por exemplo, o vendedor pode ter informações sobre a distribuição de onde os tipos são extraídos — informações que, considerando os tipos realizados dos licitantes, não afetam o valor de qualquer licitante.

Teorema 5.4.15. Suponha que $v(t^1, \ldots, t^N, t^0)$ é crescente e os tipos são afiliados. Então, nas duas formas do leilão ascendente, uma política de sempre revelar t^0 não pode reduzir o preço esperado pago por qualquer tipo de licitante vencedor.[20] Isto é, para $s > r$,

$$\hat{v}(r, r) \leq E\left[\hat{v}(r, r, t^0) | t^1 = s, t^{(1)} = r\right] \qquad (5.18)$$

e

$$\bar{v}\left(r, r, t^{(2)}, \ldots, t^{(N-1)}\right)$$
$$\leq E\left[v\left(r, r, t^{(2)}, \ldots, t^{(N-1)}, t^0\right) | t^1 = s, t^{(1)} = r, t^{(2)}, \ldots, t^{(N-1)}\right]. \qquad (5.19)$$

Prova. Para o leilão com um mínimo de informações, argumentamos o seguinte:

$$\hat{v}(r, r) = E\left[\hat{v}(r, r, t^0) | t^1 = r, t^{(1)} = r\right]$$
$$\leq E\left[\hat{v}(r, r, t^0) | t^1 = s, t^{(1)} = r\right].$$

A desigualdade segue dos Teoremas 5.4.5 e 5.4.6, usando $s > r$.

O argumento é semelhante para o leilão com o máximo de informações:

$$\bar{v}\left(r, r, t^{(2)}, \ldots, t^{(N-1)}\right)$$
$$= E\left[v\left(r, r, t^{(2)}, \ldots, t^{(N-1)}, t^0\right) | t^1 = r, t^{(1)} = r, t^{(2)}, \ldots, t^{(N-1)}\right]$$
$$\leq E\left[v\left(r, r, t^{(2)}, \ldots, t^{(N-1)}, t^0\right) | t^1 = s, t^{(1)} = r, t^{(2)}, \ldots, t^{(N-1)}\right].$$

Novamente, a desigualdade segue dos Teoremas 5.4.5 e 5.4.6, usando $s > r$. ∎

Para usar o termo que introduzimos na discussão do modelo do trato de drenagem, o teorema precedente identifica um *efeito de ponderação*. Observe que no modelo de informações máximas, se v não depender de t^0, então as revelar terá efeito zero no preço. Em comparação, na versão de primeiro preço do modelo de trato de drenagem, revelar informações também pode

---

[20] Quando os licitantes são avessos ao risco, revelar informações reduz o prêmio do risco avaliado pelos licitantes e aumenta seus lances. Milgrom e Weber (1982a) analisam esse efeito.

ter o *efeito de publicidade* de tornar os tipos de licitantes mais previsíveis, dessa forma encorajando uma competição mais intensa por parte de licitantes perdedores. Esse efeito não aparece nos leilões acima.

5.4.3 Leilões de Primeiro Preço

Em seguida, voltamo-nos a outra forma muito comum de leilão: o leilão padrão de lances selados, também conhecido como leilão de primeiro preço. Como na seção anterior, os tipos $t = (t^0, t^1, \ldots, t^N)$ são afiliados e têm densidade $f(t^0, t^1, \ldots, t^N)$ que é simétrica nos tipos dos licitantes, mas não necessariamente no tipo do vendedor. Denotamos por $f(t^{(1)}|t^1)$ a densidade condicional da estatística da ordem $t^{(1)}$ e por $F(t^{(1)}|t^1)$ a correspondente função de distribuição cumulativa.

Novamente, focamos a atenção no problema de otimização do licitante 1. Considerando um tipo $t^1 = s$, o licitante 1 escolhe um lance x para solucionar

$$\max_x E\left[(\bar{v}(s, t^{-1}) - x)1_{\{x > \beta(t^{(1)})\}}|t^1 = s\right]$$
$$= \max_x E\left[E\left[(\bar{v}(s, t^{-1}) - x)1_{\{x > \beta(t^{(1)})\}}|t^1, t^{(1)}\right]|t^1 = s\right]$$
$$= \max_x E\left[E\left[(\bar{v}(s, t^{-1}) - x)|t^1, t^{(1)}\right]1_{\{x > \beta(t^{(1)})\}}|t^1 = s\right]$$
$$= \max_x E\left[(\hat{v}(s, t^{(1)}) - x)1_{\{x > \beta(t^{(1)})\}}|t^1 = s\right]$$
$$= \max_x \int_0^{\beta^{-1}(x)} (\hat{v}(s, \tau) - x) f(\tau|s) \, d\tau.$$

A primeira igualdade segue da lei de expectativas iteradas; a segunda, do fato de que o indicador é uma função de $t^{(1)}$; e as restantes, das definições.

Teorema 5.4.16. A seguinte é uma estratégia de equilíbrio simétrica para um leilão de primeiro preço.

$$\beta(s) = \hat{v}(0,0) + \int_0^s \hat{v}(\alpha,\alpha) dL(\alpha|s),$$

onde $\quad L(\alpha|s) = \exp\left(-\int_\alpha^s \frac{f(z|s)}{F(z|s)} \, dz\right).$

(5.20)

Prova. Defina $U(x, y, s) = \int_0^y (\hat{v}(s, \tau) - x) f(\tau|s) \, d\tau$. Usando subscritos de U para denotar derivadas parciais com respeito ao primeiro e segundo argumentos, temos $U_1(x, y, s) = -F(y|s)$ e $U_2(x, y, s) = (\hat{v}(s, y) - x) f(y|s)$.

Pelo Teorema 5.4.3, $F(y|s)$ é logsupermodular, de modo que $\frac{\partial^2}{\partial s \partial y} \log F(y|s) = \frac{\partial}{\partial s} \frac{f(y|s)}{F(y|s)} \geq 0$. Logo, $U(x\ y\ s)$ satisfaz a condição Mirrlees-Spence em $x \leq \hat{v}(s, y)$, porque

$$\frac{U_1(x, y, s)}{|U_2(x, y, s)|} = \frac{-F(y|s)}{(\hat{v}(s, y) - x) \cdot f(y|s)}$$

é não decrescente em s (porque é negativo e seu valor absoluto é decrescente). Portanto, pelo Teorema 4.4, o objetivo tem diferenças de cruzamento únicas. Logo, podemos usar o teorema de simplificação de restrição para estabelecer que a estratégia proposta é ótima para o licitante. Precisamos mostrar que b é crescente e soluciona a condição de primeira ordem (e, assim, a condição do envelope).

Usando (5.20), pode-se verificar que β satisfaz a equação diferencial

$$\beta'(s) = [\hat{v}(s, s) - \beta(s)] \cdot \frac{f(s|s)}{F(s|s)}. \tag{5.21}$$

Como $\beta(0) = \hat{v}(0, 0)$ e $\hat{v}$ são isótonos e estritamente crescentes no primeiro argumento, segue que a solução da equação diferencial (5.21) precisa satisfazer $\hat{v}(s, s) > \beta(s)$, de modo que $\beta'(s) > 0$ e a função de lance seja crescente.

Suponha que licitantes além do licitante 1 usem a estratégia β especificada em (5.20). Porque β é crescente, então para todo s, $\beta(s)$ é uma resposta melhor para 1 se solucionar $\max_x U(x, \beta^{-1}(x), s)$. O lance então satisfaz a condição de primeira ordem em $x = \beta(s)$ se

$$0 = U_1(\beta(s), s, s) + U_2(\beta(s), s, s)/\beta'(s)$$
$$= -F(s|s) + (\hat{v}(s, s) - \beta(s)) f(s|s)/\beta'(s). \tag{5.22}$$

Como β satisfaz a equação diferencial (5.21), ela satisfaz a expressão equivalente (5.22).

Assim, o lance é crescente e satisfaz a fórmula do envelope. Pelo teorema da simplificação da restrição, o licitante 1 não tem resposta melhor na faixa da função de lance e satisfazer a restrição $x \leq \hat{v}(s, y)$. Por inspeção, qualquer lance x que viole a restrição leva a um payoff esperado menor que o lance $x = \hat{v}(s, y)$, e qualquer lance acima ou abaixo da faixa de função do lance produz um payoff esperado menor que $\beta(0)$ ou $\beta(1)$, respectivamente. Logo, β é uma resposta melhor para o licitante 1. ∎

A derivação da estratégia de equilíbrio é muito simples. Começando com a descrição do jogo e supondo que há um equilíbrio crescente simétrico, pode-se derivar a condição de primeira ordem (5.22) e reformulá-la como uma equação diferencial (5.21). A condição de contorno para essa equação vem da condição de lucro zero para o tipo mais baixo de licitante, que só precisa ser indiferente sobre vencer nesse lance ótimo. Assim, $\beta(0) = \hat{v}(0, 0)$. Solucionar a equação diferencial com essa condição de contorno leva a (5.20).

O próximo teorema reformula o resultado do Capítulo 4 mantendo que o leilão de segundo preço gera mais receita para cada tipo de licitante vencedor que o de primeiro preço.

Teorema 5.4.17. Para cada tipo de licitante, o preço condicional esperado no leilão de segundo preço considerando que o tipo vença, é maior do que o lance correspondente no leilão de primeiro preço; isto é, para todo $s \in [0, 1)$, $E[\hat{v}(s, t^{(1)})|t^{(1)} < s] \geq \beta(s)$.

Prova. Aqui, denotamos a estratégia de equilíbrio no leilão de primeiro preço por β^F, e deixamos $\beta^S(s, t) = E[\hat{v}(t^{(1)}, t^{(1)})|t^1 = s, t^{(1)} < t]$. (Note que $\beta^S(s, t)$ é o preço que o licitante 1 do tipo s espera pagar se ele fizer a oferta como se seu tipo fosse t e seu lance vencer.) Precisamos mostrar que $\beta^F(s) \leq \beta^S(s, s)$.

Suponha que o licitante 1 do tipo s faz a oferta como se fosse do tipo t, e deixa $\tilde{v}(s, t) = E[\hat{v}(s, t^{(1)})|t^1 = s, t^{(1)} < t]$. Então, o valor máximo do licitante no leilão de primeiro preço é $V^F(s) = \max_t (\tilde{v}(s, t) - \beta^F(t))F(t|s)$. Da mesma forma, no leilão de segundo preço, $V^S(s) = \max_t (\tilde{v}(s, t) - \beta^S(s, t))F(t|s)$. Em equilíbrio, um licitante de tipo s otimamente faz a oferta como seu próprio tipo $t = s$, de modo que $V^F(s) = (\tilde{v}(s, s) - \beta^F(s))F(s|s)$ e $V^S(s) = (\tilde{v}(s, s) - \beta^S(s, s))F(s|s)$. Logo, $V^F(s) \geq V^S(s)$ se e somente se $\beta^F(s) \leq \beta^S(s, s)$.

Pelo teorema do envelope, $V^{F'}(s) = F_2(s|s)(\tilde{v}(s, s) - \beta^F(s)) + F(s|s)\tilde{v}_1(s, s)$ e $V^{S'}(s) = F_2(s|s)(\tilde{v}(s, s) - \beta^S(s, s)) + F(s|s)\tilde{v}_1(s, s) - F(s|s)\beta_1^S(s, s)$. Usando o Teorema 5.4.3, parte (3), $F_2(s|s) \leq 0$. Assim, se houver qualquer $s > 0$ no qual $V^F(s) < V^S(s)$, então $\beta^F(s) > \beta^S(s, s)$ e logo $V^{F'}(s) \geq V^{S'}(s)$. Contudo, já estabelecemos que, em equilíbrio, $V^F(0) = V^S(0)$, então aplicando o lema de classificação à função $V^F(s) - V^S(s)$, concluímos que $V^F(S) \geq V^S(S)$ e logo, $\beta^F(s) \leq \beta^S(s, s)$ sempre. ∎

O último teorema nesta seção estabelece que revelar informações aumenta os preços esperados no leilão de primeiro preço, assim como já estabelecemos para o leilão de segundo preço. Como no modelo do trato de drenagem, e diferentemente do modelo de leilão de segundo preço, novamente dois efeitos entram em ação: o *efeito de publicidade* e o *efeito de ponderação*. Ambos tendem a reduzir os lucros do licitante vencedor.

Teorema 5.4.18. Para cada tipo de licitante, o pagamento esperado condicional no leilão de primeiro preço quando o vendedor revela t^0, considerando que o tipo vença, é maior do que o lance feito pelo mesmo tipo quando o vendedor não revela nada: $E[\beta(s, t^0)|t^{(1)} < s] \geq \beta(s)$.

Prova. Para enfatizar a unidade de ideias, apresentamos essa prova usando virtualmente as mesmas palavras que na prova de 5.4.17 e onde a notação só varia levemente.

Deixe $B(s, t) = E[\beta(t, t^0)|t^1 = s, t^{(1)} < t]$. (Observe que $B(s, t)$ é o preço que o licitante 1 do tipo s espera pagar se ele sempre fizer uma oferta como se seu tipo fosse t e seu lance vencer.) Precisamos mostrar que $\beta(s) \leq B(s, s)$.

Suponha que o licitante 1 do tipo s faça a oferta como se fosse do tipo t e deixe $\tilde{v}(s, t) = E[\hat{v}(s, t^{(1)})|t^1 = s, t^{(1)} < t]$. Então, o valor máximo do licitante no leilão em que o vendedor não revela nenhuma informação deve satisfazer $V^N(s) = \max_t (\tilde{v}(s, t) - \beta(t))F(t|s)$. Da mesma forma, quando o vendedor revela suas informações, o valor máximo do licitante é $V^I(s) = \max_t (\tilde{v}(s, t) - B(s, t))F(t|s)$. Em equilíbrio, o licitante do tipo s otimamente faz a oferta como seu próprio tipo $t = s$, de modo que $V^N(s) = (\tilde{v}(s, s) - \beta(s))F(s|s)$ e $V^I(s) = (\tilde{v}(s, s) - B(s, s))F(s|s)$. Logo, $V^N(s) \geq V^I(s)$ se e somente se $\beta(s) \leq B(s, s)$.

Pelo teorema do envelope, $V^{N'}(s) = F_2(s|s)(\tilde{v}(s, s) - \beta(s)) + F(s|s)\tilde{v}_1(s, s)$ e $V^{I'}(s) = F_2(s|s)(\tilde{v}(s, s) - B(s, s)) + F(s|s)\tilde{v}_1(s, s) - F(s|s)B_1(s, s)$. Usando o Teorema 5.4.3, parte (3), $F_2(s|s) \leq 0$. Assim, se houver qualquer $s > 0$ em que $V^N(s) < V^I(s)$, então $\beta(s) > B(s, s)$ e, logo, $V^{N'}(s) \geq V^{I'}(s)$. Entretanto, já estabelecemos que, em equilíbrio, $V^N(0) = V^I(0)$, então aplicando o lema da classificação para a função $V^N(s) - V^I(s)$, concluímos que para todo s, $V^N(s) \geq V^I(s)$ e, logo, $\beta(s) \leq B(s, s)$. ■

5.5 Conclusão

Neste capítulo, relaxamos as suposições de capítulos anteriores de que tipos são estatisticamente independentes e que o valor do licitante depende só do próprio tipo. Essas mudanças suscitam várias novas questões e destacam importantes qualificações de conclusões dos modelos mais simples

Este capítulo investigou primeiro que espécie de informação os licitantes podem reunir quando ela é onerosa e os tipos são independentes. Constatamos que informações sobre os valores dos outros licitantes, comparadas a informações sobre o que sabem, não têm valor para um licitante ao escolher seu lance ótimo. Quando os tipos são independentes e as avaliações, onerosas, essa análise oferece uma base racional para supor que os tipos de licitantes são unidimensionais. Mostramos, porém, que esse argumento perde força quando os valores do licitante podem ser interdependentes.

Em seguida, estudamos o modelo de trato de drenagem, que tem sido empiricamente bem-sucedido na organização de fatos sobre licitações de petróleo offshore em certas circunstâncias. O equilíbrio nesses modelos tem a surpreendente propriedade (empiricamente verificada) de que a distribuição dos lances para o licitante mais bem informado (o *vizinho*) deve ser exatamente o mesmo que o do menos bem informado (o *não vizinho*). O modelo também gera resultados sobre receitas e lucros. Os lucros do vizinho são positivos e crescentes na qualidade de suas informações. Além disso, eles também são crescentes em relação à percepção do não vizinho da qualidade das informações do vizinho, de modo que licitantes tenham um incentivo para convencer outros que são bem informados. A qualidade percebida das informações do vizinho pode ser importante, porque licitantes bem informados exacerbam a maldição do vencedor enfrentada pelos não vizinhos, de modo que, em equilíbrio, os não vizinhos fazem ofertas mais tímidas, permitindo maiores lucros aos vizinhos.

O vendedor pode reduzir o valor das informações privadas do licitante ao reuni-las e disseminá-las. Essa política ajuda de duas formas. Na medida em que as informações do vendedor tornam as informações do vizinho menos privadas, esse *efeito de publicidade* reduz o lucro do vizinho em benefício do vendedor. Além disso, revelar informações muda o peso que os licitantes dão a elas ao calcular o valor. Quando as informações do vendedor forem um substituto para as informações do vizinho, esse *efeito de ponderação* reforça o efeito de publicidade e aumenta ainda mais a receita do vendedor. Entretanto, também é logicamente possível que as informações do vendedor complementem as informações do vizinho de modo que o efeito de ponderação seja negativo. É até possível que esse efeito seja intenso o bastante para superar o efeito de publicidade, reduzindo a receita do vendedor.

Depois do modelo do trato de drenagem, voltamos a atenção a modelos simétricos com tipos correlatos e valores interdependentes. Constatamos que os dois modelos de leilão ascendente têm, então, equilíbrios *ex post* — equilíbrios nos quais nenhum licitante quereria mudar seu lance após conhecer os lances e tipos dos demais. Esses equilíbrios desencorajam licitantes de reunir informações sobre outros tipos pois eles não afetam o lance ótimo. Essa característica de leilão ascendente ajuda a economizar custos de transação.

Também investigamos a eficiência dos resultados do equilíbrio *ex post* em um modelo de leilão ascendente assimétrico. O equilíbrio é eficiente se uma certa condição de cruzamento único interpessoal se mantém e alinha os incentivos do licitante com os do leiloeiro.

Também investigamos o impacto exercido sobre a receita com a revelação das informações do vendedor. Geralmente, a revelação do vendedor reduz os lucros de equilíbrio dos licitantes e aumenta as receitas de equilíbrio nos modelos de leilões ascendentes por meio do *efeito de ponderação*. Revelar informações também reduz os lucros de equilíbrio dos licitantes e aumenta as receitas de equilíbrio no leilão de primeiro preço por meio do *efeito de publicidade*, que a literatura já chamou de "princípio de ligação". A teoria também prevê que por causa do efeito de publicidade, leilões ascendentes gerarão maior receita do que no leilão de primeiro preço de lance selado.

REFERÊNCIAS

Athey, Susan (2001). "Single Crossing Properties and the Existence of Pure Strategy Equilibria in Games of Incomplete Information", *Econometrica* **69**(4): 861-890.

Athey, Susan (2002). "Monotone Comparative Statics under Uncertainty", *Quarterly Journal of Economics* **117**(1): 187-223.

Avery, Christopher (1998). "Strategic Jump Bidding in English Auctions", *Review of Economic Studies* **65**(2, n°. 223): 185-210.

Bikchandani, Sushil, Philip Haile, e John G. Riley (2002). "Symmetric Separating Equilibria in English Auctions", *Games and Economic Behavior* **38**: 19-27.

Bulow, Jeremy, Ming Huang, e Paul Klemperer (1999). "Toeholds and Takeovers", *Journal of Political Economy* **107**(3): 427-454.

Bulow, Jeremy e Paul Klemperer (2002). "Prices and the Winner's Curse", *Rand Journal of Economics* **33**(1): 1-21.

Cremer, Jacques e Richard P. McLean (1985). "Optimal Selling Strategies under Uncertainty for a Discriminating Monopolist When Demands Are Independent", *Econometrica* **53**(2): 345–361.

Engelbrecht-Wiggans, Richard, Paul Milgrom, e Robert Weber (1983). "Competitive Bidding with Proprietary Information", *Journal of Mathematical Economics* **11**: 161–169.

Grossman, Sanford (1981). "The Informational Role of Warranties and Private Disclosure about Product Quality", *Journal of Law and Economics* **24**(3): 461–483.

Hendricks, Kenneth, Robert Porter, e Charles Wilson (1994). "Auctions for Oil and Gas Leases with an Informed Bidder and a Random Reservation Price", *Econometrica* **63**(1): 1–27.

Hernando-Veciana, Angel (2003). "Successful Uninformed Bidding", *Games and Economic Behavior* (a ser lançado).

Klemperer, Paul (1998). "Auctions with Almost Common Values: The Wallet Game and Its Applications", *European Economic Review* **42**: 757–769.

Mas-Colell, Andreu, Michael Whinston, e Jerry Green (1995). *Microeconomic Theory*. Nova York: Oxford University Press.

Maskin, Eric (1992). Auctions and Privatisation. *Privatisation*. H. Siebert. 115–136.

McAfee, R. Prestonand Philip Reny (1982). "Correlated Information and Mechanism Design", *Econometrica* **60**(2): 395–421.

Milgrom, Paul (1981a). "Good News and Bad News: Representation Theorems and Applications", *Bell Journal of Economics* **12**: 380–391.

Milgrom, Paul R. (1981b). "Rational Expectations, Information Acquisition, and Competitive Bidding", *Econometrica* **49**(4): 921–943.

Milgrom, Paul e Robert J. Weber (1982a). "A Theory of Auctions and Competitive Bidding", *Econometrica* **50**: 463–483.

Milgrom, Paul e Robert J. Weber (1982b). "The Value of Information in a Sealed-Bid Auction", *Journal of Mathematical Economics* **10**(1): 105–114.

Neeman, Zvika (2001). "The Relevance of Private Information in Mechanism Design", Artigo da Boston University.

Ortega-Reichert, Armando (1968). "Models for Competitive Bidding under Uncertainty", Stanford, CA: Department of Operations Research, Stanford University.

Pesendorfer, Wolfgang e Jeroen Swinkels (1997). "The Loser's Curse and Information Aggregation in Common Value Auctions", *Econometrica* **65**: 1247-1281.

Royden, H.L. (1968). *Real Analysis*. Nova York: Macmillan.

Topkis, Donald (1978). "Minimizing a Submodular Function on a Lattice", *Operations Research* **26**: 305-321.

Topkis, Donald (1998). *Supermodularity and Complementarity*. Princeton University Press.

Weverbergh, Marcel (1979). "Competitive Bidding with Asymmetric Information Reanalyzed", *Management Science* **25**: 291-294.

Wilson, Robert (1967). "Competitive Bidding with Asymmetric Information", *Management Science* **13**: 816-820.

Wilson, Robert (1969). "Competitive Bidding with Disparate Information", *Management Science* **15**(7): 446-448.

Wilson, Robert (1987). Bidding. *The New Palgrave: A Dictionary of Economics*. J. Eatwell, M. Milgate e P. Newman. Londres: MacMillan Press. Volume 1, 238-242.

CAPÍTULO SEIS

Leilões em Contexto

Os Capítulos 2-5 focam estratégias usadas *no leilão* e suas consequências para o desempenho econômico. O leilão em si, porém, é apenas uma parte de uma transação, cujo sucesso depende até mais do que ocorre antes e depois dele. Entender a transação como um todo requer que se saiba quem participa e o que garante a qualidade, a entrega e o pagamento. Também é preciso saber por que os participantes usam um leilão e não outro método de transação.

Para ilustrar os desafios do desenho dos procedimentos para a negociação, discutiremos duas transações ideais — a venda de um bem e a escolha de um fornecedor.

Quando um proprietário vende bens, ele precisa considerar o que vender e quem queira comprá-los. Se o bem é uma mercadoria frequentemente comercializada em sites de leilões — por exemplo, uma conhecida marca de notebook vendida online no eBay — então a abordagem mais simples poderá ser colocar o item à venda nesse site. Um leilão público desse tipo reduz os custos de marketing do vendedor porque o leiloeiro se responsabiliza pela maior parte do marketing e mantém um catálogo físico ou online para ajudar os compradores a encontrar os produtos que querem. A reputação do leiloeiro em vender esse tipo de artigo ajuda a atrair compradores. A disponibilidade de produtos similares em um site de leilões dificulta ao vendedor obter um preço mais alto se conduzir um leilão privado.

Para itens especializados, contudo, a situação é muito diferente. Itens especializados são os que têm poucos substitutos parecidos e é provável que poucos licitantes em potencial lhes confiram um valor elevado. Para obter um preço alto, o vendedor precisa identificar e atrair prováveis compradores, de modo que ter um sistema de marketing independente para procurar esses licitantes pode ser especialmente valioso.

Na prática, leilões de bens valiosos e altamente especializados às vezes falham por falta de interesse dos licitantes. Os leilões europeus para espectro de rádio para uso de celulares de terceira geração apresentam vários estudos de caso úteis;[1] preços de venda per capita para as licenças de espectro variaram muito nesses leilões. Em 2000, depois que os leilões na Inglaterra e Alemanha geraram dezenas de bilhões de euros para o tesouro dos governos, a Suíça vendeu licenças perto do preço de reserva depois que apenas quatro licitantes apareceram para comprar as quatro licenças disponíveis. Em termos per capita, as diferenças e preços foi de cerca de 30 por 1. Embora o exemplo suíço seja extremo, não é atípico. Leilões de espectro com poucos participantes e preços de venda baixos também ocorreram na Áustria, em Israel e na Itália.

É provável que uma combinação de fatores tenha contribuído para o resultado desapontador do leilão suíço. As regras criaram uma competição de tudo-ou-nada, de modo que apenas participantes que esperavam obter uma grande licença se dispuseram a participar. É natural que compradores fiquem relutantes em começar uma avaliação cara e demorada de um bem que acham improvável vencer a um preço favorável. Os altos preços de espectro na Alemanha e na Inglaterra provavelmente dissuadiram alguns licitantes de participar do leilão suíço e encorajaram alguns a fazer fusões para reduzir a concorrência. Apesar desses problemas, as autoridades suíças poderiam ter atingido preços maiores se quisessem. As regras do leilão poderiam ter determinado que se houvesse poucos licitantes, o governo venderia o espectro na forma de três licenças, em vez de quatro, para criar uma concorrência significativa.

Casos como o leilão de espectro da Suíça em 2000 destacam os importantes papéis do planejamento e marketing para leilões de ativos. O vendedor ou seu agente deve abordar os compradores certos, garantir que haja demanda para os bens, reuni-los de forma apropriada e convencer os comprados a participar. Um vendedor que ignora essas considerações pode se deparar com baixa participação de licitantes e baixa receita.[2]

---

[1] Veja Klemperer (2002).

[2] Paul Klemperer, que ajudou no desenho do leilão de espectro britânico, defendeu o uso de um leilão "anglo-holandês" desenhado explicitamente para ter alguma ineficiência para encorajar a participação de licitantes que não esperam ter valores elevados para os itens oferecidos.

O marketing desempenha funções econômicas valiosas oferecendo informações aos compradores e adaptando os termos de venda às suas necessidades. Para ilustrar a segunda função, pense na venda de uma fábrica por leilão. Os compradores em potencial e o vendedor podem decidir juntos que compromissos assumir com os funcionários existentes ou quais compromissos contratuais transferir com a fábrica. Compradores em potencial podem ter diferentes preocupações em relação à regulação. Por exemplo se um comprador é um fornecedor importante na Europa, talvez ele precise da aprovação da Comissão Europeia para fazer a compra, enquanto outro não precisa de tal aprovação. Os vendedores precisam prever e conciliar essas preocupações para atrair um número suficiente de compradores de valores elevados ao leilão.

O momento escolhido para o leilão também afeta o quanto ele é atrativo para os licitantes. Por exemplo, nos EUA, o leilão de espectro mais lucrativo ocorreu em um clima de litígio. Depois que a Nextwave não pagou as licenças de espectro adquiridas em um leilão anterior, a FCC ordenou que a empresa devolvesse as licenças. Em seguida, a FCC programou outro leilão para essas mesmas licenças. Parece que esse leilão rendeu US$17 bilhões para o Tesouro,[3] até que o juiz de falências no caso Nextwave ordenar à FCC retardar a redistribuição das licenças. Essa ação deixou as licenças no limbo; nem os licitantes, nem a FCC sabia se os novos compradores das licenças da Nextwave acabariam por recebê-las. Essas incertezas obscureceram todo o futuro dos leilões de espectro, pois compradores em potencial estavam inseguros sobre que licenças poderiam manter e que somas seriam obrigados a pagar.

Em um leilão típico para uma empresa ou grande fábrica, os vendedores dão acesso a uma *sala de dados* aos licitantes que contém detalhes confidenciais sobre o ativo. O acesso a informações confidenciais é outro motivo para selecionar os participantes do leilão com cuidado. Do contrário, alguns participantes com pouco interesse verdadeiro na compra da fábrica podem aparecer como licitantes para adquirir informações que usariam para concorrer com o vendedor no mercado de produtos ou mão de obra. Os banqueiros de investimentos que administram essas vendas geralmente restringem acesso às informações e, para maior segurança, podem proibir os licitantes sem um plano de negócios *bona fide* de ver as informações confidenciais a sala de dados.

---

[3] O leilão descrito é o FCC nº 35.

Embora o vendedor divulgue seus ativos para encorajar a concorrência, às vezes os licitantes adotam estratégias opostas. Uma delas surgiu em um leilão de espectro nos EUA, em 1994,[4] no qual uma única licença que cobriria todo o sul da Califórnia estava entre as oferecidas. A Pacific Bell, empresa de telefonia regional, comprometeu-se publicamente a vencer a licença[5] e começou um programa de investimento para demonstrar esse compromisso. Os investimentos incluíram altos gastos para comprar ou arrendar *cell sites*, que são locais físicos em cada área geográfica, ou, *células* do sistema telefônico celular onde o equipamento é instalado para transmitir e receber sinais de rádio.

Essas ações convenceram outras empresas de que esperavam operar no sul da Califórnia com base no compromisso da Pacific Bell de obter a licença. Para garantir seu próprio acesso ao mercado do sul da Califórnia, elas adquiriram espectro fora do leilão, trocando-o ou comprando-o de operadoras de celular menores. As regras da FCC limitaram a quantidade de empresas de espectro que podiam controlar qualquer mercado, de modo que os licitantes que adquiriram espectro fora do leilão se tornaram inelegíveis para fazer lances para a licença da área do sul da Califórnia. Consequentemente, a Pacific Bell enfrentou apenas um concorrente marginal para a valiosa licença e a adquiriu por uma pechincha.

Vendedores atentos a possibilidades semelhantes podem, às vezes, adotar suas próprias contraestratégias. Um exemplo notável foi a venda da LIN Communications, em 1989, que enfrentou uma oferta pública de aquisição por parte da McCaw Cellular. A gerência da LIN queria um licitante amigável ou, pelo menos, algum outro licitante, mas deu-se conta de que ninguém iria contra McCaw, porque os custos de licitação eram muito altos e as chances de sucesso, baixas. Para atrair a participação da BellSouth, LIN prometeu pagar suas custas (US$15 milhões) além de uma taxa de consolação no

---

[4] Este foi o leilão n° 4, para os blocos A e B do espectro PCS.
[5] O autor, então consultor da Pacific Bell, apareceu no noticiário da CNN na noite anterior do leilão e afirmou que os concorrentes poderiam aprender "o quanto nós, da Pacific Bell, somos determinados" a vencer a licença. No evento, a McCaw Cellular, cujo dono era rival pessoal do CEO da Pacific Bell, decidiu não permitir que ela vencesse a licença por um preço muito baixo. McCaw se tornou o único real concorrente pela licença do sul da Califórnia, forçando o preço subir centena de milhões de dólares do que teria ocorrido de outra forma. Mesmo assim, o preço pago por unidade da população acabou sendo baixo em comparação aos preços de outras áreas do mercado que tinham um centro urbano tão grande.

caso de perder a licitação (US$54 milhões). A concorrência forçou a McCaw a aumentar sua oferta de US$110 por ação (cerca de US$5.36 bilhões) para algo entre US$124-138 por ação, um aumento de cerca de US$1 bilhão. A elevação do preço da LIN adicionou cerca de US$100 milhões ao valor das opções de ações dos executivos da empresa, eliminando a resistência deles.

Como vendas de ativos, leilões reversos vão do simples ao muito complexo. Embora o preço por si só é a base de escolha para alguns itens padronizados, a maioria das compras de grandes empresas comparam preço com vários outros aspectos. Entre eles estão os *atributos de produto*, como qualidade e estilo do produto ou serviço e arranjos de entrega, *atributos de contrato* como sua duração e termos de pagamento, e *atributos de fornecedor* como confiabilidade, capacidade e compatibilidade de processamento de pedidos e sistemas de rastreamento.

Decisões de compra com base só no preço podem comprometer outros atributos importantes como qualidade e atendimento. Os compradores reduzem esse risco de várias formas. Nos Estados Unidos, onde a lei exige que o governo tome decisões de compra de acordo com critérios objetivos, a agência de compra desenvolve especificações detalhadas não relativas a preço e rejeita todos os lances ou contratos que não as sigam com exatidão. Embora essa prática possa parecer justa, ela às vezes força fornecedores a adaptar seus bens para o uso do governo, adicionando custos fixos, reduzindo economias de escala e aumentando preços.

No setor privado, muitas vezes os compradores criam listas de fornecedores qualificados e os mantêm nela enquanto seu desempenho for satisfatório sob todos os aspectos. Compradores podem usar esse processo de pré-qualificação para favorecer fornecedores que acreditam ter maior capacidade de atender às suas necessidades futuras — por exemplo, daqueles de quem esperam melhorar a qualidade de seus produtos e serviços, reduzir preços futuros, expandir a capacidade se necessário e personalizar inputs e assim por diante.[6]

---

[6] A discussão no texto trata o comprador como uma entidade única que pode definir padrões, fazer previsões e avaliar alternativas de forma coerente. Complicações surgem quando o comprador é uma empresa com várias unidades com autoridade de orçamento independente. Normalmente, essas unidades precisam realizar compras coletivas para aproveitar o tamanho da empresa para negociar preços baixos. Os gerentes precisam concordar sobre o momento da compra assim como com os padrões e quantidades mínimas a serem adquiridas de fornecedores selecionados. Se o compromisso de cada departamento reduzir os preços para todos, podem surgir problemas com dissidentes que interfiram com arranjos de compra eficientes.

Quando leilões são de fato usados na compra de bens complexos, eles costumam ser apenas parte de um processo mais amplo. Uma compra importante pode começar com uma *solicitação de informações* (RFI) que pede aos fornecedores em potencial para indicar sua capacidade de oferecer os bens ou serviços em questão e sugerir especificações para eles. Uma *solicitação de propostas* (RFP) que atendam as especificações do comprador pode acompanhar a RFI. Uma proposta pode especificar produtos e serviços, pagamentos e como lidar com contingências. Às vezes, uma *solicitação de cotações* (RFQ) acompanha ou substitui a RFP. A RFQ pede aos fornecedores para apresentar um preço definido para um pacote específico ou inicia um leilão entre fornecedores.

Negociações adicionais podem se seguir ao recebimento de lances ou propostas. Especialmente se as propostas finais apresentarem diferenças em várias dimensões, o comprador pode simplesmente usar o resultado do leilão como ponto de partida para uma barganha. Vendedores experientes inserem alguma margem em seus lances prevendo negociações. Esse processo de múltiplas etapas pode ser muito oneroso em relação a qualquer margem de lucro prevista para o vencedor que alguns vendedores desistem de participar.

Neste capítulo, abordamos leilões como mecanismos com regras precisas para definir o *melhor lance* para que não precise haver negociações após a conclusão. Embora mais pesquisas sejam necessárias para entender interações entre as etapas de licitação e barganha, entender leilões em cenários simples é um precursor crucial para a análise de outros mais complicados.

Para distinguir leilões de negociações, definimos os leilões incluindo mecanismos que permitam comparações explícitas e objetivas de duas ou mais ofertas concorrentes abertas ao mesmo tempo. Definimos barganha para incluir mecanismos em que ofertas têm vida curta e são avaliadas uma de cada vez. Essa dicotomia exclui situações em que ofertas múltiplas estão disponíveis, mas as comparações não são objetivas. Os economistas não estudaram mecanismos desse tipo extensivamente, de modo que ainda não está claro se é mais útil classificá-los como leilões ou negociações.

Barganhas previstas para acontecer após a assinatura do contrato podem influenciar o desenho transacional tanto quanto barganhas que precedem o contrato. Barganhas podem ocorrer durante o desempenho do contrato quando as partes querem mudanças para acomodar eventos que este não previu. Se as partes esperam extensas revisões de qualquer contrato que assinem, elas podem se beneficiar de um contrato de custo mais margem, isto é, um contrato no qual o comprador paga as despesas do fornecedor mais um acréscimo. Contratos de custo positivo facilitam a negociação de mudanças, porque eles fixam com antecedência a remuneração e quaisquer alterações acordadas. Porém, contratos de custo positivo tornam os leilões menos úteis, porque os lances iniciais desempenham um papel menor na determinação do possível custo do comprador. Por outro lado, contratos de preço fixo, que estabelecem um preço único para quaisquer mudanças são especialmente úteis quando as partes esperam poucas alterações.

Segundo Bajari e Tadelis (2001), essas generalidades caracterizam o padrão atual de contratação na indústria de construção nos EUA. Eles observam que a parte que adquire serviços de construção pode reduzir a necessidade de mudanças com um planejamento rigoroso, embora ele retarde a conclusão do projeto. Quando rapidez é essencial ou mudanças significativas são inevitáveis, os compradores evitam leilões e procuram um empreiteiro confiável e usam um contrato de custo positivo.

O foco principal deste capítulo são as decisões de participação do licitante e como eles interagem com o desenho do leilão. A maioria da teoria sobre leilões existente com entrada usa um modelo simétrico no qual não há diferenças *ex ante* entre licitantes em potencial. Nesse caso, a teoria é bem desenvolvida e este capítulo a discute em detalhes.

Em contextos de venda de ativos e aquisições, os executivos se preocupam se e como conduzir os leilões quando alguns licitantes são mais qualificados que outros. Deve o leiloeiro encorajar a participação de elementos menos qualificados para aumentar a concorrência? Pode valer a pena favorecer novos fornecedores para aumentar a concorrência, mesmo que se imagine que não ofereçam bom serviço? A teoria dos leilões com licitantes potenciais *assimétricos* é muito menos desenvolvida do que a teoria de leilões simétricos, de modo que os exploramos mais superficialmente, usando vários exemplos.

6.1 A Contribuição do Lucro e do Excedente do Entrante

Começamos estudando um conjunto de modelos com entrada endógena. A entrada é endógena quando os licitantes decidem participar de determinado leilão. Os licitantes, agindo em interesse próprio, decidirão com eficiência? Ou há a probabilidade de ficarem muito relutantes ou ansiosos em relação a um padrão eficiente?

Em nosso modelo o entrante do leilão assume diretamente seus custos, de modo que a decisão se reduz a que porção dos benefícios da entrada será adicionada ao entrante individual O aumento de entradas afeta claramente os payoffs dos outros participantes: ele beneficia o vendedor aumentando o preço da venda e prejudica os outros licitantes com a elevação de preços que pagam ao vencer e a redução de sua chance de vencer. Qual é o efeito líquido dessas aparentes externalidades? Pode-se imaginar que se for positivo, haverá poucas entradas; se for negativo, haverá muitas.

Nossa análise começa com dois resultados. Primeiro, em certos modelos de valores privados, surpreendentemente descobrimos que o efeito líquido externo da entrada é zero: o lucro esperado de um entrante em um leilão de segundo preço se equipara exatamente à sua contribuição incremental ao superavit total. Nesses modelos, a decisão de entrada do licitante marginal é só o que o planejador social esperaria que fosse.

O segundo resultado é que, em modelos simétricos, o valor total obtido pelos licitantes e o leiloeiro é uma função côncava da quantidade de licitantes, ou mais precisamente (na medida em que a quantidade de licitantes deve ser um inteiro), que a contribuição esperada ao bem-estar do último entrante em um leilão de segundo preço diminua com a quantidade de entrantes. A descoberta dessa concavidade terá vários usos importantes a seguir.

Para provar o primeiro resultado, suponha que um licitante em potencial esteja considerando entrar em um leilão de segundo preço. Suponha que a entrada custe uma quantia c ao licitante, que o maior valor entre n outros licitantes seja x e que o licitante entre com o valor y. Se $y < x$, o licitante perderá o leilão e terá uma perda líquida de c. Se $y > x$, ele vencerá o leilão e terá lucros líquidos de $y - x - c$. Em geral, o lucro líquido do licitante será $(y - x)^+ - c$, onde a notação z^+ significa $\max(0, z)$. Note que, independentemente de o licitante vencer ou perder, seu payoff será exatamente igual à sua contribuição incremental ao superavit total. Esse resultado é nosso primeiro teorema.

Teorema 6.1. Suponha que os custos de entrada sejam c, o valor máximo entre os licitantes existentes seja x, e o valor do último entrante seja y. Então, se o entrante decidir participar de um leilão de segundo preço, seu lucro líquido e contribuição incremental ao superavit total são iguais a $(y - x)^+ - c$.

O Teorema 6.1 estabelece que em um leilão de segundo preço, a decisão de entrada do licitante marginal se alinha com perfeição ao objetivo de maximizar o superavit social. Se o licitante conhecer x, y, e c no momento da entrada, então ele a achará lucrativa se e somente se ela aumentar o superavit total. Mesmo que o licitante não conheça informações importantes e baseie sua entrada nos lucros *esperados*, a conclusão é semelhante: ele entrará se e somente se sua entrada aumentar o superavit esperado total.

O teorema mostra que mudar a decisão de entrada de um único licitante em potencial não aumenta superavit, mas não estabelece que decisões de entrada são eficientes. Pense em um modelo assimétrico com um único bem à venda e dois compradores com valores de 8 e 10. Suponha que o custo de entrada seja 5. Se o primeiro comprador entrar, mas o segundo não, nenhum comprador se sairá melhor mudando sua decisão. Nesse caso, o superavit total será de 3, que é menor que o máximo total de 5 que seria obtido se as decisões de entrada fossem inversas e somente o segundo licitante entrasse.

O exemplo precedente indica o valor de examinar a eficiência das decisões de entrada com mais detalhes. Assim, suponha que haja licitantes em potencial suficientes com valores de $v^1, v^2, \ldots$ e que decidem em sequência se participam no leilão de segundo preço. Se os primeiros n licitantes em potencial já entraram, então o valor maior entre eles é $\max(v^1, \ldots, v^n)$.[7] Pense na decisão de entrada de $n + 1$º entrante em potencial. Deixe $I(n, y, v) = (y - \max(v^1, \ldots, v^n))^+ - c$; essa é a contribuição do entrante ao superavit e ao lucro líquido da entrada quando $v^{n+1} = y$. Por inspeção, a diferença $I(n, y, v) - I(n+1, y, v) = (y - \max(v^1, \ldots, v^n))^+ - (y - \max(v^1, \ldots, v^{n+1}))^+$ é sempre não negativa, e é positiva exatamente quando $v^{n+1} > y > \max(v^1, \ldots, v^n)$. Assim, a contribuição do entrante é (fracamente) reduzida em n, e sua contribuição condicional esperada $E[I(n, y, v)]$, dada qualquer realização $v^{n+1} = y$, é uma função não crescente de n e é estritamente decrescente se $\Pr\{v^{n+1} > y > \max(v^1, \ldots, v^n)\} > 0$.

Essas conclusões preliminares são especialmente úteis para analisar modelos simétricos nos quais a ordem de uma entrada potencial é determinada com antecedência, por exemplo, pelo leiloeiro. Em ambos os casos, $E[I(n, y, v)]$ é uma função não crescente de n.

6.2 Modelos Simétricos com Entrada Onerosa

Deixe-nos aplicar esses insights ao modelo de referência: o de valores privados independentes simétricos com um único bem à venda. Nesse modelo, $\Pr\{v^{n+1} > v^{n+2} > \max(v^1, \ldots, v^n)\} = [(n+1)(n+2)]^{-1} > 0$.[8] Como essa probabilidade é estritamente positiva, o lucro esperado de um entrante é estritamente decrescente em n, a quantidade de licitantes que já entraram no leilão.

---

[7] Por convenção, o valor e o tipo máximo são considerados iguais a zero quando $n = 0$.

[8] Por assimetria, a probabilidade de que v^{n+1} seja o maior valor entre $n + 2$ valores é $1/(n+2)$. Condicionada ao fato, novamente por simetria, a probabilidade de que v^{n+2} seja o mais alto entre os valores restantes é $1/(n+1)$. Multiplicar esses índices gera a expressão no texto.

Em leilões reais, como nos modelos estudados neste capítulo, a participação é cara. Por exemplo, antes de fazer um lance para um bem, cada licitante deve estudar e planejar com cuidado como ele o usará em seu negócio. Identificar o valor do licitante para o bem é o primeiro passo para preparar o lance. Em nossos modelos, o licitante decide se participará e incorrerá nesse custo antes de conhecer seu valor.

Há três grupos de modelos neste capítulo. No primeiro, o vendedor desenha as regras da licitação, mas não exerce controle direto sobre quem entra no leilão. As questões interessantes surgem quando os custos de entrada são *moderados*. Se o custo da entrada for baixo o suficiente para que todos os potenciais licitantes o considerem lucrativo, então a análise se une à análise dos capítulos anteriores com um número fixo de licitantes, N. Se os custos forem tão altos que nenhum licitante possa participar com lucro, a análise é trivial. Quando os custos são moderados, o equilíbrio envolverá, com probabilidade positiva, a entrada de alguns, mas não todos os licitantes em potencial.

Começamos estudando um modelo simétrico no qual a decisão de cada licitante sobre sua entrada é randomizada. O licitante que randomiza em equilíbrio deve ser indiferente entre entrar e não entrar, Dessa forma, entrantes devem obter lucros esperados zero, de modo que *todo* o superavit líquido criado pelo leilão vá para o vendedor. Essa observação tem consequências importantes para o desenho do leilão; por exemplo ela implica que o leilão maximiza o payoff do vendedor se e somente se maximizar o superavit líquido total. Nessa expectativa o vendedor assume o encargo de todos os custos de participação incorridos pelos licitantes, de modo que ele se responsabiliza por esses custos no projeto de um leilão ótimo.

Em um segundo grupo de modelos, o vendedor exerce um controle mais rígido sobre a entrada. Ele pode economizar nos custos de participação coordenando a entrada no leilão. Descobriremos que a seleção de licitantes gera menos desperdício, um número mais previsível de licitantes e receitas médias mais altas para o vendedor do que a entrada ilimitada. Essa conclusão é especialmente marcante no modelo simétrico, pois se mantém mesmo quando o processo de avaliação não pode selecionar participantes de acordo com quaisquer diferenças reais entre eles. Mesmo assim, limitar a entrada de licitantes podem aumentar a receita esperada do vendedor. Em outros modelos, a seleção pode identificar os licitantes que mais provavelmente têm valores elevados, produzindo melhorias ainda maiores no desempenho. Avaliamos o quanto a receita dos vendedores pode aumentar com um procedimento em que os licitantes partilham informações com o vendedor antes do leilão sobre a extensão de seu interesse no bem sendo vendido.

Um terceiro tipo de modelo opõe um mecanismo de leilão a um mecanismo de negociação ou um híbrido dos dois. Para nosso objetivo, a diferença entre leilões e negociações é que os primeiros envolvem uma comparação simultânea de ofertas enquanto as segundas ocorrem em sequência. A vantagem dos leilões está no uso da concorrência explícita para determinar preços. Em nosso modelo, o benefício das negociações está na economia dos custos da participação embora, na prática, uma vantagem mais importante seja a habilidade de personalizar a transação para compradores e vendedores específicos. Barganhas obtêm economias em nosso modelo porque, às vezes, permite uma venda a um dos primeiros participantes, caso ele tenha um valor suficientemente alto, tornando desnecessários os custos de entrantes adicionais.

Na prática, mecanismos híbridos que combinam as vantagens de leilões e barganhas são importantes. Neste capítulo, analisamos um simples — leilão com *preço de compra*. Nesses leilões, o vendedor anuncia que se qualquer comprador oferecer um certo preço, então ele terminará imediatamente e o vendedor fará a transação com esse comprador a esse preço. Esse mecanismo híbrido combina algumas vantagens dos leilões (se nenhum licitante está disposto a oferecer o preço de compra) e barganhas (se algum licitante aceitar o preço de compra). Apresentamos um modelo de leilão simétrico no qual o vendedor sempre prefere usar o preço de compra em vez de um leilão simples.

6.2.1 Licitantes Simétricos e Entrada Não Coordenada

Esta seção apresenta um modelo primeiro estudado por Levin e Smith (1994). Há N licitantes em potencial, cada um sem informações iniciais. O licitante i incorre em um custo $c > 0$ para entrar e conhecer seu tipo t^i. Em um equilíbrio simétrico, cada licitante randomiza, entrando com probabilidade p. Se o licitante entrar, ele faz o lance segundo a função β que depende das regras do leilão. Usamos a formulação de estratégia distribucional na qual o valor do licitante i é $v(t^i)$, em que v é crescente[9] e diferenciável, e na qual os tipos são distribuídos independente e uniformemente em [0, 1].

---

[9] Todos os resultados reportados aqui se estendem ao caso em que v é meramente não decrescente, desde que resolvamos adequadamente empates e indiferenças. O Capítulo 3 descreve o método relevante. Aqui, tomamos v para ser crescente na ordem para limitar a quantidade de texto dedicado a indiferenças e empates.

6.2.1.1 Equilíbrio nas Decisões de Entrada e de Licitação

Antes, suponha que esse é um leilão de primeiro preço com preço de reserva r. Deixe ρ ser o tipo com valor igual à reserva: $r = v(\rho)$. Consideraremos a possibilidade de que o licitante conhece a quantidade de entrantes, n, antes de fazer o lance e um leilão selado no qual o vendedor oculta a quantidade de licitantes que participarão.

O Capítulo 4 caracteriza a estratégia de equilíbrio simétrico $\beta(\cdot, n)$ para o caso em que todos conheçam o número de licitantes, n. Quando o licitante sabe que seu tipo é t^i, mas ainda não conhece n, ele faz lances diferentes. Primeiro, ele faz um lance que excede a reserva r só se seu valor for pelo menos r (isto é, se $t^i \geq \rho$). Nesse caso, ele espera superar qualquer licitante potencial particular se ele não entrar (o que ocorre com probabilidade $1-p$) ou entrar, mas tem um tipo menor (o que ocorre com probabilidade pt^i). Abandonando os sobrescritos, a probabilidade total de um entrante do tipo $t \geq \rho$ ofertar mais que qualquer outro é $1 - p + pt$, de modo que a probabilidade de que ele seja o licitante de maior lance no leilão com $N - 1$ outros licitantes em potencial é $x(t) = (1 - p + pt)^{N-1}$. Usando o teorema do envelope, o lucro líquido esperado do licitante quando ele conhece seu tipo é

$$V(t; p, N, \rho) = -c + \int_{\rho}^{t} (1 - p(1 - s))^{N-1} v'(s)\, ds. \quad (6.1)$$

Este valor é decrescente em p e N.

É conveniente definir

$$\hat{V}(p, N, \rho) \equiv E[V(t^i; p, N, \rho)]. \quad (6.2)$$

Como discutimos, focamos o caso dos custos de participação moderados. Essa condição exclui os dois casos extremos nos quais $\hat{V}(1, N, \rho) > 0$, significando que a entrada é sempre lucrativa mesmo que todos os licitantes escolham participar ou $\hat{V}(0, N, \rho) < 0$, de modo que essa entrada não é lucrativa, independentemente das decisões de entrada dos outros licitantes.

Nossa análise foca o restante do caso no qual uma decisão de entrada ótima do licitante depende do que os outros licitantes fazem. Defina

$$\hat{t}(n) = \max(t^1, \ldots, t^n). \quad (6.3)$$

Deixe $n(p)$ ser uma variável aleatória que tem distribuição binomial com parâmetros N e p.

Teorema 6.2 Suponha que o custo de entrada c seja moderado, como definido. Então há uma solução única $p = p^*(N, \rho)$ para $\hat{V}(p, N, \rho) = 0$, e a solução está em $(0, 1)$. Suponha ainda que o leilão usado é de primeiro preço com reserva $r = v(\rho)$ e que o leiloeiro revele a quantidade de entrantes antes de os lances serem feitos. Há um equilíbrio simétrico único do modelo. Assim, cada licitante entra com probabilidade $p^*(N, \rho)$, e um entrante usa a seguinte função de licitação, condicionada ao tipo t e ao número de licitantes, n:

$$\beta_{FK}(t, n, \rho) = \begin{cases} 0 & \text{se } t < \rho, \\ E[\max(r, v(\hat{t}(n-1)))|\hat{t}(n-1) < t] & \text{caso contrário}. \end{cases} \quad (6.4)$$

Escrevendo n^* para $n(p^*(N, \rho))$, a receita esperada *ex ante* do vendedor é

$$\begin{aligned} R_{FK}(N, \rho) &= E[\beta_{FK}(\hat{t}(n^*), n^*, \rho)] \\ &= E[v(\hat{t}(n^*))1_{\{\hat{t}(n^*) \geq \rho\}} - cn^*]. \end{aligned} \quad (6.5)$$

Observação. O subscrito *FK* nas funções de licitação e receita indica que o modelo envolve um leilão de primeiro preço e que cada licitante *sabe* quantos participantes estarão presentes quando ele decidir que lance apresentar. A primeira expressão para $R_{FK}(N, \rho)$ acima é o lance vencedor esperado. A segunda é o superavit *líquido* esperado, isto é, o valor esperado do item para o entrante com o maior valor (desde que o valor exceda a reserva) menos os custos totais de entrada esperados.

Prova. A licitação segue como faria se não houvesse um modelo de entrada explícito, portanto a fórmula (6.4) segue da análise do Capítulo 4.

Na etapa de entrada, qualquer solução de estratégia mista envolve uma probabilidade de entrada que resolve $\hat{V}(p, N, \rho) = 0$. (Se, em vez de $\hat{V}(p, N, \rho) > 0$, qualquer licitante individual poderia ganhar trocando para a estratégia de entrar com a probabilidade um. Da mesma forma, se $\hat{V}(p, N, \rho) < 0$, qualquer licitante poderia ganhar trocando para a estratégia de entrar com probabilidade zero.) Por outro lado, se todos os licitantes randomizarem dessa forma, eles são indiferentes quanto a entrar ou não, de modo que cada um acha que randomizar entre as duas é a melhor resposta.

Como os custos são moderados, $\hat{V}(0, N, \rho) > 0$ e $\hat{V}(1, N, \rho) < 0$. Então, porque $\hat{V}$ é contínuo e decrescente em p, há uma solução única $p^*(N, \rho)$ para $\hat{V}(p, N, \rho) = 0$.

A primeira linha de (6.5) é apenas a definição da receita esperada. A segunda linha segue a observação que para cada realização de n^*, o payoff líquido para o licitante com o maior tipo é $(v(\hat{t}(n^*)) - \beta_{FK}(\hat{t}(n^*), n^*, \rho))1_{\{\hat{t}(n^*) \geq \rho\}} - c$. Os payoffs líquidos de $n^* - 1$ outros licitantes são todos $-c$, e o payoff do vendedor é $\beta_{FK}(\hat{t}(n^*), n^*, \rho)1_{\{\hat{t}(n^*) \geq \rho\}}$. Logo, o payoff líquido total é o argumento da expectativa na segunda linha de (6.5). Como os payoffs líquidos esperados dos licitantes são todos zero em equilíbrio, o payoff esperado do vendedor é ao payoff líquido total. ∎

O Teorema 6.2 descreve equilíbrio quando todos os licitantes sabem quantos rivais participam. Agora examinamos o caso em que o vendedor pode ocultar a quantidade total de licitantes. Neste caso, os licitantes percebem o número de participantes como sendo aleatório. Todavia, ainda podemos escrever o payoff esperado do licitante como $u(x,t) = v(t)x(b) - P(b)$, onde $x(b) = \Pr\{\text{lance } b \text{ vence}\}$ e $P(b) = bx(b)$ é o pagamento esperado o licitante. Por inspeção, $u(x,t)$ tem a propriedade das diferenças de cruzamento único (SCD), de modo que, como argumentamos no Capítulo 3, qualquer estratégia de licitação de equilíbrio simétrico do leilão de primeiro preço deve ser crescente. Consequentemente, para qualquer probabilidade p de entrada, a probabilidade de que um licitante de tipo $t > \rho$ ofereça um lance maior que qualquer outro rival em especial é $1 - p + pt$, a soma da probabilidade de que outro licitante não entre e a probabilidade de que ele entre, mas tenha um tipo menor que t. Assim, a probabilidade de que um licitante do tipo t vença é $x(t) = (1 - p + pt)^{N-1}$. Aplicando o teorema do envelope, pois esta fórmula é a mesma de quando o licitante observa n, o payoff esperado também deve ser o mesmo. Essas observações estabelecem o seguinte resultado.

Teorema 6.3. Suponha que o custo de entrada c é moderado, como definido. Então há uma solução única $p = p^*(N, \rho)$ para $\hat{V}(p, N, \rho) = 0$, e a solução está em $(0, 1)$. Suponha ainda que o leilão usado é de primeiro preço com reserva $r = v(\rho)$ e que o leiloeiro oculta o número de entrantes antes de oferecerem seus lances. Então há um equilíbrio simétrico único do modelo. Em equilíbrio, cada licitante entra com a probabilidade $p^*(N, \rho)$, e um entrante usa a seguinte função de licitação, condicionada ao seu tipo t:

$$\beta_{FN}(t, \rho) = \begin{cases} 0 & \text{se } t < \rho, \\ E\left[\beta_{FK}(t, n^*, \rho)\right] & \text{caso contrário.} \end{cases} \tag{6.6}$$

Escrevendo n^* para $n(p^*(N, \rho))$, a receita esperada do vendedor *ex ante* é $R_{FN}(N, \rho) = R_{FK}(N, \rho)$.

Observação. O subscrito *FN* indica que o modelo envolve um leilão de *primeiro* preço e que *nenhum* licitante sabe quantos participantes entraram quando ele escolhe seu lance.

Os dois primeiros teoremas analisam leilões de primeiro preço. Se, em vez disso, o vendedor usar um leilão de segundo preço, a estratégia de licitação dominante não depende da quantidade de concorrentes, então a análise não depende se o vendedor anuncia o número de entrantes.

Teorema 6.4. Suponha que o custo de entrada *c* é moderado, como definido. Então, o leilão de segundo preço com reserva $r = v(\rho)$ tem um equilíbrio simétrico único. Em equilíbrio, cada licitante entra com a probabilidade $p^*(N, \rho)$; um entrante oferta zero se $v(t^i) < r$ e, caso contrário oferece $\beta_S(t, \rho) = v(t)$. A receita esperada *ex ante* do vendedor é $R_S(N, \rho) = R_{FK}(N, \rho)$.

Em resumo, os resultados de equivalência de receita e payoff desenvolvidos nos capítulos anteriores com a suposição de entrada exógena também se mantêm quando a entrada é endógena e os licitantes randomizam decisões de entrada. Como os payoffs esperados são os mesmos nos leilões, incentivos para entrar e, portanto, as decisões de entrada, também são os mesmos.

6.2.1.2 Definindo o Preço de Reserva

No modelo simétrico de referência com número fixo de licitantes *n*, se o vendedor define um preço de reserva de *r*, os resultados esperados da venda são $E[\max(r, v(t^{(2)}))1_{\{v(t^{(1)}) > r\}}] = \Pr\{v(t^{(1)}) > r\} E[\max(r, v(t^{(2)})) | v(t^{(1)}) > r]$, onde, como de hábito, $t^{(1)}$ e $t^{(2)}$ são o primeiro e o segundo tipo mais alto. A fórmula expressa a troca envolvida em definir a reserva no modelo de referência: aumentar a reserva reduz a probabilidade de que ocorra qualquer transação, mas aumenta o preço médio condicionado a qualquer transação que se faça. A reserva ótima no modelo de referência atrai participação de todos os tipos cuja *receita marginal* é positiva. Isto é, $r^* = v(t^*)$, onde t^* resolve $0 = \text{MR}(t^*)$ e onde $\text{MR}(t) \equiv v(t) - (1-t)v'(t)$.

Quando a entrada é endógena, a análise muda drasticamente. A observação essencial para entender preços de reserva em um modelo simétrico com custos de entrada moderados é que os lucros esperados dos licitantes é zero. A razão é que os licitantes nos equilíbrios descritos randomizam suas decisões de entrada, então devem ser indiferentes quanto a entrar ou não, e não entrar envolve um payoff de zero.

Como os licitantes têm payoff de equilíbrio zero independentemente da reserva, o vendedor não pode comprimir os lucros do comprador aumentando a reserva. Aumentar a reserva acima do valor real do vencedor bloqueia negociações eficientes e desestimula entradas eficientes, reduzindo o payoff total a ser dividido. Como o vendedor capta todo o payoff líquido esperado nesse caso, ele nunca poderá ganhar elevando a reserva acima do próprio valor. Assim, o preço de reserva que maximiza a receita esperada é o valor do vendedor, que é zero em nosso modelo.

Como afirmamos que o valor mínimo possível do licitante $v(0)$ é não negativo, qualquer preço de reserva no intervalo $[0, v(0)]$ gera os mesmos lances de equilíbrio e decisões de entrada e a mesma receita esperada. Assim, os teoremas a seguir identificam *um* leilão ótimo, e não *o* leilão ótimo único.

Teorema 6.5. Suponha que o custo de entrada c seja moderado, como definido. Então o preço de reserva $r = v(0)$ maximiza a receita esperada em cada um dos três leilões estudados:

$$(0, p^*(N, 0)) \in \arg\max_{\rho, p} E[v(\hat{t}(n(p))) 1_{\{\hat{t}(n(p)) \geq \rho\}} - cn(p)]$$

$$\text{sujeito a} \quad p = p^*(N, \rho) \quad (6.7)$$

Prova. Como a conclusão sobre receitas esperadas não depende do valor do vendedor, podemos supor sem perda de generalidade que o valor do vendedor é zero. Com essa suposição, o objetivo em (6.7) é igual ao superavit total esperado gerado pelo leilão. Como os entrantes esperaram lucros totais de zero em equilíbrio, o objetivo é igual às receitas esperadas do vendedor.

Considere que o problema relaxado no qual substituímos a restrição $p = p^*(N, \rho)$ com uma restrição menos limitada $p \in [0, 1]$. Resolvemos esse problema em duas etapas. Primeiro, fixamos p e maximizamos a receita em relação a ρ, mostrando que o ótimo ocorre em $\rho = 0$. Usamos essa solução para caracterizar os lucros máximos $G(p)$ no problema relaxado. Então, escolhemos p para maximizar $G(p)$, mostrando que o máximo ocorre em $p = p^*(N, 0)$. Finalmente, observamos que esta solução do problema relaxado é viável para o problema original, portanto, é uma solução ótima para ele.

A primeira etapa é simples. Por inspeção de (6.7), para todos os valores fixos de p, $\rho = 0$ maximiza a receita esperada. Substituindo $\rho = 0$ por (6.7), denotamos o objetivo resultado por $G(p) = E[v(\hat{t}(n(p))) - cn(p)]$.

Em seguida, avaliamos a derivada de G:

$$\begin{aligned}
\frac{1}{N}G'(p) &= \frac{1}{N}\frac{d}{dp}E[v(\hat{t}(n(p))) - cn(p)] \\
&= \frac{1}{N}\frac{d}{dp}\sum_{n=1}^{N} E[v(\hat{t}(n)) - cn]\binom{N}{n}p^n(1-p)^{N-n} \\
&= \sum_{n=1}^{N} E[v(\hat{t}(n)) - cn]\binom{N-1}{n-1}p^{n-1}(1-p)^{N-n} \\
&\quad - \sum_{m=0}^{N-1} E[v(\hat{t}(m)) - cm]\binom{N-1}{m}p^{m-1}(1-p)^{N-m} \\
&= \sum_{m=0}^{N-1} E[v(\hat{t}(m+1)) - v(\hat{t}(m)) - c]\binom{N-1}{m}p^m(1-p)^{N-m-1} \\
&= \hat{V}(p, N, 0).
\end{aligned} \qquad (6.8)$$

A segunda igualdade segue dos fatos de que a distribuição de $n(p)$ é binomial com parâmetros N e p e que, quando $n = 0$, o valor da expectativa é zero (porque, pela convenção adotada anteriormente, $v(\hat{t}(0)) = 0$). A terceira igualdade usa a regra do produto para derivadas, e a quarta combina as somas usando a substituição $n = m + 1$. Por inspeção, a próxima à última expressão é a contribuição esperada do licitante para o superavit da entrada quando os outros $N - 1$ licitantes entram com probabilidade p. Pelo Teorema 6.1, para quaisquer decisões de entrada para os primeiros $N - 1$ licitantes, qualquer realização de valores e quaisquer custos de entrada, a contribuição do licitante N ao superavit em um leilão de segundo preço é igual ao seu lucro realizado na entrada. A seguinte até a última linha de (6.8), portanto, é igual a $\hat{V}(p, N, 0)$, o lucro esperado da entrada do licitante N.

Como mostrado anteriormente, $\hat{V}(p, N, 0)$ é contínuo e decrescente em p. Como os custos são moderados, a faixa da função inclui valores positivos e negativos. Portanto, há uma única solução $p = p^*(N, 0)$ para $\hat{V}(p, N, 0) = 0$. Também, porque $\hat{V}(p, N, 0)$ é decrescente em p, $G'(p) = N\hat{V}(p, N, 0)$ é decrescente em p. Logo, G é côncavo e atinge seu máximo onde sua derivada é zero, o que ocorre em $p = p^*(N, 0)$.

Como a solução ótima para o problema relaxado é viável no problema original (6.7), ela também se aplica a ele. ■

O Teorema 6.5 firma que nos leilões estudados, a reserva ótima não exclui qualquer negociação valiosa. No modelo, isso significa que o vendedor escolhe uma reserva de $v(0)$ ou menos. Em geral a reserva ótima exclui só negociações ineficientes, de modo que a reserva ótima é igual ao valor do bem do vendedor. Qualquer reserva maior reduz o superavit esperado total e o valor total esperado do vendedor. Isso ocorrer ao bloquear algumas negociações eficientes e reduzir a entrada abaixo do nível de eficiência.

É muito importante para a análise anterior que o vendedor se comprometa à reserva antes que os licitantes tomem a decisão de entrada. Se licitantes em potencial não conhecem a reserva, então mudá-la não poderá afetar suas decisões de entrada. O vendedor ficará então tentado a definir uma reserva positiva e até estabelecer uma reserva ótima *ex post* $r^* = v(t^*)$, onde MR$(t^*) = 0$. Se os licitantes preverem tal comportamento, o equilíbrio da probabilidade de entrada cairá para desvantagem líquida do vendedor.

O vendedor também precisa escolher uma reserva acima de sua valoração se usar um leilão não público do qual somente licitantes convidados podem participar. Discutiremos esse raciocínio para limitar negociações em seguida.

6.2.2 Coordenando Entrada entre Concorrentes Simétricos

Por que um vendedor que vise a maximização de lucro quereria limitar a participação em um leilão? No modelo da seção anterior, decisões de entrada independentes e não coordenadas de licitantes em potencial induziram uma quantidade aleatória de licitantes a entrar. A probabilidade de entrada foi ótima, mas só considerando a limitação de que todos devem tomar decisões de entrada independentes. No problema sem limitações, o superavit total esperado é maximizado por um número determinístico de licitantes e o vendedor pode maximizar sua receita convidando exatamente esse número para o leilão. Isso é *estritamente* melhor que randomizar, porque o superavit líquido é uma função estritamente côncava do número dos licitantes.

O próximo teorema formaliza esse argumento. Para declará-lo, adotamos a notação $\lfloor z \rfloor = \sup\{m \in \mathbb{Z} | m \leq z\}$; esta é a *parte inteira* de z. Também definimos $\lceil z \rceil = \inf\{m \in \mathbb{Z} | m > z\} = \lfloor z \rfloor + 1$; este é o maior inteiro que z. Deixe $H(n) = E[v(\hat{t}(n))] - nc$ denotar a receita esperada líquida do leilão quando exatamente n licitantes participam e o preço de reserva não é maior que $v(0)$.

Teorema 6.6. Deixe $\tilde{n}$ ser o número aleatório de licitantes em um leilão e suponha que o apoio de $\tilde{n}$ inclua, pelo menos, três pontos. Suponha que os licitantes sejam simétricos e tenham valores privados independentes. Suponha que o custo de entrada c é moderado. Então há um leilão com um número determinístico de licitantes e um superavit líquido esperado maior, envolvendo aproximadamente o mesmo número de esperado de licitantes: $E[H(\tilde{n})] < \max(H(\lfloor E[\tilde{n}] \rfloor), H(\lceil E[\tilde{n}] \rceil))$.

Prova. Como vimos, se o valor do vendedor é zero, então para qualquer inteiro positivo n, $H(n)$ é o superavit esperado no leilão, de modo que $H(n+1) - H(n)$ é a contribuição esperada do entrante marginal: $H(n+1) - H(n) = E[I(n, v^{n+1}, v)] = E[I(n, v^N, v)]$. Pela análise no início da seção 6.1, a última expressão é decrescente em n. Como o suporte de $\tilde{n}$ inclui, pelo menos, três pontos, H é não linear em relação ao suporte de $\tilde{n}$. Para estender o domínio de H a $\mathbb{R}_+$ deixe $H(x) = (x - \lfloor x \rfloor)H(\lceil x \rceil) + (\lceil x \rceil - x)H(\lfloor x \rfloor)$; essa *interpolação linear* é uma função côncava.

Deixe $q = E[\tilde{n}] - \lfloor E[\tilde{n}] \rfloor$ ser a parte fracionária de $E[\tilde{n}]$. Pela desigualdade de Jensen,

$$E[H(\tilde{n})] < H(E[\tilde{n}])$$
$$= qH(\lceil E[\tilde{n}] \rceil) + (1-q)H(\lfloor E[\tilde{n}] \rfloor)$$
$$\leq \max(H(\lfloor E[\tilde{n}] \rfloor), H(\lceil E[\tilde{n}] \rceil)). \tag{6.9}$$

A primeira desigualdade é estrita, porque H é côncavo e não linear no suporte de $\tilde{n}$. A igualdade usa a interpolação linear anterior. A desigualdade final segue porque $q \in [0, 1]$. ∎

O Teorema 6.6 sugere uma razão pela qual o vendedor queira controlar a entrada em seu leilão. Ele afirma que mesmo que a pré-qualificação dos licitantes identificar uma seleção puramente aleatória em vez de identificar os que provavelmente têm valores elevados, um processo de pré-qualificação ainda poderia valer a pena simplesmente como uma ferramenta para reduzir a aleatoriedade no número de entrantes.

Quando a quantidade de entrantes é determinística, a condição de lucro com expectativa zero do modelo de entrada aleatória não se aplica. Pode-se perguntar se a reserva é útil nesse contexto. No próximo resultado, devido a McAfee e McMillan (1987), vemos que, se também é possível cobrar uma taxa de entrada, então o leilão com preço de reserva positivo nunca maximizará a receita esperada.

Teorema 6.7. No modelo de valores privados independentes simétricos com custo de entrada moderado c, suponha que o vendedor possa escolher o número n de entrantes, a reserva r e a taxa de entrada e para uso com um leilão de segundo preço, sujeito à restrição (*participação*) de que o lucro líquido esperado de cada licitante deva ser não negativo. Então o vendedor maximizará a receita esperada escolhendo $n = \max\{m| E[v(\hat{t}(m)) - v(\hat{t}(m-1))] > c\}$, $r = v(0)$ e $e = E[v(\hat{t}(n)) - v(\hat{t}(n-1))] - c$.

Prova. Suponha que o valor do vendedor é zero. Para qualquer dado número n de entrantes e um preço de reserva $v(\rho)$, o superavit total esperado é $H_\rho(n) = E[v(\hat{t}(n))1_{\{\hat{t}(n) > \rho\}}] - nc$. Por inspeção, definir $\rho = 0$, que é o mesmo que definir a reserva em $r = v(0)$, maximiza o superavit total.

Como argumentamos antes, a contribuição incremental do entrante ao superavit, $H_\rho(n) - H_\rho(n-1)$, diminui com o aumento de n. Logo, o superavit total é maximizado pelo maior inteiro n tal que $H_\rho(n) - H_\rho(n+1) > 0$ ou, de modo equivalente, o maior n tal que $E[v(\hat{t}(n)) - v(\hat{t}(n-1))] - c > 0$.

Como os lucros esperados do entrante devem ser não negativos, a receita máxima esperada do vendedor não pode exceder o superavit máximo total esperado. Com a taxa de entrada especificada, o lucro líquido esperado de cada licitante é zero e a receita esperada do vendedor então é igual ao superavit líquido maximizado. ∎

6.2.2.1 Licitantes Pré-qualificados

A prática de pré-qualificar licitantes intriga alguns observadores. Tem-se a impressão de que a concorrência limitada só prejudica o vendedor e reduz a eficiência, por que então ele quereria isso?

Há várias respostas possíveis. A que exploramos na seção anterior é que convidar apenas alguns licitantes pode motivar a participação de todos, reduzindo a aleatoriedade em participar e aumentar a eficiência do resultado. Uma segunda resposta é que a pré-qualificação antes de o licitante ter acesso à sala de dados pode melhorar a segurança de informações confidenciais de negócios. A terceira é que mesmo que cada participação não seja aleatória, é possível que os licitantes que escolham participar são os com valores relativamente baixos e dissuadindo a entrada dos de valores mais elevados. Exemplificamos essa possibilidade anteriormente neste capítulo.

Nesta subseção, analisaremos a última dessas respostas. Modelamos a pré-qualificação para a venda de um bem valioso adicionando uma etapa de informes preliminares ao modelo de referência. Na verdade, os informes do licitante em potencial podem ser tão complicados quanto o plano de negócios que estabelece o desejo real do licitante no bem, ou pode ser um *lance preliminar* ou *indicação de interesse* que estima o quanto o participante oferecerá se for convidado a entrar no leilão verdadeiro. O leiloeiro ou o banco de investimentos que recebe os informes é um intermediário confidencial e os usa com outras informações para escolher quais licitantes convidar. Em uma venda de ativos de US$1 bilhão, o leiloeiro pode convidar de cinco a dez licitantes a fazer propostas vinculativas, basear sua escolha nos lances indicativos, nas demonstrações financeiras do licitante e em outras informações.

Defensores do processo de duas etapas dizem que, na prática, os licitantes ficam altamente motivados a fazer seus lances indicativos com honestidade. Eles alegam que os licitantes não têm motivo para exagerar seu interesse porque, dado o elevado custo da licitação, eles não querem ser convidados para fazer um lance se suas chances de vencer são mínimas. Os licitantes também não têm motivo para minimizar seu interesse, porque querem evitar ser excluídos quando seus reais valores são altos.[10]

Ye (2002) sujeitou essas alegações sobre incentivos a uma análise formal. Neste modelo, há N licitantes em potencial, cada um com uma estimativa aproximada do próprio valor. Esses valores iniciais são distribuídos de modo independente e idêntico. Um licitante pode conseguir mais informações para aprimorar a estimativa ao assumir o custo c. Isso viabiliza para o licitante reunir informações sobre a condição do bem, que afeta os valores de todos os licitantes de modo similar, ou sobre como o licitante pode usar melhor o bem. O modelo trata a situação na qual o leiloeiro pede que os licitantes façam lances preliminares com base em suas estimativas aproximadas. Esses lances são não vinculativos e não afetam o preço da transação, mas, segundo Ye, o vendedor convida os n licitantes mais fortes da primeira rodada para fazer lances vinculativos em uma segunda rodada. Os licitantes convidados então incorrem em um custo c antes de preparar o lance final vinculativo.

---

[10] Além disso, os licitantes valorizam a relação com os bancos de investimentos e querem evitar adquirir a reputação de negociadores desonestos e injustos. Não analisamos o incentivo aqui.

Esse procedimento escolhe os licitantes com eficiência, selecionando os com estimativas de valor mais elevado para participar da segunda rodada do leilão? Em caso positivo, então deve haver uma função de licitação de equilíbrio crescente β que mapeia os tipos iniciais dos licitantes para seus lances indicativos, de modo que os licitantes maiores tenham as estimativas de valor mais elevadas. Ye acredita que, ao contrário, não pode haver nenhum equilíbrio de licitação estritamente crescente, de modo que os licitantes selecionados por esse procedimento geralmente não serão os com valores mais altos.

A conclusão de Ye não implica que não haja ganhos no procedimento de duas etapas. A caracterização de procedimentos ótimos no ambiente que Ye analisa é atualmente um problema não resolvido.

Apresentamos uma versão simplificada do modelo de Ye, no qual supomos que as informações de licitantes em potencial são perfeitas, de modo que eles não adquirem novas informações se convidados para segunda rodada. Pode-se imaginar licitantes assumirem um custo c para verificar as informações que baseiam seus lances indicativos antes de fazer uma oferta definitiva.

Cada licitante faz um lance indicativo e o vendedor convida os maiores n licitantes a fazer os lances finais em um leilão de segundo preço. Para cada análise no problema dos lances indicativos, supomos que os licitantes adotem suas estratégias dominantes na segunda etapa, de modo que então os payoffs sejam payoffs de Vickrey menos o custo de entrada c. Deixe $\bar{b}^j$ denotar o n-ésimo lance mais alto na etapa de licitação indicativa entre os concorrentes do licitante i, e deixe $\tilde{t}^i = \max\{t^j | j \neq i, b^j \geq \bar{b}^j\}$; $\tilde{t}^i$ é o tipo que o concorrente i deve derrubar para vencer o leilão final. Então o payoff de i é

$$\Pi^i(b^j, \bar{b}^j, t^i) = \begin{cases} 0 & \text{se } b^j \leq \bar{b}^j, \\ -c & \text{se } b^j > \bar{b}^j \text{ e } t^i < \tilde{t}^i, \\ -c + v(t^i) - v(\tilde{t}^i) & \text{caso contrário.} \end{cases} \quad (6.10)$$

Ou seja, o payoff de i é zero se ele não está entre os n licitantes maiores na etapa de indicações; ele é $-c$ se está entre os n licitantes maiores, mas perde o leilão final; e é $-c + v(t^i) - v(\tilde{t}^i)$ se for selecionado para fazer um lance e vence o leilão final.

Teorema 6.8. O jogo de licitação na forma reduzida indicativa não tem estratégia de equilíbrio simétrico crescente.

Prova. Deixe $\beta : [0, 1] \to \mathbb{R}$ ser qualquer função crescente que representa uma estratégia de licitação indicativa adotada por todos os licitantes em potencial. Mostramos que β não é uma estratégia de equilíbrio demonstrando um desvio lucrativo. De fato, alegamos que cada licitante i de qualquer tipo $t^i \in (0, 1)$ pode obter um payoff esperado mais alto reduzindo se lance para $\beta(s) < \beta(t^i)$ para qualquer s que satisfaça $0 < v(t^i) - v(s) < c$. O aumento no payoff de i devido ao desvio proposto é

$$\prod{}^i(\beta(s), \bar{b}^j, t^i) - \prod{}^i(\beta(t^i), \bar{b}^j, t^i)$$
$$= \begin{cases} 0 & \text{se } \beta(t^i) \leq \bar{b}^j \text{ ou } \beta(s) > \bar{b}^j. \\ c & \text{se } \beta(t^i) > \bar{b}^j > \beta(s) \quad \text{e} \quad t^i < \tilde{t}^i. \\ c - v(t^i) + v(\tilde{t}^i) & \text{caso contrário.} \end{cases} \quad (6.11)$$

Segundo a primeira linha de (6.11), o lance desviante não tem efeito sobre o payoff de i se nenhum lance resulta em um convite ou se ambos o fazem. Segundo a segunda linha, ela aumenta o payoff do desviante em $c > 0$ se o lance mais alto resultar em entrada e na perda do leilão, mas a menor oferta resultaria em nenhuma entrada. Finalmente, se o lance mais alto resultar em entrada e arremate do bem, mas o lance menor resulta em nenhuma entrada, então $t^i > \tilde{t}^i > s$, aumentando o payoff do desviante em $c - v(t^i) + v(\tilde{t}^i) \geq c - v(t^i) + v(s) > 0$.

Como todas as linhas (6.11) são não negativas e algumas são positivas, $\beta(s)$ tem um payoff esperado maior que $\beta(t^i)$, de modo que a estratégia β não é o melhor resposta para si mesmo. ∎

Embora a prova se aplique só ao modelo particular de licitação indicativa especificado, a conclusão do teorema se mantém para uma classe mais ampla de modelos.

6.2.2.2 Leilões, Negociações e Preços Postados

Quando os custos de participação são altos e os valores do licitante não variam muito, um leilão com múltiplos participantes podem incorrer em custos desnecessários. Pode-se esperar que o vendedor economize nos custos negociando com um único comprador e capte parte dessa economia na forma de um preço mais elevado. Se a negociação inicial, falhar, o vendedor ainda pode abordar outros compradores e negociar com eles. Como alternativa, o vendedor pode só postar um preço e esperar que um vendedor apareça disposto a pagá-lo. Antes de comparar leilões, negociações e preços postados, é útil rever alguns resultados da teoria da busca sequencial.

Considere o seguinte modelo de busca por um único agente, que representa a busca de um comprador por um bem valioso, a busca do vendedor por um comprador de preço elevado etc. O buscador prevê encontrar várias alternativas. Ele incorre em custos de c para examinar cada item e recebe uma oferta pegar-ou-largar sempre que o faz. Quando ele aceita uma oferta, sua busca termina e seu payoff é o valor do item menos o total de custos de busca contraídos.

Suponha que o buscador possa examinar um número potencialmente infinito de itens e, após examinar o i-ésimo item, possa levá-lo e usufruir o valor de $v(t^i)$ ou rejeitá-lo definitivamente e continuar a busca. Deixe R ser o payoff do buscador a partir de uma estratégia de busca ótima. Porque o problema é estacionário, após qualquer rejeição, o payoff máximo do buscador ao continuar a busca é R. A estratégia ótima é, portanto, aceitar o item se $v(t^i) > R$ e, caso contrário, continuar a busca. Também porque o problema é estacionário, a equação de Bellman assume uma forma especialmente simples: $R = E[\max(R, v(t^i))] - c$. Não é difícil mostrar que há um único R que resolve essa equação e que ele representa o valor do problema de busca.

Se imaginarmos que há um vendedor à procura de um comprador, obteremos um modelo análogo ao anterior, mas com os custos dos compradores para avaliar o bem, contraídos pelos compradores. Mais precisamente, suponha que cada comprador deve incorrer em um custo c para determinar seu valor para o bem. O vendedor então desenha um mecanismo de venda sujeito à limitação de que o lucro esperado de cada comprador ao entrar e avaliar o bem deve ser não negativo. O resultado seguinte, adaptado de Riley e Zeckhauser (1983), estabelece que o problema resultante é muito parecido com o problema de busca ótima.

Teorema 6.9. O vendedor maximiza a receita esperada no modelo descrito por um mecanismo de postagem de preço, no qual o vendedor convida os compradores para comprar ou não ao preço fixado em R que resolve $R = E[\max(R, v(t^i))] - c$. Em equilíbrio, cada comprador entra sucessivamente. O licitante i aceita a oferta se e somente se $v(t^i) \geq R$. O lucro esperado de cada comprador é zero, e a receita esperada do vendedor é R.

Prova. Começamos estudando o desempenho do mecanismo de postagem de preço proposto. Primeiro, suponha que cada comprador entre e compre quando seu valor exceda R. Então, a sequência das decisões de compra dos compradores é a mesma que a sequência de decisões do buscador no problema de busca correspondente, de modo que o superavit total esperado de R também é o mesmo. Por inspeção, a receita total esperada do vendedor é R. Como o problema é estacionário, segue que o payoff esperado de cada comprador deve ser zero. Logo, entrar é a melhor resposta para cada comprador, de modo que o comportamento especificado é consistente com o equilíbrio.

Como cada comprador precisa obter um lucro esperado não negativo em equilíbrio o payoff esperado do vendedor em equilíbrio é limitado acima por R. Como o mecanismo proposto atinge esse limite, é um mecanismo de maximização de receita esperada. ∎

6.2.2.3 Preços de Compra

Anúncios de carros usados em jornais e em quadros de avisos às vezes incluem uma frase como "Vendo por R$12 mil, ou melhor oferta". Essa declaração indica que o vendedor está pronto para negociar, mas quer reunir várias ofertas antes de decidir se a melhor oferta é menor que R$12 mil. Interpretando essa venda como um leilão, a oferta de R$12 mil que finalizaria a licitação às vezes é chamado de *preço de compra*. Um dispositivo semelhante é encontrado em alguns leilões eletrônicos online, onde o vendedor pode postar um preço pelo qual o licitante pode "Comprar agora!"

O uso de um preço de compra cria um mecanismo de venda que combina as características de um leilão com as de negociações em série. Mostramos que, em nosso modelo de negociações em série, a estratégia ótima do vendedor é especificar um preço de compra e nunca aceitar um lance menor. Essa conclusão depende de três suposições: (1) o vendedor conhece a distribuição dos licitantes; (2) o fluxo de compradores em potencial é infinito; e (3) o vendedor não se importa muito com o tempo necessário para concluir a venda.

Mudar qualquer uma dessas suposições tornaria o modelo não estacionário, o que pode fazer o vendedor segurar ofertas que estão abaixo de seu preço de compra e, por fim, aceitar a melhor delas — isto é, realizar um leilão. Nesta seção, tratamos da questão a partir do ângulo oposto, perguntando se o vendedor gostaria de realiza um leilão *sem* um preço de compra.

Os custos de licitação são o centro da análise. Por um lado, pode-se economizar custos ao reunir todos os compradores de uma vez. Por exemplo, um leilão importante de bens similares permitem ao leiloeiro reunir muitos compradores e vendedores ao mesmo tempo. Os custos de participação geralmente são fixos; o comprador esperando para dar o lance em seu item preferido poderá avaliar e fazer ofertas em substitutos a um custo incremental mínimo. Essa estrutura de custos exclui as vantagens da negociação em série. Por outro lado, se é caro avaliar os bens vendidos — é preciso dirigir o carro usado ou examinar a condição do bem — então as negociações em série ou o uso de um preço de compra pode economizar esses custos.

Para modelar a última possibilidade, suponha que haja N períodos, N licitantes em potencial e um custo de entrada moderado c. Nosso modelo é simétrico no qual o vendedor pode especificar um preço de compra b. Em cada período, o licitante em potencial chega sem saber seu lugar na fila. Ele considera todas as posições possíveis na fila com igual probabilidade. Se o leilão está em progresso quando um novo licitante chega, ele pode escolher incorrer no custo c para conhecer seu tipo. Então ele paga o preço de compra b para adquirir o item e finalizar o leilão, ou ele pode oferecer um lance inferior a b. Se nenhum licitante assume o preço de compra, um leilão de segundo preço determina o resultado.

Pelo teorema de seleção monotônica do Capítulo 4, quando os licitantes otimizam, a probabilidade de cada licitante adquirir o item é uma função não decrescente de seu valor e tipo. Como pagar o preço de compra vence com probabilidade estritamente maior do que oferecer menos, segue que os tipos de licitantes que excedam algum limite de tipo $\bar{t}(b)$ acham ótimo pagar o preço de compra. Assim, licitantes com tipos menores que $\bar{t}(b)$ vencem quando todos os tipos concorrentes são menores. Como a função de valoração v é contínua, se $\bar{t}(b) \in (0, 1)$, um licitante desse tipo ficará indiferente entre aceitar o preço de compra ou oferecer uma quantia menor. Usamos essa observação a seguir para derivar a fórmula para computar $\bar{t}(b)$.

Suponha que nosso modelo tenha um equilíbrio simétrico. Lembre que para cada inteiro n, o tipo $\hat{t}(n-1) = \max(t^1, \ldots, t^{n-1})$ é o maior entre os primeiros licitantes $n-1$. Se o licitante n é do tipo $\bar{t}$ e aceita o preço de compra, então ele vence quando $\hat{t}(n-1) < \bar{t}$ e ganha $v(\bar{t}) - b$. Dada nossa suposição de que a posição do licitante na fila tem igual probabilidade de ser qualquer elemento de $\{1,\ldots, N\}$, se o licitante planeja aceitar o preço de compra, seu lucro esperado é $(v(\bar{t}) - b)\frac{1}{N}\sum_{n=1}^{N} \Pr\{\hat{t}(n-1) < \bar{t}\}$. Se, em vez disso, o licitante planeja *não* aceitar o preço de compra, então ele adquirirá o bem exatamente quando todos os outros tipos forem menores que $\bar{t}$. Como o licitante do tipo $\bar{t} = \bar{t}(b)$ precisa ser indiferente entre as duas opções, $\bar{t}$ precisa resolver

$$E[(v(\bar{t}) - v(\hat{t}(N-1)))1_{\{\hat{t}(N-1)<\bar{t}\}}] = (v(\bar{t}) - b))\frac{1}{N}\sum_{n=1}^{N}\Pr\{\hat{t}(n-1) < \bar{t}\}.$$

(6.12)

Invertendo o problema, qualquer $\bar{t} \in (0, 1)$ corresponde a algum preço de compra. De fato, resolver (6.12) para b, o preço de compra que implementa $\bar{t}$ é

$$b(\bar{t}) = \frac{v(\bar{t})\sum_{n=1}^{N}\Pr\{\hat{t}(n-1) < \bar{t}\} - NE[(v(\bar{t}) - v(\hat{t}(N-1)))1_{\{\hat{t}(N-1)<\bar{t}\}}]}{\sum_{n=1}^{N}\Pr\{\hat{t}(n-1) < \bar{t}\}}.$$

(6.13)

Representamos a situação em que o vendedor não define um preço de compra pela escolha $b \geq E[v(\hat{t}(N-1))]$ ou, de modo equivalente, $\bar{t} = 1$. Segundo o próximo teorema, nesse modelo, é sempre bom definir $\bar{t} < 1$.

Teorema 6.10. Suponha que o custo de entrada c é moderado e o vendedor define a reserva r e o preço de compra b. Então, qualquer leilão que maximiza a receita esperada em (i) $\rho = 0$ (de modo que $r \leq v(0)$) e (ii) $b < E[v(\hat{t}(N-1))]$ (de modo que $\bar{t} < 1$).

Prova. Com custos moderados, é ótimo definir parâmetros de modo que os licitantes entrem com probabilidade positiva e randomizem suas decisões de entrada. Nesse caso, seus lucros esperados são zero e a receita esperada é igual ao superavit esperado total.

A prova do Teorema 6.5 estabelece que ao ótimo, $\rho = 0$. Diante de (6.13), podemos usar o preço de compra para selecionar qualquer $\bar{t}$, de modo que o problema se reduza a escolher $\bar{t}$ para maximizar o superavit total.

Considere que qualquer seleção de $\bar{t}$ satisfaça $v(1) > v(\bar{t}) > v(1) - c$ e compare-a à escolha $\bar{t} = 1$. A alocação resultante difere para essas duas escolhas se e somente se o licitante entrante que não o último tenha um tipo que exceda $\bar{t}$. Em todos esses casos, o preço de compra menor poupa custos de entrada de, pelo menos, c e reduz o valor da alocação para o máximo de $v(1) - v(\bar{t}) < c$, de modo que o superavit total em cada realização seja pelo menos tão elevado. Logo, $\bar{t} < 1$ em vez de $\bar{t} = 1$ é ótimo. ■

6.3 Modelos Assimétricos: Dispositivos para Promover a Concorrência

Na venda de ativos importantes e grandes aquisições, é muito oneroso preparar os lances. Quando o vencedor provável do leilão não está em dúvida, a perspectiva de assumir custos irrecuperáveis reduz a entrada. Leilões de espectro na Alemanha, na Itália, em Israel e na Suíça enfrentaram entradas insuficientes. Preocupações sobre baixa participação também ajudam a explicar políticas de segundo fornecedor em aquisições de empresas: para negociar prêmios mais baixos, as empresas devem evitar dependência excessiva de um único fornecedor, para estimular múltiplos fornecedores a fazer lances em seus leilões de aquisição.

Nesta seção, mostramos como um vendedor pode estruturar um leilão para encorajar entrada, aumentar a concorrência e promover preços mais altos. As mesmas considerações se aplicam a leilões de aquisição. As ideias apresentadas aqui se parecem com as vistas na literatura sobre organizações industriais sobre discriminação de preço — um grupo de práticas que muitas vezes aumenta as receitas e, às vezes, também a eficiência.

Apresentamos várias táticas relacionadas para aumentar a participação. A primeira é usar *créditos de licitação* e *set-asides* [reservas], como estudado por Ayres e Cramton (1996). Nos Estados Unidos, a FCC se esforçou para promover os interesses de empresas pequenas e proprietárias de minorias usando duas técnicas. Ela (1) reservou algumas licenças para as quais apenas empresas favorecidas podiam oferecer lances e (2) permitiu que licitantes favorecidos que ofereciam lances maiores que não favorecidos pagassem somente uma parcela de seus lances vencedores. Em vários leilões, essas parcelas variaram de 65% a 85%. Outra tática para encorajar entrada é permitir que os licitantes perdedores tenham algum lucro quando o número de participantes é baixo. Um desenho de leilão que usa essa tática é o assim chamado *leilão premium*, no qual o perdedor com o lance mais alto recebe um prêmio proporcional ao excesso de seu lance em relação ao próximo lance mais alto.[11] Com um pequeno número de licitantes, esse procedimento encoraja a entrada e ofertas agressivas de licitantes com valores relativamente baixos. Outro exemplo é o desenho anglo-holandês proposto por Klemperer (1998), no qual um leilão ascendente elimina todos, menos dois licitantes, que então competem com lances selados. Esse desenho dá a um licitante de baixo valor a chance real de vencer. Apresentamos cada uma dessas ideias usando um exemplo simples.

---

[11] Veja Goeree e Offerman (2002).

6.3.1 Exemplo de *Set-asides*

Suponha que há duas licenças à venda e nenhum licitante e elegível para vencer mais que uma. Dois licitantes fortes têm os maiores valores para as licenças; seus valores são distribuídos com uniformidade ($\underline{v}$, $\bar{v}$). Além disso, dois licitantes menores têm valores distribuídos com uniformidade em (0, $\underline{v}$). Todos os valores são independentemente distribuídos e há um custo de entrada de $c > 0$. As regras do leilão determinam que os dois lances mais altos vençam as licenças e que os vencedores paguem o terceiro lance mais alto. (Essas são regras simples desenhadas para aproximar o resultado de regras similares aos da FCC.) Nessa situação, se os dois licitantes fortes entrarem, eles certamente vencerão os itens.

Quando os licitantes decidem se entrarão, eles preveem que todos os entrantes adotarão suas estratégias dominantes no leilão subsequente. Se c não é muito grande, então o jogo de entrada tem um equilíbrio de Nash único no qual apenas os dois licitantes fortes entram. Como resultado, o preço do leilão para cada licença é a reserva, que consideramos ser zero. Esse modelo simples descreve um leilão com concorrência desastrosamente insuficiente.

Os *set-asides* ajudam? No mesmo modelo, suponha que o vendedor separe uma das licenças de modo que só pequenos licitantes possam oferecer lances. Considere uma situação em que um licitante grande e outro pequeno já tenham se comprometido a entrar no leilão. Se não houver entrantes adicionais, o superavit total esperado da licença reservada é o valor esperado, $\frac{1}{2}\underline{v}$ do pequeno licitante. Se um segundo licitante pequeno entrar, então o valor esperado da licença set-aside é $\frac{2}{3}\underline{v} = \int_0^{\underline{v}} x \cdot 2x \cdot \underline{v}^{-2}\, dx$. Assim a adição esperada ao superavit da entrada de um segundo licitante pequeno é $\frac{2}{3}\underline{v} - \frac{1}{2}\underline{v} = \frac{1}{6}\underline{v}$.

Cálculos similares se aplicam aos grandes licitantes. A entrada de um segundo licitante forte adiciona $\frac{1}{6}(\bar{v} - \underline{v})$ ao superavit esperado. Lembre que essas contribuições marginais também são os lucros esperados dos entrantes do leilão.

Suponha primeiro que $6c < \min(\underline{v}, \bar{v} - \underline{v})$. Essa suposição implica que, mesmo depois que um licitante grande e um pequeno se comprometem a entrar no leilão, os custos ainda são baixos o bastante para que um segundo licitante grande e um pequeno entrem com lucro. Se todos os licitantes entrarem, o resultado é o mesmo como se um leilão separado fosse conduzido para cada licença. O preço esperado para pequenos licitantes é o mesmo excedente total esperado menos os lucros totais esperados dos dois licitantes: $\frac{2}{3}\underline{v} - 2 \cdot \frac{1}{6}\underline{v} = \frac{1}{3}\underline{v}$. De modo semelhante, o preço esperado no leilão para os grandes licitantes é $\underline{v} + \frac{1}{3}(\bar{v} - \underline{v})$. Assim, o preço total esperado dos dois leilões combinados é $\underline{v} + \frac{1}{3}\bar{v}$. Isso é muito mais que as receitas do leilão unificado.

Set-asides nesse exemplo são uma forma de discriminação de preço. Um monopolista discriminador de preços muitas vezes acha lucrativo reter alguma oferta de um mercado de alto valor para aumentar o preço ali, enquanto abastece um mercado de baixo valor. As licenças reservadas e a discriminação de preço exigem que o vendedor possa restringir a revenda. Do contrário, grandes licitantes podem desistir de competir no leilão, em vez disso esperando adquirir uma licença barata de um licitante menor após o leilão.

Usar *set-asides* em um leilão com custos de entrada difere da discriminação de preço clássica em um aspecto importante. Em nosso exemplo, os custos de entrada aumentam o risco de que as receitas sejam muito baixas devido aos poucos participantes. Por esse motivo, um vendedor pode, às vezes, ganhar mais reservando uma licença do que um monopolista que divide o mercado e define preços diferentes para cada segmento.

6.3.2 Exemplo de Créditos de Licitação

Outro dispositivo pelo qual o leiloeiro pode encorajar a entrada de licitantes menores são os créditos de licitação. Por exemplo, suponha que o vendedor não use *set-asides* no modelo anterior, mas que um licitante pequeno precise pagar apenas uma fração de seu lance se vencer. Por exemplo, se a fração é $\underline{v}/\bar{v}$, então o licitante menor com valor $\underline{v}$ pode oferecer um lance maior que um licitante grande com lucro com qualquer valor possível. Novamente, se c é pequeno, essa regra aumenta a entrada de licitantes menores e ajuda o leiloeiro a obter um preço mais alto.

Promover a entrada, porém, não é o único motivo para usar créditos de licitação. Às vezes, os créditos podem aumentar os preços mesmo quando os custos de entrada são zero, como demonstra o exemplo a seguir.

Suponha que há somente dois licitantes e seus valores são distribuídos de modo uniforme e independente em $(0, 1)$ e $(0, \alpha)$, respectivamente, onde $\alpha < 1$. Então o valor total esperado dos dois licitantes é $\frac{1}{2}(1 + \alpha)$. A expectativa do valor mais alto é

$$\int_0^\alpha x \cdot \frac{x}{\alpha} dx + \int_\alpha^1 x \, dx + \int_0^\alpha y^2 \, dy = \frac{1}{2} - \frac{1}{6}\alpha^2 + \frac{1}{3}\alpha^3. \quad (6.14)$$

Os termos do lado esquerdo de (6.12) correspondem aos três casos, respectivamente, quando (1) o valor do primeiro licitante é mais alto e menor que α, (2) o valor do primeiro licitante é maior que α, e (3) o valor do segundo licitante é maior. Como a expectativa total do primeiro e segundo valor mais alto é $\frac{1}{2}(1+\alpha)$, a expectativa do segundo valor mais alto deve ser $\alpha(\frac{1}{2}+\frac{1}{6}\alpha-\frac{1}{3}\alpha^2)$. Essa é a receita esperada do vendedor na ausência de créditos de licitação. Ela converge para zero quando α atinge zero.

Se o vendedor oferecer um crédito de licitação para que o licitante 2 pague somente uma fração α de seu lance vencedor, então o lance vencedor no leilão é exatamente o mesmo que em um leilão com dois licitantes cujos valores sejam distribuídos com uniformidade em (0, 1). Logo a expectativa do segundo "valor" mais alto e, portanto, do lance vencedor é $\frac{1}{3}$. Metade do tempo, o licitante vencedor não tem direito a créditos, de modo que o vendedor recebe uma receita de $\frac{1}{3}\alpha$. Assim, a receita esperada é $\frac{1}{6}(1+\alpha)$. Como a receita esperada é separada de zero por todos os positivos α, segue que para todo α pequeno o suficiente, as receitas esperadas são mais altas do que quando o vendedor usa o crédito de licitação.

6.3.3 Exemplo de Estrutura de Lote e Prêmios de Consolação

Outra forma de encorajar a entrada é garantir que até licitantes sem o maior valor se beneficiem da participação no leilão.[12] Em cenários de aquisição, às vezes leilões que dividem os prêmios atendem a esse objetivo: possibilitar mais de um vencedor promove a entrada no leilão de mais que um licitante. Em muitos dos leilões de espectro da FCC, o grande número de licenças oferecidas encorajaram muitos licitantes pequenos e médios a participar. Esse aumento de participação pode elevar o preço de todas as licenças, mesmo daquela que não atrairiam, por si só, a participação de licitantes adicionais.

Dividir itens para encorajar entrada também pode ser uma estratégia arriscada. Com um número fixo de licitantes, muitas vezes dividir os bens *reduz* a concorrência e os preços motivando os licitantes a se acomodar uns aos outros.[13] O próximo exemplo ilustra esse ponto.

---

[12] Um ponto relacionado sobre o papel de prêmios de consolação ao encorajar a entrada em mercados monopolizado, é desenvolvido por Gilbert e Klemperer (2002).

[13] Anton e Yao (1992), mostram opinião similar sobre leilões de aquisição.

Suponha que dois licitantes concorram por dois itens idênticos. Cada um está disposto a pagar 10 por um item e 15 pelos dois. O vendedor conduz um leilão ascendente simultâneo que modelamos com um leilão selado no qual o lance mais alto rejeitado define o preço. Se o vendedor oferecer os dois itens como um lote único, e a revenda for impossível, em equilíbrio, os dois licitantes oferecerão 15, e o preço será 15. Se, em vez disso, o vendedor oferecer os itens individualmente e os licitantes fizerem os lances de seus valores reais, o preço de cada item será 5, produzindo uma receita total de 10. Se os licitantes usarem de estratégia, o resultado seria ainda pior. Na situação descrita, cada licitante achará de seu interesse demandar uma unidade a preço menor que 10 e zero unidades a preços maiores. As estratégias prescritas constituem um equilíbrio perfeito em subjogos e induzem ao preço de equilíbrio de zero.[14]

Assim, dividir lotes pode reduzir muito as receitas quando o conjunto de participantes é fixo, mas, em outras circunstâncias, a mesma tática pode beneficiar o vendedor atraindo entradas. Por exemplo, considere um leilão de espectro em que três unidades de espectro estão disponíveis. Suponha que um grande licitante tenha um valor de $\bar{v}$ *por unidade* para cada unidade do espectro, e três licitantes menores que querem adquirir uma unidade do espectro cada um. Suponha que os valores possíveis para os pequenos licitantes sejam $\frac{1}{4}\bar{v}$, $\frac{1}{2}\bar{v}$ ou $\frac{3}{4}\bar{v}$, para a primeira unidade adquirida e zero para cada unidade adicional. Para fins de simplicidade, supomos que exatamente cada pequeno licitante tem um desses três valores, mas que um licitante só pode conhecer qual das três posições ele ocupa assumindo um pequeno custo de entrada positivo: $0 < c < \frac{1}{12}\bar{v}$.

Nessa situação, se o leiloeiro vender as três unidades do espectro como um lote ou licença única, os pequenos licitantes não farão lances. Se um licitante pequeno entrar, ele incorre no custo de entrada, mas não poderá vencer nenhuma licença.

Contudo, se o vendedor vender as três unidades como licenças separadas, terá um resultado diferente. Suponha que ele conduza um leilão ascendente simultâneo, que novamente modelamos como um leilão do mais alto lance rejeitado no qual o maior lance rejeitado define o preço. É uma estratégia dominante para os três pequenos licitantes, fazer lances com seus valores em tal leilão. Dados os valores especificados, qualquer melhor resposta

---

[14] Veja o Capítulo 7 para análise adicional desta classe de modelos multiunidades.

para o grande licitante envolve vencer duas licenças e oferecer menos que $\frac{1}{2}\bar{v}$ para a terceira licença, caso em que o preço é $\frac{1}{2}\bar{v}$ por unidade do espectro. Considerando nossa suposição de que $c < \frac{1}{12}\bar{v}$, compensa cada pequeno licitante entrar. Vender licenças individualmente e não em um lote único aumenta a receita total do vendedor de zero para $\frac{3}{2}\bar{v}$.

6.3.4 Leilões Premium

Outra tática para atrair entrada e encorajar a má licitação agressiva é oferecer um subsídio para o licitante perdedor mais alto, que aumente com seu lance. Por exemplo, um tipo de leilão premium é o leilão ascendente no qual o licitante perdedor mais alto recebe uma fração, como 50%, da diferença entre seu lance e o próximo mais alto abaixo do dele. Nesse leilão, a estratégia para cada licitante é um número único, que indica o nível em que parar de fazer lances. Para evitar complicações técnicas, resolvermos quaisquer empates em favor do licitante com maior valor e, caso contrário, promovemos o desempate aleatoriamente. Por alto, essa suposição parte do princípio que no caso de empate, o licitante com o valor menor para de fazer lances um momento antes que o licitante de valor maior.[15]

Analisamos leilões premium estudando primeiro licitações com uma quantidade fixa de licitantes e, depois, as entradas de decisão que precedem a licitação. Para a primeira etapa, usamos um modelo simples com informações completas, um único bem indivisível à venda e dois ou três licitantes. Supomos que o leilão é ascendente e que a revenda é impossível.

Suponha que haja um único licitante de alto valor com valor 1 e um único licitante de baixo valor com valor $v < 1$. Então existe uma estratégia pura de equilíbrio que não depende de v. Em equilíbrio, ambos os licitantes oferecem $\frac{2}{3}$ e o licitante de alto valor vence a esse preço. O licitante de alto valor obtém um lucro de $\frac{1}{3}$, igual ao seu valor menos o preço que paga, enquanto o de baixo valor obtém o prêmio de metade do preço, que também é $\frac{1}{3}$. Assim, a receita líquida do vendedor é de apenas $\frac{1}{3}$. Em equilíbrio, o licitante de baixo valor não dá atenção ao próprio valor e faz o lance apenas para obter o prêmio.

Em seguida, adicionamos um segundo licitante de baixo valor. Outra vez, há uma estratégia de equilíbrio puro único. E, em equilíbrio, os três licitantes oferecem 1, e o licitante de alto valor vence a esse preço. O vendedor

---

[15] Para justificativa desse procedimento, veja Simon e Zame (1990).

não paga prêmio, porque o segundo e terceiro lance são idênticos. Nesse caso, a receita do vendedor é 1 e todos os licitantes obtêm lucro zero.

Finalmente, suponha que há um pequeno custo positivo de entrada c. Procuramos um equilíbrio que é simétrico nas decisões de entrada dos licitantes de baixo valor, isto é, um em que esses licitantes entrem com a mesma probabilidade p e em que o licitante de alto valor sempre entra.[16] Retiramos o custo de entrada do licitante de alto valor, pois ele sempre entra em equilíbrio.

Por inspeção, nenhum equilíbrio com um custo de entrada positiva leva a $p = 1$ e, com custos de entrada suficientemente baixos, nenhum leva a $p = 0$. Com $0 < p < 1$, o licitante de baixo valor deve ser indiferente entre (1) entrar e ganhar $-c + (1 - p)\frac{1}{3}$ e (2) não entrar e ganhar zero. Consequentemente, a probabilidade de equilíbrio da entrada deve ser $p = \max(0, 1 - 3c)$ e os dois licitantes de baixo valor devem obter lucros esperados de zero.

Nesse equilíbrio, o licitante de alto valor obtém lucros positivos se o licitante de baixo valor não entrar de modo que seu lucro esperado (excluindo seu custo de entrada) é $(1 - p)^2 \cdot 1 + 2p(1 - p) \cdot \frac{1}{3}$. Para $c < \frac{1}{3}$, este lucro é igual a $c(2 + 3c)$. A receita esperada do vendedor é o superavit total esperado $1 - 2pc$ menos os lucros esperados dos licitantes. Para $c < \frac{1}{3}$, a receita esperada é $(1 - c)(1 - 3c)$.

Segundo esse modelo, se os custos de entrada são baixos e há licitantes em potencial em número suficiente, então um leilão premium pode encorajar a entrada e a licitação agressiva, possibilitando ao vendedor extrair quase todo o valor dos itens vendidos.

Essa análise é preliminar e omite algumas características da realidade. Primeiro, se o vendedor tem o poder de escolher qualquer mecanismo de venda, com informações completas ele pode fixar um preço e fazer uma oferta pegar ou largar ao licitante de maior valor. O modelo simples citado não trata adequadamente do equilíbrio do poder de barganha entre vendedor e compradores.[17] Segundo, se é possível uma barganha sem custos após o leilão, o licitante de alto valor não aceitaria um lucro tão baixo. Ele se daria

---

[16] Também pode haver equilíbrio neste modelo no qual só entram licitantes de baixo valor.

[17] O poder de barganha pode ser a característica mais importante do leilão. Se um vendedor não pode se comprometer a manter um item, mas a vendê-lo se as condições do leilão forem atingidas, e se a revenda não puder ser limitada, então os leilões geralmente são o meio mais eficaz de venda. Veja Milgrom (1986).

muito melhor fazendo um lance baixo e então barganhar com o vencedor de baixo valor. Terceiro, incerteza sobre valores desencoraja licitantes de baixo valor a fazer lances muito acima dos próprios valores, dessa forma atenuando a capacidade do leilão premium de elevar preços. Até todas essas complicações serem tratadas, o caso dos leilões premium continua incerto.

6.3.5 Leilões Holandeses vs. Ingleses e o Desenho Anglo-holandês

Pesquisadores costumam comparar leilões holandeses e ingleses, ou de primeiro e segundo preço. Os leilões ingleses e de segundo preço alegam ter a vantagem da eficiência, mas essa eficiência, às vezes, pode custar grande parte da receita aos vendedores.

Suponha que dois licitantes ofereçam um lance para um único item. Sabe-se que o licitante de alto valor tem um valor $\bar{v}$ para o item. O valor do outro licitante é distribuído em $(0, \bar{v})$. Em um leilão inglês, se ambos os licitantes entrarem, então é certo que o de baixo valor perderá. Assim, se há um custo de entrada, esse licitante nunca entra em equilíbrio. Em qualquer equilíbrio de estratégia pura, o preço é zero e o leilão falha por falta de participação. É até possível que haja um equilíbrio de estratégia pura no qual só os licitantes de baixo valor entram, de modo que o leilão inglês nem sempre precisa ser eficiente.

Em seguida, considere o leilão holandês e suponha que o grande licitante tenha certeza de entrar. Em qualquer equilíbrio, tem um lucro esperado em equilíbrio de $\pi > 0$, de modo que ele nunca oferta mais que $\bar{v} - \pi$. Assim, o segundo licitante obtém lucros esperados positivos em equilíbrio sempre que seu valor exceder $\bar{v} - \pi$. Assim, em equilíbrio, o leilão holandês sempre tem alguns resultados ineficientes, nos quais os licitantes sem o valor mais elevado adquirem o item. Consequentemente, se os custos de entrada são suficientemente pequenos, compensa para o licitante de baixo valor entrar.

Se o vendedor ocultar o número de licitantes e define uma reserva zero, então mesmo com custos de entrada elevada, o licitante de baixo valor entra com probabilidade positiva em qualquer equilíbrio. A prova é por contradição. Se o licitante de baixo valor nunca entrar então o de alto valor sempre oferece zero. Mas então, enquanto o valor baixo médio for maior que c, a entrada deve ser lucrativa uma contradição. Assim, o desenho holandês ou selado pode encorajar a entrada, especialmente quando a quantidade de participantes é mantida em segredo.

Para usufruir as vantagens dos desenhos dos leilões inglês e holandês, Klemperer (1998) defendeu um leilão híbrido: o desenho *anglo-holandês*. Para um leilão de vários itens idênticos, a fase inglesa do desenho de Klemperer envolve aumentar o preço dos itens gradativamente até que o número de licitantes restantes seja igual ao de itens mais um. Depois da fase inglesa, segue a fase holandesa, na qual os licitantes sobreviventes fazem lances selados para os itens, sujeitos à limitação de que nenhum lance pode ser inferior ao preço atual.

Segue um modelo formal do desenho anglo-holandês. Licitantes para n itens neste leilão apresentam lances em duas rodadas. Depois da primeira, o vendedor identifica os $n + 1$ licitantes mais elevados (que chamamos de *sobreviventes*) e anuncia o $n + 2°$ lance mais alto. Esse lance se torna o lance mínimo permitido r em um segundo leilão com a participação dos $n + 1$ sobreviventes. O sobrevivente com o maior lance vence e o paga.

É evidente que se cada licitante pode adquirir só um item, então é uma estratégia dominante para licitantes neste leilão ofertar seus valores na primeira rodada. Essa característica limita a ineficiência do leilão, pois os n itens serão atribuídos aos licitantes cujos valores estão entre os $n + 1$ valores mais altos. Mesmo assim, quando $n = 1$ licitantes de baixo valor não precisam perder as esperanças de vencer na segunda rodada.

A principal vantagem do desenho anglo-holandês é sua capacidade de atrair entrantes. Os exemplos anteriores confirmam que esse tipo de desenho pode encorajar a participação de licitantes. Eles também mostram o quanto o desenho do leilão deve ser sensível aos detalhes do ambiente. As mesmas escolhas que ajudam o vendedor em algumas situações atraindo entrantes podem prejudicá-lo em outras reduzindo a concorrência entre os licitantes.

6.4 Após o Término da Licitação

Para compradores e vendedores, planejar um leilão também envolve prever o que acontecerá após a coleta dos lances. Várias considerações importantes complicam o processo de finalização da transação. Em leilões de ativos, uma tarefa comum é avaliar as barreiras para fechar a venda. Grandes transações de ativos muitas vezes exigem aprovação de algumas partes interessadas, incluindo acionistas, banqueiros, reguladores, empregados e seus sindicatos etc. O vendedor pode escolher um vencedor em parte com base em sua habilidade de fechar o negócio.

Compradores em ambientes de aquisição não se importam só com os termos do lance vencedor. Outros atributos do fornecedor, como sua habilidade de expandir a capacidade, aperfeiçoar o produto, adaptar-se a mudanças etc., também podem criar valor depois do leilão.

Os licitantes também se preocupam com o que ocorre depois do leilão. Na Europa, empresas de telefonia sem fio estabelecidas podem estar especialmente ansiosas em manter os bens fora das mãos de novos entrantes, cuja presença no mercado de serviços de varejo sem fio intensificaria a concorrência. Um vendedor interessado em maximizar as receitas nesse ambiente pode, às vezes, tirar vantagem dessas preferências do comprador, induzindo-o a pagar pelo uso do bem e pela oportunidade de mantê-lo fora das mãos de um temido concorrente (Jehiel, Moldovanu e Stacchetti, 1996). Por outro lado, governos interessados em promover a concorrência no varejo para benefícios dos consumidores têm o interesse oposto em limitar a habilidade das empresas estabelecidas de bloquear a entrada acumulando o espectro.

6.4.1 Falência e Não Cumprimento[18]

Uma preocupação crítica para os vendedores é se o licitante vencedor cumprirá o contrato. Embora o risco pareça mais grave em contratos de serviços, também é importante em vendas de ativos quando o vendedor cria linhas de crédito, permitindo que os licitantes paguem ao longo do tempo. Nesses casos, pré-qualificar os licitantes para garantir que eles possam ter bom desempenho pode ser essencial ao sucesso do leilão.

Os leilões de espectro nos EUA ilustram as consequências de oferecer crédito generoso sem garantir a capacidade de pagamento dos licitantes. A FCC ofereceu termos especiais para encorajar pequenas empresas a comprar licenças de espectro. Ela reduziu o valor da entrada e ofereceu financiamento com taxas de juros muito baixas por um período de dez anos e limitou as vendas de algumas licenças para que somente pequenas empresas pudessem participar.

A FCC definiu pequenas empresas por propriedade de ativos e vendas. Assim, por sua própria definição, pequenas empresas não tinham crédito para adquirir licenças de espectro de bilhões, especialmente aos elevados preços que prevaleceram durante o boom de tecnologia nos anos de 1990. Portanto, não é surpresa que vários licitantes ficaram inadimplentes. O caso

---

[18] O modelo nesta seção é uma versão simplificada da introduzida por Zheng (2001). Veja Board (2002) para desenvolvimentos adicionais desse tipo de modelo.

mais espetacular de inadimplência foi a Nextwave, que faliu e deixou de pagar direitos de propriedade de licenças de espectro no valor aproximado de US$10 bilhões. A tensão entre a política de espectro e a lei de falência resultou em uma luta pelo controle dessas licenças. Enquanto as disputas legais se arrastaram por anos, o espectro ficou dormente, desperdiçando uma grande parte de seu valor econômico.

A possibilidade de inadimplência ou não cumprimento pode exercer efeitos prejudiciais na licitação do leilão em si. Para mostrar as possibilidades, imagine que, na época do leilão, um licitante acha que o item à venda tem valor esperado de v, mas que o pagamento é diferido e certas incertezas sobre o valor (por exemplo, sobre tecnologia, demanda ou planos da concorrência) serão resolvidos antes do pagamento. Suponha que o licitante tenha responsabilidade limitada e possui ativos que valem B. Se o licitante vencer o leilão ao preço p, então, depois do leilão, ele conhecerá o valor real $v + \tilde{\varepsilon}$, onde $\tilde{\varepsilon}$ tem uma média *ex ante* zero. O licitante pode então não pagar e perder seus ativos, sofrendo uma perda de B, ou ele pode completar a compra, usufruindo um payoff de $v + \tilde{\varepsilon} - p$.

Teorema 6.11. Suponha que o apoio de $\tilde{\varepsilon}$ é todo de $\mathbb{R}$. Então o licitante tem uma estratégia dominante $\hat{p}(B, v)$ no leilão de segundo preço. A estratégia $\hat{p}$ é não decrescente em v e não crescente em B. Para qualquer distribuição de lances concorrentes, o payoff máximo esperado do licitante é não crescente em B.

Prova. Depois de conhecer $\tilde{\varepsilon}$, o licitante vencedor recebe um payoff de $\max(-B, v + \tilde{\varepsilon} - p)$. Antes e conhecer $\tilde{\varepsilon}$, o vencedor espera um payoff de $\pi(p, B, v) = E[\max(-B, v + \tilde{\varepsilon} - p)]$. Se o licitante oferecer b e o maior lance contrário é p com distribuição F, então o lucro esperado do licitante é

$$\bar{\pi}(b, v, B) = \int_0^b \pi(p, v, B) \, dF(p). \tag{6.15}$$

Por inspeção, π é decrescente em p, de modo que $\bar{\pi}$ é côncavo em b. Por inspeção de (6.15), $b = 0$ maximiza $\bar{\pi}$ se $\pi(0, B, v) \leq 0$. Neste caso, definimos $\hat{p}(B, v) = 0$. Se $\pi(0, B, v) > 0$, então o b ótimo resolve $\pi(b, B, v) = 0$. Existe uma solução única, porque $\pi(p, B, v)$ é decrescente e contínuo em p e é negativo para p suficientemente grande. Nesse caso, definimos $\hat{p}(B, v)$ igual à solução única.

Por construção, $\hat{p}(B, v)$ não depende de F, de modo que é sempre uma estratégia ótima, e a construção em si implica que nenhuma outra estratégia será ótima se F tem suporte total. Logo, $\hat{p}(B, v)$ é uma estratégia dominante.

Como $\pi(p, B, v)$ é crescente em v e decrescente em p e B, $\hat{p}(B, v)$ é não decrescente em v e não crescente em B. Como $\pi(p, B, v)$ é decrescente em B, $\bar{\pi}(b, B, v)$ é não crescente em B. (A monotonicidade é estrita a menos que $F(b) = 0$.) ∎

Segundo o Teorema 6.11, um licitante com um orçamento menor tem maior probabilidade de entrar no leilão e, depois disso, de apresentar um lance vencedor. Nesse sentido, as regras do leilão amplificam o problema de inadimplência por tender a escolher como licitante vencedor alguém que geralmente tem alta probabilidade de não pagamento.

Não fica claro como o leiloeiro deve responder a esse problema. Se há muitos licitantes com orçamentos pequenos, mas poucos com orçamentos grandes, então qualificar apenas estes últimos pode reduzir a concorrência sem necessidade no leilão. Tratar este problema mais especificamente requer tratar de questões mais importantes sobre como desenhar um leilão quando o vendedor tem mais informações do que apenas os preços dos lances.

6.4.2 Regras de Classificação vs. Lances Só de Preços

Agora analisamos o problema de avaliar lances multidimensionais que diferem não só em preço. Muitas vezes, os vendedores classificam cada lance com uma *pontuação*. O lance vencedor é o que tem a maior pontuação. O processo de classificação é custoso e pode envolver não só a avaliação do lance e o licitante, mas também alguma negociação entre o licitante e o vendedor para personalizar o lance para criar valor para ambos os lados.

Pesquisadores não estudaram regras de classificação com profundidade. Che (1993) e Rezende (2002) mostraram que, em um leilão com um conjunto exógeno de licitantes, às vezes os vendedores se beneficiam influenciando as regras de classificação para aumentar a concorrência. Essa tática funciona de forma semelhante aos créditos de licitação: ambos podem aumentar a competitividade de licitantes mais fracos, obrigando licitantes fortes a oferecer termos mais atraentes. Os mesmos autores também acham que o vendedor tem melhor resultado quando revela aos licitantes quaisquer informações sobre pontuação que planeja usar. Nós indicamos esses trabalhos ao leitor para saber mais sobre esse tema interessante, mas ainda bastante inexplorado.

Esta seção foca a classificação e a entrada. Para fins de consistência, focamos leilões conduzidos por vendedores. No leilão, cada licitante i submete um lance que envolve o preço b^i e também alguns atributos não relativos a preços. O vendedor atribui um valor a esses outros atributos e determina o licitante vencedor como se o licitante i tivesse ofertado $b^i + \varepsilon^i$. Supomos que ε^i's são variáveis aleatórias não degeneradas, independentes e identicamente distribuídas com média zero e independentes dos tipos de licitantes.

Suponha que haja N licitantes em potencial, sujos tipos são distribuídos de forma independente e uniforme em $(0, 1)$. O valor do licitante i é $v(t^i)$, onde a função v é crescente e diferenciável.

Suponha que o vendedor conduza um leilão ascendente inglês usando pontuações, em vez de preços, para determinar o vencedor. Se o licitante i vencer com um lance de pontuação de $\tilde{b}$, o preço que ele realmente paga é $\tilde{b} - \varepsilon^i$, e seu lucro é $v(t^i) + \varepsilon^i - \tilde{b}$. Com essa expressão em mente, definimos o *valor total* do licitante como sendo $v(t^i) + \varepsilon^i$; este é o valor total obtido pelo licitante e o vendedor quando o licitante i vencer o leilão.

Deixe F ser a distribuição de $v(t^i) + \varepsilon^i$, e suponha que é suave e estritamente crescente, com $w = F^{-1}$. Note que o valor máximo esperado entre n licitantes é $E[\max(v(t^1) + \varepsilon^1, \ldots, v(t^n) + \varepsilon^n)] = n\int_0^1 s^{n-1}w(s)\,ds$ com pontuação, e $E[\max(v(t^1), \ldots, v(t^n))] = n\int_0^1 s^{n-1}v(s)\,ds$ sem pontuação.

Teorema 6.12. Para todo $n > 1$, $\int_0^1 w(s)s^{n-1}\,ds > \int_0^1 v(s)s^{n-1}\,ds$. Assim, o valor máximo esperado entre n licitantes é maior com pontuação do que sem ela.

Prova. Os valores máximos esperados satisfazem:

$$n\int_0^1 s^{n-1}w(s)\,ds = E[\max(v(t^1) + \varepsilon^1, \ldots, v(t^n) + \varepsilon^n)]$$
$$> E[\max(v(t^1), \ldots, v(t^n))] = n\int_0^1 s^{n-1}v(s)\,ds.$$

A desigualdade segue, porque o operador max é convexo e seus argumentos na primeira linha são uma dispersão que preserva a média daqueles na segunda linha. ∎

Teorema 6.13. Dados os n licitantes existentes, a contribuição marginal esperada de um entrante adicional sem pontuação é $\int_0^1 (1-s)s^n v'(s)\,ds$. Com pontuação, a expressão correspondente é $\int_0^1 (1-s)s^n w'(s)\,ds$.

Prova. Sem pontuação, o valor esperado do leilão com n licitantes é o valor máximo esperado entre os licitantes, que é $\int_0^1 v(s)\,ds^n$. Integrando por partes, isso também é igual a $v(1) - \int_0^1 s^n v'(s)\,ds$. Com $n+1$ licitantes, o valor correspondente é $v(1) - \int_0^1 s^{n+1} v'(s)\,ds$. A contribuição marginal esperada é a diferença entre os dois, que é $\int_0^1 (1-s)s^n v'(s)\,ds$. Pode-se derivar a segunda expressão da mesma forma. ∎

O uso de classificação gera um spread de preservação média nas valorações dos licitantes, de modo que é intuitivo que o valor máximo total seja maior na média com pontuação. O Teorema 6.12 confirma essa impressão. Além disso, se a classificação leva a uma cauda à direita mais longa na distribuição no sentido de que $\int_0^1 (1-s)s^{n-1}v'(s)\,ds < \int_0^1 (1-s)s^{n-1}w'(s)\,ds$, então ela aumenta a lucratividade da entrada, estimulando-a.

A ideia de que a classificação aumenta os lucros do licitante sem reduzir o valor do leiloeiro tem sido um dos principais atrativos da licitação multidimensional em aquisições. Licitantes (vendedores) não gostam de atuar em leilões somente de preços nos quais suas vantagens especiais e características não têm nenhum peso. Ao encorajar uma comparação mais completa dos atributos dos fornecedores e produtos, a pontuação pode aumentar os lucros esperados dos licitantes e encorajar a participação de mais licitantes, atendendo aos interesses de todas as partes.

A teoria não dá suporte não qualificado para esse argumento intuitivo. As condições nas quais a classificação beneficia os licitantes e leiloeiros da mesma forma continuam abertas à discussão.

6.5 Conclusão

Comparar este capítulo com os anteriores destaca vários fatores importantes. Primeiro, muitas das questões mais significativas no desenho de leilões tratam da interação do desenho e decisões de entrada.

Na primeira classe de modelos que estudamos, com um grande número de licitantes simétricos em potencial e custos de entrada moderados, descobrimos que conflitos entre eficiência e receitas desaparecem. Ao contrário de estudos tradicionais de leilões ótimos (maximização de receita) com um número fixo de licitantes, nos quais constatamos que é ótimo estabelecer uma reserva elevada que desencoraje algumas trocas eficientes, essa política nunca é ótima no modelo simétrico com custos de entrada moderados. Descobrimos que o vendedor pode lucrar administrando o processo de entrada, às vezes excluindo licitantes para reduzir a aleatoriedade, proteger segredos comerciais ou encorajar entrada de compradores em potencial com valores maiores. Desenhos de duas etapas que selecionam licitantes com base em indicações iniciais de interesse têm algum atrativo, mas sua análise formal mostra que eles provavelmente não terão êxito na seleção dos licitantes mais qualificados.

Uma forma de economizar os custos de participação dos licitantes é barganhar com uma sequência de agentes, em vez de conduzir o leilão. Mostramos que se o vendedor pode definir um preço pegar-ou-largar, então o leilão ótimo tem o mesmo valor para o vendedor que o problema de busca ótima relacionada. Ver compradores em sequência então tem as mesmas vantagens que a busca sequencial em relação à busca de um conjunto de itens por vez.

Outro dispositivo que pode economizar custos de entrada é o preço de compra em um leilão ascendente. Quando o leiloeiro impõe um preço de compra, o leilão termina quando qualquer licitante faz um lance antecipado no nível especificado. Esse término precoce poupa licitantes posteriores de assumir custos de avaliação e essa economia acaba indo para o vendedor. No modelo de referência, o vendedor sempre pode se beneficiar ao definir um preço de compra adequado.

Modelos com entrada e licitantes assimétricos receberam muito menos atenção que modelos simétricos, apesar da grande influência de assimetrias entre os licitantes na entrada. Uma variedade de táticas pode encorajar a entrada em leilões apesar das assimetrias dos licitantes. Mostramos que reservar ativos ou usar créditos de licitação podem encorajar entradas e, por fim, aumentar a receita do vendedor. O pacote de ativos do vendedor também afeta a concorrência em um leilão e as decisões de entrada dos compradores. Variações nas regras dos leilões também afetam a participação. Leilões premium e o leilão anglo-holandês são dois desenhos que podem aumentar a participação. Leilões premium, porém, também podem gerar baixas receitas quando o grupo de licitantes em potencial é limitado.

É importante selecionar licitantes que possam ter um bom desempenho após o leilão, pagando ou entregando o prometido. Constatamos que empresas fracas com garantias limitadas são mais ávidas do que outras para fazer lances altos, esperando desistir se o bem se mostrar de pouco valor. Também constatamos que lances com pontuação baseados em todos os atributos do lance tendem a aumentar o valor total da alocação escolhida pelo leilão.

Os modelos neste capítulo levam a uma série de descobertas, mostrando que algumas práticas que atraem entrada e beneficiam o vendedor em alguns ambientes podem levar a um mau desempenho em outros onde o número de licitantes é limitado de forma exógena. Na prática, o desenho de um leilão eficiente requer conhecimento detalhado de determinadas circunstâncias nas quais o leilão será conduzido.

REFERÊNCIAS

Anton, James J. e Dennis A. Yao (1992). "Coordination in Split Award Auctions", *Quarterly Journal of Economics* **CVII**: 681-707.

Ayres, Ian e Peter Cramton (1996). "Deficit Reduction through Diversity: How Affirmative Action at the FCC Increased Auction Competition", *Stanford Law Review* **48**(4): 761-815.

Bajari, Patrick e Steven Tadelis (2001). "Incentives versus Transactions Costs: A Theory of Procurement Contracts", *Rand Journal of Economics* **32**(3): 387-407.

Board, Simon (2002). "Bidding into the Red", Artigo de Stanford GSB.

Che, Yeon-Koo (1993). "Design Competition through Multidimensional Auctions", *Rand Journal of Economics* **24**(4): 668-680.

Gilbert, Richard e Paul Klemperer (2002). "An Equilibrium Theory of Rationing", *Rand Journal of Economics* **33**(1): 1-21.

Goeree, Jacob e Theo Offerman (2002). "The Amsterdam Auction", http://ideas.repec.org/p/wpa/wuwpmi/0205002.html.

Jehiel, Philippe, Benny Moldovanu e Ennio Stacchetti (1996). "How (Not) to Sell Nuclear Weapons", *American Economic Review* **86**: 814-829.

Klemperer, Paul (1998). "Auctions with Almost Common Values: The Wallet Game and Its Applications", *European Economic Review* **42**: 757-769.

Klemperer, Paul (2002). "How (Not) to Run Auctions: The European 3G Telecom Auctions", *European Economic Review* **46**(4-5): 829-845.

Levin, Dan e James L. Smith (1994). "Equilibrium in Auctions with Entry", *American Economic Review* **84**(3): 585-599.

McAfee, R. Preston e John McMillan (1987). "Auctions with Entry", *Economics Letters* **23**: 343-348.

Milgrom, Paul (1986). Auction Theory. *Advances in Economic Theory: Fifth World Congress of the Econometric Society.* T. Bewley. Londres, Cambridge University Press: 1-32.

Rezende, Leonardo (2002). "Biased Procurement", Stanford University Working Paper.

Riley, John G. e Richard Zeckhauser (1983). "Optimal Selling Strategies: When to Haggle, When to Hold Firm", *Quarterly Journal of Economics* **98**: 267-289.

Simon, Leo K. e William R. Zame (1990). "Discontinuous Games and Endogenous Sharing Rules", *Econometrica* **58**: 861-872.

Ye, Lixin (2002). "A Theory of Two-Stage Auctions", Artigo da Ohio State University.

Zheng, Charles (2001). "High Bids and Broke Winners", *Journal of Economic Theory* **100**(1): 129-171.

PARTE DOIS
LEILÕES MULTIUNIDADES

Os Capítulos 3-6 estudam leilões nos quais apenas um tipo de item está à venda e cada licitante pode comprar no máximo um item. Quando são heterogêneos ou os licitantes exigem múltiplas unidades, surgem novas questões.

Primeiro, mesmo que cada licitante queira comprar apenas um item, se eles não são idênticos, o mecanismo precisa resolver o *problema da correspondência*: quem fica com que itens? Pode-se estudar o problema da correspondência com um grupo fixo de licitantes para aprender com que eficiência os leilões atribuem itens a eles e quanta renda gerarão. Primeiro, pode-se combinar esses resultados com a análise de entrada e determinar quem participará do leilão e que tipos de investimentos pré-leilão são necessários. Até então, a literatura sobre o assunto contém poucas análises sobre essas questões.

Segundo, quando os licitantes exigem múltiplas unidades, o poder de mercado se torna importante. Licitantes em leilões, como participantes de outros tipos de mercados, podem reduzir os preços que pagam ao comprar menos unidades do que gostariam aos preços finais. Reduzir a demanda é lucrativo para um licitante maior mesmo se todos os outros quiserem comprar apenas uma unidade. Quando vários grandes licitantes querem comprar múltiplas unidades, também é possível que os maiores coordenem estratégias, como concordar em reduzir a demanda conjunta. A probabilidade de cartéis e *bidder rings*[1] depende do ambiente — as identidades dos licitantes e o relacionamento entre eles — mas também do desenho do leilão. Quando o risco de cartéis é significativo, minimizar as oportunidades de conluio torna-se o principal objetivo do desenho do leilão.[2]

Terceiro, a concepção de leilões como mecanismo para encontrar preços competitivos, plausíveis quando cada licitante quer apenas um bem, torna-se problemática quando os licitantes querem múltiplas unidades. Se os bens não são substitutos, não existem preços de equilíbrio de mercado,[3] obrigando-nos a conceber leilões como mecanismos para alocação de recursos em vez de forma limitada como mecanismos de descoberta de preços.

Essa visão ampla dos leilões levou à recomendação do extenso uso do leilão Vickrey. Entretanto, no Capítulo 2, observamos também que o desempenho dos leilões Vickrey pode depender do fato de os bens serem substitutos. Quando os bens são substitutos, os resultados do leilão Vickrey são alocações centrais, os lances "fantasma" não são lucrativos, licitantes perdedores não têm desvios compartilhados e os lucros dos licitantes são decrescentes (e as receitas do vendedor, crescentes) no tamanho do conjunto de licitantes. Todas essas conclusões falham quando o conjunto de possíveis valorações inclui aquelas para bens que não são substitutos. Desenhar leilões para funcionar bem quando os bens não são substitutos é um tema que apenas recentemente atraiu maior atenção.[4] O Capítulo 8 apresenta algumas das teorias relevantes.

Quarto, muitas aplicações de leilões envolvem limitações complicadas para o leiloeiro. Suponha que uma firma ofereça sua capacidade de produ-

---

[1] *Rings* são organizações de licitantes que escolhem alguém para fazer a oferta em nome de todos. Após o leilão público, o ring faz um leilão privado para alocá-lo e dividir os lucros entre eles. Veja Graham e Marshall (1987).

[2] Vários autores enfatizaram o papel da competição no leilão e entre vencedores quando o leilão afeta a estrutura do mercado. Veja Dana e Spier (1994), Milgrom (1997) e Klemperer (2002).

[3] Se as valorações do licitante são um subconjunto de todas as valorações para quais todos os bens são substitutos, existe um vetor de preço de equilíbrio competitivo. Entretanto, se o conjunto inclui qualquer outra valoração, há perfis preferenciais extraídos do conjunto de modo que não haja vetor de preço de equilíbrio. Veja Milgrom (2000) e Gul e Stacchetti (1999).

[4] Contribuições de desenho recentes incluem Parkes e Ungar (2000), e Ausubel e Milgrom (2002).

ção para fabricar um conjunto de produtos. Para maximizar os lucros, ela vai precisar levar em conta as possíveis limitações de operação complexas ao decidir que ofertas aceitar. De forma semelhante, um comprador industrial pode avaliar fornecedores segundo múltiplos critérios, incluindo preço, qualidade, capacidade e programação de entrega. Aplicar com exatidão esses detalhes impõe um encargo que até agora provou ser pesado demais para desenhos de leilão práticos.

Finalmente, leilões em ambientes complexos como os citados apresentam sérios desafios a teorias que pressupõem uma licitação ótima. Planejar esses leilões é complicado e a experiência sugere que muitos licitantes reais — mesmo os com recursos significativos para serem gastos em planejamento — são assombrados pela complexidade e adotam estratégias simples e, muitas vezes, subótimas. Na prática, desenvolvedores de desenho de leilões dão imenso valor à simplicidade do seu desenho. Suas prioridades sempre incluem a garantia de que a mecânica da licitação é fácil, que estratégias simples são eficientes para os licitantes e que os resultados são aceitáveis quando os licitantes usam estratégias simples. A simplicidade ajuda a atrair participantes para o leilão e, na prática, dificilmente algo é mais importante.

A teoria da Parte 2, que analisa os problemas de leilões multiobjetos discutidos anteriormente, é menos desenvolvida do que na Parte 1. O Capítulo 7 examina leilões de múltiplos itens nos quais as ofertas consistem em preços para itens individuais ou quantidades a serem fornecidas ou pedidas a preços especificados pelo leiloeiro. O capítulo enfatiza leilões que estimulam a arbitragem de modo que itens similares tendem a ser vendidos por preços parecidos. Vários leilões amplamente usados se inserem nessa classe. O Capítulo 7 estuda leilões ascendentes simultâneos usados para venda de espectro, leilões holandeses [de preço descendente] usados para potencializar as vendas e vários leilões de lances selados usados para vendas de títulos. O Capítulo 8 investiga leilões nos quais os participantes fazem ofertas em *pacotes* de vários itens ou *ofertas contingenciais*. Por exemplo, contratos para serviços de ônibus em Londres são determinados por licitação por pacote, nos quais as empresas de ônibus cotam preços para atender a várias rotas individuais e também especificam pacotes de descontos que se aplicam se elas vencerem determinada combinação de rotas.[5] O leiloeiro aceita a combinação de ofer-

---

[5] Para uma descrição detalhada, veja Cantillon e Pesendorfer (2002).

tas que render o menor preço total. Leilões semelhantes foram usados em *processos de compras industriais*.[6] Além disso, têm havido propostas para usar o dispositivo relacionado de ofertas contingenciais em leilões de espectro. O licitante em um leilão de espectro pode fazer ofertas para licenças para atender às cidades de Búfalo e Siracusa no estado de Nova York com a condição de retirá-las se também não vencer a da cidade de Nova York. O leiloeiro aceitará a combinação de licenças que produzirem o preço total mais elevado.

Licitação por pacote e contingencial estão intimamente relacionadas. No exemplo do leilão de espectro, se ofertas por pacote forem permitidas, o licitante deve atingir o mesmo resultado que com ofertas contingenciais. Em vez de fazer ofertas para a cidade de Nova York e fazer ofertas contingenciais para Búfalo e Siracusa, o licitante poderia obter o mesmo resultado fazendo quatro ofertas: uma para a licença de NY, uma segunda para o pacote de licenças para NY e Búfalo, uma terceira para o pacote para licenças de NY e Siracusa e uma quarta para o pacote com todas as três licenças.

Leilões com lances por pacote ou contingenciais às vezes são chamados de *leilões combinatórios*, porque realizar o leilão envolve a solução de um problema de otimização combinatória. É difícil computar soluções para esses problemas — um possível motivo pelo qual esse leilões só recentemente têm atraído atenção. Também há outros motivos, incluindo a complexidade da interface do licitante exigida para um leilão combinatório. Voltaremos a essas questões no Capítulo 8.

REFERÊNCIAS

Ausubel, Lawrence e Paul Milgrom (2002). "Ascending Auctions with Package Bidding", *Frontiers of Theoretical Economics* **1**(1): Artigo 1.

Cantillon, Estelle e Martin Pesendorfer (2002). "Combination Bidding in Multiunit Auctions", http://www.people.hbs.edu/ecantillon/combinationJuly 2002. pdf.

Dana, James e Kathryn Spier (1994). "Designing a Private Industry." *Journal of Public Economics* **53**: 127–147.

---

[6] Hohner, Rich, Ng, Reid, Davenport, Kalagnanam, Lee e An (2001).

Graham, Daniel e Robert Marshall (1987). "Collusive Bidder Behavior at SingleObject, Second-Price and English Auctions", *Journal of Political Economy* **95**: 1217-1239.

Gul, Faruk e Ennio Stacchetti (1999). "Walrasian Equilibrium with Gross Substitutes", *Journal of Economic Theory* **87**(1): 9-124.

Hohner, Gail, John Rich, Ed Ng, Grant Reid, Andrew J. Davenport, Jayant R. Kalagnanam, Ho Soo Lee e Chae An (2001). "Combinatorial and Quantity Discount Procurement Auctions with Mutual Benefits at Mars, Incorporated", IBM-Mars Report.

Klemperer, Paul (2002). "What Really Matters in Auction Design", *Journal of Economics Perspectives* **16**(1): 169-190.

Milgrom, Paul (1997). Procuring Universal Service: Putting Auction Theory to Work. *Le Prix Nobel: The Nobel Prizes, 1996.* Estocolmo: Nobel Foundation. 382-392.

Milgrom, Paul (2000). "Putting Auctions Theory to Work: The Simultaneous Ascending Auction", *Journal of Political Economy* **108**(2): 245-272.

Parkes, David e Lyle Ungar (2000). "Iterative Combinatorial Auctions: Theory and Practice", *Proceedings of the 17th National Conference on Artificial Intelligence AAAI.* 74-81.

CAPÍTULO SETE

Leilões de Preço Uniforme

O ressurgimento do interesse na teoria dos leilões deve muito ao uso recente em larga escala de desenhos sugeridos por teóricos da economia. Dos leilões de espectro de 1994 em diante, quase todos têm sido *leilões de preço uniforme*, em que as regras determinam preços iguais para bens idênticos ou estimulam algum tipo de arbitragem, gerando preços mais ou menos uniformes.

Muitos desenhos de leilões tradicionais deixam de promover a *lei de um preço*, segundo a qual bens idênticos têm preços idênticos. Um exemplo é o primeiro leilão de espectro — o leilão Sotheby, de 1981, de direitos de usar sete transponders funcionalmente idênticos em um único satélite de comunicação RCA. A Sotheby vendeu esses direitos usando uma sequência de sete leilões que produziram sete preços diferentes. O primeiro transponder foi vendido por US$14,4 milhões, e os preços do segundo até o sexto caíram sucessivamente. O sexto foi vendido pelo preço mais baixo, US$10,7 milhões e o sétimo por US$11,2 milhões. Quando um leiloeiro vende vários lotes idênticos, os licitantes sempre precisam adivinhar os preços de futuros lotes, de modo que sua variação é inevitável.

Um aspecto notável do leilão de transponders da RCA é a forma como os preços caíram de um item ao próximo. Ashenfelter (1989) constatou que um padrão semelhante é comum em leilões de vinho e arte, e essa observação é hoje conhecida como a *anomalia do preço decrescente*.[1] Muitos tentaram

---

[1] Pesquisas posteriores reafirmam que esse fenômeno é comum. Veja Ashenfelter e Graddy (2002) e as referências a respeito.

explicá-la. Uma explicação possível é que esse padrão surge de um tipo de viés de seleção parecido com a maldição do vencedor. No leilão da RCA, os licitantes dos primeiros transponders tinham que adivinhar os preços que os posteriores alcançariam. Mesmo que cada licitante estime preços futuros sem nenhum viés, o vencedor do primeiro transponder deverá ser um licitante cuja estimativa de preços futuros seja alta e que fique surpreso ao ver preços mais baixos nas vendas.[2] Outras explicações vão de modelos psicológicos de comportamento individual a modelos de equilíbrio do tipo estudado neste livro, no qual participantes totalmente racionais agem sobre previsões perfeitas de estratégias de concorrentes.

Muitos licitantes não gostam da variação de preços descrita anteriormente em vendas de itens homogêneos. Em leilões de espectro como o da RCA, funcionários das empresas fazem ofertas em seu nome. Os que apresentam ofertas mais altas se sentem pouco à vontade para explicar aos superiores ou acionistas porque outros pagaram menos por um transponder ou licença idêntico. Mesmo licitantes individuais podem se preocupar mais com "pagar demais" do que com a chance de obter uma barganha. Uma vantagem dos leilões de preços uniformes é que eles isolam os licitantes e seus chefes de riscos de preço como esses.

Leilões de preços uniformes tornaram-se mais populares porque evitam o risco de preços que desagradem a licitantes corporativos e reduzam os

---

[2] A *maldição do vencedor* na teoria dos leilões tradicionalmente se refere a um viés de seleção que surge porque o licitante tende a vencer com mais frequência quando sua estimativa de *valor* é alta demais do que quando é muito baixa. Se considerarmos o valor do primeiro transponder como o valor líquido do custo de oportunidade, então a explicação oferecida aqui é uma variante da maldição do vencedor. Em análises de equilíbrio nos capítulos anteriores, licitantes racionais admitem o efeito viés de seleção ao ajustar suas ofertas para baixo.

Na prática, conhecer a maldição do vencedor é um processo lento, porque os dados necessários para reconhecê-la, que incluem valores realizados, são difíceis de obter e, às vezes, ficam indisponíveis durante anos após a venda ter sido fechada. Parte do que torna a anomalia do preço decrescente tão notável é que os dados sobre os preços decrescentes ficam disponíveis pública e instantaneamente, e mesmo assim os licitantes não se adaptam a eles.

Há várias evidências de que mesmo licitantes experientes em experimentos de laboratório não adaptam suas ofertas quando a teoria do equilíbrio sugere a possibilidade da maldição do vencedor (Kagel e Levin, 2002), apesar da rápida disponibilidade dos dados de desempenho para os sujeitos do experimento. Na medida em que licitantes em leilões reais de vinho e arte têm uma dificuldade similar em se adaptar aos preços decrescentes, a evidência seria consistente com a explicação da anomalia do preço decrescente.

custos de transação de fazer ofertas repetidas para bens idênticos. Leilões de preço uniforme incluem leilões de preço selado e vários leilões ascendentes que determinam uniformidade por regra ou a promovem encorajando a arbitragem.

Começamos analisando leilões de lances selados de preço uniforme e então trataremos de leilões ascendentes simultâneos.

7.1 Leilões de Lances Selados com Preço Uniforme

O tipo mais simples de leilões de preço uniforme são os de lances selados. Nesta seção, mostramos que, quando cada licitante quer múltiplas unidades, esses leilões inevitavelmente criam incentivos para que eles reduzam a demanda e evitem elevar os preços, e que existe um equilíbrio de Nash nesses leilões com preços muito baixos.

Em um leilão de preço uniforme, a oferta é uma ordem de compra para adquirir uma quantidade q a qualquer preço até p. O licitante pode fazer várias ofertas do tipo preço-quantidade. O leiloeiro então as organiza para criar uma curva de demanda, determinando para cada preço p a quantidade total demandada a ele. O leiloeiro define o preço de modo que a quantidade demandada seja igual à oferta disponível.

Em geral, pode haver uma variedade de preços em que a quantidade demandada é igual à oferta disponível. Por exemplo, se existem N bens à venda e um preço discreto é ofertado para cada unidade, então a oferta iguala a demanda a qualquer preço entre o N-ésimo lance maior (a oferta mais baixa aceita) e $N + 1$ª oferta mais alta (a oferta mais alta rejeitada). Para uma ideia melhor, focamos leilões em que $N + 1°$ lance mais alto (o lance mais alto rejeitado) define o preço. Nossas principais conclusões se estendem qualitativamente a todos os leilões com preços de equilíbrio de mercado nessa faixa.

Ao analisar leilões de preço uniforme com lances selados, supomos que os licitantes tenham valores marginais decrescentes para os bens que adquirem. Isto é, o valor do licitante é maior para a primeira unidade, e o mesmo ou mais baixo para cada unidade sucessiva. (Pouco se sabe sobre o desempenho desse leilão em geral quando a suposição de preço não é satisfeita.)

Começamos observando que qualquer licitante cujo valor para cada item após o primeiro seja zero tem uma estratégia dominante no leilão. Se o valor do primeiro item é v, então a estratégia dominante é fazer apenas uma oferta para a quantidade de 1 ao preço de v. O argumento é quase o mesmo que na análise padrão do leilão Vickrey: um lance nessa situação nunca afeta o preço que o licitante paga, então o licitante é efetivamente um *price taker* [que aceita o preço] e maximiza seu payoff especificando uma função de demanda que corresponde à sua demanda real. Se cada licitante deseja apenas um único item (e pode só fazer oferta para uma unidade), então o leilão do lance mais alto rejeitado seria um leilão Vickrey. O preço de equilíbrio então se igualaria ao custo de oportunidade do item, que é o valor do lance mais alto rejeitado.

7.1.1 Redução de Demanda

Quando um licitante quer comprar mais que uma unidade, e as unidades têm valores marginais decrescentes, o licitante tem um incentivo de reduzir sua demanda, isto é, ofertar menos que seu valor para algumas unidades. O exemplo a seguir lustra o quanto esse incentivo pode ser forte.[3]

Suponha que haja dois licitantes e duas unidades à venda. O licitante 1 deseja apenas uma unidade, e seu valor, $v(t^1) = t^1$ é distribuído uniformemente em $(0, 1)$. Como vimos, a estratégia dominante do licitante 1 é ofertar uma quantia igual a seu valor. O licitante 2 quer duas unidades. A primeira vale v_1 e a segunda v_2, em que $1 > v_1 \geq v_2 > 0$. Com duas unidades à venda, o licitante 2 tem certeza de que vencerá uma se fizer um lance positivo. Se ele ofertar $x \geq 0$ pela segunda unidade, então ele ganhará duas unidades se $t^1 < x$ e uma unidade se $t^1 > x$, de modo que seu payoff é

$$E[(v_1 + v_2 - 2t^1)1_{\{t^1 < x\}} + (v_1 - x)1_{\{t^1 > x\}}]$$
$$= \int_0^x (v_1 + v_2 - 2s)\, ds + (v_1 - x)(1 - x) = v_1 - x(1 - v_2). \quad (7.1)$$

Essa expressão é maximizada em $x = 0$, isto é, *o lance ótimo é zero*.[4] Assim, o segundo licitante sempre acha ótimo fazer o lance, como se ele demandasse apenas uma unidade, independentemente de seus valores reais.

Embora o exemplo seja extremo, a lógica desse incentivo é conhecida de estudantes de economia, porque é quase idêntica à lógica clássica que

---

[3] Pegamos esse exemplo e as conclusões gerais sobre redução de demanda de Ausubel e Cramton (2002). Engelbrecht-Wiggans e Kahn (1998) analisam as condições em que ocorrem preços iguais a zero. Weber (1997) discute a redução de demanda em leilões de espectro da FCC.

[4] Um efeito similar surge em leilões de compras, quando os licitantes oferecem preços com que suprirão o leiloeiro. Quando um licitante está confiante de que controla a unidade marginal, é provável os preços serem extremos. A experiência com os mercados de energia da Califórnia em 2000 e 2001 confirmam a grande vulnerabilidade de leilões de preço uniforme na prática, quando um fornecedor pode causar escassez retendo o estoque.

explica a redução monopsonista da demanda. Em um monopsônio clássico, quando o comprador demanda uma quantidade q, ele entende que seu gasto total será $TE(q) = qP(q)$. Seu *gasto marginal* é a derivada do gasto total, $TE'(q) = P(q) + qP'(q)$. É o gasto adicional por unidade resultante da última unidade comprada. Se, como normalmente esperamos, P' é positivo, então $TE'(q) > P(q)$. Comprar uma quantidade maior exige não só pagar o preço dessas unidades, mas também pagar um preço mais alto pelas primeiras unidades q — as unidades *inframarginais*. O aumento no preço das unidades inframarginais quando o comprador aumenta suas contas de compra para o segundo termo da fórmula de gastos marginais.

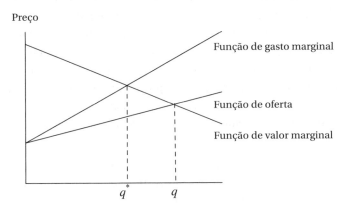

Figura 1.

O fato de que o gasto marginal ultrapassa o preço torna ótimo para o comprador reduzir sua demanda abaixo do que faria se os preços não mudassem com a quantidade comprada. Se $V(q)$ denota o valor de q unidades, então o objetivo do comprador é maximizar $V(q) - TE(q)$. Se as funções são diferenciáveis, então a derivada é $V'(q) - TE'(q) = V'(q) - P(q) - qP'(q)$. À quantidade $q > 0$ na qual o preço se iguala ao valor marginal, a derivada é $-qP'(q) < 0$, se P' é positivo.

A Figura 1 mostra esse argumento em sua forma gráfica conhecida. A quantidade maximizadora de lucro q^* é aquela em que o valor marginal da unidade equivale ao gasto marginal necessário para adquiri-la. Como argumentamos, a função de gasto marginal se encontra acima da função de oferta, de modo que q^* é menor que a quantidade q na qual o valor marginal de um item adicional é igual ao seu preço. A escolha de maximização de lucros envolve a *redução de demanda*.

A redução de demanda não é um problema único do modelo de lance selado: um efeito similar assombra qualquer mecanismo de mercado em que bens idênticos são vendidos por preços idênticos. Em modelos de leilão, a *quantidade esperada* assume o papel desempenhado pela quantidade na clássica teoria monopsônica. Para simplificar, descrevemos os lances não como pares preço-quantidade, mas como lances individuais para cada unidade demandada. Essa descrição não implica perda de generalidade, porque um lance para q unidades ao preço p é funcionalmente equivalente a q lances separados por uma unidade a preço p.

O incentivo para reduzir a demanda surge porque os lances para a segunda unidade e as subsequentes no leilão de lance mais alto rejeitado afetam a quantidade esperada que o licitante adquirirá e o preço esperado que pagará por cada unidade, se um desses lances subsequentes não vencer. Elevar o lance para a segunda unidade de p para p' aumenta a quantidade demandada por preços nessa faixa de uma a duas unidades. Se a distribuição de lances opostos tem uma derivada positiva nessa faixa (análoga à inclinação positiva da função de oferta no monopsônio clássico), então a função de gasto marginal esperado está acima da função de oferta correspondente, assim como na Figura 1.

Para reafirmar o argumento algebricamente, suponha que um licitante tenha uma demanda potencial para duas das N unidades oferecidas no leilão. Suponha que a primeira unidade valha v_1 para o licitante e a segunda valha $v_2 \leq v_1$. Deixe X^{N-1} e X^N denotar $N-1^a$ e N-*ésima* na ordem estatística entre os lances opostos. Então o lucro esperado do licitante com a oferta v_1 por uma unidade e $b \leq v_1$ pela segunda é

$$\pi(b) = E[(v_1 + v_2 - 2X^{N-1})1_{\{b > X^{N-1}\}}$$
$$+ (v_1 - \max(b, X^N))^+ 1_{\{X^{N-1} > b\}}]. \qquad (7.2)$$

Os dois termos dentro do valor esperado refletem as possibilidades que o segundo lance b é um lance vencedor e que não é. Quando o lance vence, o comprador adquire duas unidades ao preço de X^{N-1} cada. Quando não vence, então, se b é maior que X^N, o licitante adquire uma unidade ao preço b; caso contrário, contanto que $v_1 > X^N$, ele adquire uma unidade ao preço X^N.

Se a distribuição conjunta de (X^{N-1}, X^N) tem uma densidade positiva em todo o conjunto $\{X^N < X^{N-1}\}$, então a derivada da função de lucro simplifica para $\pi'(v_2) = -\Pr\{X^{N-1} > v_2 > X^N\} < 0$. Intuitivamente, aumentar o lance na vizinhança de v_2 faz o preço aumentar quando $X^{N-1} > v_2 > X^N$, e todos os outros efeitos do aumento do lance são de segunda ordem.

Em um monopsônio clássico, a capacidade de reduzir o preço pago por unidades inframarginais pela redução de lances marginais cria um incentivo para reduzir a demanda. Nesse caso, estamos avaliando o lance da segunda unidade, e a primeira unidade é a unidade inframarginal. Segue que o lance ótimo para a segunda unidade é menos que v_2.

Como os licitantes têm incentivo para ofertar o valor total da primeira unidade, mas reduzem a demanda pelas subsequentes, usam diferentes *mark-ups* para diferentes itens. O resultado do equilíbrio pode, então, ser ineficiente.

A seguinte proposição resume essas propriedades. Na proposição, cada licitante estabelece valores para dois itens.

Teorema 7.1. Considere a venda com N licitantes e k itens, com $2 \leq k < N$. Suponha que cada licitante possa comprar dois itens e que o valor do primeiro é sempre, pelo menos, tão alto quanto o valor do segundo: $v_1^j \geq v_2^j$. No leilão de lance mais alto rejeitado, qualquer estratégia para o licitante j no qual j oferece menos que v_1^j para a primeira unidade, é fracamente dominada por uma estratégia em que j oferece v_1^j para a primeira unidade. Além disso, se os valores dos licitantes para os dois itens são distribuídos segundo qualquer densidade conjunta positiva em $\{v \in [0, \bar{v}]^{2N} | (\forall j)\ v_1^j \geq v_2^j\}$, então:

- não há equilíbrio em que os todos os licitantes ofereçam o valor total para ambos os itens, e
- não há equilíbrio em estratégias não dominadas nas quais os resultados sempre maximizam o valor total.

Prova. Todas as alegações além da última se originam da discussão que precede o teorema. Para provar a última alegação, considere qualquer equilíbrio em estratégias não dominadas. Como nem todos os licitantes fazem ofertas totais para ambos os itens, há um perfil de valor no qual o licitante 1 tem valores $v_1^1 > v_2^1$ para os dois itens e oferece $b < v_2^1$ para o segundo. Com probabilidade positiva, os outros licitantes têm valores satisfatórios $b < \min\{v_1^1, \ldots, v_1^k\}, v_2^1 > \max\{v_1^j | j = k, \ldots, N\}$, e $v_2^1 > \max\{v_2^j | j = 2, \ldots, N\}$.

Como se supõe que os licitantes usam estratégias não dominadas, a primeira desigualdade garante que o lance b não é um vencedor, de modo que o licitante 1 adquire no máximo um item. As duas próximas desigualdades garantem que o valor v_2^1 está entre os maiores valores de k, de modo que a maximização do valor total requer que o licitante 1 adquira dois itens. Quando essas desigualdades se mantêm, o resultado do leilão não maximiza o valor total. Por suposição, a probabilidade de que esse conjunto de desigualdades se mantenha é positiva. ∎

Pode-se intuitivamente compreender a redução da demanda pela

(A) redução da quantidade total de unidades demandadas a ou acima de qualquer preço, ou de modo equivalente,

(B) redução do preço do lance para cada unidade após a primeira.

Da perspectiva (A), a análise anterior se parece muito com a teoria tradicional do monopsônio: o incentivo para reduzir a quantidade demandada depende da quantidade de unidades sendo compradas e a elasticidade de preço da oferta esperada a esse preço. A perspectiva (B) sugere que o ganho esperado ao reduzir o preço do lance aumenta as unidades inframarginais e a probabilidade de que o preço se torne o preço de equilíbrio de mercado.

Com respeito aos mercados bilaterais, em que os compradores fazem ofertas para comprar e vendedores fazem ofertas para vender, a teoria sustenta a ideia de que mercados com grande número de compradores e vendedores eliminam incentivos para reter a comercialização. A perspectiva (A) sugere que quando há muitos compradores e vendedores cujas ofertas e demandas são pequenas em relação ao mercado, é praticamente uma estratégia dominante relatar essas demandas e ofertas com precisão e evitar qualquer tentativa de influenciar os preços.[5] A perspectiva (B) indica que se todas as ofertas e demandas das partes são pequenas porções do volume de mercado, então todos consideram improvável que seu lance marginal defina o preço, de modo que o incentivo de distorcer a oferta ou demanda é pequeno.[6] Em mercados bilaterais, pelo menos, a teoria prevê que grandes números eliminarão a redução de demanda e suas ineficiências associadas.

7.1.2 Equilíbrios de Preço Baixo

Resultados teóricos de mercados unilaterais são menos favoráveis à proposição de que grandes mercados reduzem a retenção da demanda do que

---

[5] Por exemplo, veja Postlewaite e Roberts (1976).
[6] Veja Swinkels (2001).

seus equivalentes para mercados bilaterais. Exemplos simples demonstram que mesmo quando todos os licitantes são pequenos em relação ao mercado, pode haver equilíbrios de Nash em leilões de preço uniforme nos quais os preços permanecem bem abaixo dos preços competitivos.

Vários exemplos estabelecem essa possibilidade. O mais simples supõe que os bens são discretos. Suponha que haja N licitantes e cada um queira $k > 1$ itens e esteja disposto a pagar até R$1 por unidade. Suponha que haja N objetos à venda e que a regra do lance mais alto rejeitado se aplique. Há um equilíbrio simétrico no qual cada licitante oferece R$1 pelo primeiro item e R$0 para os adicionais. (Com mais de N objetos à venda, equilíbrios similares sustentam qualquer alocação na qual cada licitante obtém pelo menos um.)

Resultados semelhantes surgem em exemplos com bens infinitamente divisíveis. Esses exemplos podem modelar a venda de energia elétrica ou títulos do Tesouro para os quais é provável que qualquer indivisibilidade é desimportante. Suponha que haja uma unidade de um bem divisível à venda e que cada licitante tenha um valor de $V(q) = q - q^2$ para adquirir $q \leq 1$ unidades do bem. A função de demanda inversa do licitante então é $P(q) = 1 - 2q$. Com N licitantes, se todos relatarem suas demandas verdadeiramente, o preço de equilíbrio de mercado será $P = 1 - 2/N$ e cada licitante adquirirá $1/N$ unidades. O preço de equilíbrio de mercado converge para 1 à medida que o número de licitantes aumenta.

O jogo de leilão correspondente admite muitos equilíbrios simétricos envolvendo uma acentuada redução de demanda. Assim, suponha que cada licitante faça o lance segundo a programação de demanda $p(q) = a - bq$. Isso significa que o licitante quer pagar a quantia $p(q)$ pela q-ésima unidade ou, de modo equivalente, a comprar $q(p) = (a - p)/b$ unidades ao preço de $p < a$. Suponha que $N - 1$ outros licitantes usem essa estratégia, e considere a escolha de oferta do N-ésimo licitante. Se o último licitante adquirir q unidades no leilão, então cada um dos outros licitantes adquirirá $(1 - q)/(N - 1)$ unidades, e modo que o preço necessariamente será $a - b(1 - q)/(N - 1)$, e o lucro do último licitante será $V(q) - q(a - b(1 - q)/(N - 1))$. Em um equilíbrio simétrico, $q = 1/N$ maximizará o lucro do licitante. Assim, em equilíbrio, $q = 1/N$ necessariamente satisfaz a condição de primeira ordem do licitante:

$$0 = \left.\frac{d}{dq}\right|_{q=1/N} [q - q^2 - q(a - b(1-q)/(N-1))]$$

$$= 1 - \frac{2}{N} - a + \frac{b}{N-1} - \frac{2b}{N(N-1)} = 1 - a - \frac{2}{N} + b\frac{N-2}{N(N-1)}. \quad (7.3)$$

Resolvendo (7.3) para a rende

$$a = 1 - \frac{2}{N} + b\frac{N-2}{N(N-1)}. \tag{7.4}$$

A restrição (7.4) permite um *continuum* de equilíbrios. Em cada um, o preço é $p = a - b/N$, de modo que $a = p + b/N$. Substituindo este valor por (7.4) rende

$$b = \left(1 - p - \frac{2}{N}\right) N(N-1). \tag{7.5}$$

Usando (7.5) e (7.4), pode-se construir equilíbrios simétricos com uma ampla série de preços. Por exemplo, para encontrar um equilíbrio com preço $p = 0$, substituímos $p = 0$ por (7.5) para achar $b = (N-1)(N-2)$ e $a = b/N = (N-1)(N-2)/N$. Isso descreve um equilíbrio simétrico de preço zero praticamente análogo ao equilíbrio de preço zero no exemplo discreto anterior. Esse exemplo contínuo demonstra que o problema de equilíbrio de preço baixo não é um artefato das quantidades de bens e sujeitos em particular. Há equilíbrios de preço baixo independentemente da quantidade de licitantes N.

O significado desses equilíbrios de preço baixo é incerto. No equilíbrio de preço zero, os licitantes têm melhores respostas às estratégias de equilíbrio dos outros licitantes. Talvez esse fato signifique que o modelo não é detalhado o bastante para refletir os incentivos dos licitantes reais. Essa suspeita encontra mais apoio na observação de que em um modelo discreto de ambiente praticamente igual, uma estratégia não dominada implica nunca fazer uma oferta maior do que seu próprio valor e fazer uma oferta do valor total para a primeira unidade. O equilíbrio anterior não tem as duas propriedades. Entretanto, mudar a estratégia de equilíbrio de preço zero $p(q) = a - bq$ para $p(q) = \min(V(q), a - bq)$ gera outra estratégia de preço zero e tem as propriedades de estratégias não dominadas no discreto jogo correspondente.

Algumas pesquisas exploram a robustez dos equilíbrios de preço baixo em relação à incerteza. Wilson (1979) introduziu uma versão do modelo com incerteza de valor comum. Nesse modelo, os licitantes têm melhores respostas únicas às estratégias de seus concorrentes, mas ainda há a multiplicidade de equilíbrios, alguns dos quais envolvem preços de apenas uma fração do valor dos bens sendo vendidos. Back e Zender (1993) mostraram que esse modelo tem equilíbrios de preço baixo que ganham aproximadamente o preço de reserva para qualquer reserva arbitrariamente baixa que o vendedor possa definir.

Mais adiante neste capítulo, apresentaremos uma forma mais efetiva de identificar um equilíbrio único. Modelamos um leilão ascendente de preço uniforme e empregamos argumentos de indução reversa para garantir que os licitantes planejem otimizar todos os preços possíveis. Constatamos que, nesses modelos, preços baixos não só são possíveis; o equilíbrio único consistente com a indução reversa muitas vezes implica um preço baixo.

Leilões selados de preço uniforme são importantes na prática, por vender bens relativamente homogêneos (como títulos do tesouro) e comprar esses bens (energia elétrica). A questão dos equilíbrios de preços extremos é realmente de grande importância prática, de modo que o tópico discutido aqui é importante para a continuação do estudo.

7.2 Leilões Ascendentes Simultâneos

Além dos leilões selados, outro tipo importante de leilão de preço uniforme é o *leilão ascendente simultâneo* introduzido pela Federal Communications Commission (FCC) em 1994 e suas variações de *leilão klok*. A principal diferença entre eles é que no desenho da FCC os licitantes anunciam os preços, enquanto no leilão klok é o leiloeiro que chama os preços (e os posta em um *relógio* analógico ou digital). Ao contrário da sequência dos leilões ascendentes que a Sotheby usou para a venda dos transponders RCA descritos anteriormente, o leilão ascendente simultâneo facilita a arbitragem entre itens similares ao permitir que os licitantes comparem os preços de itens diferentes e mudem seus lances para os que são relativamente baratos.

Nossas principais constatações são variadas. Primeiro, se os bens são substitutos e os licitantes, não estratégicos, então o resultado do leilão é aproximadamente um equilíbrio competitivo, com a aproximação limitada apenas pelo tamanho do incremento do lance. Apesar da diferença dos bens, existe um equilíbrio competitivo. Em seguida, como o leilão selado de preço uniforme, esses leilões têm equilíbrios com preços muito baixos. Finalmente, usando um modelo com oferta elástica, descobrimos que os menores preços de equilíbrio são os preços de Cournot. Isso sugere a reinterpretação dos equilíbrios de preços baixos anteriores como equilíbrios de Cournot de jogos com oferta inelástica.

A Tabela 1 mostra a uniformidade de preços em um leilão ascendente simultâneo, usando dados do primeiro leilão de espectro da FCC. Cada licença no leilão incluía direitos de usar dois tipos de espectro. Note que, em cada grupo de licenças, os preços eram aproximadamente uniformes.

Além disso, os preços sugerem que o leilão precificou os dois tipos de espectro de modo consistente entre os grupos de licenças. Por motivos de engenharia, as licenças individuais no leilão cobriam duas diferentes partes do espectro. A FCC reservou uma parte para transmitir sinais relativamente potentes a partir de transmissores de alta capacidade em locais fixos para serem recebidos por dispositivos móveis portáteis. A outra parte foi reservada para transmitir sinais relativamente fracos dos dispositivos móveis de baixa potência de volta para estações fixas. Os dois números que caracterizaram cada licença na tabela indicam a largura de banda da licença nas duas partes do espectro de rádio. Se os licitantes avaliaram a largura de banda do primeiro tipo de espectro em cerca de US$740 mil por kilohertz e o segundo tipo em cerca de US$860 mil por kilohertz, esses valores produziriam preços de mercado de US$80 milhões para o primeiro tipo de licença, US$47,75 milhões para o segundo tipo, e US$37 milhões para o terceiro tipo, que são bastante próximos dos preços reais. O lance vencedor de US$38 milhões para a licença N-11, que ocorreu quando um participante fez um *jump bid* no início do leilão, parece ser um pequeno salto além do preço de equilíbrio de mercado.

Tabela 1. Lances vencedores no leilão da FCC nº 1.

Nome da Licença	Banda Larga da Licença (kHz)	Lance Vencedor
N-1	50–50	US$80 milhões
N-2	50–50	US$80 milhões
N-3	50–50	US$80 milhões
N-4	50–50	US$80 milhões
N-5	50–50	US$80 milhões
N-6	50–12.5	US$47.001.001
N-7	50–12.5	US$47.505.673
N-8	50–12.5	US$47.500.000
N-10	50–0	US$37 milhões
N-11	50–0	US$38 milhões
Total		US$617.006.674

Agora, discutimos as regras do leilão nº 1 que encorajou essa arbitragem efetiva e precificação consistente.

Lances são oferecidos em uma série de rodadas. Em cada lance, o licitante se compromete a pagar o preço definido para comprar a licença de espectro. No final de cada rodada n, o leiloeiro determina um *lance alto permanente* para cada licença, que é o maior do lance alto permanente da rodada anterior e o novo lance mais alto para essa licença. Até alguma firma fazer uma oferta para a licença, o *maior licitante permanente* é o vendedor; depois, é o licitante que apresentou o lance alto permanente. (Se dois ou mais licitantes fizerem o mesmo lance alto durante uma rodada, o desempate pode ser conseguido em favor do licitante que fez a primeira oferta, ou pode ser desfeito aleatoriamente.)

No final da rodada *n*, o leiloeiro determina um *lance mínimo* para a rodada *n* + 1 adicionando um incremento ao lance alto permanente. Os incrementos podem variar durante o leilão. Por exemplo, incrementos nas primeiras rodadas podem ser perto de 15% do lance alto permanente e os nas rodadas finais, cerca de 5%. Nos primeiros leilões da FCC, os licitantes podiam fazer qualquer lance excedendo o lance mínimo. Entretanto, como os licitantes às vezes usavam dígitos menos significativos dos lances para comunicar informações,[7] as regras foram mudadas de modo que os licitantes tivessem que escolher de um cardápio construído a partir do lance alto permanente adicionando de 1 a 9 incrementos de lance.

A *regra de fechamento* do leilão é especialmente importante: o leilão termina somente depois de uma rodada em que não há novos lances em qualquer licença. Até então, os licitantes fazem ofertas em qualquer licença. Essa regra de término é importante para permitir arbitragem entre os substitutos, porque um licitante pode se interessar em fazer uma oferta em uma licença só depois que o preço de outra, substituta, subiu o suficiente.

A *regra de atividade* da FCC evita que os licitantes esperem até o final do leilão para fazer uma oferta séria. Em sua forma mais simples, a regra de atividade apenas determina que ela nunca pode aumentar de uma rodada a outra: o licitante que apresenta lances elegíveis para *n* unidades na rodada *t* não pode apresentar lances para mais que *n* unidades em qualquer rodada subsequente $t' > t$.[8]

---

[7] A Tabela 1 sinaliza o uso dos dígitos baixos; note, por exemplo, o lance vencedor de U$47.505.673. No leilão da DEF, a US West fez vários lances que terminavam com os dígitos 378 em licenças em que a McLeod Wireless vinha dando o lance alto permanente. Esses lances parecem ter sido uma retaliação para os lances de McLeod na área de licença 378, que cobria Rochester, Minnesota. Portanto, pode-se compreender o uso dos dígitos finais da US West para tentar intimidar McLeod. Veja Cramton e Schwartz (2001).

[8] A FCC usou várias versões da regra de atividade. Em algumas, os licitantes têm mais liberdade de adiar lances no início do leilão. Por exemplo, pode haver um estágio inicial que consistem várias rodadas, no fim das quais o licitante pode aumentar sua atividade em 25%. Também pode haver *dispensas* que permitam ao licitante ficar inativo em determinada rodada para planejar.

Outra característica da maioria dos leilões da FCC tem sido que, ao final de cada rodada, os licitantes e o público conhecem a identidade e os lances feitos por todos os licitantes durante a rodada recém-terminada.

As regras da FCC apresentam semelhanças importantes em relação a alguns outros desenhos mais antigos. Um deles é o famoso *Walrasian tatonnement* [leilão walrasiano], que tem sido usado para estudar ajustes de preço em sistemas de multiunidades. Nesse desenho, o leiloeiro anuncia os preços e os ajusta para cima ou para baixo ao longo do tempo dependendo de a demanda líquida aos preços atuais para o item ser positiva (demanda supera oferta) ou negativa (oferta supera demanda). Os preços no *tatonnement* continuam a ser ajustados por alguma regra até que a oferta e a demanda atinjam um equilíbrio exato. Nenhuma negociação é realizada a preços intermediários nesse processo do leilão walrasiano; a negociação ocorre só na compensação de preços de mercado final. O desenho walrasiano é diferente do da FCC em vários aspectos. No *tatonnement* walrasiano, o leiloeiro anuncia os preços, os lances podem ser retirados livremente sempre que algum preço mudar, os preços podem subir ou cair e o processo não tem garantia de terminar em um prazo definido.

Outro desenho semelhante que influenciou as regras da FCC é o *leilão silencioso*, comumente usado em leilões de caridade. Nesses leilões, o leiloeiro apresenta os itens à venda (ou descrições deles) em uma série de mesas. Ao lado de cada item há um pedaço de papel no qual o licitante pode escrever seu lance, seu nome ou número de identificação. Enquanto os licitantes andam pela sala, eles podem elevar o lance em qualquer item que desejarem. O leilão costuma terminar em um horário determinado, geralmente antes que uma refeição seja servida.

Leilões silenciosos são ascendentes simultâneos semelhantes aos leilões da FCC. Os bens são postos à venda simultaneamente e os preços só podem aumentar. Entretanto, a hora de fechamento diferencia esses dois tipos de leilão.

Observadores cautelosos de leilões silenciosos muitas vezes veem a seguinte cena. Quando a hora de fechamento determinada se aproxima, algum licitante se aproxima da mesa. Ele ergue ao lápis e lentamente escreve o nome e lance enquanto o sinal toca anunciando o fim do leilão. Em geral, este é o único lance que o licitante faz para o item. Ele planeja manter o preço baixo e faz a oferta somente quando ninguém mais tem tempo de replicar.

A prática de fazer ofertas baixas no último momento possível — conhecida como *sniping* em leilões online — não provoca grandes danos em leilões de caridade, porque a maioria dos licitantes se sente caridosa. Eles ficam felizes por pagar preços altos para adquirir o que querem, sabendo que quanto maior o preço, mais contribuíram para a caridade.

Licitantes em leilões da FCC têm motivos diferentes dos doadores em um leilão de caridade, de modo que as regras de seus leilões visam eliminar parte das estratégias de licitação possíveis em um leilão silencioso. Um par de regras distintas elimina o *sniping*. Elas são a regra de fechamento, que sempre possibilita ao licitante a oportunidade de responder a lances tardios e a regra da atividade, que evita os licitantes de repentinamente elevar os lances perto do final do leilão. Essas regras também ajudam a garantir que os licitantes recebam um fluxo de informações ordenado durante o processo de licitação, de modo que possam planejar seus lances com maior eficiência.

7.2.1 O Leilão Ascendente Simultâneo e o *Tatonnement* Walrasiano

Analisamos o leilão ascendente simultâneo em duas partes. Na primeira, supomos que os licitantes adotam certas estratégias simples e identificam os resultados. Esta parte da análise, como a análise tradicional do *tatonnement* walrasiano, foca a convergência dos preços e quantidades a um equilíbrio competitivo. Analisamos a convergência a um equilíbrio competitivo tanto para o leilão ascendente simultâneo da FCC, no qual os licitantes anunciam os lances e de um leilão reverso (klok), no qual o leiloeiro define os preços aos quais os licitantes responderão.

A segunda parte refere-se à análise estratégica e se baseia na primeira parte. Voltaremos à análise do equilíbrio de Nash na seção 7.2.3.

Começamos perguntando quando existem preços de equilíbrio de mercado competitivos. Teorias tradicionais de equilíbrio competitivo supõem que as preferências são convexas e que os bens, divisíveis, mas o modelo que estudamos aqui não satisfazem essas condições. Pode haver outras condições gerais sob as quais se possa garantir a existência de um equilíbrio de preços competitivo? Se esses preços existirem, é possível que eles surjam de um processo monotônico como um leilão ascendente simultâneo, no qual os lances altos permanentes nunca diminuem de uma rodada a outra? As respostas a essas questões exigem uma cuidadosa análise formal.

Deixe N denotar o conjunto de licitantes, e $L = \{1, \ldots, L\}$ o conjunto de bens à venda, com um típico subconjunto S. De modo equivalente, podemos descrever qualquer subconjunto S de L por um vetor x de 0's e 1's, com $x_l = 1 \Leftrightarrow l \in S$. Se o licitante j adquirir a alocação x e pagar m por ela, seu payoff é $v^j(x) - m$. A correspondência da demanda para j é

$D^j(p) = \arg\max_x \{v^j(x) - p \cdot x\}$. Supomos que haja *descarte livre*, ou seja, $x \leq x'$ implica que $v^j(x) \leq v^j(x')$.

Em geral, quando os preços mudam e as demandam mudam com eles, haverá alguns preços aos quais os licitantes ficarão indiferentes em dois diferentes conjuntos de bens. Para tornar nossa definição de substitutos similar à habitual, limitamos a atenção aos vetores de preços p para o qual o conjunto de demanda $D^j(p)$ seja de *valor único*, isto é, para o qual o problema de otimização $\max_x \{v^j(x) - p \cdot x\}$ tenha uma solução única.

Definição.[9] Os bens são *substitutos* para o licitante j se no domínio de preço em que D^j tem valor único, para qualquer bem l, aumentar os preços dos outros bens não reduz a demanda do bem l:

$$[\hat{p}_{-l} \geq p_{-l}, \hat{p}_l = p_l] \quad \Rightarrow \quad D_l^j(\hat{p}) \geq D_l^j(p).$$

Suponhamos que os preços que podem emergir durante um leilão incluam apenas aqueles cuja demanda tem valor único em quase todos os vetores de preço. Nesse caso, essa não é uma restrição significativa.

Quando ocorrem novos lances, os altos permanentes e os licitantes que os fazem mudam. Simplificamos ligeiramente os procedimentos atuais da FCC. Deixe p ser o vetor dos lances altos permanentes depois de alguma rodada. Então suporemos que o vetor de lances mínimos para a próxima rodada é $(1 + \varepsilon)p$ para algum $\varepsilon > 0$, isto é, o lance mínimo é o lance alto permanente mais uma porcentagem fixa.[10] Supomos que o leilão abra com um vetor positivo de lances altos permanentes $\hat{p}$; tratamos o vendedor como o *licitante de lances altos permanentes* para cada bem. Assim, o vetor dos lances mínimos iniciais é $\hat{p}(1 + \varepsilon)$.

Durante um leilão ascendente simultâneo, a defasagem entre o lance alto permanente e o mínimo para a próxima rodada implica que diferentes licitantes têm diferentes oportunidades. O licitante com o lance mais alto

---

[9] Autores recentes, começando com Kelso e Crawford (1982), oferecem uma definição equivalente e chamam a condição correspondente de "substitutos brutos". Na terminologia econômica padrão, condições de "substitutos brutos" e de "complementos brutos" são condições baseadas em demandas marshallianas ("não compensadas"), diferenciadas das condições de substitutos e de complementos com base em demandas de Hicksian ("compensadas"). Em modelos com utilidade quase linear como os estudados no texto, não há diferença entre demanda hicksiana e marshalliana.

[10] As regras atuais para definir incrementos de lances podem ser mais complicadas e variar de uma rodada a outra. A regra adotada aqui simplifica nossa notação.

permanente com um lance b em algum bem poderia, em princípio, adquiri-lo pelo preço de b se não forem apresentados outros lances, mas qualquer outro licitante teria que pagar um preço mínimo de pelo menos $b(1+\varepsilon)$ para adquirir o mesmo bem, independentemente dos lances de terceiros.

Usaremos esses preços mínimos — que variam de acordo com o licitante — para organizar nossa análise, de modo que precisamos introduzir a notação correspondente.

Notação e Definição

1. S^j é o conjunto de bens em que j é o licitante de lance mais alto permanente atual.

2. $p^j = (p_{S^j}, (1+\varepsilon)p_{L-S^j})$ é o vetor de *preços personalizados* para o licitante j.

3. j faz lances *diretamente* se para cada realização possível do leilão as seguintes condições se mantiverem: (1) $S^j \subset D^j(p^j)$, (2) j faz novos lances a cada rodada no conjunto de bens $\hat{S}^j = D^j(p^j) - S^j$, e (3) o novo lance de j para qualquer bem $k \in \hat{S}^j$ é o preço mínimo do lance, p_k^j.

Intuitivamente, p^j é o vetor de preços mínimos nos quais j poderia adquirir os vários bens de acordo com as regras do leilão. Esses preços variam entre os licitantes, porque o licitante de lance alto permanente em qualquer bem poderia adquiri-lo a um preço menor do que está disponível para qualquer outro licitante.

Em geral, segundo as regras do leilão ascendente simultâneo, pode não ser *possível* que o licitante faça ofertas diretamente, porque a condição (1) pode não se manter. No *tantonnement* walrasiano, a condição (1) não é problema porque o licitante pode retirar o lance, mas no leilão ascendente simultâneo o licitante se compromete a permanecer com seus lances altos. O próximo teorema identifica exatamente o quanto a condição (1) é restritiva.

Teorema 7.2. Licitar diretamente é uma estratégia viável para o licitante j para todos os preços iniciais $\hat{p}$, todos os incrementos ε, e todos os caminhos de preços viáveis se e apenas se os bens forem substitutos para o licitante j.

Prova. O leilão não restringe o vetor x no qual o licitante j pode fazer uma oferta na primeira rodada, de modo que fazer lances diretamente é viável para aquela rodada. Suponha que a licitação direta seja possível por meio de

n rodadas e que os preços personalizados de j depois dela sejam p^j. A licitação direta requer que j ofereça p^j para os itens descritos pelo vetor $D^j(p^j)$. Na rodada $n+1$, os preços personalizados de j são $\tilde{p}^j \geq p^j$, e j é o licitante de lance alto permanente para os bens l para os quais $\tilde{p}_l^j = p_l^j$.

Se os bens são substitutos, $D_l^j(\tilde{p}^j) \geq D_l^j(p^j)$, então a licitação direta pede que j faça o lance exigido nos bens para os quais ele é o licitante de lance maior permanente. Assim, a estratégia satisfaz as restrições da licitação impostas pelo leilão e, portanto, é uma estratégia viável.

Por outro lado, se os bens não são substitutos para o licitante j, então existem dois bens k e l e vetores de preço p e $\tilde{p}$ tal que $\tilde{p}_{-k} = p_{-k}$, $\tilde{p}_k/p_k = 1 + \varepsilon > 1$, e $0 = D_l^j(\tilde{p}^j) < D_l^j(p^j) = 1$. Com um vetor inicial de lances mínimos $\hat{p} = p$ e fator de incremento ε, suponha que j faça oferta diretamente na primeira rodada. Então $D_l^j(p^j) = 1$; j demanda o bem l e pode se tornar o licitante de lance mais alto permanente para ele, enquanto outro licitante pode fazer oferta para o bem k e se tornar o licitante do lance maior permanente para esse bem. Nesse caso, a demanda de j na segunda rodada tem $D_l^j(\tilde{p}) = 0$, de modo que a condição (1) da definição da licitação direta é violada. ∎

A impossibilidade de licitar diretamente quando os bens não são substitutos é muito problemática para o desenho de um leilão. Isso significa que mesmo um pequeno licitante que não espera poder exercer muita influência nos preços não pode só responder a eles, porque os lances passados podem restringir os futuros feitos a diferentes preços (mais altos).

Por outro lado, quando os bens são substitutos para todos os licitantes, a licitação direta não só é viável, como produz resultados semelhantes aos do equilíbrio competitivo. O próximo teorema mostra que o leilão ascendente simultâneo gera preços e alocações que são alocações de equilíbrio competitivo para uma economia com quase os mesmos valores dos licitantes. Em especial, o resultado do leilão maximiza o valor total para todas as alocações possíveis dentro de um único incremento de lance.

Teorema 7.3. Suponha que os bens sejam substitutos para os licitantes e que eles façam lances diretamente. Então, o leilão terminará sem novos lances após um número finito de rodadas. Deixe $(\bar{p}, \bar{x})$ ser os lances altos permanente finais e a atribuição de bens. Então $(\bar{p}, \bar{x})$ é um equilíbrio competitivo para uma economia com funções de valoração $\hat{v}^j(x) = v^j(x) - \varepsilon \bar{p} \cdot (x - \bar{x}^j)^+$ para cada licitante j. A atribuição final maximiza o valor total para um único incremento de lance:

$$\max_x \sum_j v^j(x^j) \leq \sum_j v^j(\bar{x}^j) + \varepsilon \sum_j \bar{p}_j.$$

Prova. Considere o licitante *j* após uma rodada *n*. Como os bens são substitutos e *j* faz lances diretamente, se os preços personalizados de *j* no final da rodada *n* são p^j e se *j* for o licitante de lance mais alto permanente dos bens z^j, então *j* demanda z^j quando os preços para esses bens são fixos e os preços dos outros bens atingem níveis altos. Segue que *j* teria um lucro não negativo se o leilão terminasse depois de qualquer rodada *n*. Como essa declaração se aplica a todos os licitantes, o valor máximo total dos bens atinge o limite superior para o preço total de todos os bens após qualquer rodada do leilão. Como os incrementos dos lances têm limites inferiores positivos, o leilão termina após um número finito de rodadas.

O preço final personalizado de *j* para qualquer bem *k* satisfaz $p_k^j = \bar{p}_k(1 + \varepsilon(1 - \bar{x}_k^j))$. Assim, quando modificamos a valoração do licitante *j* como na declaração do teorema, a demanda de *j* no vetor de preço final $\bar{p}$ resolve $\max_x(\hat{v}^j(x) - \bar{p} \cdot x) = \max_x(v^j(x) - \varepsilon \bar{p} \cdot (x - \bar{x}^j)^+ - \bar{p} \cdot x) = \max_x(v^j(x) - p^j \cdot x)$. Comparando a primeira e última expressões, temos $D^j(p^j) = \hat{D}^j(\bar{p})$.

Pela regra de fechamento, inferimos que *j* não fez novos lances na rodada final. Assim, como *j* faz lances diretamente, $\bar{x}^j \in D^j(p^j)$. Pelo parágrafo anterior, isso implica $\bar{x}^j \in \hat{D}^j(\bar{p})$ para todos *j*, de modo que $(\bar{p}, \bar{x})$ é um equilíbrio competitivo com valorações modificadas.

Para mostrar que o leilão maximiza o valor total para um único incremento de lance, observe que

$$\max_x \sum_{j=1}^N v^j(x^j) = \max_x \sum_{j=1}^N [\hat{v}^j(x^j) + \varepsilon \bar{p} \cdot (x^j - \bar{x}^j)^+]$$

$$\leq \max_x \sum_{j=1}^N [\hat{v}^j(x^j) + \varepsilon \bar{p} \cdot x^j]$$

$$\leq \max_x \sum_{j=1}^N \hat{v}^j(x^j) + \varepsilon \sum_l \bar{p}_l$$

$$= \sum_{j=1}^N \hat{v}^j(\bar{x}^j) + \varepsilon \sum_l \bar{p}_l$$

$$= \sum_{j=1}^N v^j(\bar{x}^j) + \varepsilon \sum_l \bar{p}_l.$$

A primeira igualdade segue da definição das valorações modificadas, a primeira desigualdade da restrição de que todos os preços não negativos; e a desigualdade seguinte do fato que qualquer alocação viável desenha cada bem pelo menos uma vez. No quarto passo, usamos os fatos (i) que $(\bar{p}, \bar{x})$ é um equilíbrio competitivo para as valorações modificadas, (ii) que os equilíbrios competitivos são eficientes e (iii) que quando os payoffs são quase lineares, alocações eficientes maximizam o valor total. Finalmente, a última igualdade segue a definição de $\hat{v}^j(\cdot)$, que coincide com $v^j(\cdot)$ quando avaliada em $\bar{x}^j$. ∎

Na prática, o incremento de lance mais relevante para avaliar resultados em leilões da FCC é o incremento que se aplica quando os licitantes são os últimos elegíveis a fazer novos lances, que é normalmente perto do fim do leilão. Assim, podemos esperar que os resultados do leilão se aproximem muito dos equilíbrios competitivos quando os incrementos de lances próximos do fim do leilão são muito pequenos. As regras Milgrom-Wilson originalmente adotadas nos Estados Unidos pela FCC seguiram essa ideia ao reduzir incrementos de lances mínimos nos estágios finais do leilão.[11]

O próximo teorema afirma que se cada licitante considerar os bens como substitutos, então deve existir um equilíbrio competitivo nesse modelo, apesar da indivisibilidade dos bens. Além disso, o teorema afirma que se os incrementos dos lances forem pequenos, a alocação do leilão é uma alocação de equilíbrio competitivo. Milgrom (2000) derivou esses resultados.[12]

Teorema 7.4. Suponha que para cada licitante os bens são substitutos e que todos eles têm valores marginais positivos. Então, a economia com valorações modificadas como no Teorema 7.3 tem um equilíbrio competitivo, e para preços iniciais $\hat{p}$ e incrementos de lances $\varepsilon > 0$ suficientemente pequenos, a atribuição final $\bar{x}(\varepsilon, \hat{p})$ é a atribuição com algum equilíbrio competitivo.

---

[11] Mais tarde, a FCC mudou essa regra para reduzir custos de transação: incrementos menores no final do leilão produziam muitas rodadas custosas com relativamente poucos lances.

[12] Kelso e Crawford (1982) apresentaram um modelo intimamente relacionado de mercados de trabalho no qual as firmas fazem uma sequência de ofertas salariais para os trabalhadores análogas à sequência de lances em um leilão ascendente simultâneo. O leilão Kelso-Crawford tem a mesma regra de fechamento que o leilão ascendente simultâneo e limita de modo semelhante as desistências. As principais diferenças entre os modelos são duas. Primeira, o modelo tem uma aplicação mais generalizada, permitindo aos trabalhadores avaliar as ofertas considerando a identidade da firma e o salário que oferece. Segunda, ele requer apenas que um lance da firma vença seu próprio lance anterior para o mesmo funcionário, em vez de o melhor lance de qualquer firma para esse trabalhador.

Prova. Fixamos $\hat{p}$ baixo o suficiente para que cada bem atraia alguns lances na primeira rodada. O leilão deve, portanto, alocar cada bem a algum licitante. Com $\hat{p}$ fixado, podemos suprimir o argumento correspondente de $\bar{x}$.

Considere uma sequência de números positivos $\{\varepsilon_n\} \to 0$, e defina $(\bar{x}(\varepsilon_n), \bar{p}(\varepsilon_n))$ para ser a sequência correspondente dos resultados do leilão e $\hat{v}_n = (\hat{v}_n^j)_{j \in N}$ ser a sequência correspondente das funções de valoração modificadas. Como existe apenas uma quantidade finita de possíveis atribuições de bens, deve haver alguma atribuição $\bar{\bar{x}}$ que ocorre infinitamente com frequência ao longo da sequência.

Como cada preço de equilíbrio é não negativo e tem limite superior ao valor máximo do pacote completo de todos os bens, os vetores de preço se encontram em um conjunto compacto. Assim, existe uma subsequência $n(k)$ ao longo da qual $\bar{x}(\varepsilon_{n(k)}) = \bar{\bar{x}}$ e $\bar{p}(\varepsilon_{n(k)})$ converge para um vetor de preço $\bar{\bar{p}}$. Pelo Teorema 7.3, para cada k, $\bar{\bar{x}} = \bar{x}(\varepsilon_{n(k)}) \in D(\bar{p}(\varepsilon_{n(k)}) | \hat{v}_{n(k)})$. Por construção, porque $\varepsilon_{n(k)} \to 0$, temos $\hat{v}_{n(k)} \to v$. Porque a correspondência da demanda D tem um gráfico fechado de preços e valores, temos $\bar{\bar{x}} \in D(\bar{\bar{p}} | v)$, isto é, $(\bar{\bar{x}}, \bar{\bar{p}})$ é um equilíbrio competitivo. ∎

Os Teoremas 7.2, 7.3 e 7.4 supõem que os bens são substitutos. Notamos que licenças de espectro são uma classe importante de bens vendidos em leilões ascendentes. Na prática, o fato de as licenças de espectro serem substitutos ou complementos muitas vezes depende de como são definidas. Quando as licenças são grandes, como em muitos leilões de espectro no EUA, reunir múltiplas licenças pode não produzir significativas economias de escala e escopo e elas podem ser substitutos aproximados. Entretanto, quando licenças são tão pequenas que um licitante precise combinar várias para atingir economias de escala e escopo, elas provavelmente não são substitutos.

Qual é a gravidade em errar na suposição de que os bens são substitutos? Podemos estender os Teoremas 7.2, 7.3 e 7.4 a um conjunto de valoração mais amplo, para o qual os bens não precisam ser substitutos? O Teorema 7.2 demonstrou que não é possível fazer lances diretamente quando os bens não são substitutos. Segundo o próximo teorema, devido a Milgrom (2000), não podemos nem garantir a existência de um equilíbrio competitivo quando a condição de substitutos falha.

Teorema 7.5. Suponha que o conjunto de funções de valoração individual possíveis inclua todas para as quais os bens são substitutos e também inclui pelo menos outra função de valoração. Então, se há pelo menos três licitantes, há um perfil de valorações individuais possíveis como a que não existe nenhum equilíbrio competitivo.[13]

Um exemplo de duas licenças, dois licitantes, resumido na Tabela 2, oferece uma noção sobre esse teorema. A tabela mostra o valor dos dois licitantes de licenças A e B isoladamente e do pacote AB. Se $c > 0$, então as duas licenças não são substitutos para o licitante 1, pois a preços de até $a + 0.5c$ e $b + 0.5c + \varepsilon$, o licitante quereria comprar ambas as licenças se $\varepsilon < 0$, mas nenhuma das duas se $\varepsilon > 0$, de modo que a demanda para a licença A cai com um aumento no preço da licença B. Se há um licitante para quem as licenças não são substitutos, então podemos encontrar valorações tais que as licenças serão substitutos para outro licitante (aqui, o licitante 2), mas não existe equilíbrio competitivo.

Tabela 2.

Licitante	Valor		
	A	B	AB
1	a	b	$a + b + c$
2	$a + 0.6c$	$b + 0.6c$	$a + b$

Se $c > 0$, então o segundo licitante vê os dois bens como substitutos.

Suponha que exista um equilíbrio competitivo nesse exemplo, então a alocação de equilíbrio deve ser eficiente de modo que o licitante 1 adquira as duas licenças. Quando o licitante 2 não demanda nenhuma licença, os preços de equilíbrio devem satisfazer $p_A \geq a + 0.6c$ e $p_B \geq b + 0.6c$. Porém, essas condições implicam que $p_A + p_B \geq a + b + 1.2c$, de modo que o licitante 1 também não quer comprar. Assim, não existe nenhum preço de equilíbrio.

O terceiro licitante exigido pelo teorema nos permite reduzir qualquer leilão com múltiplos itens a um leilão equivalente com apenas dois itens.

---

[13] Gul e Stacchetti (1999) provam um teorema relacionado. Eles supõem que o conjunto de valorações possível inclui todas em que os licitantes demandam apenas um único item e que a quantidade de licitantes é, pelo menos, tão grande quanto a quantidade de bens mais 1. Eles concluem que, se o conjunto de avaliações possíveis incluir uma para a qual os produtos não sejam substitutos, então há um perfil de valorações individuais possível de modo que não haja equilíbrio competitivo.

Prova do Teorema 7.5. Primeiro descrevemos a prova. Escolhemos um licitante (licitante 1) para quem os bens 1 e 2 não são substitutos e então introduzimos dois outros licitantes com valoração linear idêntica dos bens. Fixamos seus valores para garantir que os preços de equilíbrio dos bens que não 1 e 2 sejam p_{-12}. Com esses preços fixados, definimos a função de valor indireta do licitante 1 condicionada a se 1 adquire o bem 1, o bem 2, ambos ou nenhum. Então introduzimos um quarto licitante que valoriza apenas os bens 1 e 2 para criar um problema de não existência como o do exemplo precedente a esse teorema. Finalmente, observamos que remover um dos licitantes com valorações idênticas não muda a conclusão.

Suponha que o licitante j tenha a função de valoração v^j tal que os bens não sejam substitutos. Então existe um vetor de preço $(p_{-k}, \tilde{p}_k)$, um número $\varepsilon \in \mathbb{R}_+$, e um par de bens, digamos 1 e 2, tal que $D_1^j(p_{-1}, \tilde{p}_1) = D_2^j(p_{-1}, \tilde{p}_1) = 1$ e $D_1^j(p_{-1}, \tilde{p}_1 + \varepsilon) = D_2^j(p_{-1}, \tilde{p}_1 + \varepsilon) = 0$. Podemos tomar $j = 1$.

Introduza os licitantes 2 e 3 com valorações lineares idênticas para pacotes x: $\tilde{v}(x) = (0, 0, p_{-12}) \cdot (x_1, x_2, x_{-12})$. Defina $\hat{v}(x_1, x_2) = \max_{x_{-12}} v^1(x_1, x_2, x_{-12}) - p_{-12} \cdot x_{-12}$. Deixe $a = \hat{v}(1, 0) - \hat{v}(0, 0), b = \hat{v}(0, 1) - \hat{v}(0, 0)$, e $c = \hat{v}(0, 0) + \hat{v}(1, 1) - \hat{v}(1, 0) - \hat{v}(0, 1)$. O padrão de demanda do licitante 1 implica que $c > 0$.

O licitante 4 valoriza apenas os bens 1 e 2. Como na Tabela 2, ele pagará até $a + 0.6c$ pela licença 1, até $b + 0.6c$ pela licença e até $a + b$ pelo par.

Por construção, em qualquer equilíbrio competitivo, os preços dos bens além de 1 e 2 devem ser, pelos menos, p_{-12}. Se qualquer equilíbrio competitivo tiver preços maiores para esses bens, então reduzi-los para p_{-12} preserva a demanda de 1 para cada unidade, de modo que também haja um equilíbrio com preços de p_{-12} para bens que não 1 e 2. Logo, podemos limitar a atenção a esses equilíbrios.

A próxima parte da prova segue exatamente o exemplo. A alocação de equilíbrio competitivo deve maximizar o valor total, atribuindo os bens 1 e 2 ao licitante 1. Porque o licitante 4 não adquire nenhuma licença, os preços dos bens 1 e 2 devem ser, pelo menos, $a + 0.6c$ e $b + 0.6c$, respectivamente, mas esses preços são inconsistentes com a compra dos bens 1 e 2 pelo licitante 1.

Finalmente, remova o licitante 3 e suponha que, ao contrário da declaração do teorema, essa economia tem algum equilíbrio competitivo $(\hat{p}, \hat{x})$. Para qualquer item $m \neq 1, 2$, se o licitante 1 adquirir o item m, então o licitante 2 não o faz, de modo que $\hat{p}_m \geq p_m$. Se o licitante 1 não adquirir o bem, então o licitante 2 o faz, de modo que $\hat{p}_m \leq p_m$ e há outro equilíbrio com $\hat{p}_m = p_m$. Logo, $((\hat{p}_1, \hat{p}_2, \hat{p}_{-12} \vee p_{-12}), \hat{x})$ é um equilíbrio competitivo com três licitantes, e se reintroduzirmos o licitante 3, podemos assumir que suas demandas a esses preços sejam iguais a zero. Assim, os preços e a alocação precedentes também formam um equilíbrio competitivo da economia com os quatro licitantes identificados anteriormente, ao contrário de nossa constatação de que não existe tal equilíbrio. ∎

A não existência de equilíbrio competitivo se relaciona ao *problema de exposição* enfrentado pelos participantes em um leilão ascendente simultâneo. Um licitante que começa fazendo ofertas segundo sua programação de demanda se expõe à possibilidade de fazer ofertas fora dessa programação em rodadas posteriores, vencendo uma coleção de bens que não quer a preços que ele ofereceu porque bens complementares se tornaram caros demais.

No exemplo da Tabela 2, se o licitante 2 adota uma estratégia não dominada, ele não parará até que os preços dos dois itens atinjam níveis de reserva. A esses preços, o licitante 1 perde dinheiro. Assim, se o licitante 1 suspeitar que o licitante 2 fará lances nessa forma, ele não fará ofertas agressivas para os dois itens e o resultado do leilão será ineficiente.

O intrigante na análise anterior é que alguns leilões de espectro que envolvem licenças complementares parecem ter funcionado bem. No leilão regional de banda estreita nos EUA em 1994, vários licitantes tiveram êxito em reunir coleções de licenças regionais de paging em espectros de banda única para criar o pacote necessário para um serviço de paging a nível nacional. No México, em 1997, a venda de licenças para administrar transmissões de micro-ondas ponto a ponto em várias áreas geográficas apresentou padrão semelhante. O que parece ser especial nesses leilões é que as licenças que eram complementares para licitantes que planejavam adquirir paging a nível nacional ou redes de transmissão de micro-ondas não eram substitutos para nenhum outro licitante.

Os teoremas identificam um problema em situações nas quais as licenças que são complementares para um licitante são substitutos para outro. O leilão DCS-1800 na Holanda, que ocorreu em fevereiro de 1998, ilustra a importância prática dessa possibilidade. Nesse leilão, foram oferecidos 18 lotes para venda. Dois deveriam ser grandes o bastante para que um novo entrante pudesse usá-lo para estabelecer um novo negócio de telefonia sem fio. Os 16 lotes restantes eram pequenos demais para terem valor individualmente para novos entrantes, mas poderiam ser usados para expandir os sistemas de operadoras sem fio estabelecidas. Alternativamente, um novo entrante que talvez adquirisse quatro ou seis licenças pequenas poderia combiná-las para apoiar a entrada em uma escala eficiente. As licenças menores seriam, portanto, complementos para novos entrantes, mas substitutos para estabelecidos. Os teoremas precedentes identificam exatamente esse padrão como problemático.

Segundo o Teorema 7.2, os novos entrantes tinham certeza de encontrar dificuldades para fazer ofertas para as licenças menores. Licitar diretamente em cada rodada é *inviável* segundo as regras do leilão. Pode-se esperar usar preços competitivos para prever as licitações, mas, segundo o Teorema 7.5, não existem preços de equilíbrio de mercado competitivos. Como demonstra nosso exemplo numérico, até licitantes que estão certos de que têm os maiores valores podem sensatamente se abster de ofertas agressivas nessas circunstâncias, porque pode não haver meio de vencer com lucro.

O resultado do leilão na Holanda parece confirmar essas preocupações. Os preços finais por unidade de largura de banda para os dois lotes grandes eram mais que o dobro do que qualquer outro dos 16 lotes menores. Os entrantes, dispostos a pagar preços altos por grandes partes do espectro, não pareceram dispostos a arriscar perdas reunindo partes menores do espectro.[14]

No próximo capítulo, voltaremos ao problema de licitar por complementos.

7.2.2 Leilões Reversos (Klok)

A implementação do leilão ascendente simultâneo pela FCC funcionou relativamente bem para licenças de espectro, nas quais cada item vendido pode ser considerado único. Uma de suas desvantagens práticas foi a duração dos leilões resultantes. Na prática, alocações para quase todos os bens mudam pouco depois da metade do leilão; a segunda metade meramente define a alocação de algumas licenças menores.

Para verificar por que o leilão transcorre de forma tão lenta e como seria possível acelerá-lo, pense nesse exemplo simples. Suponha que $n + 1$ licitantes concorram para comprar n objetos idênticos; um licitante pode adquirir somente um objeto. Suponha que o preço inicial seja zero, que cada licitante faça ofertas diretas, que o novo lance mínimo por qualquer objeto seja o lance alto permanente mais 1, e que cada licitante tenha um valor de $v > 1$

---

[14] Parte da diferença de preço também é atribuída a outras diferenças no espectro oferecido nos diversos tipos de licença.

para qualquer objeto. Na primeira rodada do leilão e até $n - 1$ rodadas subsequentes, todos os novos lances terão o preço de 1 para algum objeto que ainda não recebeu nenhum lance. Em cada rodada após essa fase inicial, n licitantes serão licitantes de lances altos permanentes em algum item e não farão novas ofertas, enquanto os licitantes restantes elevarão o preço de algum item em 1. Portanto, a receita total do leilão aumentará em 1 a cada rodada. Logo, o leilão tomará entre $n \lfloor v - 1 \rfloor + 1$ e $n \lfloor v \rfloor$ rodadas.[15]

Um dos motivos pelos quais o leilão ascendente simultâneo padrão é tão lento é o fato de que ele não tira vantagem da homogeneidade dos itens. Para vendas de commodities como títulos ou energia elétrica, esse defeito é decisivo. Duas alternativas ao desenho do leilão simultâneo corrigem esse defeito. O mais simples é um tipo de leilão selado como o de lance mais alto rejeitado descrito anteriormente. Se os licitantes se comportarem diretamente, este leilão gera um preço competitivo quando há só um tipo de bem à venda. Mesmo com licitação direta, esse leilão não é adequado quando há vários bens imperfeitamente substituíveis a serem vendidos.

A segunda alternativa é o leilão reverso (klok), no qual o leiloeiro posta preços de cada tipo de bem em um relógio digital. Intuitivamente, o leilão é simples: em cada rodada, o leiloeiro aumenta os preços por um incremento para bens cuja demanda supera a oferta. Os leilões klok incorporam muitos dos mesmos princípios que o leilão ascendente simultâneo e o desenho pode acomodar itens heterogêneos que requerem preços individuais e homogêneos que requerem um preço único.

Embora, em princípio, o leilão klok seja simples, implementá-lo apresenta desafios práticos. Como o leiloeiro aumenta os lances em incrementos discretos, os preços podem passar do limite, exigindo sutis ajustes ao desenho. Por exemplo, no caso simples descrito anteriormente, o que as regras devem especificar se 10 unidades de um bem são oferecidas, mas a demanda cai de 11 para 9 em alguma rodada quando os preços aumentam?

Como discutiremos a seguir, uma solução teórica para esse problema é o leiloeiro obter mais informações dos licitantes do que apenas visar estimativas de suas demandas aos preços prevalentes. O leiloeiro pode usar as informações adicionais para decidir a quem atribuir os bens quando a mudança de preços muda os sinais de excesso de demanda. Até hoje, os verdadeiros leilões klok também têm pedido informações adicionais além de suas demandas aos preços atuais.

---

[15] A notação $\lfloor v \rfloor$ denota o maior inteiro menos que ou igual a v.

A compra de energia em Nova Jersey em 2002, em que as concessionárias de energia a adquiriram para seus clientes, ilustra parte das dificuldades de implementar um leilão klok. Suponha que os licitantes demandem quatro tipos de produtos de energia, rotulados de A a D. Suponha que, em alguma rodada, os produtos A e B sejam sobrescritos *em excesso* (demanda excede a oferta aos preços atuais) e os produtos C e D são subscritos em nível insuficiente (demanda é inferior à oferta). Suponha que o leiloeiro aumente os preços dos produtos A e B e que, depois da mudança, eles atinjam pedidos abaixo do mínimo e os produtos C e D são pedidos em excesso. Como as regras devem reagir a esse cenário? As regras do leilão de Nova Jersey pediam que os licitantes que passassem os lances em A ou B e para C ou D para atribuir seus novos lances em C e D às trocas de A e B. Um conjunto complexo de regras às vezes não permitia mudanças para evitar criar um produto com baixa demanda. As regras também definiam que se a troca de um licitante de A para B fosse anulada e o vencedor acabasse vencendo o produto A, então o preço do licitante para A não seria maior do que o preço mais alto que ele tinha ofertado voluntariamente.

A Electricité de France (EDF) usou o desenho de um leilão klok relacionado mas distinto para sua venda de energia em 2002 e 2003.[16] As vendas da EDF ocorrem a cada três meses. Os produtos vendidos são contratos de fornecimento de diferentes durações, indo de 3 a 36 meses. Em princípio, essas múltiplas durações poderiam criar os mesmos tipos de complexidades que as causadas por múltiplos produtos no leilão de Nova Jersey. Na prática, essas complexidades foram evitadas pela maneira pela qual a venda foi estruturada.

Antes de cada leilão, a EDF determina a capacidade total que deseja oferecer, baseada principalmente na capacidade que tem disponível nos primeiros três meses do período do contrato. Usando os preços em outros mercados europeus, ela determina diferenças Δ_n e exige que o preço por megawatt-hora para um contrato de n meses seja Δ_n mais que o preço do contrato básico de três meses. O Δ define uma *regra de classificação* que possibilita à EDF administrar o leilão como se estivesse vendendo um único produto homogêneo, ou seja, capacidade no primeiro período de três meses dos contratos.

O leilão da EDF usa *agentes* de licitação eletrônica para acelerar o processo enquanto repete o que aconteceria um leilão klok, com preços continuamente crescentes. O leilão real segue com uma série de rodadas. As regras especificam um aumento de preço planejado δ para cada rodada. Durante a

---

[16] Os produtos da EDF eram chamados de "usinas elétricas virtuais" porque os compradores tinham acesso contratual à capacidade da usina, mas a EDF continuou a operar as unidades físicas.

rodada, somente os agentes eletrônicos fazem lances, especificando quantidades demandadas a cada preço. Os preços de cada tipo de contrato aumentam constantemente durante a rodada. Ela termina quando (1) os preços dos contratos de cada duração aumentaram em δ, ou (2) a demanda total diminui abaixo da oferta total. Quando ocorre a segunda condição, o leilão termina. A EDF escolhe um δ grande o bastante para que o leilão termine em cerca de cinco rodadas.

As rodadas eletrônicas são essencialmente instantâneas. Entre elas, há uma pausa longa o suficiente para os licitantes instruírem seus agentes a fazer lances durante a próxima rodada. O leiloeiro fornece um formulário para anotar essas instruções. Cada licitante humano dá a seu agente um vetor inicial de demandas de quantidade para a rodada, que (exceto na primeira rodada) deve se equiparar às suas demandas finais da rodada anterior. Além disso, o licitante humano pode especificar qualquer número finito de mudanças na demanda durante a rodada. Uma instrução típica para um agente mudar a demanda do licitante especifica que passados 40% da rodada, quando todos os preços aumentaram 0.4δ, o agente eletrônico deve reduzir a demanda do produto 1 em 100 unidades e aumentar sua demanda para o produto 2 em 50 unidades. Em geral, uma instrução especifica uma porcentagem e uma lista de mudanças de demanda, sujeitas à restrição de que a quantidade total de unidades demandadas não pode aumentar à medida que os preços sobem.

Quando o leilão termina, a EDF se compromete com uma determinada capacidade de fornecimento nos três primeiros três meses e alguma capacidade menor para cada mês subsequente. Porque a capacidade não comprometida da EDF é aproximadamente constante, este plano é sempre tecnicamente viável. O resultado costuma deixar capacidade não comprometida para o próximo leilão, que ocorrerá três meses depois.

A EDF conduz suas vendas como se enfrentasse apenas uma limitação, a disponibilidade de capacidade no período dos três primeiros meses, e o resultado é um desenho drasticamente simplificado. A realidade de limitações múltiplas é acomodada pela realização de vários leilões ao longo do tempo. Esse tipo de desenho não foi viável para o caso de Nova Jersey, no qual múltiplos tipos de limitações de produto aplicavam-se ao mesmo período e todos precisavam ser resolvidos em conjunto. Nova Jersey precisava de um leilão que pudesse resolver um problema de combinação de multiprodutos, não apenas o de definir uma demanda total geral igual à oferta total geral.

Demange, Gale e Sotomayor (1986) criaram uma forma teórica adequada para realizar leilões reversos para situações similares à de Nova Jersey, mas sua análise supõe que cada comprador quer apenas um único item. Gul e Stacchetti (2000) estenderam essa análise para o caso geral de demandas por bens que são substitutos para cada licitante.

Bens discretos criam problemas práticos e teóricos em leilões klok, porque em momentos críticos durante o leilão os preços deixam os licitantes exatamente indiferentes entre diferentes pacotes de produtos. Para aumentar os preços dos produtos com excesso de demanda, é preciso definir esse excesso quando os licitantes são indiferentes entre algumas alocações.

O modo teoricamente correto de identificar bem o excesso de demanda requer que cada licitante informe todo o conjunto de pacotes entre os quais é indiferente a preços atuais. Para explicar o processo Gul-Stacchetti, pense em um caso simples, no qual não há indiferenças. Nesse caso, cada licitante demanda um pacote específico de produtos para que se possa identificar a coleção de produtos para os quais a demanda estritamente excede a oferta. Esse conjunto de bens é um *conjunto com excesso máximo de demanda*, isto é, um conjunto que maximiza a diferença entre demanda e oferta. Por construção, este também é conjunto *menor*. No caso geral, quando indiferenças são possíveis, o leiloeiro novamente deve identificar o menor conjunto com o excesso máximo de demanda. Se este conjunto tem excesso de demanda positiva, o leiloeiro deve aumentar os preços exatamente deste conjunto de bens.

Para identificar o menor conjunto com o máximo de excesso de demanda, introduzimos a seguinte notação. Para cada conjunto de produtos B e vetor de preço p, deixe $\#D(B, p)$ denotar a quantidade de produtos demandada do conjunto B. Se pelo menos um licitante tem mais que uma alocação com maximização de payoff, então deixe $\#D(B, p)$ ser o mínimo total de quantidade de produtos demandados do conjunto B em qualquer perfil de escolhas ótimas para os licitantes. Deixe $\#S(A)$ denotar o número total de unidades ofertadas de todos os produtos do conjunto A. Então o conjunto B tem um *máximo de excesso de demanda* ao vetor de preço p se $\#D(B, p) - \#S(B) = \max_A (\#D(A, p) - \#S(A))$. O menor *conjunto com o máximo excesso de demanda* é qualquer conjunto B com excesso de demanda máxima tal que nenhum subconjunto tenha excesso de demanda máxima.

Para ilustrar o cálculo de um conjunto com excesso de demanda máxima, suponha que há dois produtos e apenas um licitante, e que este é indiferente entre os pacotes (4,3) e (3,4). Nesse caso, $\#D(\{1\}, p) = 3$, $\#D(\{2\}, p) = 3$ e $\#D(\{1, 2\}, p) = 7$. Se o vendedor tem três unidades de cada produto disponíveis à venda, então os produtos individuais não têm excesso de demanda, porque a quantidade mínima de unidades demandadas para cada produto individual não excede a oferta. Neste exemplo, porém, o conjunto {1,2} tem excesso de demanda, porque a quantidade mínima total de unidades demandadas do conjunto é 7, que excede a oferta disponível.

O leilão klok continua a aumentar os preços em ambos os bens em conjunto até que a demanda defina mudanças. Por exemplo, pode ocorrer que à medida que os preços sobem, o comprador atinja um ponto em que, além dos pacotes (4,3) e (3,4), o pacote (3,3) se torne uma opção ótima. Nesse ponto, o leilão klok acabará, com a demanda igual à oferta para cada produto.

Gul e Stacchetti (2000) estudam um modelo de leilão klok, supondo que as valorações são inteiros e que os preços aumentam em uma única unidade a cada rodada. Eles aplicam a teoria matroide para provar que se os bens são substitutos e todos os licitantes informam suas demandas verdadeiramente, então existe uma alocação nos preços finais que compensa exatamente o mercado. Em outras palavras, se os bens são substitutos, os preços do procedimento que acabamos de descrever convergem para um vetor de preço de equilíbrio competitivo.

De um ponto de vista, esse resultado é intuitivo: o leilão klok parece gerar preços semelhantes aos do leilão ascendente simultâneo da FCC com licitação direta, e já vimos como o desenho do leilão da FCC gera resultados quando os bens são substitutos. Pesquisas realizadas até hoje, porém, são apenas sugestões e ainda não unificaram as duas abordagens.

7.2.3 Incentivos Estratégicos em Leilões de Preço Uniforme

Em seguida, falaremos da questão de incentivos para comportamento estratégico em leilões de preço uniforme. Nossa análise anterior focou leilões selados e revelou equilíbrios com preços bem abaixo dos valores marginais dos bens. Especialmente em modelos contínuos, mostramos que tais equilíbrios são comuns, independentemente da quantidade de licitantes. Obtivemos resultados similares em modelos discretos com muitos bens e muitos licitantes.

Em cada caso, usamos um modelo de informações completo e o equilíbrio que identificamos possibilitou a cada licitante um conjunto infinito de melhores respostas. Além disso, um dos modelos produziu um *continuum* de equilíbrios de Nash — uma conclusão que dificilmente inspira confiança nas previsões de modelos. Pode-se perguntar se uma modelagem mais detalhada do ambiente, adicionando incerteza ou dinâmica, ou ambas, poderia identificar os equilíbrios mais plausíveis. Anteriormente, discutimos algumas tentativas de adicionar incerteza ao modelo e os resultados mistos que produziram. Nesta seção, criamos um modelo dinâmico de um leilão klok e demonstramos sua equivalência estratégica com um determinado leilão selado. Então, usamos um domínio fraco e um conceito baseado em uma indução reversa para tentar descartar alguns dos equilíbrios extremos encontrados em nossas análises prévias.

7.2.3.1 O Modelo Básico de Leilão Klok

Modelamos um leilão klok com N licitantes em que NS unidades de um bem perfeitamente divisível são postas à venda. Um licitante j que adquire q unidades a um preço p tem um payoff de $V^j(q) - pq$. Suponha que V^j é contínuo e estritamente côncavo e deixe $\hat{q}^j(p) = \arg\max_{x \in \mathbb{R}_+} (V^j(x) - px)$ ser a função de demanda associada.

O relógio começa a um preço de reserva r e aumenta em pequenos incrementos de uma rodada a outra. Cada licitante anuncia a quantidade que demanda ao preço atual e a regra da atividade proíbe aumentar essa quantidade de uma rodada a outra. O leilão termina assim que a quantidade total demandada por todos os licitantes é inferior ou igual à quantidade oferecida, que é NS unidades. Para garantir que o jogo seja bem definido, suponha que o leilão terminará com certeza quando ele atingir um preço muito alto pré-especificado. Quando o leilão termina, o preço da transação é definido no valor atual mostrado no relógio e cada licitante recebe a quantidade que demandou por aquele preço.

Para minimizar a possibilidade de que licitantes possam tentar obter equilíbrio por meio de conluio e retaliar um contra o outro para gerar desvios, suponha que a única informação que os licitantes recebem durante o leilão é o preço atual. Com essa suposição, o preço atual resume todas as informações públicas em qualquer momento do leilão, de modo que estratégias puras (reduzidas) especificam lances que dependem somente do preço atual.[17] Se

---

[17] Lembre que uma *estratégia reduzida* é uma classe equivalente de estratégias puras que sempre induzem ao mesmo resultado. Nossa análise do leilão holandês e do ascendente em capítulos anteriores também usou estratégias reduzidas.

No caso presente, como os licitantes conhecem o histórico de seus lances passados além do preço atual, uma estratégia pura é formalmente um mapa do preço atual e das quantidades passadas do licitante para uma demanda de quantidade atual. Note, porém, que dada qualquer estratégia pura Q e qualquer preço p, pode-se identificar a quantidade única que o licitante demandará se o preço atingir p. Assim, uma estratégia pura Q implica um mapa q de preços a quantidades. Qualquer uma das duas estratégias que induza ao mesmo mapa q necessariamente gera os mesmos resultados, de modo que essas estratégias são equivalentes. A função não crescente $q(p)$ que mapeia preços a quantidades de lances caracteriza a classe equivalente, de modo que a chamamos de estratégia reduzida e a usamos em nossa análise. No texto, geralmente chamamos q de "estratégia", omitindo o adjetivo "reduzida".

o conjunto de preços possíveis é o conjunto de todos os números não negativos, então a estratégia é uma função não crescente $q : \mathbb{R}_+ \to [0, NS]$ mapeando possíveis preços a quantidades.

Esse modelo destaca as estreitas relações entre o leilão klok e o selado de preço uniforme. Quando modelamos o leilão klok como anteriormente, ambos adotam o mesmo espaço de estratégia e mapeamento de payoff. As únicas diferenças são que (1) os leilões klok permitem uma análise dinâmica usando induções reversa e (2) até agora usamos um espaço de preços discreto no leilão klok e um espaço de preço contínuo no leilão selado. Vamos agora remover esta última diferença para que os preços sejam contínuos nos dois casos. Também, por motivos técnicos, restringimos a atenção a estratégias contínuas.

Primeiro, identificamos e eliminamos algumas estratégias fracamente dominadas.

Teorema 7.6. Suponha que haja $N \geq 2$ licitantes. Deixe $q(p)$ ser qualquer estratégia para o jogo do leilão klok e deixe $\bar{q}(p) = \min(q(p), \hat{q}(p))$. Se $q \neq \bar{q}$, então $\bar{q}$ domina q fracamente.

Prova. Suponha $q \neq \bar{q}$. Porque $N \geq 2$, existem estratégias para o(s) outro(s) licitante(s) tal que q e $\bar{q}$ levem a preços diferentes no resultado do leilão. Assim, é suficiente provar que sempre que os resultados correspondentes às duas estratégias diferem, $\bar{q}$ sempre ganha estritamente mais que q.

Para qualquer perfil de estratégia oposto, suponha os resultados $(p, q(p))$ e $(\bar{p}, \bar{q}(\bar{p}))$ que provêm de jogar q e $\bar{q}$ são desiguais. Então porque $\bar{q} \leq q$ a cada preço, temos $\bar{p} < p$. Pela definição de $\hat{q}$, o resultado $(p, \hat{q}(p))$ é fracamente mais lucrativo para um licitante que $(p, q(p))$. Porque $\bar{p}$ não é um preço de equilíbrio de mercado para a função de demanda q, segue que $(\bar{p}, \bar{q}(\bar{p})) = (\bar{p}, \hat{q}(\bar{p}))$. Também, o licitante prefere $(\bar{p}, \hat{q}(\bar{p}))$ a $(p, \hat{q}(p))$, porque ambas são demandas tomadoras de preço e esta última envolve um preço mais alto. Assim, o licitante prefere $(\bar{p}, \bar{q}(\bar{p}))$ a $(p, q(p))$. ∎

Em seguida, ilustramos o uso da indução reversa aplicando um simples modelo simétrico. Neste modelo, cada licitante tem a mesma função de valoração diferenciável contínua, côncava e estritamente crescente $V(q)$ com função de demanda correspondente $\hat{q}$.

Teorema 7.7. Para qualquer preço de reserva r e qualquer quantidade de N licitantes, a estratégia $q(p) = \min(S, \hat{q}(p))$ é um equilíbrio de Nash simétrico no jogo do leilão klok.

Prova. Se cada licitante adotar a estratégia especificada, então nenhum deles demandará mais que S, de modo que a licitação para de imediato ao preço de reserva r, e cada licitante adquire $\min(S, \hat{q}(r))$ unidades ao preço r. Por inspeção, entre todos os desvios que levam o desviador a adquirir uma quantidade inferior a S, nenhum recebe um payoff maior que a estratégia de equilíbrio, porque nenhum produz um preço menor que r.

Assim, se não houver nenhum desvio lucrativo, ele deve permitir que o desviador adquira $\tilde{q} > S$ a algum preço $\tilde{p} > r$. Usando o Teorema 7.6, podemos supor sem perda de generalidade que $\tilde{q} \leq \hat{q}(\tilde{p})$. As duas desigualdades precedentes implicam que ao preço $\tilde{p}$, cada um dos $N-1$ licitantes que não se desviam adquirem $\min(S, \hat{q}(\tilde{p})) = S$. Logo, a quantidade total comprada é $\tilde{q} + (N-1)S > NS$, demonstrando que não há equilíbrio de mercado. ∎

Note que, se $\hat{q}(r) \geq S$, então o valor para um licitante ao adotar a estratégia de equilíbrio é $V(S) - rS$, que é decrescente em r. Se $\hat{q}(r) \leq S$, então o valor correspondente é $V(\hat{q}(r)) - r\hat{q}(r)$, que outra vez é decrescente em r. Porque esse valor sempre é decrescente em r, segue que sempre é do interesse do licitante agir para parar o leilão imediatamente. Pode-se formalizar esse argumento apresentando uma prova alternativa do Teorema 7.7.

O teorema identifica um equilíbrio consistente com a indução reversa. Depois de qualquer histórico de ofertas, os licitantes efetivamente se veem em um novo jogo que começa ao preço atual. O teorema afirma que a estratégia proposta, restrita ao novo jogo, aqui é um equilíbrio de Nash simétrico. Essa propriedade de indução reversa é similar, mas não idêntica à propriedade determinante do subjogo do equilíbrio perfeito.[18]

Note que a estratégia de equilíbrio identificada pelo teorema depende da oferta per capita de S, mas não da quantidade de licitantes, N. Assim, a teoria prevê que um aumento proporcional na quantidade de licitantes e na oferta

---

[18] Em um jogo de recall perfeito como esse, um subjogo começa só com um nó em que nenhum licitante tem informações privadas. Licitantes no modelo tratado aqui são privadamente informados sobre suas escolhas de quantidades passadas, de modo o que chamamos de "novo jogo" no texto não é um subjogo de acordo com a definição padrão.

total não necessariamente aumenta a concorrência efetiva no leilão. Também descobrimos algo sobre a seleção do equilíbrio: dominância fraca e indução reversa, por si só, não eliminam equilíbrios com preços muito baixos.

7.2.3.2 O Leilão Klok com Movimento Alternante

Ausubel e Schwartz (1999) exploram a ideia de que a indução reversa pode, de fato, selecionar um equilíbrio com preço baixo como o equilíbrio único. Para eliminar a multiplicidade dos equilíbrios encontrados em outros modelos, Ausubel e Schwartz adicionam duas novas suposições. Primeiro, os licitantes fazem ofertas em sequência, de modo que os movimentos não são simultâneos como em outros modelos. Segundo, cada licitante observa os lances anteriores antes de escolher a própria quantidade. Essas mudanças convertem o leilão em um jogo de forma extensiva com informações perfeitas. É o resultado-padrão da teoria dos jogos que, genericamente, jogos finitos com informações perfeitas têm equilíbrios únicos consistentes com a indução reversa.[19] Embora não possamos aplicar esse resultado diretamente a leilões, veremos a seguir que um certo modelo de leilão klok com movimentos alternantes tem um equilíbrio único.[20]

Em nosso modelo, dois licitantes têm funções de valoração diferenciáveis, crescentes e estritamente convergentes $V^1(q)$ e $V^2(q)$, com $V^1(0) = V^2(0) = 0$. Há um bem divisível à venda. O leilão tem um preço de reserva de r.

O *estado* do leilão é um par (p, q), onde p representa o preço atual no relógio e q representa a quantidade de unidades atualmente demandadas por todos os licitantes, exceto o atual. O estado inicial do leilão é $p = r$ e $q > 1$.

A qualquer rodada $n \geq 1$, só um licitante faz o lance.

Se n é ímpar, o licitante 1 observa o estado variável (p, q) e escolha uma quantidade q_1. Se $q_1 + q \leq 1$, então o leilão termina a um preço p, o licitante

---

[19] Isso significa que se há N jogadores e K nós terminais em forma extensiva e se considerarmos os payoffs como um elemento em $\mathbb{R}^{NK}$, então o conjunto de payoffs para o qual o jogo tem mais que um equilíbrio tem a medida zero de Lesbesgue. Esse fato sugere que a ausência de unicidade requer uma rara coincidência, ou algum motivo pelo qual os nós terminais tenham uma estrutura especial. Jogos de leilão tem esta última propriedade: vários caminhos pelos quais o leilão pode levar a preços e alocações idênticos e, assim, a payoffs idênticos.

[20] O modelo desenvolvido no texto difere um pouco do modelo original de Ausubel-Schwartz. Eles modelaram um leilão ascendente simultâneo no qual os preços de diferentes unidades podem variar, enquanto o texto modela um leilão klok com preço uniforme.

1 obtém a quantidade q_1 e o licitante 2 obtém a quantidade q. Neste caso, dizemos que 1 *aceita* o estado. Se ele não aceitar o estado, então a rodada avança. O estado variável para a próxima rodada se torna $(p+1, q_1)$. Intuitivamente, 1 é o licitante do lance mais alto permanente na quantidade q_1 e preço $p+1$.

Se n é par, ocorre um processo análogo, mas é o licitante 2 quem faz o lance. O licitante 2 observa o estado variável (p, q) e escolhe a quantidade q_2. Se $q + q_2 \leq 1$ (2 aceita), o leilão termina com o preço p, e os licitantes 1 e 2 obtêm q e q_2 unidades, respectivamente. Caso contrário, o leilão continua para a próxima rodada com o estado $(p+1, q_2)$.

Logo veremos que há um equilíbrio único deste jogo consistente com a indução reversa. Por hora, suporemos temporariamente a unicidade e caracterizaremos as estratégias de equilíbrio. Considerando o estado (p, q), j pode aceitar e obter um payoff de

$$\alpha^j(p, q) = \max_{x \in [0, 1-q]} (V^j(x) - px). \tag{7.6}$$

Alternativamente, ele pode rejeitar ou fazer o lance aceitável para o licitante i:

$$\beta^j(p) = \max_{x \in [0,1]} (V^j(x) - (p+1)x)$$

$$\text{sujeito a} \quad \alpha^i(p+1, x) \geq \beta^i(p+1). \tag{7.7}$$

Calcular α^1 e α^2 é direto. Para calcular β^1 e β^2, observe que, se o preço p é alto o suficiente, então $0 \leq \beta^j(p) \leq \max_{x \in [0,1]}(V^j(x) - (p+1)x) = 0$. Assim, pode-se construir as duas funções iterativamente, iniciando com preços altos.

Teorema 7.8. *O jogo de leilão klok alternante descrito anteriormente tem um equilíbrio único. Em equilíbrio, dado o estado (p, q), o licitante ativo j aceita se $\alpha^j(p, q) \geq \beta^j(p)$. Caso contrário, o licitante ativo j faz um lance levando a um estado que o outro licitante aceitará. O lance resolve (7.7), e o payoff de j é $\max(\alpha^j(p, q), \beta^j(p))$.*

Prova. Provamos unicidade por indução. Por suposição, há um preço em que as demandas ótimas são zero; com qualquer preço suficientemente alto, o licitante ativo sempre o aceita, e o leilão termina. O payoff do licitante ativo j então é $\max(\alpha^j(p, q), \beta^j(p))$. Nós prosseguimos por indução matemática.

Deixe $\bar{p}$ ser o preço para o qual o teorema prevê um equilíbrio único. Ao preço $\bar{p} - 1$, o licitante ativo j tem três opções. A primeira é aceitar, receber o payoff $\alpha^j(\bar{p} - 1, q)$. A segunda é fazer uma oferta aceitável. Pela hipótese indutiva, o outro licitante aceitará essa oferta na próxima rodada, então j receberá o payoff $\beta^j(\bar{p} - 1)$ e, por (7.7), o outro licitante receberá $\alpha^i(\bar{p}, q) = \beta^i(\bar{p})$. Sua terceira opção é fazer uma oferta inaceitável. Nesse caso, pela hipótese indutiva, o payoff do outro licitante é novamente $\beta^i(\bar{p})$. O payoff total no jogo da continuação deve ser menor neste caso do que se j fizer uma oferta aceitável, porque o preço aumenta no jogo da continuação. Assim, o payoff de j neste caso é menor se ele fizer uma oferta inaceitável.

Logo, o payoff máximo de j em $\bar{p} - 1$ é $\max(\alpha^j(\bar{p} - 1, q), \beta^j(\bar{p} - 1))$. Logo, a caracterização de equilíbrio se aplica a qualquer preço. ∎

Corolário 7.9. O preço final no equilíbrio único do leilão klok alternante consistente com a indução reversa é $p = r$ ou $p = r + 1$.

Prova. Segundo o Teorema 7.8, na primeira rodada, o licitante 1 aceita ou faz uma oferta que leve a um estado que 2 aceite. No primeiro caso, o preço é $p = r$. No segundo, o preço é $p = r + 1$. ∎

Assim, o leilão klok com lances alternantes restringe o conjunto de equilíbrios, mas não em equilíbrios competitivos. Como em modelos de barganha com ofertas alternantes, um licitante que prevê que acabará ganhando apenas x unidades tem o incentivo de terminar o leilão cedo, obtendo essas unidades a preço baixo. Os licitantes vencedores, então, oferecem apenas o suficiente para ganhar todos os itens.

7.2.3.3 Incentivos Estratégicos com Oferta Elástica[21]

Até agora, limitamos a atenção a modelos nos quais a quantidade oferecida é fixa e experimentada para descartar equilíbrios de preço baixo estudando desenhos de leilões em detalhes. Ofertas fixas são uma característica

---

[21] A análise nesta seção baseia-se em Klemperer e Meyer (1989) e McAdams (2002). A análise de Klemperer e Meyer caracteriza equilíbrio em um modelo no qual a oferta é incerta e elástica. Eles não encontram equilíbrios similares aos equilíbrios de preço zero. A análise de McAdams observa que pouquíssimos equilíbrios de preço baixo podem ser eliminados com a modificação das regras do leilão de modos que se assemelhem ao aumento da elasticidade da oferta.

importante de alguns ambientes reais. Por exemplo, nos mercados de energia da Califórnia de 1999-2000, consumidores de energia pagavam um preço regulado e um mercado de leilões determinava a oferta para atender a demanda fixada. Ganhar-se-ia muito se ambos os lados do mercado pudessem fazer lances?

Nesta seção, modificamos o modelo básico do leilão klok para acomodar uma oferta que varia com o preço segundo uma função de oferta inversa crescente $P(q)$. Caso contrário, as regras do leilão se comparam às do leilão klok básico. Uma estratégia (reduzida) para o licitante i no jogo que começa com reserva r é uma função contínua, não crescente $q^i(p|r)$. O leilão termina assim que houver excesso de oferta, isto é, ao menor preço $p \geq r$ para o qual $p \geq P(\sum_{j \in N} q^j(p|r))$. Quando o mercado compensa ao preço p, o payoff do licitante j é $V(q^j(p)) - pq^j(p)$. Lembre que $\hat{q}(p)$ é a demanda competitiva de um licitante com valoração V.

Para fins de ilustração, supomos um modelo simétrico linear-quadrático, escalando a oferta segundo o número de licitantes N. Assim, deixe $P(q) = a + b(q/N)$ ser a função de oferta inversa e suponha que as funções de valor do licitante são $V(q) = \alpha q - \frac{1}{2}\beta q^2$. Deixe q_N^* denotar a quantidade simétrica de Cournot e deixe $NS(p)$ ser a oferta total, para que $S(p) = (p-a)/b = P^{-1}(p)/N$ seja a função de oferta por licitante correspondente a P.

Teorema 7.10. Defina $q(p, r) = \min(\hat{q}(p), \max(q_N^*, S(r)))$. Então, a estratégia $q(p, r)$ é um equilíbrio simétrico de Nash quadrático linear[22] com preço de reserva r. Além disso, não há equilíbrio simétrico no qual o preço é menor que o preço Cournot p_N^*.

Prova. Pode-se estender o Teorema 7.6 a este modelo, de modo que podemos limitar a atenção aos desvios que satisfazem $q(p, r) \leq \hat{q}(p)$ e de modo que o preço nunca exceda o preço competitivo p^*. (O resultado no caso onde $r > p^*$ é desinteressante e imediato.) No conjunto restante de preços possíveis $[r, p^*]$, porque os não desviantes adotam a estratégia de equilíbrio, suas quantidades satisfazem $q(p, r) = \max(q_N^*, S(r)) \leq \hat{q}(r)$.

---

[22] Na prova do teorema, usamos a linearidade para garantir que os problemas de otimização do licitante sejam côncavos e que a função da melhor resposta de Cournot tenha uma inclinação descendente. A conclusão do teorema permanece verdadeira para qualquer oferta e especificações de valor que partilham essas propriedades.

Para mostrar que desvios não são lucrativos, consideramos dois casos. Primeiro, suponha $S(r) \leq q_N^*$. Depois, um licitante que desvia para vencer uma quantidade q ganha $V(q) - qP((q + (N-1)q_N^*)/N)$, seu lucro de Cournot. Assim, nenhum desvio pode levar a mais lucros que os de Cournot, que são os lucros de equilíbrio neste caso. Logo, não existe desvio lucrativo.

Em seguida, suponha $S(r) \geq q_N^*$. Depois, um licitante que desvia para vencer a quantidade $q \geq S(r)$ ganha $V(q) - qP((q + (N-1)S(r))/N)$. Como a curva de melhor resposta de Cournot se inclina para baixo, se q não tivesse restrições no objetivo do licitante, ele poderia desviar otimamente para uma quantidade $q' < q_N^*$. Pela concavidade, os lucros diminuem em q' no domínio $q' \geq S(r) \geq q_N^*$, de modo que não possa haver desvio lucrativo para uma quantidade maior que a especificada pela estratégia proposta. Logo, a melhor resposta é alguma quantidade $\tilde{q} \leq S(r) \leq \hat{q}(r)$ na qual o leilão termina de imediato ao preço r. Assim, a melhor resposta maximiza $V(q) - rq$. Porque $\hat{q}(r) = \arg\max_q (V(q) - rq) \geq S(r)$, e porque o objetivo é côncavo, o ótimo restrito está em $S(r)$. Portanto, a estratégia proposta é a melhor resposta para si mesma e, assim, uma estratégia de equilíbrio simétrico.

Suponha, contrário ao teorema, que há algum equilíbrio com preços abaixo do preço de Cournot. Então, há um preço de reserva $r < p_N^*$ e um equilíbrio tal que há uma equilíbrio de mercado imediata, e cada licitante adquire sua parte $S(r)$ da quantidade total $NS(r)$. Porque $r < p_N^*$ e a oferta aumenta com preço, $S(r) < q_N^*$. Porque a quantidade $S(r)$ não é uma quantidade de Cournot e porque a função de melhor resposta de Cournot tem inclinação descendente, a melhor resposta no jogo de Cournot para as quantidades $S(r)$ é algum $q' > q_N^*$, que resulta em um preço $p' > r$.

Vamos verificar que um desviador que demanda q' a todos os preços no leilão aumenta seu payoff agindo assim. De fato, se os outros licitantes continuarem a demandar $S(r)$, então o desviador ganha $V(q') - p'q' > V(S(r)) - rS(r)$, como no modelo de Cournot. A única alternativa é que os outros licitantes reduzam a quantidade de suas demandas e, nesse caso, o licitante ganha a mesma quantidade q' ao preço $p'' < p'$, de modo que o desvio paga $V(q') - p''q' > V(q') - p'q'$. ∎

A comparação dos Teoremas 7.7 e 7.10 destaca vários fatos. Primeiro, as estratégias de equilíbrio são semelhantes nos dois teoremas. Cada licitante começa demandando uma quantidade q_0 ao preço de reserva que é menor que sua quantidade competitiva $\hat{q}(r)$ e mantém essa demanda de quantidade até que o preço suba tanto que $\hat{q}(p) < q_0$. No Teorema 7.7, a quantidade é $q_0 = S$, enquanto no Teorema 7.10 ela é $q_0 = \max(q_N^*, S(r))$. Em ambos os casos, ocorre redução de demanda. Segundo, se o preço de reserva é menor que o preço de Cournot, então as quantidades inicialmente demandadas no equilíbrio identificado são quantidades de Cournot. Finalmente, não há equilíbrio com preços menores que o preço de Cournot.

Concluímos que o menor preço de equilíbrio no modelo com oferta ascendente é o preço de Cournot. Usando a especificação quadrática linear, o preço e a quantidade de Cournot são

$$p_N^* = \frac{\left(\frac{\beta}{b} + \frac{1}{N}\right)a + \alpha}{\left(\frac{\beta}{b} + \frac{1}{N}\right) + 1} \quad \text{e} \quad q_N^* = \frac{\alpha - a}{\beta + b\left(1 + \frac{1}{N}\right)}. \tag{7.8}$$

Para comparação, o preço e a quantidade competitivos são

$$p^* = \frac{\frac{\beta}{b}a + \alpha}{\frac{\beta}{b} + 1} \quad \text{e} \quad q^* = \frac{\alpha - a}{\beta + b}. \tag{7.9}$$

Nos dois casos, competitivo e de Cournot, o preço de equilíbrio é uma média ponderada dos interceptos de oferta e demanda, a e α. O peso relativo no intercepto maior a é β/b em um equilíbrio competitivo e ele é $\beta/b + 1/N$ no modelo de Cournot de N-licitantes. Assim, na forma conhecida dos modelos de Cournot, o preço de equilíbrio converge para preços competitivos à medida que a quantidade de licitantes aumenta.

Essa análise esclarece as razões para os equilíbrios de preços baixos nos modelos das seções anteriores: os equilíbrios de preço zero são equilíbrios de Cournot. Esse resultado mostra a importância de tornar a oferta elástica para promover resultados de leilão competitivos. A combinação de oferta elástica e múltiplos licitantes é especialmente eficiente para obter preços nos leilões que se aproximam dos preços competitivos de mercado.

7.3 Conclusão

Este capítulo focou leilões que promovem preços uniformes. Estudamos três tipos de leilão. O primeiro foi o leilão selado no qual o preço equilibra oferta e demanda. Esses leilões foram usados para vender títulos do Tesouro nos Estados Unidos e em outros países, e também para algumas vendas de energia. O segundo é o leilão ascendente simultâneo, como os usados pela FCC. O terceiro foi o leilão klok, que tem sido usado para vendas de energia e para o leilão do RU para permissões de emissões.

Na teoria, os três desenhos são estreitamente relacionados. Quando um único bem divisível é vendido, a forma normal reduzida de um certo leilão klok é idêntica à forma normal do leilão selado. Mostramos que leilões klok são equivalentes a versões aceleradas de leilões ascendentes simultâneos.

Se os bens são indivisíveis e únicos, mas mesmo assim, substitutos para os licitantes, então existe um equilíbrio competitivo. Isto é, existem preços aos quais a demanda para cada tipo de bem é igual à sua oferta unitária. Por outro lado, se o conjunto de possíveis valorações de licitantes incluir qualquer um com bens que não são substitutos, então há um perfil de valorações individual em que não existe nenhum equilíbrio competitivo.

Pode-se analisar dois desenhos de leilões ascendentes com múltiplos tipos de bens como processos de *tantonnement*. Nesta análise, deixamos de lado considerações sobre os incentivos dos licitantes e supomos que todos fazem ofertas diretamente, segundo suas demandas reais. Constatamos que bens precisam ser substitutos para que a licitação direta seja mesmo possível. Além disso, se os bens são substitutos, então, apesar das restrições de monotonicidade impostas pelo processo do leilão ascendente, a licitação direta leva a resultados quase competitivos, com o erro máximo de aproximação proporcional aos incrementos dos lances.

Preocupações práticas muitas vezes ditam a escolha do desenho do leilão. Com um bem único homogêneo, a forma do lance selado é rápido e simples de administrar. O leilão ascendente simultâneo e o klok são mais adequados para vendas de tipos múltiplos de bens, porque possibilitam ao leilão determinar preços relativos. Quando há poucas classes homogêneas, cada uma com muitos bens, o desenho do leilão klok pode ser mais rápido que o desenho do leilão ascendente simultâneo padrão e leva, com licitações diretas, aos mesmos resultados quase competitivos. Porém, para funcionar com eficácia, leilões klok exigem mais informações do que apenas o vetor de demanda de um único licitante a cada vetor de preço. Enquanto escrevemos, interfaces práticas para licitantes adquirirem as informações necessárias ainda estão para ser criadas.

Uma preocupação essencial com todos os desenhos de leilões discutidos neste capítulo é a possibilidade de preços de equilíbrio extremos. Constatamos incentivos muito generalizados para licitantes (compradores) para reduzir a demanda e manter os preços baixos. Em todos os três desenhos de leilões, em uma variedade de modelos simples, há os equilíbrios de Nash nos quais os preços estão na reserva do vendedor ou perto dela, mesmo que essa reserva seja muito menor do que o preço competitivo. Nos modelos mais simples, esses equilíbrios de preço baixo dependem de escolhas de motivação incompleta dos licitantes, mas tentativas de eliminar os equilíbrios de preço baixo enriquecendo os modelos de várias formas tiveram um sucesso limitado. Adicionar incerteza às vezes (mas nem sempre) elimina os equilíbrios mais extremos. Eliminar estratégias fracamente dominadas e adotar uma estrutura dinâmica no leilão falharam em eliminar os equilíbrios de preços baixos. O modelo de leilão klok de lances alternantes gera a surpreendente conclusão de que o único equilíbrio consistente com indução reversa produz preços muito baixos.

Os resultados mais desfavoráveis — os com preços muito abaixo de preços competitivos correspondentes — se aplicam quando a oferta de bens à venda é fixa. Em um modelo com elasticidade de oferta positiva, constatamos que os piores resultados de leilões se assemelham a resultados da competição de Cournot entre os compradores. Com oferta fixa, os resultados de Cournot podem incluir preços muito baixos. A análise destaca a efetividade combinada para aumentar a receita de tornar a oferta elástica e garantir que os participantes do leilão sejam numerosos.

REFERÊNCIAS

Ashenfelter, Orley (1989). "How Auctions Work for Wine and Art", *Journal of Economic Perspectives* **3**: 23–36.

Ashenfelter, Orley e Kathryn Graddy (2002). "Art Auctions: A Survey of Empirical Studies", Artigo do Center for Economic Policy Studies 81.

Ausubel, Lawrence e Peter Cramton(2002). "Demand Reduction and Inefficiency in Multi-unit Auctions", www.cramton.umd.edu/papers1995-1999/98wp-demand-reduction.pdf.

Ausubel, Lawrence M. e Jesse A. Schwartz (1999). "The Ascending Auction Paradox", http://www.market-design.com/files/ausubel-schwartz-ascending- auction-paradox.pdf.

Back, Kerry e Jaime F. Zender (1993). "Auctions of Divisible Goods: On the Rationale for the Treasury Experiment", *Review of Financial Studies* **6**(4): 733-764.

Cramton, Peter e Jesse Schwartz (2001). "Collusive Bidding: Lessons from the FCC Spectrum Auctions", *Journal of Regulatory Economics* **17**: 229-252.

Demange, Gabrielle, David Gale e Marilda Sotomayor (1986). "Multi-item Auctions", *Journal of Political Economy* **94**: 863-872.

Engelbrecht-Wiggans, Richard e Charles Kahn (1998). "Multi-unit Auctions with Uniform Prices", *Economic Theory* **12**: 227-258.

Gul, Faruk e Ennio Stacchetti (1999). "Walrasian Equilibrium with Gross Substitutes", *Journal of Economic Theory* **87**(1): 9-124.

Gul, Faruk e Ennio Stacchetti (2000). "The English Auction with Differentiated Commodities", *Journal of Economic Theory* **92**(1): 66-95.

Kagel, John H. e Dan Levin (2002). *Common Value Auctions and the Winner's Curse*. Princeton: Princeton University Press.

Kelso, Alexander e Vincent Crawford (1982). "Job Matching, Coalition Formation, and Gross Substitutes", *Econometrica* **50**: 1483.

Klemperer, Paul e Margaret Meyer (1989). "Supply Function Equilibria in Oligopoly under Uncertainty", *Econometrica* **57**(6): 1243-1277.

McAdams, David (2002). "Modifying the Uniform Price Auction to Eliminate 'Collusive Seeming Equilibria'", http://www.mit.edu/~mcadams/papers/mupa.pdf.

Milgrom, Paul (2000). "Putting Auctions Theory to Work: The Simultaneous Ascending Auction", *Journal of Political Economy* **108**(2): 245-272.

Postlewaite, Andrew e John Roberts (1976). "The Incentives for Price-Taking Behavior in Large Exchange Economies", *Econometrica* **44**(1): 115-129.

Swinkels, Jeroen (2001). "Efficiency of Large Private Value Auctions", *Econometrica* **69**(1): 37-68.

Weber, Robert (1997). "Making More from Less: Strategic Demand Reduction in the FCC Spectrum Auctions", *Journal of Economic and Management Strategy* **6**: 529-548.

Wilson, Robert (1979). "Auctions of Shares", *Quarterly Journal of Economics* **XCIII**(4): 675-689.

CAPÍTULO OITO

Leilões em Pacote e Licitação Combinatória

No Capítulo 7, constatamos que leilões de multiobjetos que promovem preços uniformes geram problemas não encontrados em leilões de itens únicos. Um deles é que, se os licitantes não consideram os bens como substitutos, os preços de equilíbrio de mercado podem não existir. Quando os bens não são substitutos, a concepção dos leilões como mecanismo para identificar preços de equilíbrio de mercado é fundamentalmente incorreta. O segundo mostra que, mesmo que os bens sejam substitutos, se o leilão identifica preços uniformes para cada tipo de bem, há incentivos para os licitantes fazerem lances para menos unidades do que realmente querem (*redução de demanda*). Esse comportamento produz resultados ineficientes e baixa receita. Assim, até em casos em que a busca por preços de equilíbrio de mercado não está logicamente condenada a falhar, mecanismos que encontram esses preços quando os licitantes são ingênuos ainda podem apresentar um mau resultado, quando eles são sofisticados e estratégicos.

Neste capítulo, analisamos outro conjunto de problemas. Quando o leiloeiro vende bens indivisíveis com características fixas, não tem dificuldade para criar um pacote com eles. Se as características do bem variarem ou se múltiplos vendedores puderem dividi-lo, temos uma decisão complexa.

Essa decisão pode ser complicada mesmo em vendas comuns, como a de uma fazenda após a morte do fazendeiro. Embora toda a propriedade possa ser vendida como um item único, também pode ser dividida em partes menores para serem oferecidas a licitantes individuais com demandas variadas. Por exemplo, o leiloeiro de uma fazenda pode vender a casa e o celeiro como um pacote, esperando atrair moradores da cidade que buscam uma residência de fim de semana. Outro pacote poderia ser o campo principal, com o objetivo de atrair lances de proprietários de fazendas vizinhas. Parte do equipamento poderia ser vendida separadamente, em um mercado de leilão maior; e uma floresta ou rio próximo, habitat de espécies da região, vendido a uma organização protetora do meio ambiente.

Decisões semelhantes sobre pacotes também ocorrem em leilões de espectro. Antes dos primeiros leilões de espectro nos EUA, depois que os reguladores escolheram a porção de espectro a ser usada para o serviço telefônico PCS (Personal Communications Service), seguiu-se um debate sobre como dividir cada espectro em licenças. As licenças deveriam cobrir todo o país, como ocorria com as licenças nacionais europeias? Ou deveriam ser regionais? Ou o governo deveria vender um pouco de cada? A largura de banda das licenças do espectro deveria ser de 10MHz, 20MHz ou 30MHz? Os vários usuários de espectros defendiam uma ampla variedade de opções, fazendo lobby na FCC por licenças que se adequassem bem às suas tecnologias, bens existentes e planos de negócios, e mal aos planos dos concorrentes.

Na Austrália, que realizou leilões de espectro logo após os dos EUA, os reguladores consideraram se a decisão dos pacotes deveria ser "deixada para o mercado", especificando licenças do *tamanho de selos de correio*, minúsculas na cobertura geográfica e tamanho de banda. Dessa forma, argumentaram alguns, usuários de espectros privados poderiam reunir quaisquer coleções de licenças que quisessem. Então, propôs-se que esse espectro dividido com precisão poderia ser vendido em um leilão ascendente simultâneo.

O Capítulo 7 oferece a base para o argumento apresentado contra a proposta australiana. Devido aos custos fixos para estabelecer um serviço wireless, qualquer pequeno número de licenças minúsculas seria inútil por si só, tendo um valor independente igual a zero. Uma grande coleção dessas licenças, porém, poderia sustentar um negócio muito lucrativo. Esse padrão de valores implica em complementaridades entre as licenças, com todos os problemas que elas acarretam: a possível inexistência de preços de equilíbrio competitivos e o problema da exposição complicaria em muito a licitação em um leilão ascendente simultâneo.

Nos Capítulos 6 e 7 vimos que quando os pacotes que os licitantes querem comprar variam muito, a decisão de formar pacotes envolve trocas. Vender itens individualmente quando alguns licitantes consideram alguns itens complementares cria um problema de exposição que reduz os lances. Vender itens em grandes pacotes, porém, dificulta a participação de licitantes menores. Seja como for, se os pacotes escolhidos atraírem só alguns licitantes, e a participação no leilão for onerosa, poucas ofertas podem ser apresentadas, e o leilão gerará preços baixos.

Nem sempre é difícil resolver o problema de formação de pacotes. Leilões de flores holandeses resolvem o problema permitindo que os licitantes vencedores adquiram tantos lotes quanto quiserem ao preço vencedor. Esse desenho permite a concorrência entre licitantes que querem comprar um ou vários lotes e encoraja a participação de um grupo diverso de licitantes.

Problemas com pacotes surgem em leilões de aquisição assim como em vendas de ativos. Um comprador pode conduzir uma aquisição limitada, comprando diferentes itens em uma série de leilões, ou um pacote abrangente em um único leilão de um licitante que oferece um desconto para uma compra de valor elevado. Qualquer opção exclui alguns licitantes, levando a uma concorrência menor e preços mais altos para o comprador.

Este capítulo foca uma série de desenhos de leilão que deixa os licitantes escolherem os pacotes. Esses desenhos de *leilão de pacote ou combinatório* foram pouco usados, em parte porque podem se tornar complicados rapidamente à medida que a quantidade de objetos vendidos aumenta. Com muitos lances para pacotes coincidentes, a simples determinação da identidade do vencedor — o *problema da determinação do vencedor* — vira um difícil problema de computação, que se tornou tema de grande interesse na ciência da computação. A própria dificuldade do problema do leiloeiro, porém, dificulta que licitantes em um grande leilão de pacote prevejam as consequências de seus lances e verifiquem se o vendedor o conduziu de modo honesto.

Leilões de pacote menores são mais fáceis de conduzir e têm sido usados há muito tempo em vendas de massa falida. Cassady (1967) relata exemplos de meados do século XX nos quais alguns licitantes fizeram ofertas em bens individuais de empresas falidas enquanto outros fizeram para a *totalidade* dos bens. Um lance para o total tipicamente assumiria a forma de um lance selado antes que os bens individuais fossem vendidos, enquanto bens individuais poderiam ser vendidos em leilões ascendentes. O leiloeiro compararia a soma dos lances vencedores para os itens individuais com o melhor lance para o pacote total e escolheria o(s) lance(s) vencedor(es) para maximizar a receita total. Leilões similares ainda são comuns em vendas de bens de massa falida.

Recentemente, foram implementados vários desenhos que possibilitam aos licitantes muito mais flexibilidade para nomear os pacotes para os quais apresentarão lances. A Autoridade de Transportes de Londres adquire serviços de ônibus de operadoras privadas em um leilão selado que permite lances em todas as combinações de rotas, e 46% dos lances vencedores envolvem combinações.[1] Esse leilão é relativamente pequeno, e os lances são processados manualmente. Entre 1997 e 1999, o governo chileno criou etapas para um leilão combinatório para empresas que fornecessem refeições para alunos de escolas em várias regiões do país. Variações propostas no desenho comparam o valor do lance e a qualidade do fornecedor, e incluem limitações para garantir que haja múltiplos fornecedores em cada região e que nenhuma empresa obtenha uma parcela dominante do negócio. Segundo um estudo recente, os custos caíram 22% desde a adoção desse programa.[2] De forma semelhante, em 2002, a IBM e a Mars, Inc., colaboraram em um leilão de aquisição combinatório para suprir as fábricas de doces da Mars.[3] A equipe IBM–Mars desenhou dois tipos de leilão. Um era relativamente simples para os licitantes e lhes permitia oferecer descontos por volume com os lances. Um segundo permitia aos fornecedores oferecer pacotes. Além disso, o desenho possibilitava ao comprador impor limitações, por exemplo, evitar alocar a um fornecedor uma porção muito grande da aquisição.

O leilão ascendente planejado para o leilão da Federal Communications Commission (FCC) n° 31, que pretendia vender licenças de espectro na banda de 700MHz, foi desenhado para permitir lances para qualquer um dos 4.095 pacotes possíveis das 12 licenças em oferta. Provavelmente, esse é o leilão de pacote mais ambicioso desenhado para uso atual. A FCC testou uma primeira versão desse desenho usando experimentos de laboratório. O desenho do pacote exigiu uma longa sessão de treinamento para os licitantes e teve mais rodadas do que o desenho tradicional da FCC. Entretanto, os experimentos mostram que o desenho de pacote levou a resultados mais eficientes, pelo menos com complementaridades entre as licenças.[4]

Adaptei outro desenho de pacote para a venda da geração de portfólio da Portland General Electric (PGE), uma empresa de energia de Oregon com

---

[1] Cantillon e Pesendorfer (2003).
[2] Epstein, Henríquez, Catalán, Weintraub e Martínez (2002); e Weintraub (2003).
[3] Hohner, Rich, Ng, Reed, Davenport, Kalagnanam, Lee e An (2002).
[4] A Cybernomics (2000) resume os resultados. Relato essa alegação com algum ceticismo, porque a Cybernomics não atendeu aos pedidos da FCC, do autor nem de outros para ver os dados originais de seus experimentos.

contratos e interesses em criar instalações em vários estados. A empresa de energia queria alienar todo seu portfólio de geração a fim de se livrar das regulações como geradora de energia. Complicando a situação, havia o fato de que os contratos incluíam contrato de fornecimento de longo prazo com várias cidades da Califórnia, que exigiam o direito de fazer lances para seus próprios contratos individuais se o portfólio de geração fosse vendido. Essas cidades tinham uma considerável influência política e poderiam ter bloqueado um procedimento que não permitisse licitação em bens individuais. A PGE foi igualmente insistente em que todos os lances devessem cobrir todo o portfólio, porque, com a venda de bens e contratos individuais, alguns ficariam de fora, deixando-a sujeita à continuação da regulação.

Para acomodar a situação, propus a realização de um leilão em duas etapas. Na primeira, licitantes comerciais fariam lances preliminares para todo o portfólio, e as cidades fariam lances para contratos particulares, que escolheriam.[5] O banco de investimentos que conduziu o leilão convidaria os que fizeram os maiores lances preliminares para todo o portfólio e os que fizeram lances qualificados para os contratos individuais para participar da segunda etapa. Todos os que tivessem se qualificado seriam convidados a assinar um acordo de confidencialidade e teriam acesso a uma sala de dados, com as informações detalhadas sobre os bens e contratos oferecidos no leilão. Após um período razoável para revisão dos dados, seria realizada a segunda etapa do leilão. As cidades seriam novamente elegíveis para licitar em contratos individuais, e os licitantes comerciais convidados novamente fariam ofertas para todo o portfólio. A novidade desse desenho, porém, é que os licitantes comerciais também nomeariam *decrementos* a serem aplicados aos contratos individuais relevantes. Esses decrementos seriam aplicados para reduzir o preço do licitante comercial no caso de ser o vencedor, mas alguns contratos foram destinados a um ou mais outros licitantes. Por exemplo, se o lance vencedor do portfólio especificasse um decremento de R$1 milhão para o contrato A, e se o maior lance individual para o contrato A fosse de R$2 milhões, o contrato A seria designado ao licitante que tivesse feito o lance de R$2 milhões, e o licitante do portfólio pagaria seu lance menos R$1 milhão.

Com todos os lances na segunda etapa, o vendedor selecionaria a alocação que maximizasse a receita total. A alocação designaria o portfólio a um único licitante comercial, com alguns dos contratos individuais removidos e destinados às cidades. Esse desenho de leilão de pacote tem implementação simples e promove a concorrência entre licitantes comerciais buscando

---

[5] Veja o Capítulo 6 para uma análise de lances preliminares e licitação indicativa.

adquirir um portfólio da PGE e entre licitantes e cidades que desejam adquirir contratos individuais. Isso possibilita a concorrência para contratos individuais na mesma base exigida para as cidades e garante que qualquer venda no leilão atenda às exigências da PGE de vender todo o portfólio.

O mais antigo desenho de leilão de pacotes aplicado é a primeira proposta de uma venda de leilão combinatória de slots de decolagem e pouso em aeroportos sugeridos por Rassenti, Bulfin e Smith (1982). Os autores também testaram sua proposta em um experimento econômico de laboratório, demonstrando que um desenho de pacote poderia ter desempenho melhor do que vendas de slots individuais.

O desenho IBM–Mars confronta um importante problema prático: como incorporar limitações de cunho político ao desenho do leilão. Em leilões de aquisição, os licitantes precisam garantir que fornecedores preferidos ou firmas de propriedade de minorias recebam uma fração dos contratos, que as fontes de fornecimentos sejam geograficamente dispersas para evitar disrupções ou que os fornecedores tenham capacidade suficiente para expandir a produção etc. Essas limitações complexas dificultam mais a decisão de que conjunto de lances aceitar do que só aceitar preços mais altos ou mais baixos.

Os aspectos inéditos de alguns desenhos de leilão recentes são as formas pelas quais lidam com limitações complexas. Brewer e Plott (1996) desenharam um leilão para alocar o uso de uma única linha de ferrovia norte-sul no norte da Suécia. A principal condição era a necessidade de programar o trem para evitar colisões. No desenho do leilão, o lance expressa o preço que o licitante pagará pelo direito de usar a ferrovia sob determinadas condições, digamos, o direito de uma partida para o norte à 10h com um trem viajando a 50km/h. Embora esses lances tenham uma forma simples, selecionar os que maximizem o preço total requer o uso de sofisticadas rotinas de otimização.

Brewer e Plott desenharam um mecanismo de leilão ascendente simples em que o leiloeiro seleciona a combinação viável de uma coleção de lances que maximize a receita do vendedor em cada rodada. Nos experimentos de laboratório testando o desenho, eles constataram que ele atendia acima de 97% do potencial de eficiências de programação.

Desde o experimento pioneiro de leilão de pacote por Rassenti, Bulfin e Smith (1982), vários outros experimentos também foram influentes. Banks, Ledyard e Porter (1989) exploraram dois tipos de interação de leilões de pacote, nos quais os licitantes oferecem lances em uma série de rodadas e podem aumentá-los de uma rodada a outra. Em ambas as versões, os licitantes vencedores são os que apresentam o maior lance total para o pacote. Em uma versão, os preços seguem a regra de preços de Vickrey; no outro, cada licitante vencedor paga o próprio lance. Participantes de experimentos fizeram lances nesses leilões de pacote ascendentes ou participaram de procedimentos alternativos representando processos e mercados administrativos. Os leilões de pacote ascendentes tiveram melhor resultado nas alternativas, na média, realizando 80% das eficiências disponíveis.

Na preparação dos primeiros leilões de espectro da FCC, Charles Plott fez uma série de experimentos que confirmaram a superioridade do leilão ascendente simultâneo em relação a desenhos sequenciais mais simples. Experimentos posteriores de Ledyard, Porter e Rangel (1997) confirmaram a previsão teórica de que o desenho da FCC se degrada com complementaridades, ajudando a despertar o interesse nos desenhos de leilões de pacote da FCC.

Os três leilões de pacote discutidos neste capítulo permitem que os licitantes ofereçam um lance diferente em cada pacote sem limitar a relação entre os lances. Como veremos, essa flexibilidade facilita a realização de uma análise tratável. Porém, esses leilões requerem mais lances e são mais computacionalmente complexos que leilões com estruturas de pacotes mais restritivas,[6] e impõem uma carga cognitiva maior aos licitantes.[7]

8.1 Leilões Vickrey e o Problema da Monotonicidade[8]

No Capítulo 2, analisamos as vantagens dos leilões Vickrey e mostramos suas desvantagens em ambientes de licitação de pacotes simples. Nesta seção, exploramos os problemas de monotonicidade do leilão Vickrey em mais detalhes. Mostramos que eles não aparecem se os bens forem substitutos para todos os licitantes, mas são difíceis de excluir em outros casos. Se houver *qualquer* licitante para quem nem todos os bens sejam substitutos, há

---

[6] Rothkopf, Pekec e Harstad (1998) estudam desenhos simplificados para facilitar a computação e para transparência. Lehmann, O'Callaghan e Shoham (2002) estudam como desenhar leilões que apresentem bom desempenho quando o vendedor otimiza com imperfeição.

[7] Parkes, Ungar e Foster (1999), e Parkes e Ungar (2000) analisam os encargos de desenhos e leilões de pacote alternativos para os licitantes. Nisan (2000) estuda interfaces de licitantes, vendo que *linguagens de licitação* lhes permitem expressar todas as valorações possíveis e proporcionar expressões compactas para tipos específicos de (presumivelmente) valorações.

[8] Os teoremas desta seção foram retirados de Ausubel e Milgrom (2002).

valorações aditivas para os outros licitantes que criam exemplos problemáticos semelhantes aos do Capítulo 2, com baixas receitas, licitantes "fantasmas", colusão de perdedores e assim por diante.

Antes de caracterizar formalmente o escopo dos problemas de monotonicidade de um leilão Vickrey, precisamos definir o que queremos dizer com "receitas baixas". O exemplo mostrou que é possível que o leilão Vickrey gere *receitas iguais a zero* para licenças valiosas, mas gostaríamos de dizer que as receitas podem ser "muito baixas" mesmo em condições menos extremas.

Aqui, usaremos a teoria do núcleo para avaliar a adequabilidade dos payoffs de Vickrey (receita para o vendedor, lucro para os licitantes). Associado ao resultado de qualquer jogo, existe um vetor de payoff, ou *imputação*. Um resultado é um resultado de núcleo, e o vetor de payoff correspondente é uma *imputação de núcleo*, se (1) o resultado é viável e (2) nenhuma coalizão identifica um resultado viável alternativo que os próprios membros possam implementar e que aumente estritamente todos os payoffs dos membros da coalizão. Se alguma coalizão conseguir identificar essa alternativa, então diz-se que ela *bloqueia* o resultado e a imputação propostos.

O resultado de um leilão de segundo preço para um único bem é sempre um resultado de núcleo. Também é sabido que resultados com equilíbrio competitivo são sempre resultados de núcleo, de modo que um resultado fora do núcleo pode ser rotulado como não competitivo. Por definição, resultados de núcleo eliminam qualquer incentivo para qualquer coalizão ser rejeitada quando os resultados do leilão são anunciados. Essa propriedade é muito importante na prática, porque a execução dos negócios é um problema comum nas transações reais. Finalmente, como o vendedor é sempre parte de qualquer coalizão de bloqueio nesse modelo, o núcleo implica um padrão de receita potencialmente interessante, o que discutiremos a seguir.

Para caracterizar resultados de núcleo para um leilão Vickrey, primeiro definimos o jogo em uma forma de coalizão associada ao leilão. Esse jogo é (N, w), onde N é o conjunto de participantes do jogo, e w é a *função de valor de coalizão*. Em nosso cenário, para qualquer coalizão de jogadores $S \subset N$, a função de valor de coalizão é[9]:

$$w(S) = \begin{cases} \max_{x \in X} \left\{ \sum_{l \in S} v^l(x^l) \right\} & \text{se } 0 \in S, \\ 0 & \text{se } 0 \notin S. \end{cases} \quad (8.1)$$

---

[9] Limitamos a atenção aqui a jogos de utilidade transferíveis, de modo que os perfis de payoff viáveis para uma coalizão são determinados inteiramente por $w(S)$ — o valor total disponível para partilhar entre os membros da coalizão S.

Se o vendedor não é um membro da coalizão S, então o valor da coalizão é zero, porque os compradores no modelo não têm nada a negociar entre si. Caso contrário, o valor é o máximo que a coalizão pode obter negociando com o vendedor.

Deixe $\pi^l = v^l(x^l) - p^l$ ser o lucro do agente l de qualquer transação proposta e conjunto de transferências. Então o conjunto de payoffs do núcleo é definido como segue:

$$\text{Núcleo}(N, w) = \left\{ \pi \,\middle|\, \sum_{l \in N} \pi^l = w(N), (\forall S \subset N) \; w(S) \leq \sum_{l \in S} \pi^l \right\}. \quad (8.2)$$

Se algum vetor de payoff π não estiver no núcleo, então há alguma coalizão S para a qual o payoff total $w(S)$ é mais alto que os payoffs totais dos membros em π. Assim, há uma forma de dividir o total que deixa todos os membros de S estritamente em melhor situação.

Para saber como o núcleo funciona como padrão de receita, veja o exemplo anterior de preço baixo. Nesse exemplo, havia dois itens à venda. Licitantes 1 e 2 têm valores de R$1 bilhão e R$900 milhões, respectivamente, para o pacote de dois itens, enquanto os licitantes 3 e 4 têm valores de R$1 bilhão cada um para um único item. Os licitantes 1 e 2 não deram valor a um único item individual, e tampouco os licitantes 3 e 4 valorizaram uma segunda licença. Nesse exemplo, a alocação está no núcleo se e somente se os licitantes 3 e 4 adquirirem os itens, nenhum deles paga mais que R$1 bilhão, e a receita total do vendedor é de pelo menos R$1 bilhão. O leilão Vickrey aloca os itens aos licitantes 3 e 4, mas ao preço igual a zero; assim, a alocação Vickrey fica fora do núcleo. Esse exemplo verifica que o núcleo implica um padrão de receita mínima e que o leilão Vickrey às vezes não cumpre o padrão.

Qual é a relação exata entre o resultado Vickrey e o núcleo? Há situações em que podemos prever com certeza que o resultado Vickrey estará no núcleo? Há outras em que podemos prever que o resultado Vickrey não estará no núcleo, porque as receitas do vendedor são baixas demais? Podemos caracterizar as condições econômicas sob as quais o resultado Vickrey tem maior probabilidade de ficar fora do núcleo?

Alguns casos favorecem a intuição. O leilão Vickrey para um único bem o designa ao licitante com o maior valor para um preço igual ao segundo maior valor. Nenhum licitante perdedor tem um valor maior do que o *preço Vickrey*, de modo que nenhum pode se oferecer a pagar mais com lucro para o vendedor. Logo, o resultado no caso de um único está no núcleo.

A mesma conclusão se aplica quando o valor de cada licitante para um pacote de bens é *aditivo*, o que significa que o valor do pacote do licitante é a soma dos valores de seus bens individuais. No caso, um leilão Vickrey para muitos bens opera como uma coleção de leilões de segundo preço. Cada licitante adquire um item quando seu valor é o mais alto, e seu preço total é a soma dos segundos valores mais altos de todos os bens que compra.

Agora, estendemos essa ideia com uma série de teoremas.

8.1.1 Os Payoffs de Vickrey Limitam Seus Payoffs de Núcleo

Nossos exemplos têm mostrado que é possível que receitas em um leilão Vickrey sejam menores do que o payoff do vendedor em qualquer resultado de núcleo. Nos modelos que estudamos, pode-se dizer mais: o payoff de Vickrey para cada licitante é igual a seu maior payoff em qualquer ponto do núcleo. Para declarar isso formalmente, deixe π_V^i denotar o payoff do participante i em um leilão Vickrey.

Teorema 8.1. Para cada licitante i, o payoff Vickrey é:

$$\pi_V^i = w(N) - w(N-i) = \max\{\pi^i | \pi \in \text{Núcleo}(N, w)\}.$$

Além disso, $\pi_V^0 = w(N) - \sum_{l \in N-0} \pi_V^l$.

Prova. Lembre-se de que no Capítulo 2 a fórmula de pagamento do mecanismo pivô (eliminando os argumentos das funções $\hat{p}$ e $\hat{x}$) é $\hat{p}^i = V(X, N-i) - \sum_{j \in N-i} v^j(\hat{x})$, onde $\hat{x}$ é a decisão que maximiza o payoff total. Aplicando essa fórmula, o lucro do licitante Vickrey é $v^i(\hat{x}) - \hat{p}^i = \sum_{j \in N} v^j(\hat{x}) - V(X, N-i) = V(X, N) - V(X, N-i)$. Por definição, $w(N) = V(X, N)$ e $w(N-i) = V(X, N-i)$, de modo que a primeira igualdade está estabelecida.

Por definição, para qualquer $\pi \in \text{Núcleo}(N, w)$. $\sum_{j \in N-i} \pi^j \geq w(N-i)$ e $\sum_{j \in N} \pi^j = w(N)$. Assim, $\pi^i = \sum_{j \in N} \pi^j - \sum_{j \in N-i} \pi^j \leq w(N) - w(N-i) = \pi_V^i$. Por inspeção, o perfil do payoff π dado por $\pi^i = \pi_V^i$, $\pi^0 = w(N-i)$, e $\pi^j = 0$ para outros licitantes j é um perfil de payoff de núcleo, de modo que $\max\{\pi^i | \pi \in \text{Núcleo}(N, w)\} \geq \pi_V^i$. Combinando-as, prova que $\pi_V^i = \max\{\pi^i | \pi \in \text{Núcleo}(N, w)\}$.

Como o resultado Vickrey é eficiente, o payoff total de todos os participantes deve ser $w(N)$, de modo que o payoff do vendedor deve ser $\pi_V^0 = w(N) - \sum_{l \in N-0} \pi_V^l$. ∎

8.1.2 Leilões Vickrey e o Enigma da Entrada

Em seguida, estudamos o problema de monotonicidade mais básico do leilão Vickrey, onde o aumento da concorrência entre os licitantes geralmente não reduz seus payoffs nem aumenta as receitas do vendedor. Isto é, a entrada pode prejudicar o vendedor e beneficiar, pelo menos, alguns licitantes. Para declarar essa ideia formalmente, deixe $\pi_V(S)$ ser os payoffs Vickrey quando somente membros da coalizão S participam do leilão. Também introduzimos as seguintes duas definições.

Definições

1. Um leilão Vickrey apresenta *monotonicidade de payoff* se (1) $\pi_V^i(S-j) \geq \pi_V^i(S)$ para todo S, e $i, j \in S - 0$, e (2) $\pi_V^0(S-j) \leq \pi_V^0(S)$.

2. A função de valor de coalizão é *submodular para o licitante* se para quaisquer coalizões S e T que incluam o vendedor:[10]

$$w(S) + w(T) \geq w(S \cup T) + w(S \cap T). \tag{8.3}$$

Segundo a primeira definição, monotonicidade de payoff significa que acrescentar licitantes só pode reduzir os payoffs dos outros licitantes e aumentar os do vendedor. A segunda dessas condições é implicada pela primeira,[11] de modo que a omitimos das provas a seguir.

Teorema 8.2. O leilão Vickrey satisfaz a monotonicidade de payoff para o jogo de coalizão (N, w) se e apenas se w é submodular para o licitante.

Prova. As desigualdades na monotonicidade do payoff podem ser reescritas como:

$$w(S-j) - w(S-i-j) \geq w(S) - w(S-i). \tag{8.4}$$

Se o valor da função de coalizão é submodular para o licitante, então aplicar (8.3) a coalizões $S-i$ e à coalizão $S-j$ rende (8.4). Assim, a

---

[10] Geralmente, a submodularidade é uma propriedade de funções definidas sobre reticulados. Na presente aplicação, o reticulado relevante é o conjunto de coalizões parcialmente ordenadas pela inclusão do conjunto.

[11] Formalmente, considerando as desigualdades (1) na definição da monotonicidade de payoff, $\pi_V^0(S-j) = w(S-j) - \sum_{l \in S-0-j} \pi_V^l(S-j) = w(S-j) + [w(S) - w(S-j) - \pi_V^j(S)] - \sum_{l \in S-0-j} \pi_V^l(S-j) \leq w(S) - \sum_{l \in S-0} \pi_V^l(S) = \pi_V^0(S)$. Assim, a desigualdade (2) é redundante.

submodularidade do licitante implica monotonicidade de payoff. Para mostrar o inverso, deixe $S' \subset S''$ ser coalizões que incluam o vendedor. Observe que aplicações repetidas de (8.4) implicam que para qualquer $j \notin S''$,

$$w(S' \cup \{j\}) - w(S') \geq w(S'' \cup \{j\}) - w(S''). \tag{8.5}$$

Então, para S e T arbitrários, deixe $T - S = \{i_1, \ldots, i_m\}$. Temos:

$$\begin{aligned}
w(S \cup T) - w(S) &= \sum_{j=1}^{m} (w(S \cup \{i_1, \ldots, i_j\}) - w(S \cup \{i_1, \ldots, i_{j-1}\})) \\
&\leq \sum_{j=1}^{m} (w(S \cap T \cup \{i_1, \ldots, i_j\}) \\
&\quad - w(S \cap T \cup \{i_1, \ldots, i_{j-1}\})) \\
&= w(T) - w(S \cap T).
\end{aligned}$$

As igualdades seguem da soma das séries telescópicas, e a desigualdade segue de aplicar (8.5) a cada parcela da soma. Concluímos que a monotonicidade do payoff implica a submodularidade do licitante. ■

8.1.3 Quando os Resultados Vickrey Estão no Núcleo?

Em seguida, vamos imaginar a possibilidade de que só alguns licitantes em potencial realmente participarão do leilão. Podemos então perguntar: Em que condições a função de valor de coalizão w é o resultado de Vickrey com garantia de ser um resultado de núcleo?

Teorema 8.3. A função de valor de coalização w é submodular para o licitante se e apenas se para cada coalizão S com $0 \in S \subset N$, alguém tem $\pi_V(S) \in$ Núcleo(S, w).

Prova. Suponha que a função de valor de coalizão w é submodular para o licitante e deixe $S' \subset S$ ser coalizões que incluam o vendedor. Numere os licitantes de modo que $S' = \{0, 1, \ldots, k\}$ e $S = \{0, 1, \ldots, n\}$ com $1 \leq k \leq n$. Por submodularidade do licitante, para $1 \leq l \leq n, w(S) - w(S - l) \geq w(\{0, \ldots, l\}) - w(\{0, \ldots, l-1\})$, de modo que:

$$\sum_{l \in S'} \pi_V^l(S) = w(S) - \sum_{l=k+1}^n \pi_V^l(S)$$
$$= w(S) - \sum_{l=k+1}^n [w(S) - w(S - l)]$$
$$\geq w(S) - \sum_{l=k+1}^n [w(\{0, \ldots, l\}) - w(\{0, \ldots, l-1\})]$$
$$= w(S) - [w(S) - w(S')]$$
$$= w(S').$$

Logo, S' não é uma coalizão de bloqueio. Como S' foi uma coalizão arbitrária incluindo o vendedor, não há coalizão de bloqueio. Como o resultado de Vickrey é eficiente, $\sum_{l \in S} \pi_V^l(S) = w(S)$. Segue que $\pi_V(S) \in$ Núcleo(S, w).

Por outro lado, suponha que w não é submodular para o licitante. Então, pelo Teorema 8.2, existe uma coalizão S e os licitantes $i, j \in S$ tal que $w(S - j) - w(S - i - j) < w(S) - w(S - i)$. Mas então $\sum_{l \in S-i-j} \pi_V^l(S) = w(S) - \pi_V^i - \pi_V^j = w(S) - (w(S) - w(S - i)) - (w(S) - w(S - j)) < w(S - i - j)$. Como o núcleo exige que $\sum_{l \in S-i-j} \pi_V^l(S) \geq w(S - i - j)$, temos $\pi_V(S) \notin$ Núcleo(N, w). ∎

8.1.4 Substitua Bens e Resultados de Núcleo

As seções anteriores foram baseadas na análise da função de valor de coalizão w e destacaram o papel de uma condição em w, ou seja, que w é submodular para o licitante. Na maioria dos problemas econômicos, são as valorações de bens que são primitivas, e a função de valor de coalizão é derivada como em (8.1). Nesta seção, estabelecemos que a condição desejada de valores de coalizão está estreitamente ligada à condição de que os licitantes considerem os bens como substitutos.

Para declarar o principal resultado com precisão, deixe **V** denotar o conjunto de possíveis valores dos licitantes para os bens M oferecidos à venda no leilão. Deixe **V**$_{add}$ denotar o conjunto de todas as funções de valor aditivo para bens de modo que todos os valores de bens individuais sejam não negativos.

Teorema 8.4. Suponha que **V**$_{add}$ ⊂ **V**. Então (i) a função de valor de coalizão w correspondente a cada perfil das valorações dos bens extraídas de **V** é submodular para o licitante se e apenas se (ii) em cada valoração em **V**, todos os bens são substitutos.

Observações. Com apenas dois bens, a condição dos substitutos é equivalente à de que as valorações dos bens sejam submodulares. Porém, com mais de dois bens, a condição dos substitutos é mais restritiva. Ela implica que as valorações dos bens são submodulares,[12] mas a submodularidade dos bens não implica que eles sejam substitutos.[13]

Para provar que a função de valor de coalizão é modular para o licitante, precisamos da condição sólida de que os bens são substitutos, e não uma condição mais fraca em que as valorações são submodulares. Na prova, mostramos como usar qualquer falha da condição de que os bens são substitutos (que, às vezes, chamamos de *condição de substitutos*) para construir um exemplo no qual w não é submodular para o licitante.

Em linhas gerais, a prova continua como segue. Primeiro, obtemos uma caracterização dupla da condição dos substitutos que se aplique mesmo que os bens sejam indivisíveis. Segundo essa caracterização, os bens são substitutos se e somente se a função de utilidade indireta correspondente é submodular. Usando essa caracterização, mostramos que se os bens são substitutos para cada membro de uma coalizão, então eles também são substitutos na função de valor da coalizão, e que o custo de oportunidade de uma coalizão S de dar qualquer bem ou conjunto de bens z aumenta à medida que a coalizão adiciona mais membros. Se um novo membro se juntar à coalizão, e a coalizão lhe der o pacote z, o valor incremental do novo membro, que é o valor do pacote z do novo membro, menos o custo de oportunidade do pacote, diminui no tamanho da coalizão. Maximizar o valor

---

[12] Se v é não submodular, então existe $x \in \{0,1\}^M$, algum $\alpha > 0$, e algum m e m' tal que $v(1, 1, x_{-m,m'}) - v(0, 1, x_{-m,m'}) > \alpha > v(1, 0, x_{-m,m'}) - v(0, 0, x_{-m,m'})$, onde o primeiro e o segundo argumentos de v correspondem a x_m e $x_{m'}$, respectivamente. Defina preços como segue: deixe $p_m = \alpha$; e para $n \neq m$, m', $x_n = 0 \Rightarrow p_n = \infty$, e $x_n = 1 \Rightarrow p_n = 0$. Esses preços determinam as demandas para os bens além de m e m' para ser $x_{-m,m'}$. Então, pode-se verificar que se $p_{m'} = \infty$, a demanda para o bem m é zero (porque o valor marginal é menor que o preço: $v(1, 0, x_{-m,m'}) - v(0, 0, x_{-m,m'}) < \alpha$) e se $p_{m'} = 0$, a demanda pelo bem m é 1 (porque o valor marginal é maior que o preço: $v(1, 1, x_{-m,m'}) - v(0, 1, x_{-m,m'}) > \alpha$). Isso contradiz a definição de substitutos.

[13] Por exemplo, suponha que há três bens, com $v(x_1, x_2, x_3) = x_1 + x_2 + x_3 - x_1 x_2 - x_2 x_3$, para $x \in \{0,1\}^3$. Essa valoração é submodular, como se pode constatar verificando que $\partial^2 v / \partial x_i \partial x_j \leq 0$ para todo $i \neq j$. A demanda do licitante é determinada ao resolver $\max_{x_i \in \{0,1\}} (v(x_1, x_2, x_3) - \sum_{m=1}^{3} p_m x_m)$. Se os preços satisfazem $p \in (0,1)^3$, então a demanda do licitante é $(1,0,1)$ se $(1 - p_2) < (1 - p_1) + (1 - p_3)$, e $(0,1,0)$ se $(1 - p_2) > (1 - p_1) + (1 - p_3)$. Em especial, um aumento no preço p_1 pode levar à redução da demanda para o bem 3, contrário à definição de substitutos.

incremental do novo membro em relação a z preserva a propriedade de que o valor incremental do novo membro diminui no tamanho da coalizão, de modo que a função do valor da coalizão é submodular para o licitante.

Prova. Podemos supor sem perda de generalidade que cada licitante distingue todos os bens, de modo que, para cada licitante l e bem m, temos $x_m^l \in \{0, 1\}$. Dada a valoração do licitante l v^l, a função de utilidade indireta e sua demanda associada são definidas por:

$$u^l(p) = \max_z(v^l(z) - p \cdot z),$$
$$x^l(p) \in \arg\max_z(v^l(z) - p \cdot z).$$

Como o máximo de um número finito de funções lineares, u^l é contínuo e convexo. O teorema do envelope (veja o Capítulo 3) implica que, a cada ponto em que a demanda é unicamente definida, a derivada parcial é dada por $\partial u^l(p)/\partial p_m = -x_m^l(p)$, onde $x_m^l(p)$, o m-ésimo componente de $x^l(p)$, é a quantidade que o licitante l demanda do m-ésimo bem ao vetor de preço p. Por definição, a condição de substitutos é satisfeita se e somente se $x_m^l(p)$ é não decrescente em p_j para todo $j \neq m$, ou, de modo equivalente, $\partial u^l(p)/\partial p_m$ é não crescente em p_j para todo $j \neq m$. Portanto, bens são substitutos para l se e somente se $u^l(p)$ é submodular.

Deixe S ser uma coalizão que inclua o vendedor. O valor da coalizão S para o pacote z é $v^S(z) \equiv \max_{x \in X(z)} \sum_{l \in S} v^l(x^l)$, onde $X(z) \equiv \{x \geq 0 | \sum_{j \in N} x^j \leq z, (\forall j, m)\ x_m^j \in \{0, 1\}\}$. A função de utilidade indireta da coalizão é

$$u^S(p) = \max_z\{v^S(z) - p \cdot z\} = \sum_{l \in S} u^l(p). \tag{8.6}$$

Como a função $u^S(p)$ é a soma de funções contínuas, convexas, e submodulares, ela também é contínua, convexa e submodular. Também, para cada z e p,

$$u^S(p) \geq v^S(z) - p \cdot z. \tag{8.7}$$

Deixe B ser um número elevado que exceda o valor incremental de qualquer bem em qualquer coalizão. Por desigualdade (8.7), para todos z, $v^S(z) \leq \min_{p \in [0,B]^M}\{u^S(p) + p \cdot z\}$. Defina $p = p(z)$ por $p_m = 0$ se $z_m = 1$ e $p_m = B$ caso contrário. Então $u^S(p(z)) = v^S(z) - p(z) \cdot z$. Portanto, $v^S(z) = u^S(p(z)) + p(z) \cdot z \geq \min_{p \in [0,B]^M}\{u^S(p) + p \cdot z\}$. Combinar as duas desigualdades precedentes gera a *equação de dualidade*:

$$v^S(z) = \min_{p \in [0,B]^M} \{u^S(p) + p \cdot z\}. \tag{8.8}$$

(Essa equação, que é conhecida quando os bens são divisíveis, prova, assim, que se aplica mesmo quando os bens são indivisíveis.)

O objetivo em (8.8) é contínuo, convexo e submodular em p. Também, como cada $u^l(p)$ é antítono (levemente decrescente), a função $u^S(p)$ tem diferenças antítonas em (p, S). Os preços em (8.8) são limitados a ficar em um intervalo compacto, de modo que o conjunto de restrição é um sub-reticulado de $\mathbb{R}^M$. Logo, pelo teorema de monotonicidade de Topkis,[14] o conjunto de minimizadores tem um elemento máximo $p(S|z)$, que é uma função isótona (levemente crescente) de S.

Se $z_m = 0$, então, por inspeção de (8.8), $p_m(S|z) = B$.

Como $u^S(p(S|z)) = v^S(z) - p(S|z) \cdot z$ e $u^S(p) = \max_z\{v^S(z) - p \cdot z\}$, temos $z \in \arg\max_{z'}\{v^S(z') - p(S|z) \cdot z'\}$. Suponha que $z_m = 1$. Para $\varepsilon > 0$, defina $p'_\varepsilon = p(S|z) + \varepsilon 1_m$, onde 1_m é um vetor com um 1 na m-ésima coordenada e zeros em outro lugar. Como $p(S|z)$ é o elemento máximo entre o conjunto de minimizadores, a demanda pelo bem m ao vetor de preço p'_ε é zero. Por construção, a demanda pelo bem j, para o qual $z_j = 0$ é zero ao vetor de preço p'_ε, porque $p'_{\varepsilon j} = B$. Pela condição dos substitutos, aumentar o preço de $p(S|z)$ para p'_ε deixa a demanda para os bens além de m não diminuídos. Logo, para todos os ε positivos, temos $z - 1_m \in \arg\max_{z'}\{v^S(z') - p'_\varepsilon \cdot z'\}$. Pelo teorema do máximo de Berge,[15] o mesmo se aplica quando $\varepsilon = 0$: $z - 1_m \in \arg\max_{z'}\{v^S(z') - p(S|z) \cdot z'\}$. Portanto, $v^S(z - 1_m) - p(S|z) \cdot (z - 1_m) = v^S(z) - p(S|z) \cdot z$, de modo que $p_m(S|z) = v^S(z) - v^S(z - 1_m)$.

Resumindo a principal conclusão dos dois últimos parágrafos:

$$p_m(S|z) = \begin{cases} B & \text{se } z_m = 0, \\ v^S(z) - v^S(z - 1_m) & \text{se } z_m = 1. \end{cases} \tag{8.9}$$

Para quaisquer pacotes de bens $z' \leq z$, deixe $A = \{m | z'_m = 1\} = \{1, \ldots, n\}$. Então o custo de oportunidade para a coalizão S de desistir dos bens z' é $v^S(z) - v^S(z - z') = \sum_{m=1}^{n}(v^S(z - \sum_{j=1}^{m-1} 1_j) - v^S(z - \sum_{j=1}^{m} 1_j)) = \sum_{m=1}^{n} p_m(S|z - \sum_{j=1}^{m-1} 1_j)$. Como cada somatório é isótono em S, a função $v^S(z) - v^S(z - z')$ é isótona em S.

---

[14] Veja Topkis (1978) ou Topkis (1998).

[15] Veja Royden (1968).

Como $w(S) = v^S(z)$, temos $w(S \cup \{l\}) - w(S) = \max_{z'}\{v^l(z') + v^S(z - z') - v^S(z)\}$. Como o maximando nessa expressão é não crescente em S, o máximo também é não crescente em S. Concluímos que w é submodular para o licitante.

Em seguida, suponha que uma valoração $v^1 \in \mathbf{V}$ para a qual a condição de substitutos falhe. Então existem bens m e n a um vetor de preço $(\bar{p}_m, p_{-m})$, e um $\varepsilon > 0$ tal que (i) o comprador tem demandas únicas (para todos os bens) ao vetor de preço $(\bar{p}_m, p_{-m})$, e $x_n^1(\bar{p}_m, p_{-m}) = 1$, e (ii) o comprador tem demandas únicas (para todos os bens) ao vetor de preço $(\bar{p}_m + \varepsilon, p_{-m})$, e $x_n^1(\bar{p}_m + \varepsilon, p_{-m}) = 0$. Como a utilidade é quase linear, inferimos que $1 = x_m^1(\bar{p}_m, p_{-m}) \neq x_m^1(\bar{p}_m + \varepsilon, p_{-m}) = 0$. Por continuidade, existe $p_m \in (\bar{p}_m, \bar{p}_m + \varepsilon)$ tal que ao vetor de preço $p = (p_m, p_{-m})$ o conjunto de demanda do comprador contém um pacote que inclui ambos os bens, n e m, e um que exclui os dois.

Assim, a falha da condição de substitutos implica que existem dois bens, m e n, e um vetor de preço, p, com $p_n, p_m > 0$, e com essas duas propriedades: (1) para todo $\hat{p}_m \in [0, p_m)$, há um maximizador único x' de $v^1(x) - (\hat{p}_m, p_{-m}) \cdot x$, e ele satisfaz $x'_n = x'_m = 1$; (2) para todo $\hat{p}_m \in (p_m, B]$, há um maximizador único x'', e ele satisfaz $x''_n = x''_m = 0$.

Usamos esses preços para criar valorações de licitantes que contradigam a sua submodularidade, como segue. Deixe $\hat{p}_m > p_m$, e suponha que os licitantes 2, 3, e 4 têm essas valorações: $v^2(x) = \sum_{k \neq n,m} p_k x_k$, $v^3(x) = p_m x_m + p_n x_n$ e $v^4(x) = \hat{p}_m x_m$. Como x' é ótimo para o comprador 1 ao vetor de preço p anterior, e como $x'_n = x'_m = 1$, existe uma alocação ótima para a coalizão $\{0, 1, 2, 3\}$ que não atribui nenhum bem ao licitante 3, e, portanto, isso é viável para a coalizão $\{0, 1, 2\}$, de modo que $w(0123) = w(012)$. Como x'' é o único ótimo para o comprador 1 ao vetor de preço $(p_{-m}, \hat{p}_m)$, a alocação ótima para a coalizão $\{0, 1, 2, 3, 4\}$, que dá o bem n para o licitante 3, é diferente de qualquer alocação ótima para $\{0, 1, 2, 4\}$, de modo que $w(01234) > w(0124)$. Portanto, $w(01234) + w(012) > w(0123) + w(0124)$. Isso prova que w não é submodular para o licitante. ∎

8.1.5 Bens Substitutos e Resultados de Vickrey

O último resultado desta seção combina e estende os teoremas precedentes. Ele mostra que, quando a condição de substitutos é satisfeita, o leilão Vickrey é imune aos vários problemas de monotonicidade identificados em exemplos anteriores. Porém, quando a condição de substitutos não é satisfeita, pode-se sempre construir perfis de preferência que induzem problemas de monotonicidade.

Teorema 8.5. Suponha que os bens são únicos, e que as valorações do licitante são extraídas de um conjunto **V** tal que $\mathbf{V}_{add} \subset \mathbf{V}$. Então, as seguintes declarações são equivalentes:

1. Para cada valoração em **V**, os itens individuais são substitutos.
2. Para cada perfil de valorações extraídas de **V**, o resultado do leilão Vickrey está no núcleo.
3. Para cada perfil de valorações extraídas de **V**, o resultado de Vickrey mostra a monotonicidade do payoff.
4. Para cada perfil de valorações extraídas de **V**, licitantes perdedores no leilão Vickrey não têm um desvio conjunto lucrativo.
5. Para cada perfil de valorações extraídas de **V**, nenhum licitante pode ganhar usando licitantes "fantasmas".[16]

Prova. Os Teoremas 8.2–8.4 estabelecem as equivalências das condições (1)–(3).

Para mostrar (1)⇒(4), deixe $v^S(z)$ ficar como definido em (8.8); é o valor que a coalizão S recebe do pacote z. Como observado na prova do Teorema 8.4, a função de lucro dupla u^S associada a v^S é uma função submodular, assim v^S é uma valoração de substitutos. Em especial, v^S é submodular. Deixe $\bar{x}$ denotar o pacote total de bens oferecido para venda, e $X(\bar{x})$ o conjunto correspondente de alocações viáveis. Suponha uma coalizão S de desvios de licitantes perdedores, reportando os valores $(\tilde{v}^l)_{l \in S}$ e $\tilde{v}^l = v^l$ para $l \in N - S$. Suponha que a alocação dos bens de Vickrey depois do desvio seja $(\tilde{x}^l)_{l \in N}$. O preço Vickrey pago pelo licitante l para adquirir seu pacote é dado por:

$$p^l = \max_{x \in X(\bar{x})} \left(\sum_{j \in S-l} \tilde{v}^j(x^j) + \sum_{j \in N-S} v^j(x^j) \right)$$
$$- \left(\sum_{j \in S-l} \tilde{v}^j(\tilde{x}^j) + \sum_{j \in N-S} v^j(\tilde{x}^j) \right). \tag{8.10}$$

Segue que:

---

[16] Yokoo, Sakurai e Matsubara (2000) mostram que, se a função de valor da coalizão é submodular para o licitante, então não existe estratégia de licitantes "fantasmas" que permita que um licitante vença sua alocação de equilíbrio a um preço menor do que o preço de Vickrey. O teorema relatado aqui usa uma suposição mais forte (ou seja, que os bens são substitutos) e chega a uma conclusão mais forte: os participantes não têm desvio conjunto lucrativo de nenhum tipo.

$$p^l \geq \max_{\substack{x \in X(\bar{x}) \\ x^j = \bar{x}^j \text{ para } j \in S}} \left(\sum_{j \in S-l} \tilde{v}^j(x^j) + \sum_{j \in N-S} v^j(x^j) \right)$$

$$- \left(\sum_{j \in S-l} \tilde{v}^j(\bar{x}^j) + \sum_{j \in N-S} v^j(\bar{x}^j) \right)$$

$$= \max_{x \in X(\bar{x} - \sum_{j \in S-l} \bar{x}^j)} \left(\sum_{j \in N-S} v^j(x^j) \right) - \sum_{j \in N-S} v^j(\bar{x}^j)$$

$$= v^{N-S} \left(\bar{x} - \sum_{j \in S-l} \bar{x}^j \right) - v^{N-S} \left(\bar{x} - \sum_{j \in S} \bar{x}^j \right)$$

$$\geq v^{N-S}(\bar{x}) - v^{N-S}(\bar{x} - x^l)$$

$$= v^{N-l}(\bar{x}) - v^{N-l}(\bar{x} - x^l). \tag{8.11}$$

A desigualdade na primeira linha de (8.11) decorre das limitações extras na otimização. A terceira linha segue pela definição de v^{N-S} e porque $(\bar{x}^l)_{l \in N}$ é a alocação de Vickrey (em particular, $(\bar{x}^l)_{l \in N-S}$ maximiza o payoff para a coalizão $N - S$ considerando os recursos totais alocados para ela). A desigualdade na quarta linha segue porque v^{N-S} é submodular. A última equação se mantém, porque a coalizão S (que inclui o licitante l) é uma coalizão de licitantes perdedores no leilão Vickrey usando as atuais valorações v.

Comparando o primeiro e o último membros, vemos que (8.11) estabelece que o preço de Vickrey pago por um licitante perdedor l que desvia com a coalizão $S - l$ e vence o pacote x^l é mais alto que o preço que o licitante l deve pagar para vencer o mesmo pacote x^l sem os outros desvios. Como nenhum outro licitante individual tem um desvio lucrativo de sua estratégia dominante, nenhuma coalizão de licitantes perdedores tem um desvio lucrativo.

Para (1) $\Rightarrow$ (5), denotamos a coalizão de "fantasmas" por $S = \{1, \ldots, n\}$. Então, considerando as informações dos "fantasmas" $\{\tilde{v}^j\}_{j=1}^n$, deixe $\bar{x}$ denotar a alocação do leilão Vickrey correspondente. O preço total pago pelos "fantasmas" é:

$$\sum_{l=1}^n p^l \geq \sum_{l=1}^n \left[v^{N-S} \left(\bar{x} - \sum_{j \in S-l} \bar{x}^j \right) - v^{N-S} \left(\bar{x} - \sum_{j \in S} \bar{x}^j \right) \right]$$

$$\geq \sum_{l=1}^n \left[v^{N-S} \left(\bar{x} - \sum_{j=1}^{l-1} \bar{x}^j \right) - v^{N-S} \left(\bar{x} - \sum_{j=1}^l \bar{x}^j \right) \right]$$

$$= v^{N-S}(\bar{x}) - v^{N-S} \left(\bar{x} - \sum_{j=1}^n \bar{x}^j \right).$$

A primeira desigualdade segue de (8.11), e a segunda, da submodularidade de v^{N-S}. A soma se concentra no último termo, que é o preço de Vickrey que o licitante teria que pagar para adquirir a mesma alocação sem licitantes "fantasmas". Logo, a licitação "fantasma" não é lucrativa.

Para provar o contrário, suponha que o conjunto **V** inclua valores para bens que não são substitutos. Digamos que os bens para os quais não há a condição de substitutos são os bens 1 e 2. Há então algum vetor de preço p no qual a demanda tem só um valor, tal que aumentar o preço do bem 1 de p_1 para $p_1 + \varepsilon$ reduz a demanda do bem 2.

Como na prova do Teorema 8.4, utilizamos a seguinte função de valor indireto para o licitante 1: $\tilde{v}^1(x_1, x_2) = \max v^1(x) - \sum_{m \neq 1,2} p_m x_m$. Como anteriormente, se os bens 1 e 2 não tiverem a condição de substitutos para a valoração original v^1, também lhes falta a valoração indireta $\tilde{v}$, que nos permite focar apenas a alocação dos dois bens 1 e 2, se pudermos arranjar que os preços dos outros bens sejam prescritos por p. Conseguimos isso introduzindo dois licitantes com valorações lineares $v(x) = \sum_{k \neq 1,2} p_k x_k$.

Usando a valoração indireta $\tilde{v}$, deixe o valor de cada bem $i \in \{1, 2\}$ ser v_i, e deixe o valor combinado ser $\bar{v}$. Se os bens não são substitutos, então $\alpha = \bar{v} - (v_1 + v_2) > 0$. Chame o licitante com esses valores de licitante A.

Para analisar desvios conjuntos com a perda de licitantes, introduzimos dois licitantes adicionais B_1 e B_2. O licitante B_i valoriza o bem i em $v_i + \varepsilon_i > v_i$, onde $\varepsilon_1 + \varepsilon_2 < \alpha$. Esses dois licitantes perdem em equilíbrio e ganham zero payoffs. Porém, o desvio conjunto no qual cada licitante i oferece $v_i + \alpha$ os torna vencedores aos respectivos preços v_i, obtendo um lucro de ε_i. Assim, se os bens não são substitutos, então os licitantes perdedores têm um desvio conjunto lucrativo.

Para analisar lances "fantasmas", introduzimos um único licitante B que avalia cada bem i em $v_i + \varepsilon_i > v_i$, onde $\varepsilon_1 + \varepsilon_2 < \alpha$. O licitante B avalia o par em $v_1 + v_2 + \varepsilon_1 + \varepsilon_2$. Com lances honestos, esse licitante obtém um lucro de zero. Ao fazer lances usando dois "fantasmas" B_1 e B_2 e adotando as estratégias do parágrafo anterior, os dois "fantasmas" vencem, e o preço total é $v_1 + v_2$, obtendo um lucro de $\varepsilon_1 + \varepsilon_2 > 0$. Assim, se os bens não são substitutos, então o licitante B tem um desvio lucrativo usando licitantes "fantasmas". ∎

Leilões em que os licitantes fazem ofertas para pacotes de itens são mais complicados do que leilões simples para itens separados. Leilões de pacotes são mais atraentes quando ajudam os licitantes a evitar o problema de vencer alguns bens sem adquirir bens complementares necessários, isto é, quando a condição de substitutos pode falhar. Exatamente nessas condições, porém, a análise precedente indica que o leilão Vickrey tem defeitos graves e possivelmente fatais como mecanismo prático.

8.2 Leilões de Pacote de Primeiro Preço Bernheim–Whinston

O desenho de leilão de pacote mais simples é o de primeiro preço, no qual os licitantes oferecem lances para pacotes, e o vendedor seleciona a combinação viável de lances que maximize o preço total. Cada licitante, então, paga a quantia que ofereceu para os bens que adquire ou, em um leilão de aquisição, recebe a quantia oferecida em retorno pelo desempenho prometido. O leilão IBM–Mars e o leilão de ônibus foram leilões de aquisição que usaram o desenho de primeiro preço.

Ao implementar um leilão de pacote, é importante desenhar procedimentos de licitação simples para manter os problemas dos licitantes (e, talvez, também os do leiloeiro) administráveis. Por exemplo, nos dois leilões citados, ambos de aquisição, os licitantes oferecem lances individuais para cada item e, além disso, descontos específicos para certos pacotes ou quantidades. Estruturar as interfaces do licitante limita a complexidade da licitação e a do problema de determinação do vencedor.

Nossa análise de leilões de pacote de primeiro preço é desenvolvida em uma série de subseções a seguir. A primeira formula o leilão e ilustra o problema do equilíbrio múltiplo; a segunda descreve estratégias de metas de lucro e os motivos para se concentrar nos equilíbrios as utilizando; e a terceira mostra que os payoffs de equilíbrio deles coincidem com a fronteira ótima do licitante do núcleo do jogo de coalizão associado.

8.2.1 Formulação

A teoria relevante para esse leilão foi elaborada apenas para o caso de informação total, de modo que nosso modelo dispensa os tipos de licitantes. Suponhamos que haja um conjunto X de alocações viáveis ou, mais genericamente, decisões $x = (x^1, \ldots, x^N)$ que o vendedor pode fazer. A parte da alocação ou decisão relativa ao licitante i é o componente x^i, e o conjunto de possíveis decisões relativas a i é $X^i = \{x^i | x \in X\}$.

O leilão de primeiro preço ocorre da seguinte forma. Cada licitante i faz uma série de lances selados não negativos $\{\beta^i(x^i)\}_{x^i \in X^i}$. O vendedor então maximiza o objetivo $\sum_{i=1}^{N} \beta^i(x^i) + v^0(x)$, que é a soma dos lances mais o valor do vendedor para a alocação. Cada licitante paga a quantia do próprio lance vencedor. Logo, se o vendedor escolher x, o payoff do licitante i é $v^i(x^i) - \beta^i(x^i)$. Deixe $\Pi^i(\beta)$ denotar o payoff de i correspondente ao perfil do lance β.

Esse modelo é genérico o bastante para abranger uma ampla variedade de aplicações. Para um leilão de espectro da FCC, X é o conjunto de alocações em que cada licença é atribuída, no máximo, a um comprador. No problema da programação dos trens, X é o conjunto de horários para que os trens não colidam. Em um problema de bens públicos, podemos especificar que, para todo $x \in X$, $x^1 = \cdots = x^N$, de modo que todos devem receber a mesma alocação. Estamos mais interessados em aplicar o modelo de leilões com participação voluntária, para em seguida supor que, para cada licitante i, há um resultado no qual i não participa, o que denotamos por $\emptyset$. Normalizamos de modo que $v^i(\emptyset) = 0$ para todo i. Além disso, supomos em todo este capítulo que o vendedor tem descarte livre, como definido a seguir.

Definição. O vendedor tem *livre descarte* se para todo $x \in X$ tem-se $(x^{-i}, \emptyset) \in X$ e $v^0(x) \leq v^0(x^{-i}, \emptyset)$.

Bernheim e Whinston (1986) desenvolveram uma teoria de leilões de pacote de primeiro preço com informações completas. A suposição de informações completas é perturbadora, mas mesmo assim a teoria identifica alguns aspectos estratégicos importantes do leilão.

Antes de começar a análise, fazemos uma observação importante sobre nossos modelos de *empates*, isto é, perfis de lances para os quais o objetivo do vendedor, $\sum_{i=1}^{N} \beta^i(x^i) + v^0(x)$, tem múltiplos ótimos. Se o leilão exigir que os lances sejam feitos em unidades discretas como dólares, então os empates podem ser rompidos segundo qualquer critério ou mesmo aleatoriamente sem criar quaisquer dificuldades. Contudo, para obter a caracterização exata de equilíbrio, é conveniente modelar os lances como números reais não negativos. Tratar lances como números reais traz problemas com a existência das melhores respostas, porque implica que não há lance que seja "apenas" mais alto que o lance oposto mais alto. O problema é o mesmo no conhecido modelo de Bertrand, com vendedores competindo para vender um único item a um comprador. Digamos que os custos do vendedor sejam 7 e 10, respectivamente. Se as unidades de lance são discretas, digamos, números inteiros, então há um equilíbrio em estratégias puras, nas quais o vendedor de baixo custo oferece para vender ao preço de 10 e o outro vendedor, ao de 11. Em equilíbrio, o licitante vencedor oferece apenas menos que o perdedor. Esse equilíbrio não tem análogo exato no modelo contínuo. Nesse modelo, é um atalho conveniente, mas impreciso, dizer que há um equilíbrio no qual ambos os vendedores oferecem para vender ao preço de 10 e o vendedor de baixo custo vence a concorrência porque ele faz um lance infinitesimalmente menor.

Neste capítulo, adotamos um atalho baseado em uma justificativa similar, mas em modelos de leilão em que os licitantes são compradores e os lances mais altos vencem. Na análise que segue, quando dizemos que um lance b é a melhor resposta e vencedor, queremos dizer que para todo $\varepsilon > 0$, $b + \varepsilon$ é um ε — melhor resposta e um lance vencedor e que pagamentos devem ser determinados como se o lance b fosse vencedor. Com esse conhecimento, cada licitante sempre tem a melhor resposta aos lances dos rivais. Para evitar distração por questões econômicas, não faremos outros comentários sobre esse conhecimento de melhores respostas em provas e discussões a seguir.[17]

Começamos nossa análise do modelo de leilões de pacote de primeiro preço com a observação de que, em geral, tais leilões têm muitos equilíbrios de Nash. Para ilustrar, considere um leilão com dois itens idênticos à venda. Suponha que os licitantes 1 e 2 queiram só uma única unidade do bem, que avaliam em 10, enquanto os licitantes 3 e 4 não têm valor para só uma unidade, mas pagarão até 16 pelo par. Em um conjunto de equilíbrios de Nash, os licitantes 3 e 4 oferecem 16 pelo par, enquanto os licitantes 1 e 2 oferecem menos que 10 que somam até 16. Por conveniência, resolvemos esse empate em favor dos licitantes com o maior valor total. Então, nesses equilíbrios, os licitantes 1 e 2 vencem ao preço total de 16 e obtêm um lucro total de 4, mas um equilíbrio de Nash sustenta qualquer divisão do total com lucros não negativos para ambos os licitantes. O resultado em cada um desses equilíbrios é eficiente.

Além dos equilíbrios precedentes, há outros no mesmo exemplo com resultados ineficientes. Nesses equilíbrios, os licitantes 3 e 4 oferecem 16, mas os licitantes 1 e 2 oferecem menos que 6. O resultado é que o licitante 3 ou 4 vence. Bernheim e Whinston consideraram esses equilíbrios como intuitivamente menos plausíveis, porque os licitantes 1 e 2 não fazem lances sérios.

8.2.2 Estratégias com Metas de Lucros

Para isolar os equilíbrios que consideraram mais plausíveis, eles focaram *estratégias com metas de lucro*, que são definidas como segue.

---

[17] Reny (1999) oferece uma análise formal completa desse problema.

Definição.[18] A estratégia β^i é a π^i-*estratégia com meta de lucro* se para todo x, $\beta^i(x^i) = \max(0, v^i(x^i) - \pi^i)$.

Estratégias com meta de lucro têm dois tipos de atrativo. Primeiro, são simples. Considerando o valor do licitante, a estratégia é caracterizada por um único número, π^i — lucro que o licitante requer de qualquer lance vencedor. O licitante fixa seus lances em cada pacote subtraindo π^i do valor de seu pacote. Segundo, independentemente das estratégias adotadas pelos outros licitantes, o conjunto de melhores respostas de cada licitante sempre incluirá uma estratégia com meta de lucro.

Teorema 8.6. Em um leilão de pacote de primeiro preço, para qualquer licitante i e quaisquer lances β^{-i} dos outros, deixe $\bar{\pi}^i = \max_{\beta^i} \Pi^i(\beta^i, \beta^{-i})$. Então a estratégia com meta de lucro $\bar{\pi}^i$ é a melhor resposta para o licitante i nesse leilão.

Prova. Deixe β^i ser a melhor resposta, e que a decisão correspondente do leiloeiro seja $\hat{x}$. Então $\bar{\pi}^i = v^i(\hat{x}^i) - \beta^i(\hat{x}^i)$. Deixe $\bar{\beta}^i$ denotar a estratégia de meta de lucro $\bar{\pi}^i$. Então $\beta^i(\hat{x}^i) = \bar{\beta}^i(\hat{x}^i)$.

Pela regra de seleção de vendedores, para qualquer $x \neq \hat{x}$ temos $\sum_{i=1}^{N} \beta^i(x^i) + v^0(x) \leq \sum_{i=1}^{N} \beta^i(\hat{x}^i) + v^0(\hat{x})$. Então, se $\bar{\beta}^i(x^i) = 0$ temos $\bar{\beta}^i(x^i) \leq \beta^i(x^i)$, de modo que $\sum_{j \neq i} \beta^j(x^j) + \bar{\beta}^i(x^i) + v^0(x) \leq \sum_{j \neq i} \beta^j(\hat{x}^j) + \bar{\beta}^i(\hat{x}^i) + v^0(\hat{x})$. Logo, o leiloeiro não escolhe x quando i oferece $\bar{\beta}^i$. A escolha $\bar{x}$ do leiloeiro quando i oferece $\bar{\beta}^i$ portanto satisfaz $\bar{\beta}^i(\bar{x}^i) > 0$, então $\bar{\beta}^i(\bar{x}^i) \equiv \max(0, v^i(\bar{x}^i) - \bar{\pi}^i) = v^i(\bar{x}^i) - \bar{\pi}^i$. Logo, $\Pi^i(\beta^{-i}, \bar{\beta}^i) = v^i(\bar{x}^i) - \bar{\beta}^i(\bar{x}^i) = \bar{\pi}^i = \Pi^i(\beta^{-i}, \beta^i)$. ∎

O teorema precedente supõe que os licitantes concorrentes adotam estratégias puras. Se eles adotarem estratégias mistas ou estiverem indecisos sobre que estratégias puras adotar, então a melhor resposta definida geralmente não inclui qualquer estratégia de meta de lucro.

O Teorema 8.6 indica a dificuldade de executar o comportamento de conluio em equilíbrio no leilão de pacote de primeiro preço. Sabe-se que, ao contrário de leilões de preço uniforme, nenhum licitante tem qualquer

---

[18] Bernheim e Whinston (1986) chamam essas estratégias de "verdadeiras", e Ausubel e Milgrom (2002) chamam as estratégias de leilão correspondentes com lances de ausentes de "semissinceras". O termo "estratégias com meta de lucro", adotado aqui, parece mais descritivo: o licitante faz os lances que, se ganharem, atingem a meta de lucro.

incentivo de reduzir sua demanda no leilão de pacote de primeiro preço. Suponhamos que em algum perfil de estratégia acordado o licitante i vença a alocação de x^i, pagando um preço positivo. Se um licitante usar uma estratégia com meta de lucro e aumentarmos sua alocação em $\bar{x}^i - x^i$, aumentaremos seu lance em $\beta^i(\bar{x}^i) - \beta^i(x^i) = v^i(\bar{x}^i) - v^i(x^i)$. Assim, o licitante oferece pagar ao vendedor seu valor marginal total em unidades adicionais. Estratégias com meta de lucro, então, não envolvem nenhuma redução de demanda. O fato de que alguma estratégia com meta de lucro está sempre no conjunto de melhor resposta definida significa que nenhum perfil de estratégia pura impede um licitante de fazer lances agressivos em unidades adicionais. Assim, não há como *aplicar* um acordo de licitação com conluio usando estratégias no leilão em si.

8.2.3 Equilíbrio e o Núcleo

Essa consequência do Teorema 8.6 sugere que o resultado do equilíbrio em estratégias com meta de lucro parecem equilíbrios competitivos; essa impressão é correta. Para caracterizar equilíbrio em um leilão de pacote de primeiro preço, comparamos payoffs de equilíbrio no leilão com pontos no núcleo de um jogo associado na forma de coalizão.

Definimos o valor da função de coalizão e o núcleo em (8.1) e (8.2). Podemos reescrever este último como:

$$\text{Núcleo}(N, w) = \left\{ \pi \in \mathbb{R}^N \middle| (\forall S) \sum_{j \in S} \pi^j \geq w(S) \right\}$$
$$\cap \left\{ \pi \in \mathbb{R}^N \middle| \sum_{j \in N} \pi^j \leq w(N) \right\}. \tag{8.12}$$

O vetor de payoff $\pi \in \mathbb{R}^N$ está no núcleo se for *não bloqueado* e *viável*. O primeiro conjunto na intersecção em (8.12) expressa que a restrição do vetor de payoff π está não bloqueado: nenhuma coalizão ganha mais por conta própria do que o vetor de payoff π. O segundo conjunto expressa a condição de viabilidade de que o payoff total prometido não excede o que está disponível: $\sum_{j \in N} \pi^j \leq w(N)$. Como a desigualdade reversa está contida no primeiro conjunto de desigualdades, pode-se escrever de modo equivalente a restrição de viabilidade como $\sum_{j \in N} \pi^j = w(N)$ para recuperar a forma usada em (8.2).

Pode-se considerar as imputações do núcleo nesse contexto como preços *competitivos* para os serviços e recursos dos participantes. Imagine que há vários corretores que podem contratar os participantes. Um corretor que contrata a coalizão S pode criar um negócio de valor $w(S)$. Suponha que os corretores façam lances para participantes individuais em um mercado perfeitamente competitivo, e deixe π^i ser o preço pelos serviços do participante i. Para mercados se equilibrarem, os lucros máximos dos corretores precisam ser zero. Isso significa que os preços devem ser tais que, para cada coalizão S, $w(S) - \sum_{j \in S} \pi^j \leq 0$. Como o resultado eficiente envolve a formação da coalizão N, a condição de lucro zero também implica $\sum_{j \in N} \pi^j = w(N)$. Assim, a condição que π é um vetor de preço de equilíbrio para serviços e recursos dos participantes é a mesma que a condição $\pi \in$ Núcleo(N, w).

Uma parcela particular do núcleo é especialmente interessante para a nossa análise.

Definição. Um vetor de payoff $\pi \in \mathbb{R}^N$ é *ótimo para o licitante* se $\pi \in$ Núcleo(N, w) e não existe $\pi' \in$ Núcleo(N, w) com $\pi'_{-0} > \pi_{-0}$. O conjunto de tais pontos é chamado de *fronteira ótima do licitante* do núcleo.

Lembre nossa notação para as desigualdades de vetor, $\alpha > \beta \Leftrightarrow [\alpha \geq \beta, \alpha \neq \beta]$. Usando essa notação, o vetor de payoff está na *fronteira de Pareto do licitante* se não houver outro vetor de payoff no Núcleo(N, w) que seja preferência de Pareto. A ênfase na fronteira de Pareto do núcleo é reminiscência de uma ênfase similar na teoria da combinação, mas não desenvolvemos essa conexão aqui.[19]

Com essas definições, podemos declarar nosso principal teorema como caracterizando equilíbrio no leilão de pacote de primeiro preço.

Teorema 8.7. Suponha que π seja ótimo para o licitante. Então as estratégias correspondentes π^i- com metas para o lucro constituem um equilíbrio de Nash do leilão de pacote de primeiro preço. Por outro lado, se $\pi \in \mathbb{R}^N$ é um vetor de payoff de equilíbrio, e as estratégias com metas de lucro correspondentes π^i constituem um equilíbrio de Nash do leilão de pacote de primeiro preço, então π é ótimo para o licitante.

Prova. Para demonstrar a primeira afirmação, suponha que π é ótimo para o licitante. Precisamos mostrar que as estratégias com metas de lucro correspondentes constituem um equilíbrio.

---

[19] Veja Ausubel e Milgrom (2002).

Mostraremos que nenhum jogador i tem um desvio lucrativo para qualquer estratégia com meta para lucro. Então, pelo Teorema 8.6, nenhum jogador tem um desvio lucrativo de qualquer tipo.

Suponha que alguma estratégia com meta de lucro alternativa para i obtenha um payoff $\pi^i + \delta$, para algum $\delta > 0$. Então, a estratégia precisa ser a estratégia com meta para lucro $\pi^i + \delta$.

Como π é ótimo para o licitante, $\pi \in$ Núcleo(N, w) e $(\pi^0 - \delta, \pi^i + \delta, \pi^{-i-0}) \notin$ Núcleo(N, w). Assim, existe uma coalizão S tal que $\sum_{j \in S} \pi^j \geq w(S) > \sum_{j \in S} \pi^j - \delta 1_{\{0 \in S\}} + \delta 1_{\{i \in S\}}$. Segue que $0 \in S$ e $i \notin S$. O valor máximo do objetivo do vendedor se ele excluir lances do licitante i é, portanto:

$$\max_{\{x \in X | x^i = \emptyset\}} \left\{ \sum_{j \in N-0} \beta^j(x^j) + v^0(x) \right\}$$
$$\geq \max_{\{x \in X | x^{-S} = \emptyset\}} \left\{ \sum_{j \in S-0} \beta^j(x^j) + v^0(x) \right\}$$
$$\geq \max_{\{x \in X | x^{-S} = \emptyset\}} \left\{ \sum_{j \in S-0} \left(v^j(x^j) - \pi^j \right) + v^0(x) \right\}$$
$$= w(S) - \sum_{j \in S-0} \pi^j$$
$$> \pi^0 - \delta$$
$$= \max_x \left\{ v^0(x) + \sum_{j \in N-0} \beta^j(x^j) \right\} - \delta$$
$$\geq \max_{\{x \in X | x^i \neq \emptyset\}} \left\{ v^0(x) + \sum_{j \in N-0} \beta^j(x^j) \right\} - \delta. \tag{8.13}$$

A primeira linha de (8.13) se mantém porque a segunda otimização é mais restrita, a segunda porque $\beta^j(x^j) = \max\left(0, v^j(x^j) - \pi^j\right)$, e a terceira por definição de $w(S)$. A desigualdade estrita da quarta linha segue por seleção da coalizão S, e a quinta linha se mantém por definição de π^0. Finalmente, a última desigualdade segue porque a última otimização é mais restrita que a precedente.

Comparar o primeiro e o último membro em (8.13) indica que, após o desvio, o vendedor se sai estritamente melhor ao excluir o licitante i do que ao aceitar um de seus lances. Logo, o desvio resulta em o licitante se tornar um perdedor. Assim, não existe desvio lucrativo para qualquer licitante i.

Para mostrar o oposto, suponha que as estratégias com metas de lucro π^i constituam um equilíbrio com vetor de payoff π. Primeiro, mostramos que $\pi \in$ Núcleo(N, w). Como π é o vetor de payoff para elas, ele é viável. Logo, se $\pi \notin$ Núcleo(N, w), existe alguma coalizão S tal que $\sum_{j \in S} \pi^j < w(S)$. Então:

$$\pi^0 = \max_{x \in X} \left\{ v^0(x) + \sum_{j \in N-0} \beta^j(x) \right\}$$
$$\geq \max_{\{x \in X | x^{-S} = \emptyset\}} \left\{ v^0(x) + \sum_{j \in S-0} \beta^j(x) \right\}$$
$$\geq \max_{\{x \in X | x^{-S} = \emptyset\}} \left\{ v^0(x) + \sum_{j \in S-0} (v^j(x) - \pi^j) \right\}$$
$$= w(S) - \sum_{j \in S-0} \pi^j > \pi^0,$$

que é uma contradição. Assim $\pi \in$ Núcleo(N, w).

Em seguida, suponha que π é um vetor de payoff de equilíbrio e $\pi \in$ Núcleo(N, w), mas π não é ótimo para o licitante. Então há um i e um $\delta > 0$ tal que $\hat{\pi} \equiv (\pi^0 - 2\delta, \pi^i + 2\delta, \pi^{-i-0}) \in$ Núcleo(N, w).

Suponha que o licitante i desvie para a estratégia com meta de lucro $\pi^i + \delta$, que denotamos a seguir por $\tilde{\beta}^i$. Se π é um vetor de payoff de equilíbrio, então há uma alocação viável correspondente $\bar{x}$. Assim:

$$\max_{x \in X} \left\{ \sum_{j \in N-i-0} \beta^j(x^j) + \tilde{\beta}^i(x^i) + v^0(x) \right\}$$
$$\geq \sum_{j \in N-i-0} \beta^j(\bar{x}^j) + \tilde{\beta}^i(\bar{x}^i) + v^0(\bar{x})$$
$$= \sum_{j \in N-0} (v^j(\bar{x}^j) - \pi^j) - \delta + v^0(\bar{x})$$
$$= \pi^0 - \delta > \pi^0 - 2\delta$$
$$\geq \max_{\{S | i \notin S\}} \left\{ w(S) - \sum_{j \in S-0} \pi^j \right\}$$
$$\geq \max_{\{S | i \notin S\}} \left\{ \max_{x \in X} \left\{ \sum_{j \in S} v^j(x^j) \right\} - \sum_{j \in S-0} \pi^j \right\}$$
$$= \max_{x \in X} \max_{\{S | i \notin S\}} \left\{ \sum_{j \in S-0} (v^j(x^j) - \pi^j) \right\} + v^0(x)$$

$$= \max_{x \in X} \left\{ \sum_{j \in N-i-0} \max(0, v^j(x^j) - \pi^j) + v^0(x) \right\}$$

$$= \max_{x \in X} \left\{ \sum_{j \in N-i-0} \beta^j(x^j) + v^0(x) \right\}.$$

A primeira linha segue da maximização; a segunda, das definições das funções de lances; e a terceira, da definição de $\bar{x}$. A quarta linha se mantém porque $(\pi^0 - 2\delta, \pi^i + 2\delta, \pi^{-i-0}) \in \text{Núcleo}(N, w)$. A quinta segue da definição de $w(S)$; e a sexta, da reversão da ordem de otimização (usando livre descarte). A sétima linha segue da maximização sobre S; e a última, pela definição das funções de lance.

Como o último termo é menor que o primeiro, o vendedor reduz estritamente seu lucro recusando todos os lances de i após o desvio. Assim, segundo as regras do leilão, o vendedor aceita um dos lances de i, e o desvio de i é lucrativo, contradizendo a suposição de que as estratégias de metas de lucro originais constituem um equilíbrio. ∎

Segundo nossa interpretação, os resultados no núcleo pagam ao vendedor um preço competitivo por seus recursos. Contudo, o núcleo inclui o perfil de payoff extremo no qual cada licitante i ganha $\pi^i = 0$ e o vendedor ganha $\pi^0 = w(N)$. Esse payoff extremo reflete o fato de que todas as coalizões relevantes incluem o vendedor (exceto em coalizões individuais, que garantem que cada licitante obtenha pelo menos zero), de modo que o núcleo inclui a possibilidade de o vendedor ser um perfeito discriminador de preços. Em um leilão, porém, são os licitantes que fazem os lances. O Teorema 8.7 reflete o poder decorrente da capacidade de fazer ofertas: os licitantes, coletivamente, fazem lances grandes o suficiente para que o resultado fique no núcleo. Em termos de nossa interpretação de preços competitivos, o teorema mantém que preços pagos pelos recursos dos licitantes são tão altos quanto possível, consistente com pagar ao vendedor um preço competitivo por seus recursos.[20]

---

[20] Em sua análise de leilões de pacote de primeiro preço, Bernheim e Whinston (1986) também desenvolveram o conceito de *equilíbrio de Nash à prova de coalizão* e mostraram que os equilíbrios identificados no Teorema 8.7 coincidem exatamente com os equilíbrios de Nash à prova de coalizão desse leilão. Sua análise, consistente com a discussão que segue o Teorema 8.6, indica ainda a dificuldade de criar incentivos para sustentar resultados colusivos, mesmo quando pequenos grupos de licitantes se comunicam em particular.

8.3 Leilões Ascendentes com Lances de Ausentes [Proxy] Ausubel-Milgrom[21]

Nesta seção, apresentamos os leilões ascendentes com lances de ausentes de Ausubel-Milgrom, que incorporam muitas das vantagens dos desenhos do leilão Vickrey e o de pacote de primeiro preço ao mesmo tempo em que evitam algumas desvantagens importantes. Mostraremos que esse desenho essencialmente replica o desempenho do desenho de Vickrey quando todos os bens são substitutos e, como o leilão de primeiro preço de Bernheim-Whinston, tem resultados de equilíbrio com informações completas, que são pontos ótimos para o licitante no núcleo.

Para desenvolver a conexão com o leilão Vickrey, suponha que os bens são substitutos para todos os licitantes. Então, para cada perfil de valor, fazer uma oferta verdadeira é um equilíbrio de Nash do leilão de pacote ascendente, e a alocação e os pagamentos coincidem exatamente com os do leilão Vickrey. O vetor de payoff de equilíbrio é então o único ponto único ótimo do licitante no núcleo do jogo de coalizão associado. O leilão de pacote ascendente combina, assim, o desempenho do leilão Vickrey quando os bens são substitutos — a condição sob a qual o leilão apresenta o melhor desempenho.

O leilão de pacote ascendente tem um desempenho muito diferente do leilão Vickrey quando os bens não são substitutos. Sempre que há informações completas, o leilão de pacote ascendente tem equilíbrios de Nash de metas de lucro com estratégias e payoffs de equilíbrio idênticos aos do leilão de pacote de primeiro preço, como descrito no Teorema 8.7. Além disso, o leilão de pacote ascendente duplica a resistência do leilão de pacote de primeiro preço à colusão (descrito pelo Teorema 8.6) — uma propriedade também partilhada pelo desenho de Vickrey.[22]

Modelamos o leilão com lance de ausente como um jogo de revelação no qual cada licitante relata seus valores a um agente proxy que executa os lances em um leilão de múltiplas rodadas em nome dele. Estudaremos duas versões do leilão proxy. A primeira supõe licitantes com orçamentos ilimitados. Como limitações de orçamentos pequenos são um problema sério em alguns leilões de espectro, analisamos um leilão proxy que respeita limitações de orçamento na subseção seguinte.

---

[21] Esta seção segue Ausubel e Milgrom (2002).
[22] Lembre, porém, que, mesmo com um pouco de imposições externas, o leilão Vickrey é vulnerável aos equilíbrios colusivos. O mesmo se aplica ao leilão ascendente com lances de ausentes quando os bens são substitutos.

8.3.1 O Leilão Proxy com Orçamentos Ilimitados

Nesta subseção, estudamos o leilão proxy ascendente com orçamentos ilimitados e incrementos de lances extremamente pequenos, mostrando os três resultados principais. Primeiro, o algoritmo seleciona uma alocação de núcleo com respeito às preferências relatadas aos proxies. Segundo, com informação perfeita, os equilíbrios de Nash em estratégias de metas induzem alocações de núcleo ótimas para o licitante, e cada alocação corresponde a algum equilíbrio de meta de lucro. Terceiro, quando os bens são substitutos, o relato verdadeiro para licitantes proxy é um equilíbrio de Nash.

Exceto quando especificado de outro modo, usamos o modelo da seção 8.2, com preferências quase lineares e funções de valoração $(v^i)_{i \in N}$.

Os proxies fazem ofertas em um leilão de multirrodadas. Em cada rodada, o leiloeiro determina a decisão viável x que resolve $\max_{x \in X} \{ \sum_{j \in N-0} \beta^j(x^j) + v^0(x) \}$, onde $\beta^j(x^j)$ é o lance mais alto já feito por j em qualquer rodada para o pacote x^j. Os licitantes para quem o máximo especifica $x^i \neq \emptyset$ são chamados de *licitantes vencedores provisórios*, e o conjunto de todos esses lances é chamado de *coalizão vencedora provisória*.

Em cada rodada, cada licitante i se depara com um lance mínimo $m^i(x^i)$ para cada pacote possível. Inicialmente, para cada licitante e pacote, $m^i(x^i) = 0$. À medida que o leilão avança, se o licitante fez algum lance no pacote, então o lance mínimo é o lance prévio mais alto do licitante nesse pacote mais um incremento.

O proxy opera como segue. Em cada rodada, se o licitante i é um vencedor provisório, então o proxy de i não faz nenhum novo lance. Caso contrário, para cada pacote possível, o proxy usa a função de valor relatada $\tilde{v}^i$ para determinar o pacote $\hat{x}^i$ com o maior lucro potencial $\hat{\pi}^i = \tilde{v}^i(\hat{x}^i) - m^i(\hat{x}^i)$. Se $\hat{\pi}^i < 0$, então o proxy não faz nenhum novo lance, mas se $\hat{\pi}^i \geq 0$, então o proxy de i faz o lance $m^i(\hat{x}^i)$ para o pacote $\hat{x}^i$. (É útil pensar em um lance final de saída do proxy como um lance de zero para alocação nula.) O leilão termina quando não há novos lances. Nesse momento, os vencedores provisórios e a alocação provisória tornam-se os vencedores e as alocações do leilão.

Estudamos o jogo de revelação no qual os licitantes reportam os valores para seus proxies, mas, para o estudar, primeiro precisamos examinar o processo de leilão ascendente. Dados quaisquer valores que os licitantes reportem a seus proxies, pode-se reconstruir todos os lances do licitante em rodadas anteriores a partir do lucro potencial $\hat{\pi}^i(t)$ associados a seu lance mais recente no tempo t. Em especial (ignorando empates), no tempo t o proxy fez todos os lances legais em qualquer pacote com lucro potencial de pelo menos $\hat{\pi}^i(t)$. Deixe $\hat{\pi}^0(t)$ ser o valor máximo do objetivo do vendedor. Deixe o vetor de payoffs total ser $\hat{\pi}(t)$, que às vezes denotamos apenas por $\hat{\pi}$.

8.3.1.1 Resultados do Proxy São Resultados do Núcleo

Focamos aqui o caso limitado de pequenos incrementos e tratamos as rodadas como contínuas no tempo. Então, o lance mínimo atual do licitante i em qualquer pacote x^i no tempo t é max$(0, \tilde{v}^i(x^i) - \hat{\pi}^i(t))$. Deixe $\tilde{w}$ denotar a função de valor de coalizão correspondente computada segundo (8.1). Então, o payoff máximo do vendedor no tempo t é dado por:

$$\hat{\pi}^0(t) = \max_{x \in X} \left\{ v^0(x) + \sum_{j \in N-0} \max\left(0, \tilde{v}^j(x^j) - \hat{\pi}^j(t)\right) \right\}$$

$$= \max_{S \subset N} \max_{x \in X} \left\{ v^0(x) + \sum_{j \in S-0} (\tilde{v}^j(x^j) - \hat{\pi}^j(t)) \right\}$$

$$= \max_{S \subset N} \left\{ \tilde{w}(S) - \sum_{j \in S-0} \hat{\pi}^j(t) \right\}. \tag{8.14}$$

A primeira igualdade usa as definições de $\hat{\pi}^0(t)$ e os lances proxy; a segunda segue, porque o máximo sobre S escolhe exatamente as somatórias positivas; e a terceira segue a definição de $\tilde{w}$.

Notavelmente, (8.14) sugere que se pode caracterizar o leilão como um processo de barganha de coalizão. É como se a qualquer tempo t, cada licitante demandasse um payoff de $\hat{\pi}^i(t)$, e um gerente para a coalizão S, que planejou contratar os membros da coalizão aos preços $\hat{\pi}^i(t)$, fizesse ofertas nos remanescentes, $\tilde{w}(S) - \sum_{j \in S-0} \hat{\pi}^j(t)$, para comprar os recursos do vendedor. A coalizão vencedora de licitantes em qualquer momento é a coalizão que fez a oferta mais generosa, e os perdedores que visam payoffs positivos reduzem suas demandas e tentam novamente. A fórmula (8.14) e a história que a baseia surgem repetidamente na análise a seguir.

A fórmula (8.14) indica que em qualquer momento t, nenhuma coalizão S bloqueia o vetor de payoff $\hat{\pi}(t): \tilde{w}(S) \leq \sum_{j \in S} \hat{\pi}^j(t)$. Quando o leilão termina, o vetor de payoff também é viável, de modo que temos o seguinte resultado:

Teorema 8.8. Quando o leilão termina no tempo $\bar{t}$, a decisão final $\tilde{x}$ maximiza os valores totais reportados, $\sum_{j \in N} \tilde{v}^j(\tilde{x}^j) = \tilde{w}(N)$, e o resultado do payoff satisfaz $\hat{\pi}(\bar{t}) \in$ Núcleo$(N, \tilde{w})$.

Prova. Como $\hat{\pi}(\bar{t})$ é não bloqueado, só permanece para mostrar que $\hat{\pi}(\bar{t})$ é viável. Deixe W ser a coalizão vencedora no tempo $\bar{t}$, e deixe $\beta^j(\tilde{x}^j)$ denotar os preços dos lances finais. Pelas regras do leilão,

$$\hat{\pi}^i(\bar{t}) = \begin{cases} \tilde{v}^i(\tilde{x}^i) - \beta^i(\tilde{x}^i) & \text{para } i \in W, \\ v^0(\tilde{x}) + \sum_{j \in W} \beta^j(\tilde{x}^j) & \text{para } i = 0, \\ 0 & \text{para } i \notin W \cup \{0\}. \end{cases} \quad (8.15)$$

Escrevendo $\tilde{v}^0 = v^0$, então temos $\sum_{j \in N} \hat{\pi}^j(\bar{t}) = \sum_{j \in N} \tilde{v}^j(\tilde{x}^j) \leq \max_{x \in X} \sum_{j \in N} \tilde{v}^j(x^j) = \tilde{w}(N)$. Isso estabelece viabilidade. Logo, $\tilde{w}(N) = \sum_{j \in N} \hat{\pi}^j(\bar{t})$ e $\hat{\pi}(\bar{t}) \in$ Núcleo$(N, \tilde{w})$. ∎

8.3.1.2 Estratégias com Meta de Lucro e Equilíbrio

Teorema 8.9. No leilão proxy ascendente, para qualquer licitante i e quaisquer relatos $\tilde{v}^{-i}$ dos outros licitantes, deixe $\bar{\pi}^i = \max_{\tilde{v}^i} \Pi^i(\tilde{v}^i, \tilde{v}^{-i})$. Então, a estratégia de meta de lucro $\bar{\pi}^i$ — é a melhor resposta para o licitante i nesse leilão.

Prova. A conclusão é trivial se $\bar{\pi}^i = 0$, então suponha $\bar{\pi}^i > 0$. Deixe u^i ser qualquer relato, tal que $\Pi^i(u^i, \tilde{v}^{-i}) = \bar{\pi}^i$, e $\tilde{x}$ ser o resultado final associado. Então, o preço que i paga é $v^i(\tilde{x}^i) - \bar{\pi}^i$. Deixe $\delta = u^i(\tilde{x}^i) - (v^i(\tilde{x}^i) - \bar{\pi}^i)$. Pelas regras do leilão, o relato $\tilde{u}^i$ definido para cada pacote por $\tilde{u}^i(x^i) = u^i(x^i) - \delta$ leva ao mesmo caminho de lances e ao mesmo resultado do leilão como o relato u^i. Segundo o Teorema 8.8, o resultado maximiza o valor total com respeito aos informes $(\tilde{v}^{-i}, \tilde{u}^i)$, de modo que não há resultado x que exclua i e satisfaça $v^0(x) + \sum_{j \in N-i-0} \tilde{v}^j(x^j) > v^0(\tilde{x}) + \sum_{j \in N-i-0} \tilde{v}^j(\tilde{x}^j) + \tilde{u}^i(\tilde{x}^i)$. Logo, outra vez usando o Teorema 8.8, qualquer informe por i que especifique o valor $\tilde{u}^i(\tilde{x}^i)$ para $\tilde{x}^i$ leva ao resultado $\tilde{x}$ ou a algum outro resultado que não exclui i.

Deixe $\bar{v}^i$ denotar que $\bar{\pi}^i$-estratégia de meta de lucro. Por definição, seu informe para $\tilde{x}^i$ é $\bar{v}^i(\tilde{x}^i) = v^i(\tilde{x}^i) - \bar{\pi}^i = u^i(\tilde{x}^i) - \delta = \tilde{u}^i(\tilde{x}^i)$, de modo que o relato $\bar{v}^i$ leve a algum resultado no qual i é um licitante vencedor. Como, por definição da estratégia de meta de lucro, o menor lucro associado com

qualquer lance durante o curso do leilão usando o relato $\bar{v}^i$ é $\bar{\pi}^i$, segue que
$\Pi^i(\bar{v}^i, \tilde{v}^{-i}) \geq \bar{\pi}^i$. ∎

O Teorema 8.9 é estreitamente análogo ao Teorema 8.6 e tem interpretação similar. No leilão de pacote ascendente com licitantes "fantasmas", nenhum licitante tem incentivo de reter a demanda, de modo que nenhum perfil de estratégia que um grupo em conluio possa adotar protege um acordo sobre como dividir os itens contra desvios agressivos pelos membros do grupo.

O próximo teorema duplica a primeira sentença do Teorema 8.7, mas não a segunda.

Teorema 8.10. Suponha que π é ótimo para o licitante. Então, as correspondentes π^i-estratégias de meta de lucro constituem um equilíbrio de Nash do leilão de pacote ascendente.

Prova. Suponha que π é ótimo para o licitante e para cada i deixe $\bar{v}^i$ denotar a π^i-estratégia com meta de lucro. Suponha que o perfil de estratégia $\bar{v}$ não é um equilíbrio de Nash. Em particular, suponha que há um participante i com um desvio lucrativo para uma $\hat{\pi}^i$-estratégia com meta de lucro. Se $\hat{\pi}^i < \pi^i$ e i é um vencedor com esse desvio, então o resultado do leilão não é afetado ou i obtém um lucro de menos que π^i, de modo que limitamos a atenção ao caso $\hat{\pi}^i > \pi^i$.

Deixe T denotar a coalizão vencedora que resulta após o desvio e deixe o resultado do payoff ser $\hat{\pi}$. Então $i \in T$ e $\hat{\pi}^i > \pi^i$. Também, as estratégias com meta de lucro implicam que para todo $j \in T$, $\hat{\pi}^j \geq \pi^j$ (porque o licitante j não faz lances que envolvam um lucro menor que π^j).

Porque $\pi \in$ Núcleo$(N, \tilde{w})$, para cada coalizão S temos $\tilde{w}(S) \leq \sum_{j \in S} \pi^j$. Se existe qualquer $\varepsilon > 0$ tal que para cada coalizão S temos $\tilde{w}(S) + \varepsilon \leq \sum_{j \in S} \pi^j$, então $(\pi^0 - \varepsilon, \pi^i + \varepsilon, \pi^{-i-0}) \in$ Núcleo$(N, \tilde{w})$, que contradiz a otimalidade do licitante. Assim, há alguma coalizão S com $0 \in S$ e $i \notin S$ tal que $\tilde{w}(S) = \sum_{j \in S} \pi^j$.

Deixe $\beta(S)$ e $\beta(T)$ denotar o maior payoff total do vendedor associado aos lances nas coalizões S e T durante o leilão proxy, dado o desvio especificado pelo licitante i. Então:

$$\beta(S) \geq \tilde{w}(S) - \sum_{j \in S-0} \max(\pi^j, \hat{\pi}^j)$$
$$> \tilde{w}(S) - \sum_{j \in S-0} \pi^j - \sum_{j \in T-0} \max(0, \hat{\pi}^j - \pi^j)$$
$$= \pi_0 - \sum_{j \in T-0} \max(0, \hat{\pi}^j - \pi^j)$$
$$\geq \tilde{w}(T) - \sum_{j \in T-0} \pi^j - \sum_{j \in T-0} \max(0, \hat{\pi}^j - \pi^j)$$
$$= \tilde{w}(T) - \sum_{j \in T-0} \hat{\pi}^j$$
$$= \beta(T). \tag{8.16}$$

O primeiro passo em (8.16) decorre das regras do proxy: perdedores em S param de apresentar lances somente quando seus lucros potenciais atingem níveis específicos. A estrita desigualdade no segundo passo segue porque $i \in T - S$ e $\hat{\pi}^i > \pi^i$. O terceiro passo segue pela seleção de S, o quarto porque $\pi \in$ Núcleo$(N, \tilde{w})$, e o quinto e sexto, pelas definições de T, $\hat{\pi}$, e $\beta(T)$.

Concluímos que a coalizão S oferece um payoff total estritamente mais alto ao vendedor do que T, o que é impossível, porque T é a coalizão vencedora. Isso contradiz a hipótese de que o licitante i tem um desvio lucrativo. ∎

Para destacar o escopo e os limites do teorema, considere um leilão de pacote com uma unidade de um bem indivisível à venda. Suponha que o bem valha 8 para o licitante 1, e 4 para o licitante 2. Então, em equilíbrio em um leilão de primeiro preço, ambos ofertam e o licitante 1 vence. Essas são estratégias com meta de lucro; o licitante 1 faz um lance para obter lucro com 4, o licitante 2 oferece para um lucro de 0, e o vetor de payoff de equilíbrio para os dois licitantes (4,0). Esse equilíbrio é consistente com o Teorema 8.7.

No leilão ascendente existe um equilíbrio de Nash no qual os licitantes usam as mesmas estratégias. O licitante 1 diz a seu proxy para oferecer até 4, o licitante 2 faz o mesmo e o licitante 1 vence. Esse equilíbrio é especificado pelo Teorema 8.10, mas destaca um problema com equilíbrios identificados pelo teorema. No leilão proxy ascendente, é uma estratégia dominante para o licitante 1 relatar seu valor de 8 ao proxy. O equilíbrio identificado é inconsistente com a estratégia dominante do licitante 1.

Esse exemplo indica que o leilão ascendente se sai melhor do que o Teorema 8.10 sugere. Quando os licitantes no leilão de pacote ascendente têm estratégias dominantes, eles têm problemas de otimização mais simples e menos incentivo para desperdiçar recursos estudando os valores e estratégias dos concorrentes do que fariam de outra forma.

8.3.1.3 O Leilão Proxy Quando os Bens São Substitutos

O próximo teorema mostra que a simplicidade de licitação em leilões proxy quando há só um item à venda também se aplica quando há vários bens que são substitutos.

Teorema 8.11. Suponha que (1) para todo $i \in N - 0$, $v^i \in \mathbf{V_{subs}}$ (todos os licitantes consideram os bens como substitutos) e (2) para todo $x \in X$, $v^0(x) = 0$ (o vendedor não tem valor para bens não vendidos). Então, o perfil de estratégia no qual cada licitante relata $\tilde{v}^i = v^i$ é um equilíbrio de Nash; o vetor de payoff correspondente satisfaz $\hat{\pi}^i = \pi_V^i = w(N) - w(N - i) = \max\{\pi^i | \pi \in$ Núcleo$(N, w)\}$. Em particular, o vetor de payoff de equilíbrio é o ponto único ótimo para o licitante no Núcleo(N, w).

Prova. Pelo Teorema 8.8, para qualquer relato do licitante i, o resultado do payoff satisfaz a limitação do núcleo: $\sum_{j \in N-i} \hat{\pi}^j \geq w(N - i)$. Além disso, para qualquer relato do participante i, resultam algumas conclusões viáveis, de modo que o payoff total necessariamente satisfaz $\sum_{j \in N} \hat{\pi}^j \leq w(N)$. Logo, independentemente do relato de i, seu payoff é limitado acima por $w(N) - w(N - i)$.

Para mostrar que relatos verdadeiros são a melhor resposta para i quando todos os outros reportam a verdade é, portanto, suficiente para provar que se os bens são substitutos para todos os licitantes, então o payoff de i a partir do relato verdadeiro é, pelo menos, $w(N) - w(N - i)$. Fazemos isso mostrando que durante o leilão, se houver qualquer rodada t' na qual $\hat{\pi}^i(t') \leq w(N) - w(N - i)$, então i faz parte da coalizão vencedora temporária em cada rodada $t \geq t'$.

Pelo Teorema 8.4, porque os bens são substitutos, a função do valor de coalizão w é submodular para o licitante. Logo, para qualquer coalizão S com $i \in S$, temos $w(S) - w(S - i) \geq w(N) - w(N - i)$. Usamos esta desigualdade a seguir.

Suponha que $S - i - 0$ é a coalizão que exclui i que maximiza o payoff do vendedor em alguma rodada $t \geq t'$, onde $0, i \in S$. Por (8.14) (e usando o fato de que todos os licitantes reportam verdadeiramente), o payoff correspondente do vendedor é $w(S - i) - \sum_{j \in S-i-0} \hat{\pi}^j(t)$. Se, em vez disso, o vendedor selecionasse a coalizão $S - 0$, que inclui i, então seu payoff seria $w(S) - \sum_{j \in S-0} \hat{\pi}^j(t) \geq w(S) - \sum_{j \in S-i-0} \hat{\pi}^j(t) - [w(N) - w(N-i)] \geq w(S) - \sum_{j \in S-i-0} \hat{\pi}^j(t) - [w(S) - w(S-i)] = w(S-i) - \sum_{j \in S-i-0} \hat{\pi}^j(t)$. Assim, i deve ser parte de qualquer coalizão vencedora provisória.

Logo, pelo mecanismo do leilão, a meta de lucro de i nunca fica abaixo de $w(N) - w(N-i) = \pi_V^i$, de modo que i acaba vencendo e obtém $\hat{\pi}^i \geq \pi_V^i$. Isso prova que relatar verdadeiramente é a melhor resposta para i. Pelo Teorema 8.8, relatar verdadeiramente leva a $\hat{\pi} \in$ Núcleo(N, w). Pelo Teorema 8.1, $\pi_V^i = w(N) - w(N-i) = \max\{\pi^i | \pi \in$ Núcleo$(N, w)\}$, então $\hat{\pi}^i \leq \pi_V^i$. Logo, $\hat{\pi}^i = \pi_V^i$. ∎

8.3.2 O Leilão Proxy com Utilidade Não Transferível

Nesta seção, estendemos o leilão proxy para acomodar orçamentos limitados e valorações mais genéricas do que a forma quase linear usada até agora. Mostramos que uma generalização apropriada do algoritmo do leilão ainda gera uma alocação de núcleo com respeito às preferências reportadas, mas não identificamos equilíbrios nesse caso mais geral.

Suponha que cada licitante i tem um conjunto finito Ω^i de ofertas viáveis. (No leilão proxy ascendente comum, as ofertas são pares de pacotes-preço, e essa análise cobre esse caso especial.) Suponha que cada conjunto viável do licitante inclua um *resultado nulo*, $\emptyset \in \Omega^i$, o que significa que o vendedor não seleciona o participante i. Suponha que i tem uma ordem estrita sobre Ω^i representada por uma função de utilidade u^i.

As combinações *viáveis* de ofertas são as do conjunto $\Omega^0 \subset \times_{j \in N-0} \Omega^j$. Supomos que $(\emptyset, \ldots, \emptyset) \in \Omega^0$: o resultado *nulo*, ou *no-trade*, é viável. Também supomos que o vendedor tem uma estrita preferência de classificação sobre o conjunto Ω^0 descrito pela função da utilidade u^0. Uma combinação não nula ξ é *viável para a coalizão S* se (1) $0 \in S$, (2) $\xi \in \Omega^0$ (a combinação é viável), e (3) $\xi^j = \emptyset$ para todo $j \notin S$. Para coalizões excluindo o vendedor, a única alocação viável é nula.

As regras do leilão generalizam as da seção precedente. Cada licitante reporta suas preferências de uma vez por todas para seu proxy. O relato é uma função de utilidade $\tilde{u}^i : \Omega^i \to \mathbb{R}$ que classifica estritamente os elementos de Ω^i. O mecanismo processa os relatos em uma série de rodadas. Os lances passados dos licitantes e a alocação viável preferida pelo vendedor resumem o estado do leilão depois de cada rodada.

342 Aplicando a Teoria dos Leilões

Descrevemos o estado inicial do leilão com uma coleção de conjuntos $\Psi^i(0) = \{\emptyset\}$ e a alocação $\omega^0(0) = (\emptyset, \ldots, \emptyset)$.

O processo avança iterativamente; o estado do processo na rodada t é $(\{\Psi^i(t)\}_{i \in N-0}, \omega^0(t))$, onde $\omega^0(t) = (\omega_i^0(t))_{i \in N-0}$ é a alocação viável preferida atual do vendedor e $\Psi^i(t)$ é o conjunto de ofertas feitas pelo licitante i até e incluindo a rodada t. O estado evolui de acordo com:

$$\omega^0(t) = \arg\max_{\xi \in \Omega^0} u^0(\xi) \quad \text{sujeito a} \quad \xi^i \in \Psi^i(t), i \in N - 0,$$

$$\omega^i(t+1) = \arg\max_{\xi^i \in (\Omega^i - \Psi^i(t)) \cup \{\emptyset\}} \vec{u}^i(\xi^i),$$

$$\Psi^i(t+1) = \begin{cases} \Psi^i(t) \cup \{\omega^i(t+1)\} & \text{se } \vec{u}^i(\omega^i(t+1)) > \vec{u}^i(\omega_i^0(t)), \\ \Psi^i(t) & \text{caso contrário.} \end{cases} \quad (8.17)$$

A segunda linha de (8.17) identifica uma oferta potencial, $\omega^i(t+1)$, que um proxy pode fazer na rodada $t+1$. Segundo a terceira linha, o proxy realmente oferece $\omega^i(t+1)$ então se e apenas se o licitante i estritamente preferir essa oferta para sua parte do resultado provisório, $\omega_i^0(t)$. De modo equivalente, o proxy faz a oferta se e somente se (i) o licitante não é um vencedor provisório na rodada t ($\omega_i^0(t) = \emptyset$) e (ii) o licitante prefere a oferta $\omega^i(t+1)$ para um resultado *no-trade*.[23] Assim, como na subseção anterior, o conjunto de ofertas feitas a qualquer tempo t consiste na oferta nula mais todas as ofertas mais lucrativas que a nova oferta $\omega^i(t+1)$ "planejada" para $t+1$:

$$\Psi^i(t) = \{\emptyset\} \cup \{\tilde{\omega}^i \in \Omega^i | \vec{u}^i(\tilde{\omega}^i) > \vec{u}^i(\omega^i(t+1))\}. \quad (8.18)$$

O processo de leilão termina na rodada $\bar{t}$ quando há uma rodada sem novos lances, isto é quando $\vec{u}^i(\omega^i(\bar{t}+1)) \leq \vec{u}^i(\omega_i^0(\bar{t}))$ para todo i. Nesse momento, a alocação provisória $\omega^0(\bar{t})$ torna-se a alocação final.

O jogo de coalizão correspondente a esse leilão envolve utilidade não transferível, de modo que usamos o *núcleo de utilidade não transferível* (ou *Núcleo NTU*) para analisar o resultado. Lembre que uma alocação $\bar{\omega}$ é bloqueada se existir alguma coalizão S e alocação $\bar{\omega}$ viável para coalizão S tal que todos os membros de S estritamente preferem $\bar{\omega}$ a ω. Uma alocação ω está no Núcleo NTU se for viável (satisfazendo $\omega^i \in \Omega^i$ para todo $i \in N$) e

---

[23] Em algumas versões de leilões proxy ascendentes, o licitante pode revisar as instruções para seu proxy em certos momentos durante o leilão (Ausubel e Milgrom, 2001). Nesse desenho estendido, as duas descrições do proxy são não equivalentes.

não bloqueado. O resultado principal desta seção estabelece que o processo de leilão identificado seleciona uma alocação do núcleo.

Teorema 8.12. Quando o leilão proxy ascendente termina no tempo $\bar{t}$, o resultado $\omega^0(\bar{t}) = (\omega_i^0(\bar{t}))_{i \in N-0}$ é uma alocação núcleo-NTU com respeito às preferências reportadas $(u^0, (\vec{u}^i)_{i \in N-0})$.

Prova. Por construção, a alocação final $\omega^0(\bar{t})$ é viável e com preferência de Pareto para a alocação nula. Se $\omega^0(\bar{t})$ não é uma alocação de núcleo, então há alguma coalizão S e alguma combinação não nula ξ viável para S que a bloqueia. A viabilidade requer que $0 \in S$, $\xi \in \Omega^0$, e $\xi^j = \emptyset$ para todo $j \notin S$. O bloqueio adicional requer que (i) $u^0(\xi) > u^0(\omega^0(\bar{t}))$ e (ii) $\vec{u}^i(\xi^i) > \vec{u}^i(\omega_i^0(\bar{t}))$ para todo $i \in S - 0$. Usando (8.18), temos $\xi^i \in \{\tilde{\omega}^i \in \Omega^i | \vec{u}^i(\tilde{\omega}^i) > \vec{u}^i(\omega^i(\bar{t}+1))\} \subset \Psi^i(\bar{t})$ para todo $i \in N - 0$. Assim, pela primeira linha de (8.17), $u^0(\omega^0(\bar{t})) > u^0(\xi)$, contradizendo (i). ∎

Para ilustrar a operação desse leilão, suponha que as ofertas sejam pares de pacotes e lances correspondentes em dinheiro, como na seção anterior, mas que os orçamentos dos licitantes são limitados. Para adaptar o leilão proxy ascendente para essa situação, um licitante pode reportar a função de valoração do seu pacote e orçamento ao seu proxy. O orçamento do licitante i determinaria Ω^i. O proxy, comportando-se como prescrito por (8.17), ignoraria lances que ultrapassassem o orçamento, mas, do contrário, o leilão escolheria lances pelos mesmos critérios no leilão proxy ascendente com utilidade transferível. O Teorema 8.12 afirma que a alocação resultante desse leilão é uma alocação de núcleo com respeito às preferências e aos orçamentos reportados. Isso significa que nenhuma coalizão tem uma alocação viável que seus membros prefiram ao resultado do leilão, em que *viabilidade* inclui a exigência de que a alocação respeite os limites de orçamento dos licitantes.

Esse exemplo estabelece outra vantagem do desenho do leilão proxy. Ao contrário do leilão Vickrey, o leilão proxy ascendente pode facilmente se estender para o caso dos orçamentos limitados.

8.4 Conclusão

Neste capítulo, discutimos três desenhos importantes na nova e crescente literatura sobre leilões combinatórios. Os três mecanismos têm diferentes vantagens.

O desenho Vickrey é um mecanismo de leilão com estratégia dominante que produz resultados eficientes. Como vimos no Capítulo 3, é o único desses mecanismos em que licitantes perdedores não pagam nada. A estratégia dominante é valiosa na medida em que facilita a licitação e desencoraja pesquisas improdutivas sobre os valores e planos dos concorrentes.

Leilões Vickrey apresentam uma série de problemas práticos, listados no Capítulo 2. Alguns deles, incluindo as complexidades da licitação em pacotes, são partilhados por todos os desenhos de leilões de pacotes. Porém, os leilões Vickrey perdem as vantagens de desempenho quando os orçamentos são limitados e distorcem incentivos de investimento e fusões de modos que não ocorrem em outros leilões de pacote. Quando os bens não são substitutos, o leilão Vickrey apresenta uma importante série de *problemas de monotonicidade*. Quando o conjunto de licitantes aumenta (por exemplo, pela entrada), é possível que os payoffs dos licitantes existentes aumentem e a receita do vendedor caia. Sempre que isso ocorre, o resultado do leilão Vickrey para de estar no núcleo. Licitantes perdedores podem, às vezes, entrar em conluio de modo lucrativo, aumentando seus lances para se tornarem vencedores ao mesmo tempo em que reduzem os preços que pagam. Um único licitante pode, às vezes, fingir ser múltiplos licitantes com lucro. Mostramos que geralmente pode-se excluir esses problemas quando todos os bens são substitutos,[24] mas não o contrário.

Pode-se resumir essa discussão dizendo que o leilão Vickrey tem um bom desempenho quando os bens são substitutos e os orçamentos, ilimitados, mas que encontram importantes problemas teóricos e práticos quando os bens não são substitutos para alguns licitantes e quando há limites de orçamento. (Uma desvantagem adicional, associada a investimentos e fusões, é discutida no Capítulo 2.)

As vantagens do leilão de pacote de primeiro preço são muito diferentes. Primeiro, o leilão em si é relativamente simples e transparente: os licitantes não precisam realizar cálculos difíceis para saber se o leiloeiro estimou seus preços corretamente. Quando os licitantes são totalmente informados sobre todos os valores, os resultados dos *equilíbrios das metas para lucro* identificados pela teoria se encontram o núcleo. Tais equilíbrios garantem, portanto, um preço competitivo para os bens do vendedor. Além disso, os resultados desses equilíbrios são *ótimos para o licitante* e, assim, encontram-se

---

[24] Os problemas também podem ser caracterizados usando a função de valor de coalizão; mostramos que a maioria dos problemas surge só quando a função não é submodular para o licitante.

na fronteira de Pareto do núcleo para ele. Intuitivamente, esse fato significa que somente a concorrência — e não o poder de monopólio do vendedor — limita os ganhos do licitante. Essas propriedades se mantêm independentemente de os bens serem substitutos. Em contraste, os resultados de Vickrey garantem desfrutar delas só quando os bens são substitutos. Nesse caso, os resultados do leilão de primeiro preço em equilíbrio de meta de lucro coincidem exatamente com os resultados de Vickrey.

A desvantagem do leilão de primeiro preço, comparado ao de Vickrey, é que os licitantes do leilão de pacote de primeiro preço precisam de muitas informações para que ele tenha um bom desempenho. Para escolher os lances ótimos, os licitantes precisam estabelecer suas metas de lucro com precisão e ser capazes de se coordenarem em um dos múltiplos equilíbrios. Essas observações sugerem que resultados de equilíbrio com informações completas não têm probabilidade de se manter exatamente, embora seja possível que eles descrevam uma tendência central para alguns tipos de ambientes.

O leilão proxy ascendente incorpora algumas das vantagens de cada um dos dois desenhos anteriores. Quando os bens são substitutos, o leilão proxy ascendente tem um equilíbrio de Nash no qual cada licitante reporta seus valores verdadeiramente, sem considerar os valores dos outros licitantes. O resultado nesse caso é o ponto único ótimo para o licitante, de modo que coincide com o resultado Vickrey. Assim, quando o desenho Vickrey tem o melhor desempenho, o leilão de pacote ascendente corresponde exatamente a seu desempenho. Os dois têm um desempenho totalmente diferente, porém, quando os bens não são substitutos.

No caso de informações completas, o leilão proxy ascendente tem equilíbrios de metas de lucro similares aos do leilão de pacote de primeiro preço. Os payoffs de equilíbrio são pontos ótimos para o licitante no núcleo do jogo de coalizão associado. O fato de que os resultados estão no núcleo implica que o vendedor recebe, pelo menos, um preço competitivo por seus bens. Como os resultados de payoff são ótimos para o licitante, o vendedor não exerce poder de monopólio, mas aceita os preços ditados só pela concorrência.

Finalmente, o leilão proxy ascendente é adaptável a licitações de orçamento e a outras extensões que frustram o desenho Vickrey.

Além dos três leilões discutidos aqui, vários outros baseados em diferentes princípios também têm sido propostos. Alguns desses leilões são híbridos de desenhos estudados nos Capítulos 7 e 8. Na antiga classe de leilões, os licitantes devem fazer lances em itens individualmente; os últimos leilões aceitam somente uma oferta de cada licitante e, assim, não combinam lances. Esses desenhos híbridos simplificam alguns problemas de licitação e misturam as vantagens e desvantagens das formas puras, mas não se pode avaliá-los com segurança sem uma análise mais profunda. Outros leilões combinatórios que atraem interesse incluem os desenhos multiestágios ou multirrodadas, nos quais os licitantes trocam informações sobre que pacotes podem ser interessantes antes de fazer os lances finais. O desafio cognitivo de licitar em um leilão de pacote é perturbador, de modo que desenvolvimentos desse tipo são críticos para o uso bem-sucedido desses desenhos.

REFERÊNCIAS

Ausubel, Lawrence e Paul Milgrom (2001). "System and Method for a Dynamic Auction with Package Bidding", Pedido de patente do Tratado de Cooperação de Patentes.

Ausubel, Lawrence e Paul Milgrom (2002). "Ascending Auctions with Package Bidding", *Frontiers of Theoretical Economics* **1**(1): artigo 1.

Banks, Jeffrey S., John O. Ledyard e David P. Porter (1989). "Allocating Uncertain and Unresponsive Resources: An Experimental Approach", *Rand Journal of Economics* **20**: 1-25.

Bernheim, Douglas B. e Michael Whinston (1986). "Menu Auctions, Resource Allocation and Economic Influence", *Quarterly Journal of Economics* **101**: 1-31.

Brewer, Paul e Charles Plott (1996). "A Binary Conflict Ascending Price (Bicap) Mechanism for the Decentralized Allocation of the Right to Use Railroad Tracks", *International Journal of Industrial Organization* **14**: 857-886.

Cantillon, Estelle e Martin Pesendorfer (2003). "Combination Bidding in Multiunit Auctions", artigo de Harvard Business School.

Cassady, Ralph (1967). *Auctions and Auctioneering*. Berkeley: University of California Press.

Cybernomics (2000). "An Experimental Comparison of the Simultaneous MultiRound Auction and the CRA Combinatorial Auction", http://wireless.fcc.gov/ auctions/conferences/combin2000/releases/98540191.pdf

Epstein, Refael, Lysette Henríquez, Jaime Catalán, Gabriel Y. Weintraub e Cristián Martinez (2002). "A Combinational Auction Improves School Meals in Chile", *Interfaces* **32**(6): 1-14.

Hohner, Gail, John Rich, Ed Ng, Grant Reed, Andrew Davenport, Jayant Kalagnanam, Ho Soo Lee e Chae An (2002). "Combinatorial and Quantity

Discount Procurement Auctions with Mutual Benefits at Mars, Incorporated", artigo de IBM Watson Labs Research Center.

Ledyard, John O., David P. Porter e Antonio Rangel (1997). "Experiments Testing Multi-object Allocation Mechanisms", *Journal of Economics and Management Strategy* **6**: 639-675.

Lehmann, Daniel, Liadan O'Callaghan e Yoav Shoham (2002). "Truth Revelation in Approximately Efficient Combinatorial Auctions", *Journal of the ACM* **49**(5): 577-602.

Nisan, Noam (2000). "Bidding and Allocation in Combinatorial Auctions", http://www.cs.huji.ac.il/~noam/mkts.html.

Parkes, David e Lyle Ungar (2000). "Iterative Combinatorial Auctions: Theory and Practice", *Proceedings of the 17th National Conference on Artificial Intelligence.* AAAI. 74-81.

Parkes, David, Lyle Ungar e David Foster (1999). "Accounting for Cognitive Costs in on-Line Auction Design", *Agent Mediated Electronic Commerce.* P. Noriega e C. Sierra. Heidelberg: Springer-Verlag.

Rassenti, S.J., R.L. Bulfin e Vernon Smith(1982). "A Combinatorial Auction Mechanism for Airport Time Slot Allocation", *Bell Journal of Economics* **XIII**: 402-417.

Reny, Philip (1999). "On the Existence of Pure and Mixed Strategy Nash Equilibria in Discontinuous Games", *Econometrica* **67**(5): 1029-1056.

Rothkopf, Michael, Aleksandar Pekec e Ronald Harstad (1998). "Computationally Manageable Combinatorial Auctions", *Management Science* **44**: 1131-1147.

Royden, H.L. (1968). *Real Analysis.* Nova York: Macmillan.

Simon, Leo K. e William R. Zame (1990). "Discontinuous Games and Endogenous Sharing Rules", *Econometrica* **58**: 861-872.

Topkis, Donald (1978). "Minimizing a Submodular Function on a Lattice", *Operations Research* **26**: 305-321.

Topkis, Donald (1998). *Supermodularity and Complementarity.* Princeton University Press.

Weintraub, Gabriel Y. (2003). "There is No Such Thing as a Free Lunch: Analysis of the Combinatorial Auction for School Meals in Chile", Stanford University, artigo.

Yokoo, Makoto, Yuko Sakurai e Shigeo Matsubara (2000). "The Effect of FalseName Declarations in Mechanism Design: Towards Collective Decision Making on the Internet", *Proceedings of the Twentieth International Conference on Distributed Computing Systems.* IEEE Computer Society. 146-153.

Referências

Akerlof, George (1970). "The Market for 'Lemons': Quality Uncertainty and the Market Mechanism", *Quarterly Journal of Economics* **84**: 488-500.

Alesina, Alberto e Allan Drazen (1991). "Why are Stabilizations Delayed?", *American Economic Review* **81**(5): 1170-1188.

Anton, James J. e Dennis A. Yao (1992). "Coordination in Split Award Auctions", *Quarterly Journal of Economics* **CVII**: 681-707.

Ashenfelter, Orley (1989). "How Auctions Work for Wine and Art", *Journal of Economic Perspectives* **3**: 23-36.

Ashenfelter, Orley e Kathryn Graddy (2002). "Art Auctions: A Survey of Empirical Studies", artigo de Center for Economic Policy Studies 81.

Athey, Susan (2001). "Single Crossing Properties and the Existence of Pure Strategy Equilibria in Games of Incomplete Information", *Econometrica* **69**(4): 861-890.

Athey, Susan (2002). "Monotone Comparative Statics under Uncertainty", *Quarterly Journal of Economics* **117**(1): 187-223.

Athey, Susan e Kyle Bagwell (2001). "Optimal Collusion with Private Information", *Rand Journal of Economics* **32**(3): 428-465.

Athey, Susan, Kyle Bagwell e Chris Sanchirico (2003). "Collusion and Price Rigidity", *Review of Economic Studies* (a ser publicado).

Ausubel, Lawrence e Peter Cramton (2002). "Demand Reduction and Inefficiency in Multi-Unit Auctions", www.cramton.umd.edu/papers1995-1999/98wp-demand-reduction.pdf.

Ausubel, Lawrence M. e Jesse A. Schwartz (1999). "The Ascending Auction Paradox", http://www.market-design.com/files/ausubel-schwartz-ascending-auction-paradox.pdf.

Ausubel, Lawrence e Paul Milgrom (2001). "System and Method for a Dynamic Auction with Package Bidding", Pedido de patente do Tratado de Cooperação de Patentes.

Ausubel, Lawrence e Paul Milgrom (2002). "Ascending Auctions with Package Bidding", *Frontiers of Theoretical Economics* **1**(1): Article 1.

Avery, Christopher (1998). "Strategic Jump Bidding in English Auctions", *Review of Economic Studies* **65**(2, n°. 223): 185-210.

Ayres, Ian e Peter Cramton (1996). "Deficit Reduction through Diversity: How Affirmative Action at the FCC Increased Auction Competition", *Stanford Law Review* **48**(4): 761-815.

Back, Kerry e Jaime F. Zender (1993). "Auctions of Divisible Goods: On the Rationale for the Treasury Experiment", *Review of Financial Studies* **6**(4): 733-764.

Bajari, Patrick e Steven Tadelis (2001). "Incentives versus Transactions Costs: A Theory of Procurement Contracts", *Rand Journal of Economics* **32**(3): 387-407.

Banks, Jeffrey S., John O. Ledyard e David P. Porter (1989). "Allocating Uncertain and Unresponsive Resources: An Experimental Approach", *Rand Journal of Economics* **20**: 1-25.

Bergemann, Dirk e Juuso Valimaki (2002). "Information Acquisition and Efficient Mechanism Design", *Econometrica* **70**(3): 1007-1033.

Bernheim, Douglas B. e Michael Whinston (1986). "Menu Auctions, Resource Allocation and Economic Influence", *Quarterly Journal of Economics* **101**: 1-31.

Bertrand, Joseph (1883). "Theórie Mathématique de la Richesse Sociale", *Journal des Sawarts* **69**: 499-508.

Bikchandani, Sushil, Philip Haile e John G. Riley (2002). "Symmetric Separating Equilibria in English Auctions", *Games and Economic Behavior* **38**: 19-27.

Board, Simon (2002). "Bidding into the Red", artigo de Stanford GSB.

Brewer, Paul e Charles Plott (1996). "A Binary Conflict Ascending Price (Bicap) Mechanism for the Decentralized Allocation of the Right to Use Railroad Tracks", *International Journal of Industrial Organization* **14**: 857-886.

Bulow, Jeremy, Ming Huang e Paul Klemperer (1999). "Toeholds and Takeovers", *Journal of Political Economy* **107**(3): 427-454.

Bulow, Jeremy e John Roberts (1989). "The Simple Economics of Optimal Auctions", *Journal of Political Economy* **97**(5): 1060-1090.

Cantillon, Estelle e Martin Pesendorfer (2002). "Combination Bidding in Multi-unit Auctions", http://www.people.hbs.edu/ecantillon/combination-July2002.pdf.

Cantillon, Estelle e Martin Pesendorfer (2003). "Combination Bidding in Multiunit Auctions", artigo de Harvard Business School.

Cassady, Ralph (1967). *Auctions and Auctioneering.* Berkeley: University of California Press.

Che, Yeon-Koo (1993). "Design Competition through Multidimensional Auctions", *Rand Journal of Economics* **24**(4): 668-680.

Che, Yeon-Koo e Ian Gale (1998). "Standard Auctions with Financially Constrained Bidders", *Review of Economic Studies* **65**(1, n°. 222): 1-21.

Clarke, E.H. (1971). "Multipart Pricing of Public Goods", *Public Choice* **XI**: 17-33.

Coase, Ronald (1959). "The Federal Communications Commission", *Journal of Law and Economics* **2**: 1-40.

Cramton, Peter, John McMillan, Paul Milgrom, Brad Miller, Bridger Mitchell, Daniel Vincent e Robert Wilson (1997). "Auction Design Enhancements for NonCombinatorial Auctions", Relatório 1a: Market Design, Inc and Charles River Associates, www.market-design.com/files/97cra-auction-design-enhancements-for-non-combinatorial-auctions.pdf.

Cramton, Peter e Jesse Schwartz (2001). "Collusive Bidding: Lessons from the FCC Spectrum Auctions", *Journal of Regulatory Economics* **17**: 229-252.

Cremer, Jacques e Richard P. McLean (1985). "Optimal Selling Strategies under Uncertainty for a Discriminating Monopolist When Demands Are Independent", *Econometrica* **53**(2): 345-361.

Cybernomics (2000). "An Experimental Comparison of the Simultaneous MultiRound Auction and the CRA Combinatorial Auction", http://wireless.fcc.gov/auctions/conferences/combin2000/releases/98540191.pdf.

Dana, James e Kathryn Spier (1994). "Designing a Private Industry", *Journal of Public Economics* **53**: 127-147.

Dasgupta, Partha e Eric Maskin (2000). "Efficient Auctions", *Quarterly Journal of Economics* **95**: 341-388.

Demange, Gabrielle, David Gale e Marilda Sotomayor (1986). "Multi-item Auctions", *Journal of Political Economy* **94**: 863-872.

Edlin, Aaron e Chris Shannon (1998a). "Strict Monotonicity in Comparative Statics", *Journal of Economic Theory* **81**: 201-219.

Edlin, Aaron e Chris Shannon (1998b). "Strict Single Crossing and the Strict Spence-Mirrlees Condition: A Comment on Monotone Comparative Statics", *Econometrica* **60**(6): 1417-1425.

Engelbrecht-Wiggans, Richard e Charles Kahn (1998). "Multi-unit Auctions with Uniform Prices", *Economic Theory* **12**: 227-258.

Engelbrecht-Wiggans, Richard, Paul Milgrom e Robert Weber (1983). "Competitive Bidding with Proprietary Information", *Journal of Mathematical Economics* **11**: 161-169.

Epstein, Rafael, Lysette Henríquez, Jaime Catalán, Gabriel Y. Weintraub e Cristián Martínez (2002). "A Combinational Auction Improves School Meals in Chile", *Interfaces* **32**(6): 1-14.

Fudenberg, Drew e Jean Tirole (1986). "Theory of Exit in Duopoly", *Econometrica* **54**(4): 943-960.

Fudenberg, Drew e Jean Tirole (1991). *Game Theory*. Cambridge, MA: MIT Press.

Goeree, Jacob e Theo Offerman (2002). "The Amsterdam Auction", http://ideas.repec.org/p/wpa/wuwpmi/0205002.html.

Graham, Daniel e Robert Marshall (1987). "Collusive Bidder Behavior at Single-Object, Second-Price and English Auctions", *Journal of Political Economy* **95**: 1217-1239.

Green, Jerry e Jean-Jacques Laffont (1977). "Characterization of Satisfactory Mechanisms for the Revelation of Preferences for Public Goods", *Econometrica* **45**: 427-438.

Griesmer, James H., Richard E. Levitan e Martin Shubik (1967). "Toward a Study of Bidding Processes Part IV: Games with Unknown Costs", *Naval Research Logistics Quarterly* **14**(4): 415-433.

Grossman, Sanford (1981). "The Informational Role of Warranties and Private Disclosure about Product Quality", *Journal of Law and Economics* **24**(3): 461-483.

Groves, Theodore (1973). "Incentives in Teams". *Econometrica* **61**: 617-631.

Gul, Faruk e Ennio Stacchetti (1999). "Walrasian Equilibrium with Gross Substiutes", *Journal of Economic Theory* **87**(1): 9-124.

Gul, Faruk e Ennio Stacchetti (2000). "The English Auction with Differentiated Commodities", *Journal of Economic Theory* **92**(1): 66-95.

Hansen, Robert G. (1988). "Auctions with Endogenous Quantity", *Rand Journal of Economics* **19**(1): 44-58.

Harsanyi, John (1967-1968). "Games with Incomplete Information Played by Bayesian Players (Parts I-III)", *Management Science* **14**: 159-182, 320-334, 486-502.

Hazlett, Thomas (1998). "Assigning Property Rights to Radio Spectrum Users: Why Did FCC License Auctions Take 67 Years?", *Journal of Law and Economics* **XLI** (2, part 2): 529-575.

Hendricks, Kenneth, Robert Porter e Charles Wilson (1994). "Auctions for Oil and Gas Leases with an Informed Bidder and a Random Reservation Price", *Econometrica* **63**(1): 1-27.

Hernando-Veciana, Angel (2003). "Successful Uninformed Bidding", *Games and Economic Behavior* (a ser publicado).

Hohner, Gail, John Rich, Ed Ng, Grant Reed, Andrew Davenport, Jayant Kalagnanam, Ho Soo Lee e Chae An (2002). "Combinatorial and Quantity Discount Procurement Auctions with Mutual Benefits at Mars, Incorporated", artigo de IBM Watson Labs Research Center.

Hohner, Gail, John Rich, Ed Ng, Grant Reid, Andrew J. Davenport, Jayant R. Kalagnanam, Ho Soo Lee e Chae An (2001). "Combinatorial and Quantity Discount Procurement Auctions with Mutual Benefits at Mars, Incorporated", Relatório IBM-Mars.

Holmstrom, Bengt (1979). "Groves Schemes on Restricted Domains", *Econometrica* **47**: 1137-1144.

Holmstrom, Bengt e Paul Milgrom (1987). "Aggregation and Linearity in the Provision of Intertemporal Incentives", *Econometrica* **55**(2): 303-328.

Hurwicz, Leonid (1973). "The Design of Mechanisms for Resource Allocation", *American Economic Review* **63**(2): 1-30.

Jehiel, Philippe e Benny Moldovanu (2001). "Efficient Design with Interdependent Valuations", *Econometrica* **69**(5): 1237-1259.

Jehiel, Philippe, Benny Moldovanu e Ennio Stacchetti (1996). "How (Not) to Sell Nuclear Weapons", *American Economic Review* **86**: 814-829.

Kagel, John H. e Dan Levin (2002). *Common Value Auctions and the Winner's Curse*. Princeton: Princeton University Press.

Kagel, John H. (1995). "Auctions: A Survey of Experimental Research", *The Handbook of Experimental Economics*. J. H. Kagel e A. E. Roth. Princeton: Princeton University Press. Capítulo 7, 501-585.

Kelso, Alexander e Vincent Crawford (1982). "Job Matching, Coalition Formation, and Gross Substitutes", *Econometrica* **50**: 1483.

Klemperer, Paul (1998). "Auctions with Almost Common Values: The Wallet Game and Its Applications", *European Economic Review* **42**: 757-769.

Klemperer, Paul (2002a). "What Really Matters in Auction Design", *Journal of Economics Perspectives* **16**(1): 169-190.

Klemperer, Paul (2002b). "Why Every Economist Should Learn Some Auction Theory", http://www.paulklemperer.org/.

Klemperer, Paul e Margaret Meyer (1989). "Supply Function Equilibria in Oligopoly under Uncertainty", *Econometrica* **57**(6): 1243-1277.

Kwerel, Evan e Alex Felker (1985). "Using Auctions to Select FCC Licensees", Washington: Comissão Federal de Comunicações. 32.

Laffont, Jean-Jacques (1997). "Game Theory and Empirical Economics: The Case of Auction Data", *European Economic Review* **41**: 1-35.

Laffont, Jean-Jacques e Eric Maskin (1980). "A Differentiable Approach to Dominant Strategy Mechanisms", *Econometrica* **48**: 1507-1520.

Laffont, Jean-Jacques, Herve Ossard e Quang Vuong (1995). "Econometrics of First-Price Auctions", *Econometrica* **63**(4): 953-980.

Ledyard, John O., David P. Porter e Antonio Rangel (1997). "Experiments Testing Multi-object Allocation Mechanisms", *Journal of Economics and Management Strategy* **6**: 639-675.

Lehmann, Daniel, Liadan O'Callaghan e Yoav Shoham (2002). "Truth Revelation in Approximately Efficient Combinatorial Auctions", *Journal of the ACM* **49**(5): 577-602.

Levin, Dan e James L. Smith (1994). "Equilibrium in Auctions with Entry", *American Economic Review* **84**(3): 585-599.

Mas-Colell, Andreu, Michael Whinston e Jerry Green (1995). *Microeconomic Theory*. Nova York: Oxford University Press.

Maskin, Eric (1992). "Auctions and Privatisation", *Privatisation*. H. Siebert. 115-136. Maskin, Eric e John G. Riley (2000a). "Equilibrium in Sealed High Bid Auctions", *Review of Economics Studies*. **67**(3): 439-454.

Maskin, Eric S. e John G. Riley (2000b). "Asymmetric Auctions", *Review of Economic Studies* **67**(3): 413-438.

Matthews, Stephen (1983). "Selling to Risk Averse Buyers with Unobservable Tastes", *Journal of Economic Theory* **30**: 370-400.

McAdams, David (2002). "Modifying the Uniform Price Auction to Eliminate 'Collusive Seeming Equilibria'", http://www.mit.edu/~mcadams/papers/mupa.pdf.

McAfee, R. Preston e John McMillan (1987). "Auctions with Entry", *Economics Letters* **23**: 343-348.

McAfee, R. Preston e John McMillan (1992). "Bidding Rings", *American Economic Review* **82**(3): 579-599.

McAfee, R. Preston and Philip Reny (1982). "Correlated Information and Mechanism Design", *Econometrica* **60**(2): 395-421.

McMillan, John (1994). "Selling Spectrum Rights", *Journal of Economics Perspectives* **8**: 145-162.

Milgrom, Paul (1979). "A Convergence Theorem for Competitive Bidding with Differential Information", *Econometrica* **47**: 670-688.

Milgrom, Paul (1981a). "Good News and Bad News: Representation Theorems and Applications", *Bell Journal of Economics* **12**: 380-391.

Milgrom, Paul R. (1981b). "Rational Expectations, Information Acquisition, and Competitive Bidding", *Econometrica* **49**(4): 921-943.

Milgrom, Paul (1986). "Auction Theory", *Advances in Economic Theory: Fifth World Congress of the Econometric Society*. T. Bewley. Londres: Cambridge University Press. 1-32.

Milgrom, Paul (1997). "Procuring Universal Service: Putting Auction Theory to Work", *Le Prix Nobel: The Nobel Prizes, 1996*. Estocolmo: Nobel Foundation. 382-392.

Milgrom, Paul (2000). "Putting Auctions Theory to Work: The Simultaneous Ascending Auction", *Journal of Political Economy* **108**(2): 245-272.

Milgrom, Paul e Ilya Segal (2002). "Envelope Theorems for Arbitrary Choice Sets", *Econometrica* **70**(2): 583-601.

Milgrom, Paul e Chris Shannon (1994). "Monotone Comparative Statics", *Econometrica* **62**: 157-180.

Milgrom, Paul e Nancy Stokey (1982). "Information, Trade and Common Knowledge", *Journal of Economic Theory* **26**: 17-27.

Milgrom, Paul e Robert J. Weber (1982a). "A Theory of Auctions and Competitive Bidding", *Econometrica* **50**: 463-483.

Milgrom, Paul e Robert J. Weber (1982b). "The Value of Information in a Sealed-Bid Auction", *Journal of Mathematical Economics* **10**(1): 105-114.

Milgrom, Paul e Robert Weber (1985). "Distributional Strategies for Games with Incomplete Information", *Mathematics of Operations Research* **10**: 619-632.

Milgrom, Paul e Robert J. Weber (2000). "A Theory of Auctions and Competitive Bidding, II", *The Economic Theory of Auctions*. P. Klemperer. Cheltenham: Edward Elgar Publishing, Ltd. **2**: 179-194.

Mirrlees, James (1971). "An Exploration in the Theory of Optimal Taxation", *Review of Economic Studies* **38**: 175-208.

Mueller, Milton (1993). "New Zealand's Revolution in Spectrum Management", *Information Economics and Policy* **5**: 159-177.

Myerson, Roger B. (1981). "Optimal Auction Design", *Mathematics of Operations Research* **6**(1): 58-73.

Myerson, Roger B. (1991). *Game Theory*. Cambridge, MA: Harvard University Press.

Neeman, Zvika (2001). "The Relevance of Private Information in Mechanism Design", artigo de Boston University.

Nisan, Noam (2000). "Bidding and Allocation in Combinatorial Auctions", http://www.cs.huji.ac.il/~noam/mkts.html.

Ockenfels, Axel e Alvin E. Roth (2002). "Last Minute Bidding and the Rules for Ending Second-Price Auctions: Evidence from Ebay and Amazon Auctions on the Internet", *American Economic Review* **92**(4): 1093-1103.

Ortega-Reichert, Armando (1968). "Models for Competitive Bidding under Uncertainty", Stanford, CA: Department of Operations Research, Stanford University.

Parkes, David e Lyle Ungar (2000). "Iterative Combinatorial Auctions: Theory and Practice", *Proceedings of the 17th National Conference on Artificial Intelligence* AAAI. 74-81.

Parkes, David, Lyle Ungar e David Foster (1999). "Accounting for Cognitive Costs in on-Line Auction Design", *Agent Mediated Electronic Commerce*. P. Noriega e C. Sierra. Heidelberg: Springer-Verlag.

Perry, Motty e Philip Reny (1999). "On the Failure of the Linkage Principle", *Econometrica* **67**(4): 895-890.

Perry, Motty e Philip Reny (2002). "An Efficient Auction", *Econometrica* **70**(3): 1199-1212.

Pesendorfer, Wolfgang e Jeroen Swinkels (1997). "The Loser's Curse and Information Aggregation in Common Value Auctions", *Econometrica* **65**: 1247-1281.

Pesendorfer, Wolfgang e Jeroen Swinkels (2000). "Efficiency and Information Aggregation in Auctions", *American Economic Review* **90**(3): 499-525.

Postlewaite, Andrew e John Roberts (1976). "The Incentives for Price-Taking Behavior in Large Exchange Economies", *Econometrica* **44**(1): 115-129.

Rassenti, S.J., R.L. Bulfin e Vernon Smith (1982). "A Combinatorial Auction Mechanism for Airport Time Slot Allocation", *Bell Journal of Economics* **XIII**: 402-417.

Reny, Philip (1999). "On the Existence of Pure and Mixed Strategy Nash Equilibria in Discontinuous Games", *Econometrica* **67**(5): 1029-1056.

Rezende, Leonardo (2002). "Biased Procurement", artigo de Stanford University.

Riley, John G. e William S. Samuelson (1981). "Optimal Auctions", *American Economic Review* **71**(3): 381-392.

Riley, John G. e Richard Zeckhauser (1983). "Optimal Selling Strategies: When to Haggle, When to Hold Firm", *Quarterly Journal of Economics* **98**: 267-289.

Roth, Alvin E. (1991). "A Natural Experiment in the Organization of Entry-Level Labor Markets: Regional Markets for New Physicians and Surgeons in the United Kingdom", *American Economic Review* **81**(3): 415-440.

Roth, Alvin E. e Axel Ockenfels (2000). "Last Minute Bidding and the Rules for Ending Second-Price Auctions: Theory and Evidence from a Natural Experiment on the Internet", artigo de *NBER*: 7299.

Rothkopf, Michael, Aleksandar Pekec e Ronald Harstad (1998). "Computationally Manageable Combinatorial Auctions", *Management Science* **44**: 1131-1147.

Rothkopf, Michael, Thomas Teisberg e Edward Kahn (1990). "Why Are Vickrey Auctions Rare?", *Journal of Political Economy* **98**: 94-109.

Royden, H.L. (1968). *Real Analysis*. Nova York: Macmillan.

Salant, David e Colin Loxley (2000). "Default Service Auctions", Mimeo.

Simon, C. e Larry Blume (1994). *Mathematics for Economists*. Nova York: W.W. Norton and Co.

Simon, Leo K. e William R. Zame (1990). "Discontinuous Games and Endogenous Sharing Rules", *Econometrica* **58**: 861-872.

Spence, A. Michael (1973). "Job Market Signaling", *Quarterly Journal of Economics* **87**(3): 355-374.

Swinkels, Jeroen (2001). "Efficiency of Large Private Value Auctions", *Econometrica* **69**(1): 37-68.

Topkis, Donald (1978). "Minimizing a Submodular Function on a Lattice", *Operations Research* **26**: 305-321.

Topkis, Donald (1998). *Supermodularity and Complementarity*. Princeton University Press.

Varian, Hal R. (1992). *Microeconomic Analysis*. Nova York: Norton.

Vickrey, William (1961). "Counterspeculation, Auctions, and Competitive Sealed Tenders", *Journal of Finance* **XVI**: 8-37.

Weber, Robert J. (1983). "Multiple-Object Auctions", *Auctions, Bidding, and Contracting: Uses and Theory*. R. Engelbrecht-Wiggans, M. Shubik e R. M. Stark. Nova York: New York University Press. 165-191.

Weber, Robert (1997). "Making More from Less: Strategic Demand Reduction in the FCC Spectrum Auctions", *Journal of Economic and Management Strategy* **6**: 529-548.

Weintraub, Gabriel Y. (2003). "There is No Such Thing as a Free Lunch: Analysis of the Combinatorial Auction for School Meals in Chile", artigo, *Stanford University*.

Weverbergh, Marcel (1979). "Competitive Bidding with Asymmetric Information Reanalyzed", *Management Science* **25**: 291-294.

Williams, Steven R. (1999). "A Characterization of Efficient, Bayesian Incentive Compatible Mechanism", *Economic Theory* **XIV**: 155-180.

Wilson, Robert (1967). "Competitive Bidding with Asymmetric Information", *Management Science* **13**: 816-820.

Wilson, Robert (1969). "Competitive Bidding with Disparate Information", *Management Science* **15**(7): 446-448.

Wilson, Robert (1977). "A Bidding Model of Perfect Competition", *Review of Economic Studies* **44**: 511-518.

Wilson, Robert (1979). "Auctions of Shares", *Quarterly Journal of Economics* **XCIII**(4): 675-689.

Wilson, Robert (1987). "Bidding", *The New Palgrave: A Dictionary of Economics*. J. Eatwell, M. Milgate e P. Newman. Londres: MacMillan Press. **1**: 238-242.

Ye, Lixin (2002). "A Theory of Two-Stage Auctions", artigo de Ohio State University.

Yokoo, Makoto, Yuko Sakurai e Shigeo Matsubara (2000). "The Effect of FalseName Declarations in Mechanism Design: Towards Collective Decision Making on the Internet", *Proceedings of the Twentieth International Conference on Distributed Computing Systems*. IEEE Computer Society. 146-153.

Zheng, Charles (2001). "High Bids and Broke Winners", *Journal of Economic Theory* **100**(1): 129-171.

Índice

A

afiliação 186
análise
   de sensibilidade 100
   dos saltos 106
atributos
   de contrato 217
   de fornecedor 217
   de produto 217
audiências comparativas 3
aversão ao risco
   licitantes 125
   vendedor 124
axioma da eficiência 77

B

banqueiros de investimentos 215
bens substitutos 258
bidder rings 258

C

cartéis de licitantes
   bidding rings 87
casos
   direitos de gestão 8
      resultado 11
   Electricité de France 14
classe de problemas de comércio 73
coalizão
   de bloqueio 317
   vencedora provisória 335
Comissão Federal de Comunicações,
   FCC 3
   Reed Hundt
      presidente 6
complementos informacionais 185
comportamento de licitação 175
conceito de solução 20
concorrentes simétricos 230
conjunto
   com excesso máximo de demanda 291
créditos de licitação 242
cruzamento único
   condições 100
curva
   de indiferença 107
   de oferta 15
custo
   de marketing 213
   de tempo 128
   de transação zero 19

D

decisões do licitante 132
demanda ordinária 64
dependência estatística
   não degenerativa 167
descoberta do valor 30

desempenho
  de alocação 44
  de decisão 44
  de transferência 44
desenho anglo-holandês 248
desigualdade de Jensen 183
distribuição de probabilidade condicional 38
doutrina de Harsanyi 38

E

efeito
  da ponderação 185
  de publicidade 184, 205
  de riqueza 92
empates em equilíbrio 135
entrada endógena 219
equação de Bellman 236
equilíbrio
  Bayes-Nash 63
  ex post 194
erros independentes 166
espectro
  de radiodifusão 4
  por sorteio 79
  vendas 1
estratégia
  com meta de lucro 328
  de equilíbrio 112
    simétrico 132
  distributivas 113
  dominante
    implementação 45
  reduzidas 132
excedente do produtor 65

F

faixa da função de lances 117
formulações alternativas 162
fracos incentivos 202
fronteira ótima do licitante 330
função
  de desempenho
    caso irregular 152
    de decisão 70
    envelope 66

G

gasto marginal 267

I

inadimplência
  ou não cumprimento 250
informação
  coleta 181
  locação 167
  política de
    ao licitante 179
    do vendedor 182
interpolação linear 231
itens especializados 213

J

jump bidding 129

L

lance
  alto permanente 5
  G
    distribuição 118
leilão
  ascendente 9, 191
  clock 14
  com apostas laterais B 168
  combinatório
    lances por pacote 260
  da guerra do desgaste 119
  de botão 193
  de múltiplas unidades 257
  de pacote 309
    ascendentes
      com lances de ausentes 334
  de preço uniforme 263
    ascendente simultâneo 273
    comportamento estratégico
      incentivos 292
    lances selados 265
  de referência
    variações 122
  de segundo preço 50
  desenhos alternativos 12
  holandês 247
  inglês 247

Índice

maximização de receitas esperadas 143
   exemplos 149
mecanismo de alocação 36
pago 121
premium 245
proxy 334
reverso 217, 288
   modelo básico 293
selado 114
   de segundo preço 9
      regras 9
sequencial 90
silencioso 276
Vickrey
   desvantagens 55
      Fusão-Investimento 58
      práticas 55
      problemas de monotonicidade 56
walrasiano 276
lema
   da classificação 127
   de Holmstrom 70
   de Hotelling 64
   de Myerson 74
licença
   complementar 8
   de uso 8
   direitos 18
   do governo 3
   especificações 7
   substituta 8
licitantes
   fracos e fortes 153
   pré-qualificados 232
lucros
   esperados
      mudança 184
   zero 177

M

maldição do vencedor 192
mecanismo
   aumentado 40
   Cremer-McLean 169
   de alocação de recursos 34
   pivot 78

exemplo 50
mercados de matching 29
Milgrom-Wilson-McAfee
   normas 5
modelo
   de McAfee-McMillan 88
   de referência 113
   de tipos correlacionados 140
   de trato de drenagem (de Wilson) 170
   do desenho de mecanismos
      ambiente 37
         lista de participantes 37
         perfis-tipo 37
         possíveis resultados 37
      questões importantes 22
monotonicidade de payoff 315

N

negociação em série 238
novos leilões
   casos extraordinários 2
núcleo de utilidade não transferível 342

O

oferta elástica 273
orçamento equilibrado 45
ordem da integração 89

P

padrão
   de licitações 2
   de valores privados independentes 74
patologias de apostas 39
payoffs
   de equilíbrio 163
   esperados negativos 115
preço
   de compra 237
   de Cournot 273
   decrescente
      anomalia 263
   de equilíbrio de mercado 16
   postado 236
preferências quase lineares 69

problema
  de comprometimento 35
  de exposição 286
  de informação 34
  de monotonicidade 311
  do comércio 77
  do leilão ótimo 63
  dos pacotes 7
proxy bidding 9

R

receita
  comparações 202
  marginal 227
redução de demanda 268
regra
  de atividade 275
  de classificação 289
  de fechamento 275
restrição
  de incentivo 145
  de orçamento 135
  de participação 145
resultado bidimensional 109
risco
  adicional 124
  de cartéis 258
rodadas eletrônicas 290

S

seleção adversa 38
set-asides
  exemplos 241
side payments 88
simplificação de restrições 125
singleton demand 30
solução das suposições 169
spread de preservação média 180
substitutos informacionais 185
superavit líquido esperado 225
suposição útil 162

T

taxa de risco crescente 90
telefonia móvel

atraso no setor 3
teorema
  de Bulow–Klemperer 151
  de Coase 19
  de equivalência de receitas 15, 131
  de Green-Laffont-Holmstrom 71
  de McAfee-McMillan 90
  de seleção monótona 103
  de simplificação de restrição 172
  de suficiência 104
  do envelope 66
  Jehiel-Moldovanu 81
  Modigliani-Miller 17
  Myerson-Satterthwaite 78
  simplificação da restrição 107
teoria
  da busca sequencial 236
  do desenho de mecanismos 20, 33
    contribuições 43
    decisões
      concessões divididas 23
      handicapping 23
      política de informações 23
      regras de classificação 23
    formalidades 37
  dos leilões
    aplicações 1
    testes de economia 2
    William Vickrey
      fundador 1
  dos reticulados 186
  econômica de contratos 35
testes experimentais 24
tipos
  positivamente correlacionados 166

U

unidades inframarginais 267

V

valor
  de reserva 9
  privado 38
variáveis aleatórias 163

Projetos corporativos e edições personalizadas dentro da sua estratégia de negócio. Já pensou nisso?

Coordenação de Eventos
Viviane Paiva
viviane@altabooks.com.br

Contato Comercial
vendas.corporativas@altabooks.com.br

A Alta Books tem criado experiências incríveis no meio corporativo. Com a crescente implementação da educação corporativa nas empresas, o livro entra como uma importante fonte de conhecimento. Com atendimento personalizado, conseguimos identificar as principais necessidades, e criar uma seleção de livros que podem ser utilizados de diversas maneiras, como por exemplo, para fortalecer relacionamento com suas equipes/ seus clientes. Você já utilizou o livro para alguma ação estratégica na sua empresa?

Entre em contato com nosso time para entender melhor as possibilidades de personalização e incentivo ao desenvolvimento pessoal e profissional.

PUBLIQUE
SEU LIVRO

Publique seu livro com a Alta Books.
Para mais informações envie um e-mail para: autoria@altabooks.com.br

CONHEÇA OUTROS LIVROS DA **ALTA BOOKS**

Todas as imagens são meramente ilustrativas.

 /altabooks /alta-books /altabooks /altabooks

Este livro foi impresso nas oficinas gráficas da Editora Vozes Ltda.,
Rua Frei Luís, 100 – Petrópolis, RJ.